英語教育史 重要文献集成

［監修・解題］江利川 春雄

■第5巻■ 英語教育史研究

◆日本英学史
竹村　覚 著

◆日本に於ける英語教授法の変遷
定宗数松 著

◆長崎における英語教育百年史
長崎英語教育百年史刊行委員会 編

◆明治英学史　1〜21
花園兼定 著

◆日本に於ける英語教授法史　明治二十年より四十五年まで
定宗数松 著

◆英語教育に関する文部法規
櫻井　役 著

◆日本に於ける英語史
櫻井鷗村 著

ゆまに書房

凡　例

一、「英語教育史重要文献集成」第一期全五巻は、日本の英語教育史において欠くことのできない重要文献のうち、特に今日的な示唆に富むものを精選して復刻したものである。いずれも国立国会図書館デジタルコレクションで電子化されておらず、復刻版もなく、所蔵する図書館も僅少で、閲覧が困難な文献である。

第一巻　小学校英語
第二巻　英語教授法一
第三巻　英語教授法二
第四巻　英語教授法三
第五巻　英語教育史研究

一、復刻にあたっては、歴史資料的価値を尊重して原文のままとした。ただし、寸法については適宜縮小した。

一、底本の印刷状態や保存状態等の理由により、一部判読が困難な箇所がある。

一、縦書きの文献は右側から、横書きの文献は左側から、それぞれ年代順に排列した。

一、第五巻は日本における英学史・英語教育史の研究に関する以下の七篇の論考を収めている。

・竹村覚著「日本英学史」英語英文学刊行会編「英語英文学講座」第一五巻、一九三五（昭和一〇）年七月二

五日、英語英文学刊行会発行、菊判四四ページ。

・定宗数松著「日本に於ける英語教授法の変遷」 文部省編『文部時報』第六四一号、一九三八（昭和一三）年一二月二一日、帝国地方行政学会発行、菊判一一ページ。

・長崎英語教育百年史刊行委員会編『長崎における英語教育百年史』一九五九（昭和三四）年一二月一〇日印刷（発行日記載なし）、英語教育発祥百年記念事業委員会・長崎英語教育百年史刊行委員会出版（非売品）、A５判七〇ページ。

・花園兼定著「明治英学史」第一回～第二一回　世界時潮研究会編輯（代表・今井信之）*The current of the world* 第二〇巻第五号（一九四三年五月号）から第二二巻第一号（一九四五年一月号）まで二一回連載、英語通信社発行、A５判合計八九ページ。

・定宗数松著「日本に於ける英語教授法史（明治二十年より四十五年まで）」 広島文理科大学英語英文学研究室編『英語英文学論文集』第一輯、一九三八（昭和一三）年六月一日、英進社発行、菊判一八ページ）。

・櫻井役《まもる》著『英語教育に関する文部法規』（英語教育叢書二八）一九三五（昭和一〇）年一一月二〇日、研究社発行、菊判三七ページ。

・櫻井鷗村著「日本に於ける英語史」 櫻井彦一郎編『英文新誌（The Student）』第四巻第七・八合併号、一九〇七（明治四〇）年一月一日発行、英文新誌社発行、B５判四ページ。

一、本巻の復刻に当たって、資料提供および著作権の使用を許諾いただいた各位、調査・複写等で協力をいただいた上野舞斗氏（和歌山大学大学院生）に感謝申し上げる。

英語教育史　目次

日本英学史

英語英文學講座

日本英學史

英譯された謠曲

竹村覺

野上豐一郎

英語英文學刊行會

日本英學史

竹村覺

目次

日英交渉の發端

I

本年五月中旬の英紙及び我國新聞紙は、一齊に、三浦按針の三百年祭の記事を掲げて彼の日英兩國間に於ける多くの功績をたたへてゐる。同月十一日には、英國 Kent 州 Gillingham に、我が駐英大使松平氏もおもむいて、Gillingham 官民が建設した按針記念碑の除幕式を擧行してゐる。その時には、Chatham 軍港から、わざわざ軍樂隊が派遣せられ、三百年前、日英兩國を結んだ彼のために、勇壯な march が吹奏せられたりした。

三浦按針は、日英交渉史の最初に表はれる英人であり、彼が我が國外交史、船舶史、數學史上に殘した事績は、極めて大きい。三百年後の今日、祖國に甦ることの出來た彼のために、我々も限りない感慨にふけらざるを得ないものがある。

日英交渉の起源には、種々の異說があつて、未だ一定した說は明示せられてゐないが、正親町天皇永祿七年(1564)及び天正八年(1580)の兩度の英船入港說は、單に入津したと言はれる記錄のみで、外に何等の期待をもつなぐ史實を殘してゐない。從つて事實上の日英交渉は、徳川家康の慶長五年(1600)、三浦按針の渡來に端を發してゐると言つてよい。

三浦按針とは、言ふまでもなく William Adams (1564? —1620) の日本名で、我國文化史上に輝く最初の英人であり、同時に、わが英學發達史開卷第一頁を飾る最初の恩人でもある。

彼は英國 London の南方、既出 Kent 州 Gillingham の生れ、當時航海業が盛であつたところから、弟 Thomas と共に、造船業、運船業を修め、地中海方面の貿易には、航海士官兼船長として十餘年も從事してゐたことがあつた。けれども當時和蘭が新獨立の意氣を以て東洋に發展し、各種の貿易會社を設立し、盛に雄飛してゐたのを見て、ゐたたまらずなり、和蘭 Rotterdam の會社に傭はれ、慶長三年(1598)六月、多年の宿望が達せられて印度行を決行することとなり、五隻の船と共に Texel 島を解纜、Magellan 海峽を迂回して太平洋に出で、それから一路印度に向ふ豫定であつたのが、途中大風浪に惱まされ、嘗て日本に來たことのある一水夫のすすめに從つて日本に漂着し、そのまゝ日本に歸化したものである。

彼の乘組んでゐた和蘭船 De Liefde 號がはじめて我國土に錨を下したのは九州、今の大分縣大分浦と言はれており、年齡は彼が卅七歲の時である。その時彼は按針役として De Liefde 號の運命を托されてゐた。

彼は到着すると、直ちに型通りの吟味を受けて四十日間程の幽閉を餘儀なくさせられたが、當時家康が外交顧問として外人の必要を感じてゐた時であつたから、頭腦の明晰な Adams は、早速家康の信任を得て外交顧問に擧げられ、彼の片腕となつて元和二年(1616)家康が歿するまで約十五年間、身を粉にして働いた。そのため晩年には、相模國三浦郡逸見村に領地を賜はり、二百五十石の知行と、八九十人の農民とを與へられ、日本橋大傳馬町馬込勘解由から娶つた妻と共に裕福な月日を送つた。彼の日本名「三浦按針」は、彼のこの領地名と彼の De Liefde 號に於ける役名「按針役」(pilot)からとつたものであることは世間周知の事實である。東京日本橋の安針町は、在官當時彼が住んでゐた名殘をとどめてゐる由緒深い町名である。

彼が英學史上にのこした最も大きな足跡は、慶長十八年(1613)、英國使節 John Saris が渡來した時のもので、我國最初の通譯及び英文和譯家、和文英譯家として、當時の文獻に不朽の業績をのこしてゐる。

先づ通譯としては、家康或は秀忠と Saris との間にあつて種々斡旋の勞をとり、双方の意志を傳へて、通譯としての重任を果してゐる。たとへば當時の模樣を記した *The Voyage of Captain John Saris to Japan, 1613.* は、將軍の歡迎の言葉を、Adams が Saris に通じた謁見の記事を次の樣に載せてゐる。

Comming to the Emperour, according to our English Complements, I deliuered our Kings Lettes vnto his Maiestie, who tooke it in his hand, and put it vp towards his forehead, and commanded his Interpreter, who sate a good distance from him behind, to will Master Adams to tell me that I was welcome from a wearisome iourney.

これは Adams が日本に漂着してから十四年目のことで、日本語を自由に話し且つ書くことの出來た彼によつて、日英兩國の握手が圓滑に行はれたことは言ふまでもない。英王の親翰及び使節の用ゐた英語は、Adams の十四ヶ年間の日本語修得によつて、自由に通譯せられて家康に通じ、家康が英王に對する答書と日英通商許可の朱印狀は、Adams が日本へ漂着するまで三十六年間日夜使ひなれた自國語によつて、その意味を完全に本國に傳達し得てゐる。

Adams の日本語は餘程達者なもので、日常の會話に何等の不自由を感じないばかりか、彼は漢字まじりの假名文までも自由に書くことが出來たと言はれてゐる。そして驚嘆すべきことには、彼の遺言狀は日本語で書かれたといふことである。

私は彼のこの日本語が如何に立派なものであつたか、他の例を引くことによつて實證したい。彼が英語と日本語とを如何に我物にして取扱つてゐたか、今から三百二十年前に、これ程のものを殘したのは、一つの奇蹟でさへある。前記英國使節 Saris が、家康に謁見して捧げた James I の親翰の和譯がそれで、Adams が我英學史上に殘した逸品である。我國最初の英文和譯で、當時英語を讀むことの出來たものは、我國に於ては Adams を除いては誰一人としてなかつた時のものである。次がその譯文の全文である。

ぜめし帝王書狀之趣者、天道之御影により、おふぶりたんや國、ふらんず國、ゐらんだ國、これ三ヶ國之帝王に、此十一年以來成申候。然者、日本之 將軍樣御威光廣大之通、我國江艦に相聞え候。爲レ其かびたん、ぜねらん、じゆわん、さいりす、此等を爲二名代一、日本 將軍樣江、御禮爲レ可レ申、渡海させ申候。如レ此申通に罷成候へば、互之國之樣子、廣大に流通仕、我國之滿足之所不レ淺候。於二向後一は、每年商船あまた渡海させ、双方商人被レ爲二入魂一、互之望物商賣可レ被二仰付一候。其上日本 將軍樣御意之旨、於二御懇情一者、商人を當國に殘置、彌兩方懇和可レ被レ成候。然上は、我國へも、日本之商人を、自由に呼入、日本之重寶之物を調法させ、賣買可二申付一候。於二此上一は、いく久申通、日本へも、無心疎用し可二申入一候條、被レ爲二其意得一可レ被レ下候。以上。

大ぶりたんや國の王
居城はおしめした
せめし帝王
れいきし

日本將軍樣

これはもと Adams が假名文で譯したのであるが、家康に奉る都合上、漢字交り文に改めたもので、或は煩雜な箇所や不用の箇所は削り、公用文書としての形式にあてはまる樣に、當時事に當つてゐた後藤庄三郎その他の者が添削してはゐるが、要をとり不要を省いて、原文の內容をこれまでに傳へ得た點は Adams の手腕である。

けれども文中にある「ぜめし」、「おふぶりたんや」、「じゆわん・さいりす」、「ゐらんだ」、「おしめした」の原語については、讀者は必ず當惑することであらう。

「ぜめし」は James であり、「おふぶりたんや」は Greate Brittaine 或は Gran Bretanha 〔Port.〕, Gran Bretaña 〔Sp.〕であつて、Greate 或は Gran を「大」(おふ)と譯したものであり、「じゆわん・さいりす」は使節 John Saris の葡萄牙語流或は西班牙語流の讀み方の混じたものである。然し最後の「ゐらんだ」と「おしめした」は、少し位想像しただけでは浮んで來ない。無理もないことである。「ゐらんだ」は Ireland であり、「おしめした」は Westmins'er である。隨分變挺な發音である。之を「アイルランド」、「ウエストミンスタ」で通つてゐる今日から考へると、とるに足りない荒唐無稽な發音と思はれるけれども、解釋の仕方によつては必ずしもさうではない。發音記號で書けば、例へば後者は〔wes(t)minstə〕であり、早く發音すると〔t〕や〔n〕が漠然として、〔wesmistə〕とか或は〔wəsmestə〕とかいふ風になるから、耳から入つた英語として聽取方面から研究すると、あながちとるに足りないものとして捨て去ることは出來ない。むしろ和蘭語流に發音して「物斯多蒙斯的兒」「ウエストモンステル」と言ふよりは、原音に近いだけすぐれてゐると言へる。

James I の親翰に對して、家康もまた厚意を示した答書を James に贈つた。漢文で認めたもので、當時の文献によると、一行に十五字、全部で十行の中に納めたとある。我國から英國に送つたはじめての國書で、家康の進步思想を窺ふに足る興味深い史料である。この答書を Adams が英文に譯したことは申すまでもないことで、さきにかかげた親翰の英文和譯と共に、三百二十年前の Adams の功績を物語つてゐる。我國最初の英文和譯及び和文英譯は共に Adams の手によつてなされてゐる。

II

かくして Adams の盡力によつて、萬事特別の款待を受けた使節 Saris は、十月下旬平戸に歸り、そこに英國商館を開き、Richard Cocks といふのを館長として留め、自分は多大の面目と成功とを收めて、その年の十二月歸國の途についた。Adams の功績たるや顯著なりと言はなければならない。

使節が歸つた後も、Adams は英國本國のために盡すことに變りなかつた。殊に平戸英國商館のためには非常な盡力をし、時には顧問にもなつたりして、何くれとなく斡旋することにつとめた。ために貿易は異常の發展をなして、各地に支店或は代理店さへ出來た。

けれども、その後 Adams の patron たる家康が薨じて、秀忠の世となると、幕府の外國貿易に對する態度が一變して元和二年(1616)八月には、通商港は僅か平戸と長崎の二港に限られ、その他の土地に於ける貿易は全部禁止せられるにいつたから、漸く盛にならんとした日英通商貿易は僅か數年にして地に墜ち、元和九年(1623)には、平戸商館も解散撤回せられるの餘儀なきにいたつた。Adams の漂着から二十三年、商館設置から僅か十年である。

かうした短い僅かの年月の間に、以上の外英學發達史上何等見るべきものゝなかつたことは勿論で、英語辭典の編纂とか、英語學校の設立とかいつた素晴らしい事蹟は夢にも期待せられない。Adams が家康に初歩の幾何學を敎へたことは傳つてゐるが、組織立つた英學研究をしたとは傳つてゐない。

たゞ英文學方面では、平戸英國商館長 Richard Cocks の日誌 *Diary of Richard Cocks, Cape-Merchant in the English Factory in Japan*, 1516—1622, *with Correspondence* が *Canterbury Tales* や *Bacon's Essays* と思はれるもの、或は St. Augustine(354—430) の *De Civitate*(426) の英語本 *On the City of God* を傳へてゐるのは、一脈の潤ひを與へてゐて、この上もなく愉快である。

その他當時の英語として、新村出博士は、當時の平戸女や大阪の女優から英人に送つた戀文の中から、次の樣な英語を拾ひ出して、英語發音學上、貴重な材料を提供してゐるが、これなども、その數が少いだけに、我國最初の英語として、英學傳來史上見逃すことの出來ない文獻であらう。

るいちやる•かくす（Richard Cocks）
るちやる（Richard H.）
めすとろ•あすとろ又あすてる•あすてれ（Mr. Osterwick）
めする•はるい（Mr. Hawley）
はるい•たんする（Harry Dodsworth）

耳から入つた英語としては素敵なものである。英語といふ英語が、明治初年にいたるまで、殆んど全部和蘭語流に發音せられてゐたことゝ對照すると、三百年前の英語が、更に面白いものであることが分る。今日やかましく言はれてゐる英語發音法の問題や、所謂車屋英語などゝ考へ合せて興趣がつきない。

英學暗黑時代

平戸英國商館解散撤退後は、彼等の住んでゐた商館は、平戸城主に保存方だけは依賴してあつたが、その後英國からはこれを請求せず、入る者もなくして、寛永年間には、和蘭人に賣らんとしても買取人のなかつた程破損してゐた。

英國が平戸商館撤退後、日本に來航しなかつた理由としては、先づ第一に、和蘭の讒謗中傷により信用を失つてゐたところへ、深刻な貿易不振と、相尋いで起つた暴動や、戰亂のため、力を十分に注ぐことが出來なかつたことを擧げなければならないが、もつと大きな原因としては、我國が和蘭以外の諸外國に對して嚴重な鎖國政策をとつて、殆んど一歩も上陸させなかつたことを擧げなければならないだらう。寛永十一年（1634）Captain John Weddel が七隻の軍艦を率ゐて來航した時、貿易上陸ともに拒絕せられたことは、幕府が鎖國政策を實施する五年前であるが、これは入國禁止の前提とも見るべきものであり、同十六年（1639）の鎖國令には、英人の遺兒や孤兒にいたるまで國外に追放せられてゐる。Adams

の遺兒 Joseph が江戸に住つて、父の名前三浦按針を名乗つて、外國貿易に從事し、平野藤次郎、末吉孫左衛門、末次平藏、茶屋四郎次郎、橋本新左衛門等と共に、寛永十年(1633)十二月には、渡海の朱印狀を得た六人のうちに入つてゐたが、その後の消息が不明であるところからみると、或はこの時追放せられたのかもしれない。

幕府の鎖國政策によつて利益を得たのは和蘭一國のみで、貿易上の巨利は彼國の獨占するところとなり、幕末の鎖國解除にいたるまで、文化輸入の大業は和蘭人の手によつてのみなされた。その後英國は多年の內亂が鎭まると共に、意を我東洋に注ぐ様になり、我國再來を計畫して、寛永三年(1626)、同四年(1627)、同十年(1633)、同十二年(1635)、萬治元年(1658)及び寛文十三年(1673)の幾たびかにわたり、捲土重來を期したが、最後の寛文十三年(1673)には、英王 Charles II が、葡萄牙國王 Alphonso VI(1643—1683)の妹 Catherine を娶つてゐたことを楯にとつて、幕府は斷然通商の要求を一蹴し、他は單なる計畫のみで決行せられなかつたから、いづれも幕府の鎖國政策を中斷することは出來なかつた。

併しこの間英國は和蘭を凌いで、漸く世界の海上に勢力を張り、女王 Anne(1664—1714)の時には、英蘭、蘇格蘭を合併して Great Britain となり、一七五九年(寶曆九年)には佛將 Montcalm を破つて、宏大な Canada の地を占領し、一七五七年(寶曆七年)には印度を征服して豐沃地 Bengal を領地に加へ、一七八八年(天明八年)には更に Australia の開拓に着手して、海上の優越權を殆んどその掌中に收めてゐた。

英國が海外に雄飛してゐるうち、我國に於ては、寛永の鎖國令を基點として、幕末の開國にいたるまで、優に二世紀、歷史こそ走馬燈の樣に變化したれど、海外との交通は僅か支那と和蘭のみ。それも鎖國政策の實施とともに、和蘭人は平戸から長崎に移されてゐたから、我國が歐洲の文化を呼吸することの出來たのは、この長崎の出島の一角を通じてでのみであつた。幕府の退嬰政策のため、我國民は泰平の夢は見たが、憾むらくは國運の發展、海外雄飛の好機を逸してゐた。

かうした時代に、英學に關する書籍が輸入せられたり、編纂せられたりしたことは無論想像せられない。木によつて魚を求めるよりも更に probability の少い期待である。日本英學史上の暗黑時代である。

僅か安永三年(1774) *Gulliver's Travels* と思はれる『和莊兵衞異國奇談』が公にせられて、暗夜に微光を漂はしてゐるのが、我々の注意を惹く位のものである。これは實際漂流談として語られてゐるが、その實は、當時長崎にゐた和蘭商人あたりから、或は *Gulliver's Travels* の筋が傳へられたものではないかと想像せられるが、眞僞の程は分らない。

英學創始期

I

英語が研究せられる様になつたのは、これより遙か後年のことであつて、英國が海の優越權を得て、海上に横行し、漸く東洋及び我近海にその威力を伸ばす様になつた十八世紀末である。將軍で言へば家齊、年號で言へば寛政以後、英米の捕鯨事業が非常な發展をなして、太平洋に進出し、邊海に頻と出沒する様になつてからである。慶長元和年間を英學發達の第一期とすれば、これ以後はその創始期の第二期とも言ふべき時期である。

先づ最初に姿を現はしたのは、寛政三年(1791)紀州熊野浦に渡來した商船 Argonaut 號であり、ついで來航したのは W. R. Broughton を船長とする Providence 號である。このうち前者 Argonaut 號は亞米利加への途中寄港したものであり、後者 Providence號は、日本近海にあると言ひ傳へられてゐた Marco Polo の紹介した所謂「金銀の島」を探險するためであつた。從つて再三北海道や奥羽海岸に出沒して、土地の人々を驚かし、寛政九年(1797)の如きは、英語を解する者は、日本國中を尋ねても、唯の一人としてなく、警備の任に當つてゐた松前若狹守章廣はひどく狼狽した。

これは北方に於ける事件であるが、この後には南方長崎方面に於ても、Eliza 號、Franklin 號、Massachusetts 號、Margareth 號、Samuel Smith 號、Rebecca 號、America 號、Phæton 號など、相ついで寄港し、時には亂暴狼藉を働くものもあり、人心の平和をかきみだす事件が次第に多くなつて來た。殊に文化五年(1808)八月十五日英國軍艦 Phæton 號の狼藉事件はその尤なるもので、狼藉船撃攘に失敗した長崎奉行松平康英は、自らの不行屆を恥ぢ、責を負つて自双するにいたつた。

幕府が、頻々たる外寇のため、内外騷然たる有様になつて來たのに鑑み、近海の警備を嚴にする一方、愈々英語研究の必要を痛感するにいたつたのは實にこの時で、幕府の決斷は、遂に翌文化六年(1809)英語研究の端緒を開き、後世英學の隆盛はこゝに體系づけられる基礎を作つた。文献によると、これより約五十年前の寶暦十年(1760)頃、既に長崎譯官本木榮之進(良永)が、個人として英語研究に志したことが記されてゐるが、英語を學問として、語學として、系統立つた研究を始めたのはこれが最初である。

幕府が一番はじめ命じて英語研究に從はしめたのは、矢張り職務として、通詞を選ぶのが當然の理であつて、同年二月には長崎通詞のうち學才すぐれたもの六名を選び出し、當時長崎に滯留して英語を解することの出來た和蘭人 Jan Cock Blomhoff について教授を受けさせたが、六月にはその上二名を加へ、八月には更に六名を加へ、十月には長崎通詞全部のものに命じた。

二月――本木庄左衛門、末永甚左衛門、馬場爲八郎、西吉右衛門、吉雄忠次郎、馬場佐十郎
六月――岩瀬彌十郎、吉雄六次郎
八月――中山得十郎、石橋助十郎、名村茂三郎、志筑龍助、茂土岐次郎、本木庄八郎
十月――長崎通詞全部

すべてこれらは和蘭通詞であつたが、英語を習ひはじめて僅か二年を經た文化八年(1811)正月には、本木庄左衛門等は『諳厄利亞興學小筌』(寫本十卷)なる單語短句對譯集を譯述するといふ上達振りを示した。この時幕府は彼等の熱心な英語研究に對して、その勞を犒ひ、褒美として各通詞へ銀十枚乃至五枚を賜つた。教師の Blomhoff には木炭五十俵を賜つた。

幕府は通詞の上達を喜び、一つには時勢の要求にも驅られ、同八年九月には、右の通詞本木庄左衛門を編纂主任とし、

楢林榮左衛門、吉雄權之助、末永甚左衛門、馬場爲八郎等の協力を得て、英和對譯辭典の編纂に取りかゝらしめた。これは約三ヶ年の月日を費して、文化十一年(1814)六月、遂に『諳厄利亞語林大成』(寫本十五卷)となつて完成せられた。我國最初の英和辭典である。

底本は序文や跋文には明かにしてないが、前に述べた樣に編纂主任本木庄左衛門の父榮之進が、二十五六歳の若年であつた寶曆年間に、既に和蘭人から英蘭對譯辭典を借りて筆寫した事實があり、それが家學傳來の祕籍として、その子の庄左衛門に傳はつたことは容易に想像せられるから、いづれにしても英蘭對譯辭典の和蘭語を刪り、それに當時流布してゐた『波留麻和解』(寬政八年1796)、『譯鍵』(文化七年1810)等の和蘭辭典中の和譯を挿入し、或は參考にして成つたものであることは疑ふ餘地のないことだと思はれる。そしてそれらによつても、「猶疑はしきものは拂郞察《フランス》の語書を以て覆譯再訂した」ことは、同書序文にある通りである。

內容は現行の英和辭典と大差はないが、品詞を明記してゐない點が稍異つてゐる。語數は同書卷尾の正榮自身記するところによると「大凡七千有餘言」となつてゐるが、豐田實博士の計算によると約六千語となつてゐる。各語の右側には片假名で發音が記してあり、和蘭通詞が和蘭人教授のもとに和蘭書籍を底本とした名殘りをとゞめてゐる。

更に興味のあることには、同書卷一には「題言」と題して、叙文の次に八葉にわたつて英文法を略述し、本邦最初の英文典として永くその功績をとゞめてゐる。極めて懇切な態度で英文の法則、品詞の種類を說き、今日の我々にもなほ教へるところが多い。その用語或は分類法は、現今のものと異つてゐて、今日までつゞいて用ゐられてゐるものはあまり見當らない。例へば eight parts of speech についても次の樣な變化を來たしてゐる。

靜　詞 (Nouns *or* Substantives)
代名詞 (Pronouns)
動　詞 (Verbs)

動靜詞（Participles）
形動詞（Adverbs）
連續詞（Conjunctions）
所在詞（Prepositions）
歎息詞（Interjections）

その他細かい名稱にいたつては非常な變化を來たし、私の調査によると、現今使用してゐる用語と同一のものは全用語中約 25 per cent. である。

ともかく Phæton 號の狼藉事件が動機となつて、「諳厄利亞語稽古之儀」が、江戸表からの御沙汰によつて開始せられ、數年のうちに前述の樣な單語集や辭典をはじめ文典初歩まで出來上つたことは、英學研究上新紀元を劃するものであつて今日の英語の隆盛もこゝにその源を發してゐる。

英文學傳來史方面でも、この前後は極めて重要な時期で、この頃には既に W. Shakespeare の *Romeo and Juliet* と思はれるものが傳へられて、文化七年(1810)正月には、早くも江戸市村座で上演せられてゐる。それがまた非常な評判となり、その主人公の名前は講談や義太夫にまで仕組まれるといふ喧傳振りである。名題は『心謎解色絲《こころのなぞとけたいろいと》』、飜案者は、我國演劇史上の名人四世鶴屋南北及び二世櫻田治助の二人、共同飜案である。俳優は尾上松助、松本幸四郎、坂東三津五郎、澤村田之助、岩井半四郎、市川團十郎など、當時の名優ぞろいである。江戸文化の頂上期、そして江戸芝居の爛熟時代、新春の市村座は割れる樣な大人氣であつたと言はれてゐる。今から百二十四年前のことで、これは單に Shakespeare 劇が上演せられた最初であるばかりではなく、また英國劇が上演せられた最初でもある。

幕府が嚴重な鎖國政策をとつて、我國人たるものは一歩も國外に出づることを許されなかつたこの時代に、早くも禽獸夷狄の國の作品が傳來して、幕府當局の嚴重な監視の眼を逃れ、大江戸の眞中で上演せられたことは、極めて興味深い事柄である。若しこれが幕府當局の眼にとまつて、幕府法度禁制の國の英國の作品であることが知れてゐたら、上演は禁止せられ、或は南北や治助は劇作を禁じられてゐたのかもしれない。

『心謎解色絲』は、その後文政十二年(1829)一月に市村座、天保十一年(1840)一月に河原崎座、弘化元年(1844)九月に市村座といふ様に上演せられて、今日に及んでゐる。

II

ともかく幕府の覺醒によつて、この様に通詞は一通り英語を研究し、次いでその業績まで世に問ひ、文化八年(1811)五月には、高橋作左衛門の正式建議が功を奏して、淺草天文臺に外國文書飜譯局蕃書和解方が設置せられ、以後は何時英米の船舶が入港しても差支へないといふ確信が出來たのである。

たゞ惜しむらくは、英學を兼習した通詞は、和蘭語を第一外國語とする通詞のみで、英學專攻のものと雖も、和蘭人及び和蘭語を通じてはじめて學ばれるといふ當時の國情であつたから、英語研究とは名のみで、實用に供するまでには大分距離があつた。實例に徴すれば、英語研究開始後はじめて來航した英國海軍大佐 Gordon 浦賀入港の際(文政元年1818)、及び文政五年(1822)捕鯨船 Saracen 號同港入港の際には、殆んど全部和蘭語を通じて交渉せられ、英語はほんの數語話したのみで、要件の大概は和蘭語で終始してゐる。文政七年(1824)水戸事件の時にも、英語については苦心したと見えて、通詞吉雄忠次郎は、英文書面に對し、

「イギリス文字にて委細には讀兼候へども、大意はアンゲリア國都より……」

云々と言つて、英語不熟達を告白し、同じく大津濱上陸事件の時も同樣で、通詞足立左內、吉雄忠次郎の二人は、英語通詞として誠に不見識な話であるが、

「通詞兩人掛合候ても、書は相分り候ても言語は更に不レ分……」

と、上役への報告書へ書き記されたりしてゐる。

和蘭語を以て唯一の外交語としてゐた當時のことであるから無理もないことであるが、少くとも通詞を以て祿を食んでゐる以上、あまり名譽なことゝは言へない。甚しきにいたつては E-N-G-L-I-S-H とか、J-A-P-A-N とかだけしか綴り得ない英語の知識をもつて、英米人に接した外國通詞が決して少くなかつたのである。幕府の卓見によつて、英語研究をはじめたとは言へ、實際英語としての價値は、極めて少いものと言はなければならない有樣であつた。

また我國に來航する英米船は、我國が和蘭語を以て第一外國語としてゐることを知つてゐたから、必ず船中には和蘭人か、和蘭語を解する者が一人以上乘組んでゐた。從つて通詞も、自ら不得意な英語を用ゐる必要はなく、自然と英語研究のことは熱心を缺く樣になつて來た。そのうへ文政七年(1824)、英人の大津濱及び寶島に於ける狼藉事件が發端となつて翌八年(1825)二月には有名な異國船打拂令が實行せられる樣になつて、英米船の我國に近づくものは容赦なく打拂ひ、强ひて上陸せんとするものは殺しても差支へないことになつたりしたから、通詞の英語使用は、事實上不必要となつて來た。

こんな關係上、英學は年と共に廢れて、さきに本木正榮等が心血を注いで編纂した『諳厄利亞語林大成』の如きも、江戶天文臺に一部藏せられたまゝ、限られた通詞による外は使用せられずして幕末にいたつた。

III

併し文政以後、天保弘化の頃となると、年と共に英米の捕鯨事業が盛となり、また東洋各國に對する英米兩國の發展上、船舶の太平洋を往來するものが次第に多くなつて來たところから、我國に寄港する船舶も漸く多くなり、我が識者の間でも鎖國政策反對論が潛行的に行はれ、外交問題は來るべき多事を思はせる樣になつて來た。

時にたまたま、我漂民七名を浦賀に屆けんとした米船 Morrison 號擊攘事件が勃發し、國の內外は騷然たる有樣となり、議論は鼎の樣に沸騰しだした。そこに於て、英語研究者も、漸く長い惰眠から醒めて、自らの任務をはじめて認識する機會が與へられた。文化創學を基點として、その間約三十年である。

先づ彼等が感じたことは、英語研究書の乏しいことであつた。今迄に用ゐてゐたものでは用をなさないといふことであつた。我等の國土を護り、異人の暴行を防ぐものは、大砲や火繩銃のみでないといふことであつた。彼等が翻然と悟つたのは語學書の編著といふことであつた。これを除いて彼等が國防に盡す方法はないと思つた。

そしてこの國防上の必要から轟然と打出された巨彈こそ、當時僅か二十六歳の若年であつた澁川六藏の『英文鑑』上下二編、通卷二十三卷の大冊であつた。

しかもこれが單なる前書の改訂や增補でなく、時代の要求に驅られて出來たものでもあり、かつその編譯にあたつては『諳厄利亞語林大成』、『諳厄利亞興學小筌』を用ゐて、文化創學の流れを汲み、そこに何等かのつながりをつけてゐることは、英語研究の歷史から見てこの上もなく興味深いことである。

『英文鑑』の原本は、文法家として名高い Lindley Murray(1745—1826)の英文典で、澁川の譯したのは蘭譯からの重譯であつた。卽ち上編 Etymology は1822年(文政五年)の蘭譯補正再鐫第二十六版によつて、天保十一年(1840)に譯了し、下編 Syntax は1829年(文政十二年)の訂補重鏤第三版によつて、翌十二年(1841)に譯しおへてゐる。そしてそれを藤井三郞が訂補した。

これはさきの『諳厄利亞語林大成』卷首添附の英文典が概說的なものであるのに對し、極めて尨大な、また纒つたもので、獨立英文典としては我國最初のものである。かつ今迄の英學書が長崎通詞の手になつたものであるに對し、これは江戸最初の英學書でもある。その地位と價値は極めて重且大なるものがあつて、譯了の後幕府に献上すると、彼は褒美として白銀十五枚を頂戴した。

使用せられてゐる文典用語は、さきの『諳厄利亞語林大成』等を參考にした形跡よりは、主として和蘭語を中心として譯語をつけた形跡が明白である。蘭學から英學への橋渡しをなす過渡期のものとして、そこに興味が存してゐる。

同書はその他、はじめて我國に Shakespeare の名を傳へたことに於て重要な地位を占めるべきものであつて、どの日本沙翁研究史もこれに貴重な一頁を與へてゐる。即ち同書下編 Syntax 巻之一第一章八に、「シャーケスピール」とあるのがそれであつて、Milton, Pope, Addison 等の名前と共に、我々の注意を惹いてゐる。

『英文鑑』が完稿になつた天保十二年(1841)以後になると、對外關係は次第に複雜の度を加へ、翌十三年(1842)異國船打拂令改正令が發布せられたのを一轉機として、外國船舶の來航するもの日に多く、或るものは漂民を乘せ、或るものは測量を目的とし、ある者は難破して上陸するなど、外國交渉史はいよいよ繁くなつて來てゐる。また四圍の事情から、弘化元年(1844)には、和蘭は書を幕府に呈して、日本の開國を力說慫慂するなどのこともあつて、事態の急はかゝつて對外問題、特に英米兩國問題にあつた。

かうした時に當つて、英米に關する研究書、英學書が多數公けにせられたことは何等あやしむに足りないことで、先づ現はれたのが、藤井三郎の『英文範』(弘化四年1847)である。これは澁川六藏の『英文鑑』が、蘭書からの飜譯であつたに對し、著述英文典として我が英學者間に大いに氣を吐き得る本邦最初の著述英文典だとせられてゐる。けれども世に傳ふるところによると、彼自身は、弘化四年の日附ある稿本として遺したまゝ、嘉永元年(1848)八月二十八日長逝したと言はれてゐるから、惜しいことに廣く世に行はれるにいたらなかつた。從つて私は未見の書であるが、英學史研究者によると、これはさきに澁川が譯した『英文鑑』を更に簡約、平易なものにしようとした努力の結果成つたものであるらしい。三郎が『英文鑑』の訂補者であつた點から考へると或はさうかもしれない。

けれども私自身は、この說に對しては、遽かに信じがたいと思つてゐる。稿本が實際現はれて來ない限り、或は信賴するに足る實證が現はれて來ない限り、私は否定說をとりたい。むしろ私の想像では、澁川の『英文鑑』を訂補したことが誤り傳へられ、或は混同せられて、三郎が『英文範』を著はしたことになつたものではないかと思つてゐる。

IV

ついで嘉永年間になると、二年(1849)四月十七日には米國軍艦 Preble 號、同八日には英國軍艦 Mariner 號がそれぞれ長崎及び浦賀沖に出現するなど、かうした機會が多くなるにつれて、幕府の長い間の鎖國政策は、日に月に強大な壓迫を感ずる樣になつて來た。

時にあたかも、米國本國にあつては1850年(嘉永三年)、議會に於て、東洋海軍の勢力擴張と日本開國強要とを決議し、その方法として、Morrison 號の失敗にかんがみ、兵力を以て威嚇するのが最も得策であると考へてゐた。

我國に於ては、この噂を早くも和蘭甲比丹から聞知し、また嘉永五年(1852)八月、和蘭政府は幕府に開國のことを忠告したが、幕府は和蘭の忠告に從つて歷世祖宗の法を變へるのを潔しとせず、だと言つて攘夷を決行するには海岸の防備が未だ充分でなかつたりして、躊躇逡巡してゐた。そのうちに愈々噂の嘉永六年(1853)となつて、六月三日午後二時、M. C. Perry は軍艦四隻 Susquehanna, Mississippi, Plymouth, Saratoga 五百六十餘人を率ゐて、堂々白波を蹴立てゝ浦賀に入港した。

Perry 入港の報が傳はると、幕府の驚きは一かたならず、布衣以上の有司は夜を徹して城中で鳩首凝議し、浦賀附近の山丘には終日終夜篝火をたき、警鐘を打ち鳴らすなど騷擾を極めた。

けれども滔々と押寄せ來たる時代の波と、Perry の威力には遂に打勝つあたはず、一旦 Perry を退國せしめたが、翌安政元年(1854)三月三日には神奈川條約に調印、同二年(1855)には批准書交換の事も了して、こゝに二百十八年の長きに渉つて固持して來た幕府の鎖國政策は一朝にして破れたのである。米國のみではなく、安政元年(1854)閏七月には、英國水師提督 James Stirling 長崎來航の際、七ケ條から成る日英最初の條約書を作成し、それにも調印した。

かくて我等の英語研究及び發達も、この開國を機として一段と著しい飛躍を示すことゝなつた。國家多難の折柄當然のことではあるが、研究と共に次第に進み、見るべきものも少くなかつた。傾向としても、今迄の英語がどちらかと言へば、鎖國手段、攘夷手段として極めて保守的な立場から研究せられてゐたのに反し、これより以後は國防の充實をはかると共に進んで英米人と接し、外國知識を攝取しようと積極的に向ふ様になつて來た。また年代的に言へば、慶長年間、日英通商によつてはじめて芽を出さうとしてゐた英學が、鎖國のために中止せられ、文化文政年間にいたつて漸く復興したが、これも十分な發達を見ることが出來なかつた、それがこの開國によつて驚異的の躍進を遂げ、こゝに愈々盛に行はれる機が熟したのである。英學書その他英米に關する研究書の出版が、著しく多くなつて來たのもこれからである。つまり文化、文政、天保、弘化を、英學發達史上、慶長、元和の第一期に對する第二期の創始期とすれば この開國前後、嘉永、安政以後は第三期の興隆期とも言ふべき時期である。

英學興隆期

I

興隆期に於ける現象として、最も著しいものは、何と言つても、Perry, Harris 等の來航による刺戟、幕府の英學奬勵、米國宣教師の貢献などであつて、これら多くの原因が互に刺戟し、關聯し合つて英學發達を益々促進するにいたつた。先づ Perry 來航によつて長い眠りから覺醒した結果、幕府がとるにいたつた積極的奬勵政策は、第一番に外國文書飜譯を司る譯官及びその機關の充實となつて表はれた。即ち從來淺草天文臺内に置かれてあつた飜譯局蕃書和解方を、安政二年(1855)天文臺から全然獨立させて、名前も洋學所と改め、飜譯事務を専門に司らしめることになつた。外國との交渉が日増しに急繁になつて來た際の處置としては誠に當を得たもので、同三年(1856)二月には更に蕃書調所となし、後には外國文書を取扱ふばかりでなく、洋學をも講授するところとなし、同年四月四日には手塚律藏、翌四年(1857)五月四日には西周助、津田眞一郎などが教授手傳出役、或は同手傳並となつて洋學句讀を擔當した。

そして Harris の來航をはじめとして、多くの英米人の來航があつて、英學の用途が廣汎になつて來ると、これでは足りなくなり、萬延元年(1860)八月には竹原勇四郎、千村五郎、同十二月には堀達之助等に英學句讀教授出役或に英學教授手傳を命じた。更に文久元年(1861)六月には、箕作、千村、竹原の三人を、英學句讀教授出役から昇進せしめて英學教授手傳並出役となし、その後任には大岡芳之助、齋藤宗二郎、田中豐三郎、福田松次郎を以て充當した。その後には同年十二月、竹原巾七以下三名、翌二年(1862)正月には、渡部一郎以下四名が、英學世話心得或は同句讀教授出役に拔擢せられた。

蕃書調所に於ける英語教授について、幕府がとつた積極的方法は英和辭典の編纂となつて具體化した。卽ち幕府は英學勃興とともに英和辭典の必要を痛感し、安政六年(1859)十二月堀達之助を編纂主任となし、洋書調所(蕃書調所を文久二年改稱)の教授方西周助、箕作貞一郎、千村五郎、竹原勇四郎など當時の英學者に命じて事に當らしめ、僅かの年月を經て完成、文久二年(1862)十二月洋書調所から出版した。『英和對譯袖珍辭書』(*A Pocket Dictionary of the English and Japanese Language*)がそれで本邦最初の刊行英和辭典である。これは非常な需要を得て、はじめ價は二兩程であつたが後には十兩も二十兩もした。

底本は H. Picard: *A New Pocket Dictionary of the English-Dutch and Dutch-English Languages* (1843)で、英蘭の部の和蘭語を刪り、當時流布してゐた『譯鍵』(文化七年、安政四年)、『和蘭字彙』(安政五年)その他の辭典中の和譯語を挿入したものである。『諳厄利亞語林大成』、『エゲレス語辭書和解』も、或は參考にせられたことゝ思ふが、影響のあとは殆んど認められない程に完備進步してゐる。

編纂主任堀達之助は、もと長崎通詞で、嘉永元年(1848)、米國青年 Ranald MacDonald から英語教授を受けた一人である。その後間もなく浦賀詰を命ぜられ、Perry 來航當時には次席通詞として、銀十五枚を賜つたこともある。浦賀の次には下田詰となつて大いに活躍してゐたが、ある時蘭文國書事件に關係し、かたはら同職森山榮之助との軋轢のため讒を受けてしばらく獄に下つた。然し彼の才能を惜しく思つて、蕃書調所の頭取古賀謹一郎は彼を救ひ出し、萬延元年(1860)十二月同所英語教授出役を命じた。『英和對譯袖珍辭書』の編纂事業も、古賀謹一郎の盡力、斡旋に負ふところが大だと言ひ傳へられてゐる。そしてこの英語教授及び辭書編纂事業こそは、彼の生涯中に於ける最も大きな功績である。

幕府はかうして英學の普及獎勵を種々の方法でなす一方更に萬全を期するため、最も進歩的な方法として留學生の英國派遣を決行するにいたつた。慶應二年(1866)十二月、箕作奎吾、箕作(菊地)大麓、外山捨八(正一)、中村敬輔(敬宇)、林董、市川森三郎、億川一郎、川路太郎、鳴瀬錠五郎、伊東昌之助、湯淺源次、安井眞八郎、杉徳三郎、福澤英之助等十四名の英國派遣がそれで、我國と最も深い交渉をもつ燦たる英國文化の輸入は、先づ最初にこれらの留學生によつてなされたのである。これは幕府が英國留學を命じた嚆矢で、これを機會に後年の留學生は續々海を渡つて、外國文化輸入に盡すところが多かつた。

II

かくて英語研究は年と共に盛大に赴き、蘭學の衰退するにつれて、益々基礎を固くし、來るべき明治の英學萬能時代の當來は、既にこの頃から豫約せられるにいたつた。英學が隆盛に赴いて、蘭學が衰微に傾くこの狀態は、天秤棒の兩端に於ける關係と同じく、一方が上向すればする程、他方は益々下向していつた。そしてこれを促進助長せしめ、或はその機運を作るのに大いにあづかつて力のあつたのが、次に言はんとする漂流民及び米國宣教師の盡力である。漂流民及び宣教師が、我英學史にのこした功績は、どんなにたゝへてもたゝへすぎることはない程である。

先づ最初の漂流民に關しては、弘化三年(1846)及び嘉永元年(1848)に難破して千島、北海道に漂着した米國捕鯨船 Lawrence 號、及び Lagoda 號乘組員はその一例で、彼等が通詞の會話練習に役立つたことは言ふまでもない。

然し英學史に最も大きな足跡を殘してゐるのは、何と言つても後者 Lagoda 號乘組員におくれること約一ヶ月にして、七月二日北海道利尻島に上陸した米國青年 Ranald MacDonald(1824—1894)に指を屈しなければならない。

彼は米國 Oregon 州 Astoria の生れで、故郷に於ける失戀から發憤し、日本に來航して通詞として成功しようと志し、嘉永元年(1848)我國に漂着、以後幕府の保護を受けて、同年十月から翌年四月末、米船 Preble 號に引渡されるまで、約七ヶ月間長崎通詞十四名の者に英語を敎授した。

そして彼が長崎で英語を敎授したこの七ヶ月間こそ永久に記念すべき尊い七ヶ月で、英語研究に資するところが甚だ多かつた。これは「英語を國語とする外人」によつて英語を研究した最初の出來事で、和蘭人を英語敎授としたことはあつたが、英語を母國語とする外國人を敎師となしたことは未だ嘗てなかつたところのことである。英米問題がやかましく論ぜられ、英學の必要を痛感してゐた當時、彼の生きた英語は如何に彼等に益するところが多かつたか、決して想像にかたくない。文化文政以後英語研究に着手して以來、すべて和蘭語に依賴し、和蘭語流に發音し、和蘭語流に書き、和蘭語流に解釋してゐた彼等が、新鮮な英語を敎はることによつて、反省或は覺醒したことは少なくなからう。彼等の英語がこれを機會に一段の進歩をなしたことは贅論を俟たないところで、彼の敎へを受けた十四名の通詞のうちから『エゲレス語辭書和解』(嘉永四年—同七年)の編纂にあづかつた西成量、森山榮之助、名村五八郎、志筑辰一郎、中山兵馬をはじめ、堀達之助、本木昌左衛門の樣な英語通詞としての幕末の大立物が輩出したことによつても、大體の想像は出來よう。

『エゲレス語辭書和解』は、幕命によつて O. Holtrop: *Engelsch en Nederduitsch Woordenboek* その他の英蘭辭典を和譯し、一卷づゝ編纂しては幕府に献上した我國第二番目の英和辭典である。

森山榮之助は、M. C. Perry 及び T. Harris 來航の際、主任通詞として幕末の外交舞臺に活躍した傑才であり、堀達之助は、森山と共にその際通詞として働いた外に、『英和對譯袖珍辭書』(文久二年1862)を編纂して我國英和辭典界に大功のあつた逸才であることは前にも述べておいた通りである。

III

これは外國漂流民の我英語學史に貢獻した一例として記憶に留むべきであるが、この反對に我國人が米國に漂流して、彼地で英語を習ひ、歸國して我英學界に貢獻した事件が特に我々の注意を惹いてゐることを忘れてはならない。その代表的なものは、土佐の中濱萬次郎、播州の濱田彦藏等で、彼等二人が日本文化に及ぼした影響は決して少くない。

中濱萬次郎は、天保十二年(1841)土佐國宇佐浦から漂流して嘉永四年(1851)琉球麻文仁間切に上陸するまで、滿十年米國にあつて米人に接し、英語に精通してゐた當代切つての正則英語學者である。そして時恰もよし、萬次郎が歸朝した翌々年の嘉永六年(1853)には、米國提督 Matthew C. Perry(1795—1858)が開國を強要した際で、米國と自由に談判の出來る通詞が一人もゐなかつたところから、のち萬次郎は幕府に召出されて、土佐を出で江戸に上り、英學者としては破格の厚遇を受けたのである。幕府にはその時森山榮之助、堀達之助の樣な英語通詞がゐない事はなかつたが、彼等の專門は英語よりは和蘭語であつたから、米國との談判はすべて和蘭語によつてなされ、双方の意志を通ずるのに非常な不便を感じてゐた。それで幕府は事に託しては談判を遲延させ、土佐へ矢の樣な早飛脚を飛ばせて萬次郎を招いた次第である。幕府はこの時、萬次郎に祿高三百石を與へて幕府普請役に列し、旗本として待遇した。尤もこの時には萬次郎の英語が米國人と少しも變らず、あまり達者であり、幕府の內情を米國側に洩らすおそれがないとも限らないといふので、直接應接することは禁ぜられた。これは水戸齊昭の意見にもとづいたものであるらしく、折角通詞として幕府に召されたが、直接の應接は許されず、そのため幕府當局としては、かの有名な條約文誤譯問題を惹起し、却つて一大失敗を演じたのである。

これだけ言へば萬次郎が、英學者として遺した功績中、尺振八、西周、中村敬宇、箕作麟祥、福澤諭吉、榎本武揚、大鳥圭介等の英語子弟を養成したことや、『英米對話捷徑』(安政六年1859)、『航海書』(元治元年1864)、『ロガリ表』等の著譯書のあることなどは言ふ必要はあるまい。『航海書』及び『ロガリ表』は未刊行本であるが、英語から譯したといふ點から言へば、英學史料として貴重な文献である。

萬次郎について、次の濱田彦藏もまた大きな功績を少からず殘してゐる。彼は天保七年(1836)八月、播州の一漁村濱田村の生れ、無論名もなき漁夫兼百姓の子として育つたが、嘉永三年(1850)十月、彼が十五歳の時、朋友と共に榮力丸に乘組んでそのまゝ漂流し、米國船に救はれてから彼地で米國流教育を受け、新しい空氣を呼吸すること約十年、安政六年(1859)六月、Townsend Harris の通譯官として歸國した時には、名も Joseph Heco と改めた二十四歳の堂々たる亞米利加紳士であつた。彼がこの時幕府譯官森山榮之助、堀達之助等の分りかねたことを傍から言葉添へをし、速かに辯じ立てたことは諸種の文献の記すところで、この點中濱萬次郎と酷似してゐる。彼はこの年から直ちに横濱本覺寺に設置せられた米國領事館の通譯兼書記生として働いた。そして彼が幕府及び米國の間にあつて、領事館問題、外國使節との應接接待など重要な役割をつとめ、兩國のため大いに盡すところがあつたことは、彼の新聞事業創始者としての功勞と共に、幕末の文化に異彩を放つものである。

即ち彼が發行した新聞『海外新聞』(元治二年創刊)は、洋書調所發行の『官板バタビヤ新聞』(文久二年創刊)が不定期刊行新聞であつたに對し、これは英國定期船が一ヶ月二回入港する度毎に發行したもので、新聞の性質として更に一歩進んだものであつた。また『官板バタビヤ新聞』が、箕作阮甫以下の蘭學者が蘭文から譯したものであるに對し、彦藏の『海外新聞』は、英學者としての彦藏が諸種の英字新聞から譯したもので、英文から譯した點に於て、重要な地位を占めるものである。このところ英文和譯資料として逸することの出來ない資料である。

彦藏にはこのほか、英文日記 *The Narrative of a Japanese* (1895)をはじめ、『漂流記』(文久三年1863)などがあつて、幕末或は明治文化研究者間で珍重せられてゐる。

IV

以上の様に、米國から漂着した幾人かの内外人の刺戟、貢献によつて、我が英學が變則から正則へ、和蘭語流から英語流へと數段の躍進を遂げたことは著しい現象で、英語研究に新紀元を劃するものであつた。そしてそれを更に助長せしめたものに次の米國宣教師の盡力がある。

彼等が、教育、傳道、聖書飜譯、施療方面に殘した功績は言ふに及ばず、彼等が英學史に殘した偉大な功績は恐らく永久不滅のものであらう。Guido F. Verbeck, Samuel R. Brown, Channing Williams, James C. Hepburn, J. H. Ballagh 等の名は、「日本の開拓者」として、我國が續く限り歷史から削除することの出來ない大恩人である。中でも Verbeck, Hepburn の二人が、明治大帝の御在世時代、多年日本國のために盡した功勞を嘉賞せられ勳三等に叙せられ旭日章を賜つたことは、彼等のこの功績を雄辯に物語る最高の尺度でなくて何であらう。

後者 Hepburn の『和英語林集成』(慶應三年1867)の如きは、和英辭典史の劈頭に飾られる千古不磨の大金字塔である。慶應三年(1837)の出版で、今日用ゐられてゐる Hepburn 式五十音羅馬字も彼の考案になるもので、この辭典にはじめて用ゐられた。『和英語林集成』はその後明治五年(1872)及び明治廿一年(1888)に增補改訂版を出したが、明治五年版の如きは政府もこれを奬勵して、當時法科教授をしてゐた G. Boisonade Fontarabie の證明により、大學南校へ二千部も買上げた事實さへある。

Verbeck, Brown, Ballagh の事績は、英語教育に從事して粉骨碎身自らの天職を完うするにあつたから、Hepburn の様な大著を殘すにはいたらなかつたが、Verbeck が長崎の英學傳習所及び東京の大學南校に於て幾多の明治文化功勞者を教育し、Brown が彼の横濱の私塾に於て、我國文化開發に努力し、その門下から島田三郎、白石直治、都築馨六、植村正久、本田傭一、井深梶之助、押川方義等の名士を輩出せしめ、Ballagh が同じく横濱の私塾に於て、寺内正毅、得能通昌、永井久一郎等を教育したことを言へば、功績としては決して Hepburn に劣つたものでないことが分らう。その他彼等には聖書飜譯上の功績として、Gützlaff の『約翰福音書』(天保九年 1839 Singapore 出版)や、Bettelheim の『路加傳福音書』(安政二年 1855. Hongkong 出版）と共に、本邦聖書飜譯史上、不滅の事績を殘した貢献があり、それらのことは諸書にも詳しく江湖著聞の事實でもある。

事實、宣教師の渡來によつて、また彼等の犧牲的努力によつて、英語會話、英語發音の改良せられ、洗練せられたことは驚く程であつて、彼等がはじめて來任した安政六年（1859）以後の英學書は明かにその影響の跡をとゞめてゐる。

ともかく幕府の英學奬勵や、開國條約に從ひ、踵を接して來航した英米船に刺戟せられ、勃然として興つて來る機運に向つた英語研究は、その後 Harris の來任や、それと相前後して起つた條約文誤譯問題に拍車を加へられ、更に日を逐つて切實な問題となつて來た。そして私の作製した日本英學發達史年表によると、神奈川條約締結四年目の安政四年（1857）はこれらの刺戟が一時に發芽して、幕末英學史上最も記念すべき年となつてゐる。

卽ち前に述べた蕃書調所が開校式を擧げて英語を敎授することになつたのもこの正月十一日で、その生徒數百九十一名に達し、これが本邦官設外國語學校の嚆矢であり、英學書方面では *Gemeenzame Leerwijs*（by Van der Pijl）、『英吉利文典』（宇田川氏藏版）、『英吉利文典』（大野文庫藏版）、『英語箋』（井上修理校正村上英俊閱）が刊行せられて英文典刊行の創始とせられ、英文學方面では、橫山保三の『魯敏遜漂行紀略』が出版せられて、これまた英文學飜譯書刊行の最初となつてゐるからである。

V

最初の *Gemeenzame Leerwijs* は、研究史家にとつては馴じみ深い Van der Pijl の原著を、H. L. Schuld が校訂した Dordrecht 發行、1854年（安政元年）版の複刻である。裝幀は當時として實に珍らしいことには背皮洋裝 octavo 版、用紙は洋紙まがひの雁皮紙、兩面刷りになつてゐて一見堂々たるものである。序文一葉、本文八十一葉 192 頁である。

本書は刊行英學書としては『三語便覽』（安政元年 1854）についで早いものであるばかりでなく、我國印刷史上逸することの出來ない資料である。即ち文祿慶長の切支丹活字版は別として、近世洋式活版の印刷は本書を以てその濫觴としてゐる。活字は鉛製のものであるが、鉛製か木刻か判別しがたい位に粗拙であり、組方も凹凸が相當にあるが、然し私は最初のものとしてそれだけに尙更面白く感ずるものである。本書がまた我國近世裝幀史上の最初の洋裝英學書であることなども特筆しておいてよいものであらう。

內容は、左の蘭語に對して、右に英語を對譯して掲げたもので、單語篇、文典篇、會話篇の三部に分れてゐる。程度はその title が示してゐる樣に、初學者のための英學楷梯とも言ふべきもので、後に單語篇は、開成所發行『英吉利單語篇』（慶應二年1866）に、會話篇は渡部一郎の『英吉利會話篇』（慶應三年 1867）及び淸水卯三郎の『ゑんぎりしことば』（萬延元年 1860）に、それ〲姿をかへて取入れられ、或は影響を與へてゐる。

第二の宇田川版『英吉利文典』（安政四年1857）は、長崎版 *Gemeenzame Leerwijs* について意味深い出版物である。即ち日本に於ける純粹の英文典としては最初の出版で、この點から言へば長崎版やその他の出版物と同樣極めて貴重なものである。

體裁は和裝美濃本、表紙中央に「英吉利文典」とあり、卷首見返しには中央上部に枠に入れて橫二行に *ENGELSCHE/SPRAAKKUNST* とあり、その下中央に「英吉利文典」と記し、右に「安政四年丁巳新鐫」、左に「美作宇田川氏藏梓」の文字が見えてゐる。扉 title は蘭文で書いてあるが、それによると和蘭の學校用敎科書として出版されたものゝ複刻であることが分る。

第三の大野版『英吉利文典』（安政四年1857）は、初學者の Reading と Translation の練習にそなへるためのもので、日本字で書けば、先づ『英學蒙求』『英學指南』あたりのところであらう。

宇田川版と同樣に、蘭文でといたもので、發行所及び著者は、第一の長崎版の *Gemeenzame Leerwijs* と同じ Dordrecht, Van der Pijl である。然し內容は長崎版とは異つてゐて、前者が單語會話の對譯書であるに對し、これは讀解、譯解を主眼として、發音を示し飜譯練習にそなへたものである。從つて本書には假令『英吉利文典』の題簽があつても決して文典とは言へない。書名、發行年代、版數も兩者とも全然異つて、大野版は 1842 年（天保十三年）發行の增訂第七版第一部である。

葉數は一部二部を合せると、扉序三葉、第一部九十二葉、第二部廿六葉となり、總計百二十一葉の大冊である。世間に流布されてゐる論文中、私の目に觸れたある四種の論文に、すべて廿六葉となつてゐるが、これは明かに誤記で論文作成者は最後の第二部の葉數だけを調べて、別丁になつてゐる九十二葉を看過してゐる樣である。

第四の『英語箋』は、天保元年（1830）英國宣教師 Walter H. Medhurst(1796—1857) が Batavia に於て出版した *An English and Japanese and English Vocabulary* (1830) を井上修理の校正、村上英俊の閲によつて飜刻したもので、辭書體のものであり、現在では相當な稀覯本となつてゐる。けれども元來原著者の W. H. Medhurst は、日本へ來たこともなく、日本人と交際のあつた人でもないらしく、この書物も自分自身作らず、支那人に作らせたものと言はれてゐる位であつて、內容に關しては相當の非難がとなへられてゐる。

VI

次いで英文學の方面に於ては、『魯敏遜漂行紀略』が、同じく安政四年（1857）に出版せられて、曉天の星の如く寥々たる幕末の英文學移入史に、一脈の光明を與へてゐる。

譯者は横山保三、出版の月は九月、序文には箕作阮甫、井上和雄の二人のものが添へてあり、更に興味深いことには、扉には、Robinson の無人島に於ける生活が三色刷になつてかゝげられてゐる。

卷尾には、原著者が、この漂流記を著はすにいたつた由來、動機を詳說し、こゝに Daniel Defoe の名を擧げて、著者自身の經驗でないことに說き及んでゐる。

譯者横山保三は江戸の人で、蘭學と共に國學、古代法律をも修めた當代の碩學横山由清その人である。後彼が東京大學に於て、文學部及び法學部の講師となり、國文學と日本古代法律とを講義したことは、當時の大學一覧にも見えてゐて、外山正一、中村正直、黒川眞頼、三島毅、島田重禮等と共に大學の重鎮として重きをなしてゐたことが分る。特に彼の國學の造詣は深く、箕作阮甫も序文に於て彼をほめたゝへてゐる。

國學の蘊蓄は譯書にも現はれてゐて、自らは「兒童の嬉戯に供へしものなれば……その文も平坦にして事實足らざるところあり」と謙遜してゐるが、簡潔な筆致はよく原書の梗概を傳へ、流麗な行文は Robinson の行動を躍如たらしめてゐる。矢張り名譯の一つに數ふべきものである。

たゞ惜しいことには、これは彼自身も言つてゐる様に、本文僅か美濃半折三十頁の略本に過ぎず、英文學の眞髄を傳へるには稍不足の感がある。

この點から言へば、嘉永三年(1850)の頃成つた、同じく *Robinson Crusoe* の飜譯『漂荒紀事』(黒田麴廬譯)の方が遥かに立派な内容を備へてゐる。これは嘗て述べた *Canterbury Tales* や *Romeo and Juliet* 或は *Gulliver's Travels* をはじめ、前述の『魯敏遜漂行紀略』が、單に移入せられたといふ史實のみか、或は移入せられても不完全なものに過ぎなかつたのに反し、明瞭に英吉利文學作品であることを、完全な内容と共に我國民の間に移植したもので、この意味から言へば、英吉利文學作品中、我國に移植せられた最初の完全な作品である。

殊にその内容の充實した堂々たる點に於て、譯文の遒勁にして典雅なる點に於て、まさに完璧に近い名譯である。しかもその飜譯の態度たるや、これまた後世學ぶべきものがあつて、自らもその叙文に於て、「文の煩冗の處は略せずして譯し、少しも私意を加へず、一詞も增減せず」と言つてゐる。盛に抄譯や意譯の行はれた當時、この學者的良心を失はなかつた態度は愉快極まることで、譯者の語學力の程、教養の程も偲ばれてゆかしさを覺える。これが譯者の廿三四才の時の譯と聞いては全く驚嘆の外はない。

譯者黑田麴盧は近江膳所藩黑田梁州の子、文政十年(1827)三月の生れ、名は行或は行元、字は大道、通稱行次郎、麴盧はその號である。彼は幼にして俊敏、長じて藤澤東畡、岡內六藏の門に入つて漢學を修め、蘭書は大阪の緒方洪庵について學んだ。蘭學の進步は殊に著しく、十九才にして既に『初學窮理抄』(*Volks-Naturkunde*)(弘化二年1845)を和譯するにいたつた。嘉永元年(1848)の八月には江戶表へ出で、更に刻苦して學をみがき、同四年(1851)には西洋炮術蘭書和解を仰付けられ、翌年(1852)十二月は學文格別出精につき、麻御上下一卷銀五枚を賜つた。『漂荒紀事』の飜譯は、この江戶表滯在中の二三年中に出來たものであるらしい。

彼はいたづらに虛名に走らず、功利に馳せず、刻苦精勵、學そのものにいそしんで自ら樂しむといつた高潔の士であつたから、譯書を公にしても飜譯年月は勿論、時には譯者の名さへ記するのを憚つた。『漂荒紀事』の如きも、六卷の大冊にわたる大譯であるにもかゝはらず、譯者の名を記さず、飜譯の年月を書かず、たゞ著者の名のみを擧げて、譯者名のところには「日本國再譯」とあるのみである。

その後彼は開成所出仕となり、或は藩黌遵義堂督學となり、多くの子弟を敎育し、晩年には、梵語にも通じてゐたところから、成島柳北を局長とする京都東本願寺の飜譯局にあつて、梵語の飜譯に從事し、我が梵學史上特筆大書すべき『榜葛刺文典』(十九冊)、『利釁薜陀三喜多引』(三十七冊)を大成し、後世の學者をして驚嘆せしめた。

VII

國の內外をあげての强烈な刺戟によつて出版せられた記念すべき安政四年(1857)のこれらの英語英文學の文献について早く出版せられたものには、『英米對話捷徑』(安政六年1859)、『增訂華英通語』(萬延元年1860)、『ゑんぎりしことば』(同)、『英語箋』(文久元年1861)、『商用會話』(同)をはじめ、『伊吉利文典』、『英吉利文範』(文久元年1861)等數十餘種類あり、こゝに私が縷說を弄するには餘りにも有名なものばかりである。從つて私はそのうち最も問題となつてゐるもの、或は興味深いものゝみ一二を取上げて論を進めて行きたい。

先づ取上げなければならないのは又新堂發行の『伊吉利文典』で、年代的に言つても最も早いものゝ一つである。美濃版、木版刷り、目次二葉、本文四十三葉のもので、中央には大きく『伊吉利文典千八百五十年版』とあり、英文 title は、筆記體で *The/Elementary Catechisms,/English Grammar* と三行に書し、その下に Price Sixpence と German type が入つて、點檢するまでもなく外國書の複刻版であることを物語つてゐる。

内容は全部筆記體で丁寧に書し、その書き方は和蘭流の書き方である。yをÿ、uをúと書くあたり完全に和蘭語流である。けれども私が見た書き方のうち最も和蘭流から脱却した書き方をしてゐるものはこれであつて、大野版、宇田川版よりはるかに英語本來の書き方に近く、且垢拔けがしてゐる。

そして蘭學が全盛を極めてゐた當時としては實に珍らしいことには、本文は全文英文で書かれてあつて、僅か一語の和蘭語をも挿入してゐない。大野、宇田川兩版のものが蘭文英文典であつたのに對し、一躍英文英文典の複刻となつてゐるこの意味で本書は本邦最初の英文英文典と言ふことが出來る。程度は英文典としては、さほど高いものと言へないことは勿論で、編輯方法も初期英文典の特徵たる Question and Answer の問答法を採用してゐることは、本書の英文表題が示す通りである。

複刻原本は倫敦 Groombridge & Sons 發行、1850 年(嘉永三年)版で、さきに米國に漂流して彼地で教育を受けて歸つて來た中濱萬次郎が所持してゐたものを、當時本鄕で塾を開いてゐた手塚律藏が借り受けて複刻したものである。稿本は筆耕生に書かせ、それを手塚律藏と西周助とが校閲した。

そも〳〵萬次郎がこの文典を持つてゐたのは、彼が嘉永四年(1851)正月、十年振りで日本に歸國した時、珍らしい米國土産と一緒に持ち歸つて來た横文書籍のうちの一冊で、しばらくその筋へ召上げられてゐたが、のち渡し下げられたところのものである。このことは、嘗て手塚律藏の門下生で、この文典を學んだことのある津田仙の追懷談「洋學の傳來」(『英文新誌』第一卷第四號）中に記されて有名な記事となつてゐるが、その前にも、明治卅年十月發行『舊幕府』第七號に記され、近くでは國澤新兵衛博士の『中濱萬次郎漂流記』（昭和七年）にもこの事が見えてゐる。複刻年代は不明であるが、私の調査では安政六年(1859)頃ではないかと思つてゐる。

そしてこの英文典は、のち更に數種の複刻本を生じ、英學研究が隆盛に赴むくにつれて益々需要を多くし、文久初年、元治元年(1864)、慶應元年(1865)、同二年(1866)、同三年(1867)といふ樣に版を異にして開成所から出版せられた。尤も形は『伊吉利文典』の美濃版に對し、僅か 19×12 糎或は 16.4×10.6 糎位の小さな形に過ぎず、厚みも極めて薄いものであつた。從つて世人はこれを呼んで「木の葉文典」と稱した。實際の表題は『英吉利文典』と言つた。けれどもその影響たるや實に驚くべき程のものがあつて、大槻文彥博士は、嘗てその名論文「和蘭字典文典の譯述起源」（『史學雜誌』第九編第六號）に於て、その功績について次の樣に言つてゐる。

「當時唯一の英文典なりしかば、凡そ英學に入る程の者は此書より入らざるはなかりき。……今の洋學家の四十歳以上の人にして、此文典の庇蔭によらざりし人はあらざるべし。文彥も其一人に漏れずして、此書より英學に入れり。されば『言海』も『廣日本文典』も遠く其淵源をたづぬれば此書より發せり。今昔の感なきにあらず。」

日本文典史上の決定的大著『廣日本文典』、『言海』が、この『英吉利文典』にその源を發してゐることを聞いて讀者は驚くにちがひない。しかもこれら文典の原本が、一漂民中濱萬次郎によつて齎らされたことを思ふと、不思議な文化の migration に感なきを得ないものがある。萬次郎が我國英學の祖と言はれる所以の一つもこゝに存してゐる。

萬次郎の功績は殆んど數限りないが、彼にはもう一つ記憶すべき事績が殘つてゐる。卽ち我國辭書傳來史上に特筆すべき *Webster's Dictionary* をはじめて齎らしたのも亦彼であつて、當時の英學者は、蟻が甘いものに吸ひ寄せられる樣に、彼の許へ蝟集した。これは萬延元年(1860)幕府が日米和親條約批准のため、使節を米國に派遣した際齎らされたものである。この時には福澤諭吉も一部もち歸つた。

Webster's Dictionary は、現今では珍らしくもないが、當時はまるで家寶か國寶位に珍重したもので、嘗て前島密（後に男爵）が英學者として薩摩藩に迎へられたことがあつたが、その時藩主から大事な寶物を御覧に入れるから、禮服着用の上出頭せよとの命を受けたので、前島氏は命令通り禮服着用で出頭してみると、うや〳〵しく出された寶物といふのは、丁寧に木箱で二重にも三重にも蓋をしてしまつてあつた帛紗包みの *Webster's Dictionary* であつたといふ笑話さへある。

なほ彼のもたらした辭典は、*Webster's Dictionary* としては我國最初のものであるが、英語辭典そのものは、早くも文化十一年（1814）に船載せられたことがあるから、その方が遙かに早いことは言ふまでもない。これは文化六年（1809）幕府が長崎和蘭通詞に英語研究を命じた際、長崎奉行が通詞に貸與して研究に便するため和蘭人に注文したものであらう。文化以後に於ても、英學勃興と共に H. Picard, O. Holtrop 等の辭書が輸入せられたことはあつたが、たしかな確實性をもち一般研究者にも入手の機會が與へられたのは、開港を許可した安政六年（1859）六月以降、外國商人が書籍の直賣をはじめてからのことである。但しこの時「外國商人共より直買致候書籍は運上所役所へ差出改印を受取」つたことは、從來の蘭書と少しも變りない。ともかくこの頃早くも、萬次郎が *Webster's Dictionary* を輸入したことは、第三期興隆期に於ける辭典史上、極めて珍らしいことで、當時の研究者をひどく羨しがらせた。

VIII

『伊吉利文典』について、取上げなければならないものは、『伊吉利文典』の出版せられたと思はれる安政六年（1859）の翌々年卽ち文久元年（1861）の刻版になる『英吉利文範』であつて、英文典複刻の歷史上本書程多くの問題を投じたものは珍らしい。現存するもの極めて少く、今日までに發見せられた部數は、私のもとで知り得たものは、九州帝國大學及び東京外國語學校にそれ〴〵一部宛、そして個人としては廣島の梅綠氏があつて、稀覯本中の稀覯本に屬してゐる。

内容はさきに澁川六藏が譯した『英文鑑』（天保十二年1841）の原著者と同じ Lindley Murray（1745—1826）の著 *English*

Grammar の Part II の Etymology だけを複刻したものである。原本は Orthography, Etymology, Syntax, Prosody, Punctuation 等の項目のもとに、夫々の part に分れてゐるが、本書ではその Part II だけを木版にしてゐる。そしてそれらは全部筆記體で極めて達者に書かれてゐて、その書き方も、さきの『伊吉利文典』より、更にまた一段と勝れ、yやuの書き方など全然和蘭臭味を帯びてゐない。内容そのものも問答式によらず現今使用のものと少しも變りない。これらの諸點から考へると、英文英文典としては第二番目のものだが、和蘭語から漸く開放せられた稍高級英文典として極めて意義深く思はれてよいものである。

體裁は和紙、和裝。表紙の色は當時の英學書によくある黄色。その表紙には、縦に「英吉利文範二編全」とある。葉數は九十六葉。型は 25.5×17.3 糎。見返しには中央に「英吉利文範二編」とあり、その右上に「文久元辛酉歳刻」、左下に「共之堂」とある。そしてこの左下の共之堂はその發行所と見るべきものと思ふが、こゝに不思議なのは、同書裏表紙には、例の萬屋兵四郎こと老皀館發兌書目廣告が「博物新編全三集」以下「英文範上下二冊」まで、合計十六種出てゐることである。そして更に奇怪なのは同廣告末へもつてきて、「元治甲子秋日東都竪川三之橋萬屋兵四郎」とあり、見返しの出版年代文久元年(1861)と年代的に三年の相違を來たしてゐることである。これで見ると共之堂は老皀館の別名らしくも思はれるが、果して兵四郎にさうした別名があつたかどうか。兵四郎のことは、『新舊時代』(第一卷第三及び第四)をはじめ『德川時代書籍考』(大正元年1912)にも詳しい記事があるが、共之堂との關係には少しも及んでゐない。

けれども私の考では、年代的の矛盾などから察すると、文久元年に共之堂といふ發行所から出版する筈になつてゐたものがどうかしたことから出版不能になつたのを、老皀館が版權を讓り受けて、廣告通りの元治甲子元年(1834)に出したのではないかと思つてゐる。

なほ本書は Part II の Etymology のみの飜刻であるが、Part III の Syntax は翌慶應元年(1865)同じく老皀館から飜刻出版せられてゐる。

前者同様、和紙、和裝、筆記體、木版刷の書である。見返しには、中央に「英吉利文範初編」とあり、その右に「慶應元乙丑歳刻」、左に「東都江左皀老館梓」とある。前述老皀館發兌書目廣告中の「英文範上下二冊」とあるのは、文久版とこの慶應版とを指したものであらうと思ふ。たゞ後から出た慶應版が Part III でありながら「初編」といふのはどういふ意味のものであらうか。

『英吉利文範』の版が成つた文久元年(1861)頃は、英學研究もやゝ形をとゝのへて來た年で、この年にはまた我國最初の英語讀本も出版せられた。

長崎版のもので、扉には *EIKEU'S EDITION. / COMLY'S / READING BOOK. / adapted to use of / PUBLIC SCHOOLS. / NAGASAKI.* とあり、更にその下へもつて來て、二行に 2d Year of BANEN. / March 1861. と日附が入れてある。

内容は Comly の *Reading Book* の複刻で、その扉にもある様に學校用讀本として出版したことが分る。扉裏には Booksellers, Mäsh nägä bünji, / in the Street Kóze yä mäch, / and / Uch dä säk go ló, / in the Street yedo mäch. と書して發賣所を示してゐるが、これは漢字に改めれば、麴屋町増永文治及び江戸町内田作五郎である。増永文治は『蕃語小引』(萬延元年1860)を出版して名高い。

全六十八葉。中本。和紙。和裝。全十一課から成つてゐて、極めてやさしい書出しから始まり、漸次程度を高め、終りの方には物語をおさめ、行儀作法を説き、純然たる English Readers の形をとつてゐる。今迄出版せられたものは、勿論譯讀にも用ゐられたが、純然たる讀本と銘を打ち、しかも讀本としての内容をもつたものは、英學はじまつて以來最初のことである。

活字も讀本式に相當大きな活字を用ゐてあるが、もつと珍らしいことには、全文その活字は鉛製活字であり、その扉に EIKEU'S EDITION とあることである。EIKEU は即ち「永久」で、「永久版」の意味である。詳しく言へば、近世日本印刷史の鼻祖本木永久が印刷した英語讀本である。

永久は名で、普通本木昌造の方が分りがいゝ。彼は號を梧窓と號した。英學史方面から言へば、文化創學の頃、早くも日本最初の英和辭典『諳厄利亞語林大成』（文化十一年1814）を編纂した本木正榮の孫で、同じく通詞をその父祖の業として勤めてゐた。父孫ともに英學書編纂の歷史に大きな貢獻をした例は未だ見當らない。

IX

この本の出版せられた年には、以上の外、英學書では『英語箋』（石橋政方）、『商用會話』（Van Reed）があり、外字新聞では *The Nagasaki Shipping List and Advertiser* をはじめ *The Japan Hera'd* が發刊せられ、次いでその翌年には『英和對譯袖珍辭書』が出版せられるなど、來るべき時代の曙光は益々その輝きを增して來てゐる。年代に於ても明治までは僅か十年足らずである。

從つて本稿の材料も次第に多くなつて來なければならない段取りとなつて來るが、そして事實その材料は加速度的に多くはなつて來てゐるが、然しその內容本質に於てはたゞ英學が蘭學に代つたゞけのもので、二百數十年の長い鎖國政策の餘波を受けて、一般人士の思想は極端な排外思想に支配せられ、英米人を目するに禽獸夷狄を以てし、甚しきにいたつては西洋學を口にするもの、或は異人と賣買するものは、斬殺されることもあつた國情であつたから、英學書の數こそは增して來たけれども、資料としてこゝに拾上げるものゝ少いのは蓋し止むを得ないことであらう。

強ひて拾へば、「一冊の英書を蘭譯を經ずして直接に和譯した最初のもの」を拾ひ上げてみるのも一興かと考へられる。

これについて先づ信ぜられてゐるものは、文久二年（1862）の『彼理日本紀行』（十卷）で、大槻如電の『新撰洋學年表』（昭和二年）によると、これが我國最初の、蘭譯を經ない直接英語原文譯である。

原本は *United States Japan Expedition by Com. M. C. Perry* で、萬延元年（1860）幕府が日米條約批准のため、

正使新見正興、副使村垣範正をはじめ總員七十七名の一行を合衆國に派遣したことがあつたが、その使節の一行を押送するために咸臨丸といふのを同時に派遣した。時の艦長木村攝津守芥舟が米國から齎し歸つたもので、當時の碩學大槻磐溪に贈つたのを、更に磐溪から主君仙臺藩主伊達慶邦侯に再呈した記念品である。中濱萬次郎が *Webster's Dictionary* を齎らしたのもこの時である。ところが慶邦侯からは、原書では分らない、飜譯して御覽に入れろとあつたから、磐溪は手塚節藏、工藤岩次の二人を得、家へ寄宿させて譯にとりかゝらせた。二人は僅か一年ばかりかゝつて、文久二年(1862)四月譯了し、磐溪自ら淨書し自ら序文をつけて主君に奉つた。この時主君からは御褒美として白銀十枚を賜つた。

譯者手塚節藏(後に大築拙藏)は下總佐倉の人で、工藤岩次は津輕の人。二人とも英語が相當出來たことは勿論のことゝ思ふが、手塚節藏の方は、大槻文彦博士の幕末英學についての回想中に、所謂開成所版『英和對譯袖珍辭書』(文久二年1862)の編纂にあづかつた一人として、堀達之助、千村五郎、箕作貞一郎等の當時の錚々たる英學者と共に擧げられてゐるから、先づ信用してもよからう。

尙手塚節藏については、勝俣銓吉郎教授の御敎示によると次の數行を加へることが出來る。

節藏ははじめ佐倉に於ける手塚律藏の弟子であつたが、律藏がその才を愛して弟子から養子にしたもので、その節藏といふ名も、律藏の甥で學問のたちが非常によかつたが夭折したものゝ名を取つて、律藏がつけたものである。そして節藏は養父律藏の代りに仙臺侯に仕へてゐたが、そのうち大槻磐溪の第三女雪女の養子となつたといふのである。かう言へば、『彼理日本紀行』が、節藏の手によつて譯され、磐溪の序文をつけて仙臺侯に呈上した由來も判然しよう。

因に節藏のはじめの養父律藏は、當代切つての英學者で、安政四年(1857)蕃書調所が開校式を擧げてはじめて洋學を敎授した時、最初の敎授手傳出役として、洋學史上逸すべからざる足跡を殘した人である。西周助は彼の門下生中の逸足で、周助が律藏について蕃書調所の敎授手傳並となつて句讀を擔當するにいたつたのも、またはじめ周助が英學に志すにいたつたのも、すべてこの律藏の推薦或は慫慂によつたものである。神田孝平、津田仙も律藏の門下生として名高い。律藏は維新後は瀨脇壽人と改名し、浦鹽で貿易事務官をしてゐたことがある。譯書としては『泰西史略』(安政五年1858)がある。『彼理日本紀行』について出たもので、最も早いものゝ一つは、さきに中濱萬次郎の項に於て觸れておいた萬次郎の譯した N. Bowditch: *The New American Practical Navigator: Being an Epitome of Navigation* (New York)の『航海書』(元治元年1864)及び『ロガリ表』である。この二書は未刊行本で『新撰洋學年表』にもなく、一般には知られてゐないが、譯者萬次郎の功績と共に永く傳へられるべき資料である。

第三期興隆期に於ける英語研究史には、この他にも英學と直接關係のある、T. Harris の見た通詞の語學力、或は長崎奉行から幕府當局者へ提出した英學奬勵方の願ひ書、その他種々の文獻、挿話、笑話も殘つてゐるが、それよりも以上述べた樣な幾多の悲劇、喜劇、波瀾重疊の春秋を經て、漸くにして迎へた輝しい第四期の英學私塾全盛期を瞥見して、この稿を終へることにしよう。

英學私塾全盛期

I

明治初年第四期に於ける英語研究の第一の特長は、英學勃興によつて起つたこの英學私塾全盛の現象で、今迄には殆んど見られなかつたところのものである。勿論明治以前にも中濱萬次郎、福澤諭吉の私塾をはじめとして、長崎、横濱には有名なものもないではなかつたが、明治初年より甚だしいものはない。まるで私塾の氾濫時代、洪水時代である。時代は蘭學萬能時代から英學萬能時代、しかも明治新政府の教育奬勵と英學本位論採用は、今までの壓迫せられてゐた國民の知識慾を爆發させ、新政府の自由開放主義を謳歌する人々は、老幼男女の別なく英學へ英學へと押寄せた。我國にはじめて鐵道を敷いたのも、電信を架設したのも、燈臺を設置したのも、海軍の組織を形成したのも英米人である。教育制度も郵便制度も農業の改善も、植民事業の改良も、英米人の力によつてはじめて完成することが出來た。英語を學ばずして、どうして明治新文化を建設することが出來よう。英語を學ばずして、どうして新思想の恩惠に浴することが出來よう。一も英語だ、二も英語だ。かくて人々は大奔流大激浪となつて、舊蘭學を押流し、舊國學を破壞し、見る〳〵うちに英學の大洪水となつて氾濫したのである。

甚だしきにいたつては、明治二年(1869)、南部義籌は國字を廢して羅馬字を採用すべしと提唱し、英米崇拜熱は遂に嵩じて英語國民の信じてゐる宗教基督教を以て我國教となすべしと極論する者まで出て來るにいたつた。これは單なる空論ではなく、前者は西周助(西周)、後者は新島襄の如き熱烈な贊成論者を得て益々盛に論議討究せられた。後年の森有禮の國語廢止英語採用論と最もよき對照をなす論議である。三田の英學者福澤諭吉が、人間平等論、男女同權論をとなへたのもこの時で、新思想を盲信することに於て最も勇敢であつた當時の進歩論者は、早速これにも和し、その結論は女子の獨立論となり、自由結婚論となり、當時から熱心な英米崇拜家として有名であつた森有禮は、それに同意すると共に、自ら西洋流の結婚法によつて婚姻し、後進者に範を示した。青春の若い男女が傳統的奴隷制度の殼を破つて、これに倣つたことは勿論であるが、あるものはそれを更に西洋化せんため燒鏝をあてゝ、頭髮や口髯を縮らせる輩まで出て來た。その他腰のまがつたお爺さんお婆さんが英語辭書を懷に入れて往來を歩いたといふ話さへある。又當時文部省が英語を採用することに決定したゝめ、大學で獨逸語や佛蘭西語をやつてゐた學生まで、一時他へ轉科しなければならなくなり、その時佛蘭西語教師の Lepissier が不用になつた悲喜劇さへ殘つてゐる。

かうした英米心醉熱が、英學に甚大な影響を及ぼしたことは當然のことで、明治七・八年前後にいたつて、英學私塾は殆んどその絶頂に達し、雨後の筍もたゞならぬ有樣であつた。その最も榮えたのは、福澤諭吉の慶應義塾、中村正直の同人社、鳴門義民の鳴門塾、近藤眞琴の攻玉塾、鏡光照の成義塾、箕作秋坪の三叉學舍、石田英洲の共勵學校、佐野鼎の共立學校、尺振八の共立學舍等で、多い時には數百人の英學生を擁してゐた。明治七年(1874)の統計によると、外國語學校の數は官公私立全部合せて九一校、生徒數六六三八名、教員數三七二名の多數にのぼり、そのうち英語を教授する學校が八二校、生徒數五九五七名、教員數三一〇名、で全體の九割强が英語學校であつた。外國教員では英米人が絶對多數を占めてゐたことも無論である。

殊に著しい現象としては、女子の英語學習者が非常な多數を示してゐることゝ、第一大學區即ち東京方面が最も多くの英語學校と英學生とを有してゐることである。當時女子が自我の解放を叫んで獨立を志してゐたこと、及び英學の中心が長崎(第五大學區)から東京に移つたことは、その當時の統計表が立派に物語つてゐる。英學研究創始期たる文化文政の頃、長崎通詞によつてはじめられた英學が、長崎を中心として發達し、英學書の殆んど全部がそれら長崎通詞の手によつて完成せられたのに對し、天保嘉永の頃から、澁川六藏、藤井三郎等の輩出を機として、英學の中心は漸く江戸に移りPerry, Harrisの來航によつて完全に江戸方面が中心地となつて來たことは、第三期及び第四期を通じての最も著しい現象で、それが明治以後になつて絶頂になつて來たのである。あれ程發達してゐた蘭學が、僅か一・二校に於てのみ教授せられたほか、和蘭人そのものは唯の一人も外國教師の中に發見せられないといふことは、蘭學の完全な沒落を示したものでなくて何であらう。長崎から江戸へ、蘭學から英學へ――かくて英學は斷然他を壓して帝都に中心を置き、愈々語學の王者として君臨するにいたつたのである。

II

英學書の出版も、明治四年(1871)、五年(1872)、六年(1873)は始んど大洪水の有樣を呈し、文献學上殆んど整理がつきかねる位である。腰の曲つた老婆が大きな枕本英語辭典を袖に入れて歩き、三才の童子がAlphabetを口にしたといふのは、單なる誇張した表現ではないのである。それは江戸ばかりではなく、平沼淑郎博士が當時の洋學研究狀態を追憶した「鶴峰漫談」(「早稻田學報」昭和五年六月號)によると、岡山の山間津山でも、明治五年頃早くも「大抵の人はエービーシーぐらゐは口誦んでゐた」と言はれてゐる。それが明治七年、八年と年が進むにつれて益々激しくなり、高等の學校では教科書は殆んど全部外國原書により、教授に當つては日本人と雖も英語を用ゐて教へ、專門用語はすべて外國語を用ゐる有樣であつた。例へば明治六年頃には、既にこの現象が表はれてをり、文献に徴すれば、外國語研究がその主なる目的の學校とは言へ、東京開成學校、東京外國語學校、長崎外國語學校に於ては、英和辭典を除くほかは全部原書により、女の學校では、東京女學校が、原書及び『西國立志編』(明治四年)、『學問のすゝめ』(同五年)等、飜譯或は啓蒙的書物のみを用ゐてゐる。

この現象は、社會全般にも表はれて、當時の學生は言ふに及ばず、一般商人、人力車夫にいたるまで英語を口にしないでは世渡りが出來なかつた。商賣人のためには『世界商賣往來』(明治四年)、『挿譯英和用文章』(同五年)をはじめ無數の英學手引書が出來、車屋のためには所謂「車屋英語」式の限りない手引書が出來て、一般商人と共に外人の接待にそなへた。

もと〳〵「車屋英語」といふのは、横濱、長崎、神戸などの外人の多く住居或は往來する處に於て、車夫と外人と話をしたり、或は商人が外人に物を賣る場合用ゐたりした外人應對語であるが、中でも車夫は最も外人に多く接し、また英語を用ゐる機會が多かつたところから、彼等自身なか〳〵うまいことをして覺えこんだ。そこで生れたのが謂ふ所の「車屋英語」なるものであるのだが、これは單に外人にのみ用ゐたものでなく、明治初年の風俗本等には、車夫が書生をのせて書生と話してゐる樣なものまで出來た。そしてこの車夫と書生と、英語を教へる英學私塾は、明治初年のもつとも著しい現象で、『一讀三歎當世書生氣質』の第一回の書出しにも次の樣なことが見えてゐる。

「富も才智も輻輳の、大都會とて四方より、入こむ人もさまざまなる、中にも別《わけ》て數多きは、人力車夫と學生なり。おのおの其數六萬とは、七年以前の推測計算方《おしあてかんちやう》。今はそれにも越えたるべし。到る處に車夫あり、赴く所に學生あり。彼處に下宿所の招牌《かんはん》あれば、此方に人力屋の行燈あり。横町に英學私塾あれば、十字街に客待の人力車あり。失敬の挨拶は、ごつさいの掛聲に和し、日和下駄の痕は、人力の轍にまじはる。實《け》にすさまじき書生の流行、またおそろしき車の繁昌。」

坪内逍遙博士が、『當世書生氣質』の稿を起したのは明治十八年四月である。してみると、こゝに車夫と書生の數それぞれ六萬とあるのは、計算してみると明治十一年頃のものと思はれるが、その頃既にかうした氾濫狀態を來たしてゐたのである。

この時に當つて英學書が自然と新しいものに代つて行つたことも當然のことであつて、辭書、文典、讀本、發音教本などすべて面目を一新してゐる。

辭典に於ては『改正増補和譯英辭書』、『英和對譯辭書』、『英和字典』、『附音挿圖英和字彙』、『和英語林集成』などがあつて、英學生に便し、文典では T. S. Pineo 及び G. P. Quackenbos の兩文典が行はれた。中でも Pineo のものは主として慶應義塾及びその系統の學校に於て、そして Quackenbos のものは、大學南校及びその系統の學校に於て使用せられ、これらは驚くべき程多くの需要を來たし、註釋書だけでもおびたゞしい數に上つてゐる。讀本では Wilson や Sargent のものが優勢であり、發音教科書は Webster の *Spelling Book* 1點張りであつた。

けれども後にはまた研究の進むと共に著述英文典や發音教科書なども出で來たり、本格的の研究書も見える樣になつて來た。最も早いものでは、文典に『英文典便覽』(明治四年)、『洋學指針二編英學部』(同)があり、著述英文典としてはこの二書あたりがその濫觴とせられてゐる。

前者『英文典便覽』は、忍の人靑木輔淸の著、忍縣洋學校から出版した。和紙、和裝、木版刷、中本、五十葉。第四十二葉以下には Syntax 及び Punctuation の項も加へてある。靑木は相當の英學者であつたらしく、『英和掌中字典』ほか十種程の英學著作がある。

後者『洋學指針二編英學部』は、柴田淸熙の著。和紙、和裝、木版刷、五十七葉。本書は慶應三年(1867)發行、『洋學指針英學部』(柳河春三)の第二編で、第一編が發音、綴字を主として、少しだけ Punctuation も加へてゐるに對し、これは全部文法をといたもので、その編述の方法は、前述『英文典便覽』よりも寧ろ立派な出來榮えである。

英文學方面では、先づ飜つたものとしては『西國立志編』(明治四年)があつて、文學作品としてよりは、英米文人の名前、小傳、逸話或はその言葉を記して英文學に接する第一の機會を與へてくれてゐる。また當時にはその他『自由之理』、『魯敏遜全傳』、『泰西世說』など譯されて、英文學の斷片的なものが移植せられてゐる。Shakespeare に關するものなども、*The Japan Punch* や『平假名繪入新聞』等の新聞や雜誌に少しづゝ表はれはじめてゐる。けれども本當の意味で、英文學の作品が讀まれ、研究せられる樣になつたのは、明治十年以後のことであつて、それ以前には殆んど見るべきものはない。卽ち東京大學に於て、やゝ組織的に研究が行はれだして以來のことであつて、それより前のものは、單なる梗概か、抄譯か、飜案に過ぎなかつた。これは高田早苗博士の『半峰昔ばなし』（昭和二年）などによつても分ることで、わざ〳〵明治文學史をひもどくまでもないことである。

高田博士によると、我國で本當の英文學の作品を讀みはじめたのは、當時十年頃の東京大學生であつた丹乙馬や坪內博士、高田博士その他であつて Walter Scott, Lytton, E. A. Poe, Thackeray を耽讀したといふことである。Shakespeare 研究の開始せられたのもこの十年頃で、無論それ以前に Edward H. House や James Summers などが Shakespeare はじめ英文學の講義をなしたことは傳へられてゐるが、後世にまで實際の影響を與へた研究は、この十年以後のことである。

そしてこの十年以後は、英語英文學ともに眞の意味に於て本格的の研究或はその結果の現はれて來る時代で、英學史方面では、第五期の成熟期に屬してゐる。

第五期の成熟期に關しては、他日まとまつたものを發表したい。

* * * * * * * *

（限られた紙面と、與へられた期限のため、種々の制約を受けて、結局拙著『日本英學發達史』の拔抄に終らざるを得なかつたことは遺憾である。けれども私としては簡單な、あまり專門的にわたらない英學史を書いて、一般の研究者にも一通りの概念を與へたいとかねがね思つてゐた所であつたので、この度の企ては始終私をして愉快にペンを走らせた。この意味で、この稿は私自身成功してゐると思つてゐる。これ以上の詳細な研究考證については、志ある方は研究社發行の拙著に據られたい。）

——完——

『日本英學史』正誤表

頁	行	誤	正
3	3	本年	昨年
4	終から6	deliuered	delivered
4	終から6	Lettes	Letters
4	終から6	vnto	unto
4	終から6	Maiestie	Majesty
4	7	vp	up
4	8	iourney	journey
6	11	[h]	[n]
20	3	或に	或は
22	4	保獲	保護

昭和十年七月二十二日印刷
昭和十年七月二十五日發行

英語英文學講座
第十五回配本

編輯者　藤塚常雄

東京市牛込區市ケ谷田町一丁目四番地
發行者　荻野富佐

東京市芝區新堀河岸三十一番地
印刷所　山村印刷所

發行所
東京市牛込區市ケ谷田町一丁目四番地
市ケ谷ビルデイング二〇四號
英語英文學刊行會

安田製本

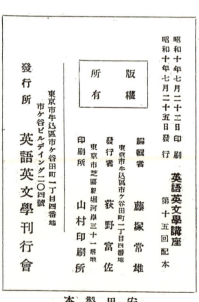

日本に於ける英語教授法の変遷

文部時報

第六百四十一號

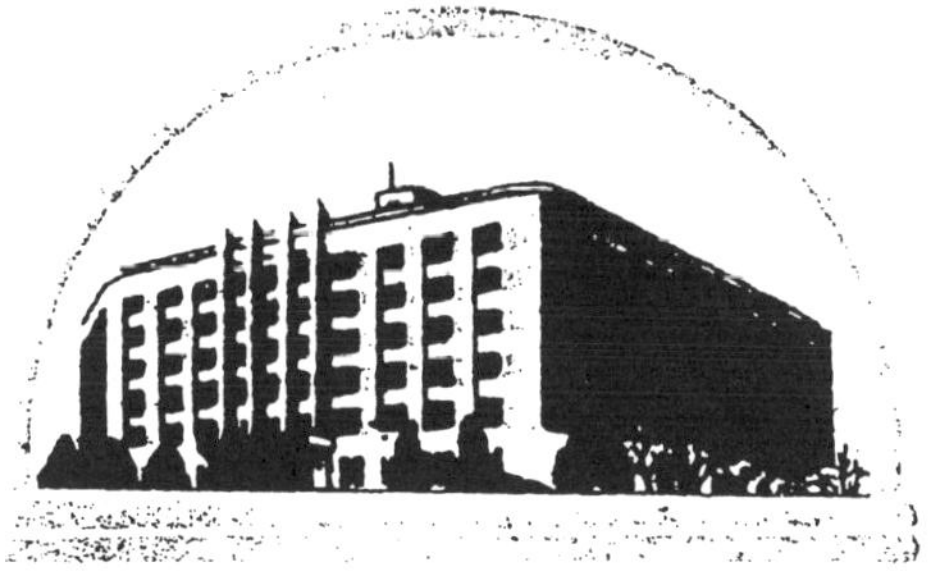

文部省

昭和十三年十二月二十一日

文部時報

第六百四十一號

目次

卷頭（格言三則）

大正天皇の御聖德を御製の上に偲び奉りて……元侍從子爵 北小路三郎……二

公民科の指導精神とその取扱方……東京女子高等師範學校教授兼東京高等師範學校教授 山崎犀二……八

小學校國語讀本卷十二編纂趣旨（二）……文部省圖書監修官 井上赳……一六

日本に於ける英語教授法の變遷……廣島高等師範學校教授 定宗數松……二四

非常時局に於ける理科教育者の任務……廣島高等師範學校教授 池田嘉平……三五

日支兩國の交通と今次事變の意義（下）……京都帝國大學名譽教授文學博士 矢野仁一……三八

人造纖維に於ける最近の進步……濱松高等工業學校教授 藤井光雄……四三

青年學校職業科教授及訓練要目に就て……文部省社會教育局青年教育課長 柴沼直……五一

勅令……勅令第七百三十九號（青年學校教練科等査閲令中改正）……五五

省令……文部省令第二十三號（氣象臺職員交通至難地在勤手當支給細則中改正）——同第二十四號（中等學校教員檢定規程中改正）……五五

訓令……文部省訓令第二十七號（青年學校教授及訓練要目中職業科要目ニ關スル件）……五八

告示……文部省告示第三百五十五號（帝國高等女學校設立者變更認可）——同第三百五十六號（昭和十四年各官立高等學校高等科入學ニ關スル件）……五八

敍任及辭令（自昭和十三年十二月一日至同十日公表ノ分等）……六〇

彙報……表彰——國民意識振起歌詞歌曲製作——講師解囑——學生生徒募集（長崎、金澤、新潟各醫科大學、千葉醫科大學附屬藥學專門部、東京廣島兩文理科大學、濱松高等工業學校）——實業學校長認可——實業學校教員檢定本試驗合格者——檢定教科用圖書——推薦映畫——蓄音機レコード推薦——法人設立許可——歸朝——休職——退職——死去——公告……七一

日本に於ける英語教授法の變遷

廣島高等師範學校教授　定宗數松

この稿の如き短篇で德川、明治、大正、昭和に亘る英語教授の變遷を辿る事には、相當以上に無理がある。且遠い昔の事實に關しては據るべき文獻に乏しく、又大正、昭和のそれは、歷史的事實として取りあげるには、あまりに生々しく我々に接近して居るために、なかなか困難な問題である。そこで極めて簡單に我が國の英語教育の由つて來る所、英語研究の目的、教科としての英語科の位置、その教授方法の變遷を明かにするを目標とし、明治二十年迄の事實を述べることゝした。その以後については廣島文理科大學英語英文學研究室發行、英語論文集（昭和十三年六月發行）の拙稿を參照されたい。

一　德川時代の英語研究

三浦按針（William Adams）が和蘭船のパイロットとして大分浦に漂著したのが慶長五年（一六〇〇）で、これが日本と英國とが交渉を持つやうになつた始めである。そして彼が德川家康の恩寵を蒙り、重要視された事は普く知られてゐる事で慶長十八年ジョン・セーリス（John Saris）が齎らしたジェームズ一世（James I）の親翰を、家康の前で朗讀飜譯したこと、及び家康からの返書を英譯した事は、日本に於ける英文和譯及び和文英譯の始まりとして、我が國に於ける英學發達の跡を辿る人々の好話題となつて居る。その後英國は色々の事情で我が國から退却して、文化五年（一八〇八）和蘭の軍艦が長崎に碇泊して居るであらうことを豫想して、之が攻擊拿捕のために、英船フェートン（Phaeton）號が長崎にやつて來て、當時の長崎奉行松平圖書頭康英が、責を負ふて自殺すると云ふ大事件を起した所謂フェートン號事件の起るまでの約百七十年の間は、日本と英國との關係から云へば、大體に於てブランクの期間であつたと云ふ事が出來ませう。

扨てこのフエートン號事件がかくまでに重大化した原因として、外交史家は長崎奉行以下屬僚達が對外交渉の經驗に乏しかつたこと、又和蘭舘長、ドユーフは長い間、直接本國との聯絡を斷たれて、正確な世界情報に接する機會がなく、從つて奉行に適當な忠言をすることが出來なかつたことの二つをとりあげてゐるが、も一つの大きな原因は長崎の和蘭通詞に英語を解するものがなくて、相互の意志の疏通に事缺くことが多かつたであらうことは見逃すことが出來ない。そこで和蘭通詞の間にも心あるものは、英語研究の必要を痛感するものがあらはれ、又一方幕府の方に於ても、十八世紀の後半より英米の船舶が頻々として我が近海に航行して來る事實等に鑑み、英語研究の必要を認めて來た。その結果、翌文化六年（一八〇九）幕府は和蘭通詞、本木庄左衞門以下六名の秀才に命じて、英語の研究を始めさせた。その時英語の手ほどきをしたのが、ドユーフの下に書記をして居り、後、彼の後を繼ぎ和蘭舘長になつたヤン・コツク・ブロムホツフ（Jan Cock Blomhoff）であつて、これが我が國で、英語が學問として、語學として教授され、研究された最初である。この意味に於て、文化六年は、我が國英語教育史上記念すべき年であり、又ヤン・コツク・ブロムホツフは我が國に於ける、英語教師の草分けとして記憶さるべき人である。然し當時は徳川吉宗が、延享元年（一七一四）宗教書以外の蘭書の購讀を許可して、蘭學の文字による研究が漸く花を開き、所謂蘭學の全盛時代であつたゝめに、折角ブロムホツフによつて開拓された英學研究も、文化八年に『諳厄利亞興學小筌』と云ふ單語單句對話集が作られ、更に文化十一年には我が國で最初の英和辭典である『諳厄利亞語林大成』が物されたにも拘はらず、それ等は唯幕府に献納された丈けで、一般の用には供されず、英語研究は大した發展を見ることなしに數十年を經過したのであつた。

所が嘉永元年、我が國英語教育史の上に大きな足跡を殘した米國人がやつて來た。それは一八四八年即ちブロムホツフが英語を教授してから約四十年を經過した時に來朝したマクドナルド（Ranald Macdonald）がその人である。

彼の傳記は "Ranald Macdonald 1824-1849" と云ふ書物が彼の手記 "Japan story of Adventure" と共に、一九二三年に出版されて居るのによつて知る事が出來る。之は一千部の限定版だが、三百餘頁の大部のものである。彼は蘇格蘭土人を父とし、アメリカ・インデイアンの首長の娘を母とする生來の冒險兒で、少年の頃、漂流日本人に、日本の事情を聞き、日本に憧れを持ち、日本に渡つてあはよくば大いに立身出世しようと云ふ念願に燃えてゐたのであつた。そしてその最良の手段として彼が採つたのが、捕鯨船に乘込む事であつた。かくして嘉永元年、北海道の西海岸で一葉の端舟に乘り移り、母船と別れ、擬裝漂流民として利尻島に上陸したが、松前から長崎に護送され、翌年四月長崎に寄航したブレブル號に乘せられて、德川幕府の鎖國政策を呪ひつゝ、雄圖空しく、憧れの日本の地に左樣ならをした。

彼が長崎に居たのは僅かに七ヶ月であるが、その間に、日本語を研究し、傍ら和蘭通詞十四名に英語を熱心に教授した。即ち我が國で英語を母國語とする米國人によつて、英語が始めて教授されたわけである。彼がどんな方法で教授したかは彼の手記による外はなく、それによれば通詞が一齊に教授を受けたのではなくて、一人一人が彼の前に進んで行つて、教授を受けたやうだ。そして先づ通詞が英語を讀む。それを彼は聞いてゐて、その發音を訂正する。發音の上で通詞が困難したのは、子音でその連結にはとても苦勞した。一例をとれば『l』の音は、不完全で、殆んど『r』と同じやうに發音し、"Ranald Macdonald" を "Ranardo Macdonardo" としたやうだ。然かも『r』の音が強い喉から出る音であつたと云つてゐる。それから更に面白いことは、各子音の後に必ず短ひ『i』音や『o』の音をつけて發音したと云ふ事である。之等は今日の學生の英語の發音を考へ合はせて見ると、やはり今日困難とされてゐる所が、その頃でも困難であつたと云ふ事が伺はる。文法に就いては、通詞達が相當の素養を持つてゐた事をあげ、そして通詞達が敏感で感受性が强かつたことをあげて居る。又語の意味の教授はなかなか困難で、特に一つの語が異つた意味で用ひられて居る場合には、隨分了解させるのに苦勞したやうである。然し大體に於て、蘭英の辭書を用ひたり、最も原始的な Direct Method が用ひられたことは想像にかたくない。

その後數年にしてペルリが浦賀に通商を求めた時、小さい傳馬船から、山のやうな米艦を仰ぎ見ながら "I can speak Dutch" と叫んで、とにかくまがりなりにも、外交交涉の衝にあたつた森山榮之助や、後に蕃書調所で英學句讀教授出役を仰せつかつた堀達之助等は、皆彼から、耳によつて生きた英語を學んだ俊秀であつた。これまでの和蘭流の發音がアメリカ流の發音になつた事は、『エゲレス語辭書和解』に附けられた假名書の發音によつて知る事が出來る。

この頃から今まで長崎のみを中心にした英語の研究が江戸

に於ても研究されるやうになつた。ペルリの來航を機として、長崎で研究した人々が江戸に移ることになつたのも、その一つの原因であらう。こゝで德川幕府のとつた外國語に對する政策の大要を述べる必要がある。幕府は鎖國以來、長崎の和蘭通詞に、父子相傳によつて、口と耳による和蘭語の學習は許可しましたが、和蘭語を讀むことは堅く禁じて居た。それが德川吉宗の時代になつて、外神田に天文臺をたて、宗教以外の學術書卽ち醫學及天文の書を讀むことを許可した。この結果從來長崎ばかりであつた和蘭語の研究が、江戸でも行はれるやうになり、然かも讀むことが許可されたので、云はゞ本格的とでも云ふべき和蘭語の研究がなされるやうになり、辭書や文法書等の研究の方便も具備されるやうになつた。說をなすものは、長崎の蘭學は耳と口の蘭學であり、江戸の蘭學は目と手の蘭學であつたと云ふてゐるが、これは一面の眞相を傳へて居ると思ふ。又天文臺の中に文化八年（一八一一）に蠻書和解《ワゲ》御用方が設けられた。これは幕府の和蘭語に對する政策の一轉機と見ることが出來る。それから四十餘年を經過した安政二年(一八五五)に、この蠻書和解御用方は天文臺から獨立して、名稱も洋學所と改められ、專ら飜譯の事務を司ることになつた。これは外國との交渉が日に增し頻繁になつて來た結果であつて、翌三年には更にこれを蕃書調所と改め、箕作阮甫、杉田成卿等當時の一流の蘭學者を教授に任命して、從來專ら外國文書を取扱ひ、それ等の飜譯に任じて居た云はゞ靜的な活動から、動的な活動へも踏み出して、蘭學をも教授するやうになつたのである。又翌四年にはこれまで幕臣のみに許可してゐたのを、各藩の藩士も同樣に入所を許可される所まで發展していつた。所が、米國公使ハリスその他英米人の來航が段々繁くなつて來るにつれて、英語研究の必要にせまられ、和蘭語以外に、英語が教授されることになり、卽ち安政四年（一八五七）頃から西周、津田眞造等によつてその教授が行はれ始めたやうである。尤も從來の蘭學に英學がとつて代つたと云ふのではなしに、和蘭語のみでは不便を感ずるやうな國際情勢になつたからである。だから文久元年（一八六一）には佛語科が、翌二年には獨逸語科が加へられて來たやうなわけである。然し和蘭語が外國語の王座を占めてゐた事には何等のかはりはない。又この年蕃書調所と云ふ看板をとりはずして、洋書調所とした。このことは、何んでもない事のやうであるが、名はその實を表はすと申して、幕府當路者の外國語に對する考へ方の變化を物語つてゐるものと思はれる。或ひは外國語と云ふより寧ろ外國に對する氣持の變化を示すものであると見た方が妥當であるかも知れない。それから翌三年にはそれが昌平校の所管となり、その名も開成所と改稱され、慶應四年一時閉鎖されたが、遂に明治維新後東京に於ける新學の中心となつたのである。

長崎、江戸以外の地に於ても、幕末から英語が研究された事は勿論である。そして愈〻明治維新となり、世界の各國と自由に國交を交へるやうになつて、從來長崎の和蘭舘をアンテナとして、世界の情勢をキャッチし、時には歪がめられた情報に眩惑されてゐた我が國民は、こゝに始めて、新しい世界の情勢を知る事が出來たのである。そして從來幕府公認の第一外國語であつた和蘭語が、その國勢の衰退と共に、我が靑少年の顧みる所とならなかつたのは寧ろ自然の勢であり、且英米の英語國民がその國勢を背景として渡來するものが遥かに他國民をしのぐ等のことが原因となつて、遂に英語が和蘭語にとつて代つたのである。この邊の事情は福澤先生の福翁百話等に事細かに述べられて居る。かくて明治五年學制が頒布されるに及んで、實質的には英語が第一外國語の地歩を占め、爾來七十年の間、我が國中等教育に於ける外國語としては、第一位を占めてゐるばかりでなく、重要なる教科としてその存在を續けて來た。

以上明治維新までの我が國に於ける英語研究を概觀すれば、三浦按針を機緣として結ばれた日本と英國との關係は、これを英學發達史の方面からは、『夜明け前』とでも見るべきもので、ブロムホッフが始めて長崎の蘭通詞に英語を教授した文化六年以降明治五年の學制頒布までをその『黎明期』とでも云へば云へない事はないでせう。唯こゝに面白いことは、日本に始めて來た英國人が和蘭船のパイロット(按針《アンジン》役)をして來たと云ふこと、我が國で始めて英語を教授した人が和蘭人であり、彼に就いて英語を學んだ人々が和蘭語を表藝としてゐた和蘭通詞であつたと云ふこと、又更に降つては德川の末期に、英學の先驅をなし、明治になつて英語が第一外國語になる素地を作り、明治文化の上に大きな貢献をした人々の多くが、蘭學者であり、更にはそれ等の人々の英語研究の手引となつたのが、多くは和蘭書であつた事で、つまり和蘭語は庇を貸して母家をとられた形となつたのである。だから英語教授の方法等を全く蘭學の教授法そのまゝを踏襲して居たのである。

二　明治時代

明治維新以降今日までの約七十年間を、英語教授法の方面からは、次の三つの時代に分ける事が便利である、

(1)　第一期が維新から明治二十年頃までゝ、英語教授法からは夜明け前で所謂混沌時代である。

(2)　第二期は明治二十年から明治の末年までゞ、英語教授法の黎明期である。この二十年代から西洋諸國に於ける現代語教授に關する方法論が、ボツボツ輸入紹介され始め、教授の内容に就いても學問的に批評されるやうになり、三十年代になつて、所謂現代維持派と革新論者との間に活潑な論爭が行はれ、四十年になつて、それ等の新たに紹介された方法論のうち、取るべきは取り入れた教授方法が、とにかく我が國の土壤に移し植ゑられた。

(3)　第三の時期は、大正から昭和に亘る時期である。

勿論以上の時代別けは極めて大ざつぱなものではあるが、文献史的にはこう分類する事も可能である。

又この分類は中學校令等の學則の方面から見ても大體一致する所がある。即ち明治十九年に中學校令が勅令を以て公布され、ついで尋常中學校の學科及び程度が規定されて居り、明治四十四年には中學校令施行規則の改正があつた。この四十四年の施行規則を英語教授の上から見ると、さきに明治三十五年、菊地文部大臣の時に始めて制定された中學校教授要目を大改正し、後、昭和六年に改正されたものと大差なきまでに、英語科の分科、教授内容、教授方法等に就いて詳細な注意事項が規定された。兎に角、明治の末期までに、大體妥當な教授方法が、實際の授業の方面は別として、理論の上では組織だてられたと見て差支ないやうである。この理論上是認された教授方法も、實際の教授に於ては、牛の歩みのそれのやうに除々にしか改良を加へられなかつたのであるが、大正の末期、パーマー氏が來朝して、大きな刺激を與へ、我が國の英語教授に波紋を投げ、この波紋をめぐつて昭和の英語教育界は活氣を呈し、昭和十一年パーマー氏の歸國する頃までには、大體落ちつくべき所に落ちつき、今や眞に日本の國土に適する教授方法が打ち立てられ、めざめたる熱心なる英語教師によつて、各地の學校に於て實際教育上に好成績をあげつゝある次第である。

三　英語教授法夜明け前

外國語教授は、最も社會と結びつき、又國際的のつながりの中に結ばれてゐるものである。だから、その方面の影響が最も鋭敏にピンとひびく。我が國の英語教育七十年の歴史を

見ても、或る時は英語が極度に重要視され、或る時は英語科の教科としての存在を否認するやうな議論や、英語を教科の中から放逐はしないまでも、その重要性を極度に減殺し、時間數を減少するとか、或ひは之を隨意科にしよう等と云ふ議論は、幾度か間渇的に繰り返されて居る。之は獨り我が國のみでなく、歐米に於ても屢々繰返されて居る問題であり、今日アメリカ等でも、現代語教授の教科としての價値が眞劍に論ぜられてゐる。扨て英語教育七十年のうちで、英語教授が國策の線に沿つて重要視された時代はいくつかあげる事が出來るが、最も重要視されたのは、制度の上から、明治六年から十年までゞせう。卽ち文部省は明治五年に學制を頒布したが、適當な教科書がなく、良教師に乏しく、すべて英米の原書を用ひ、英米人教師に委かせなければならない實情にあつた。大學に入つて來る學生は、英米人教師の講義を聞くだけの語學的の素養が出來て居ない。然し、外國の知識を攝取する事の急であることは申すまでもない。そこで文部省では、大學で英語によつて講義を聞き得る生徒を養成する事が急務となつて、明治六年には、東京、翌七年には愛知、廣島、宮城、大阪、長崎に官立の外國語學校を建て、やがてそれを英語學校と改稱して、英米人教師三人乃至六人位によつて、すべての教科を英語で教授する學校を建てた。若し西南戰爭の結果、經費節減のために、それ等の英語學校が廢止される事がなかつたならば、我が國の英語教育は今日のそれとは餘程趣の異つたものになつてゐたであらうと思はれる。とにかく歐米の新知識吸收の唯一の武器が英語であると云ふ英語が最も尊重された時代であり、英語教師の最も華やかな時代であつた。

この時期には二つの大きな對蹠的な方法が行はれてゐた。一つは漢學の素讀の流れを汲み、一方蘭學塾の和蘭語の教授方法を踏襲した所謂變則流の英語教授法と、之に對立して、正則流の英語教授とが行はれて居たやうである。この正則の英語教授も、英米人による英語教授と、日本人にて英米で英語を學んで來た人々との英語教授との二つに別けることが出來る。この正則及び變則に就いては一寸說明をする必要がある。正則英語とか變則英語とかよく云ふが、最初は、英語そのものよりも寧ろ制度そのものに冠した形容詞と解するのが至當のやうである。それが英語の教授方法に適用され、更に英語そのものに冠せられて、正則英語と熟し、變則英語と熟するやうになつたのではあるまいか。明治十年、文部省が發行した『日本教育史略』によれば『……正則とは業を授くるに外國教師を以てするものを云ひ、變則とは業を授くるに日本教師を以てするものを云ふ……』とあり、又、工學博士高松豐吉氏は、明治四年に、大學南校に入學されたお方で、大正十三年十二月早稲田大隈會舘で開催された明治文化發祥記念會で『余が受けた明治時代の教育』と題する講演をされたが、その中で『南校には始め正則と變則の二部があり、正則は外國教師の受持で、正確な發音や讀方を教へ、變則は邦人教師が發音には重きを置かず、外國文の意味を充分に説明する教へ方であつたが、後には變則を廢めて正則のみを置くことになりました。……』と述べられて居る。かやうに外人教師によるあらゆる學科の授業が正則であり、日本人教師による授業が變則であつたのであつて、換言すれば、英語の意味だけを教へるのが變則と云ふことではなしに、制度そのものであつたやうである。それが實際の授業では外人教師は發音を直し、會話もすると云ふやうな授業をする所から、それが正則の英語の教授法と考へられるやうになり、日本人の教師による辛うじて意味だけを了解させる英語の授業が變則的な教授法と呼ばれるやうになり、方法から更に英語そのものに正則英語とか、變則英語とかゞあるかのやうに誤用されて行つたと考へる事が出來る。齋藤秀三郎氏は、明治二十九年に正則英語學校を創立して、明治二十一年に創設された磯部彌一郎氏の國民英學會と共に、我が國の英語教育のために、多大の貢献をされたのであるが、その學校の名稱を附けるにあたり、今の英語は慶應や同人社流の一種の變則的であるから、本當の英語即ち讀んで直ぐ意味のわかるやうに教へようと考へて、正則英語學校としたと、その創設に與かつた傳法久太郎氏が、齋藤氏の思ひ出の中で述べて居るが、それは今日で云ふ直讀直解を正則と解してゐたやうである。

發音を無視し、唯辭書と簡單な文法の規則を寺の小僧が經でも讀むやうに棒暗記した知識を以て、原書を讀む方法は、今日から見れば滑稽だが、當時としては致し方のなかつた事である。獨り英語教授ばかりでなく、すべての學問の水準が低くかつたのである。ことに現代語教授に就いては、歐米に於いても、彼のヒエータ(Viëtor)が『言語教授は革新せざるべからず』と云ふ小冊子を出したのが、明治十五年であつた。又英米人教師による英語教授が正則と云ふ折紙をつけられたとしても、これを今日一般に是認されてゐる言語教授の理法に照らして見るならば、唯英語を教授の手段としたと云ふだけで、何等そこには教育的な考慮は拂はれてゐなかつたであらうと想像される。又英米人教師の素養についても疑問符を附けられる人が多かつたやうである。

日本の教育全般の顧問格として文部省の學監となつたムーレー（David Murray）の明治七年に、長崎、大阪等の英語學校を視察した報告書には、傭外國人の素質惡く、教授法に統一なく、成績の擧がつてゐないことが申告されてゐる。そして教授法については『文部省所轄外國語學校に於て、日本の兒童に外國語を教授するに、今一層簡易精正の方法なかるべからず、之をなすにはオルデンドルフ（Ollendorff）の體裁に從ひ、其の話法を斟酌して用ひなば可ならん。』と云つて、オルデンドルフの語學教授法を紹介推奬して居る。之が文献史的に見て我が國に外國語教授法を紹介した始めではないかと思ふ。尤も明治の初め、長崎の廣運館でフランス語の教師をしてゐた山本松次郎氏は、オルデンドルフが一八四六年に出版して、各國語に飜譯されてゐる。"New Method of Learning to Read, Write and Speak the French Language"の一部を飜譯して殘して居る。

ムーレがどれだけオルデンドルフの教授法に造詣があつたかは疑問であるが、彼が米國に於ても相當の學者として認められた事實及びその方法がオルデンドルフやアーン（Ahn）によつて十九世紀の中葉頃米國で盛んに唱導された事實から推して、或程度の理解と關心とを持つてゐたことは推察しても差支ないであらう。彼の主張する方法は"Practice Method"である。彼の有名なグアン（Gouin）が獨逸語の研究に獨逸に行つて、自分がギリシヤ語やラテン語を學んだ舊式の方法での學習に行きづまつた時、書物屋の主人が、之が五十四版も重ねた有名な外國語の學習書ですと云つて示されたのが、オルデルドルフの此の書物だつたと、自叙傳に述懐してゐる位有名だつたのだから、或は讀んで居たかも知れない。この方法は所謂 Grammar-translation Method の流れを汲む方法ですが、文法を教授するにも、練習に重きを置き、然かもそれ等が問答式に組み立てられてゐることが進歩であると評されて居る。文法の規則を始めに教へる演繹式の教授法であつたことには、舊式の教授と何等のかはりもない。

所がこの頃、プレンダガスト（Prendergast）の Mastery System を熱心に實行して、非常な好成績をあげた學校かある。それは横濱のバラ（Ballagh）學校でブラウン博士等によつて採用された方法で、その教授方法の詳細に就いては、親しく教授を受けた村井知至氏が『英語研究苦心談』の中で述べられて居る。この方法の主眼とする所は、發音に重きをおき、一文を徹底的に教授し、暗誦し得るまで幾回となく反復練習し、それを基礎として色々の表現法に發展さして行く、又練習文が、從來の文法の規則を説明するために作られた不自然な人工的のものでなしに、日常の語句を用ひ、出來るだけ慣用句に慣れしめようとした點や、初期に文法を課せなかつた點等は、非常な進歩である。ブラウン博士はこの方法による會話書を書いてゐるが、その最初の文が"Will you do me the favour?"であつて、村井知至氏はこの一文をマスターするのに二週間を要したと云つてゐる。

以上二つの方法は、當時にあつては最も進歩した方法であつた、未だ言語學と云へば、書かれた文字を研究の對象とする舊式の言語學であり、言語の音聲學的研究も未だ胎動を續けてゐるに過ぎなかつた時代でもあり、他方言語教授法の革新と密接な關係を持つた心理學も幼稚な時代であつたゝめに、この二つの方法も所謂舊式教授法の殼を脱して居ない。然し之等の人々の『あがき』はたしかに次いで來るべき現代語教授法の革新によき示唆を與へ、舊式教授法から新教授法への橋渡しの役目を充分にはたしたと云ふ事が云へよう。この二つの教授方法が既にこの時代に取り入れられてゐたと云ふことは、興味ある問題である。

次には所謂變則流と申しますか、慶應流と申しますか、發音等はどうでもよい、one day を『オネダイ』と讀まうが、何んと發音しようが、そんな事は無頓着で、只管意味をとることで英語教授なり學習は終つたものであるとした方法である。これには色々の原因があるが、第一には言語に關する知識がなかつたので、意味をとるには發音等はどうでもよい、寧ろ有害であると云ふやうな考を持つた人さへあつたことをあげねばならぬ。

そして、それ等の人々は、漢文の素讀の影響を受け、その訓譯の仕方を英語教授に借用したかに思はれる。尤も漢文の訓譯法を無斷借用したのではなくて、蘭學の教授法が既にこの方法を利用してゐたので、その蘭學の教授法をそのまゝ受けついだと見る事が出來る。英語が我が國で研究され始めた頃は、丁度目による蘭學研究の頂點にあつたのだから、かう云ふ結果になるのは自然であり當然である。歐洲でも、現代語が教科としてとり入れられた十八世紀は、ラテン語の教授法が微に入り細に亙つて研究され、Gerund-grinding に心酔して居た時代であつたゝめに、この古典語の教授法を直ちに無批判的に、生きた現代語の教授法に採用したのが、歐洲に於て、現代語教授の成績のあがらなかつた大きな原因とされて居るのである。

今この變則英語教授の源流とも云ふべき蘭學塾の教授法の一例を、呉秀三博士の著した『箕作阮甫』から借用する。それは福地源一郎氏の談話で、

『……此處に其の頃の和蘭文の讀み方を示すのは我が國に於ける洋學講習の進歩史の上からも緊要であり又興味あることゝ思ふ。さてこの頃一般に蘭書を讀むには、一字讀んでは譯をつけ、一字讀んでは又返つて、今のやうに眞直ぐには讀み下さないで、漢文を訓《クン》で讀む様な工合に返り讀みをしたものである。阮甫の讀み方も其の通りであつた』

と述べて居る。阮甫が御贈位になつた時に、大槻文彦博士が演說されたが、大體同じやうな事を話されて居る。兩氏とも實例として和蘭文典第二編第一節を擧げ

De woorden welke het zamenstel eener tale uitmaken zyn van onderscheidenen aard, en dragen verschillenden benamingen.

の和蘭語の原文を次のやうに讀んで居る。

デ・ウオールデン　詞が　ウエルケ　それは　ヘト・サーメンステル・エーネル・ターレ　國語の　サーメンステル　組立を　オイトマーケン　なす所の　ウオールデン　詞が　セイン・ハン・オンデルシケーデネン　種々の　アールド　性質のもので　セイン　ある　エン　さうして　ダラーゲン・フルシキルレンデン　種々の　ベナーミンゲン　名付けを　ダラーゲン　持つ。

即ち一字乃至は數語を先づ讀み、その譯をつけ、又その次の語を讀む順序をとつたものである。若しこれが段々發展して行つて、讀む事を全然やめて唯意味をとることにのみ發展して行つたら、漢文の訓讀みになつたゞらうと想像される。から云ふ蘭書の學習法が英語の學習法にそのまゝ繼承されたことは、明治維新以後英語を學んだ人々の追憶談や當時流行した英語學習書等によつて知る事が出來る。又第二には當時の事情が、英語そのものゝ形態とか機能とかの研究と云ふことよりも、外國の新知識の攝取と云ふ事が焦眉の急であつたためである。

兎に角、以上二つの原因から一方に於て極端な變則流の英語教授が行はれると同時に、他方英米人による似て非なる“Direct Method”が行はれてゐたのが、此の期の英語教授の概略である。その後明治二十年になつて、歐米に唱道された現代語教授法が輸入紹介されるやうになり、三十年にたつては、それ等の輸入紹介された新しい教授法を中心にして、新舊兩派の議論が喧ましく繰り返され、明治の終りになつて、大體それ等の主義を取り入れた我が國情に適合する英語教授法が、少くとも理論の上では打建てられたと見ることが出來よう。

文部時報刊行計畫摘要

一 目的 本省行政ニ關スル法令竝ニ諸般ノ施設事項ヲ周知セシムルト共ニ所管ノ行政及教育機關等ノ聯絡提携ニ便ナラシムルヲ以テ目的トス

二 内容 本時報登載事項ノ大要左ノ如シ

詔書　勅語　法律
勅令　閣令　省令
訓令　告示　告諭
訓示　指令（例規トナルモノ）　通牒（例規トナリ又ハ一般ノ參考トナルモノ）
法令解説　質疑應答（本省ヨリ公文ニテ回答シタルモノ）
任免、陞敍、敍位、敍勳　表彰　復命書及報告書
講演、講話、談話　研究調査統計
人事　公告　寫眞

三 編纂 文部時報編纂ノ爲編纂委員長竝編纂委員若干名ヲ置ク
編纂委員長ハ文書課長ヲ以テ之ニ充テ編纂委員ハ文書課員中ヨリ之ヲ命ズ
必要アルトキハ審査委員ノ意見ヲ求ムルコトアルベシ
資料蒐集ノ爲省内各局課ニ文部時報報告委員ヲ置ク
文部時報報告委員ハ各部局課ノ理事官、屬、囑託等ヲ以テ之ニ充ツ
必要ニ應ジ直轄各部、各府縣其ノ他ヨリ資料ヲ求ムルコトヲ得

四 發行 本時報ハ菊版、每號約六十四頁、定價金貳拾錢ヲ標準トシ每月三回一ノ日ヲ發行期日トス

定價表

一部	金貳拾錢	送料共
一ヶ月	金六拾錢	送料共
六ヶ月	金參圓六拾錢	送料共
一ヶ年	金七圓貳拾錢	送料共

㊀臨時增刊又は增大號發行の節は別に代金申受けます
㊁御註文は總て前金に願ひます前金切れの場合は送本いたしません

廣告料

廣告料は一頁五拾圓、二分ノ一頁參拾圓、四分ノ一頁拾八圓とす
掲載頁數は壹部毎に拾參頁を超ゆることを得ず
右文部省の御指定に依つたものです

昭和十三年十二月十九日印刷納本（第六四一號）
昭和十三年十二月二十一日發行

禁無斷轉載

發行者　大谷仁兵衛　東京市麴町區土手三番町十三番地
印刷者　大庭公平　橫濱市磯子區磯子町字間坂千六百七十番地
印刷所　行政學會印刷所第二工場　東京市牛込區西五軒町五十二番地　電話牛込二九九六番

發行所　帝國地方行政學會　東京市京橋區銀座西七丁目一番地
電話銀座六六〇、六六一、六六二、六六三番
振替貯金口座東京十三番

東京女高師附屬小學校實際指導研究會編纂

尋常小學實際指導全書

一　本指導書の特色　(1)**實用化を期す**　細目の精神を發揚し、而も日々の實際指導の適切有效化を考慮し、指導案を入れて日案式を採用し、其の解説の如きも最も必要なる材料に就いて說明を施したものである。(2)**作業化・鄕土化を圖る**　各教科教授の作業化と鄕土化を企圖し、本校教育の指導精神の顯揚に努めてある。(3)**學級經營案**　各學年別に學級經營案を明示し、學年教育の努力點を明示し、學年擔任者の鳥瞰圖たらしめた。(4)**指導案の樣式**　指導案の樣式は本指導書の全體精神を鮮明化する立場からも、活用の實際化からも必要なことであるから、大體(一)要旨(二)準備(三)計畫(四)指導要項と作業(五)發展と處理等の要項に依ることゝしたが、教科によつては、各々獨自の立場から其の教科の特異性を發揮してある。(5)**永遠の新刊書**　體裁は所謂加除訂正式を採用し、將來教材の變動、教科書の改正等に際しては、之か追錄を發行して新材料を掲載し、訂正するなど、本指導書永遠の組織的生命化を考慮してある。

二　時間配當　第一學期及第二學期を各十六週、第三學期を第十週として教授時間を配當した。

三　研究部の活動　本指導書は東京女子高等師範學校附屬小學校に於ける各教科主任の全體會議に於いて、其の根本問題を討議し、更に文科研究部（修身・讀方・綴方・書方・國史・地理）、理科研究部（算術・理科）、技能科研究部（唱歌・體操・裁縫・家事・圖畫・手工）に於いて研究したものを上梓したものである。

菊判加除式全八册
自第一學年至第四學年全四册
自第五學年至第六學年全四册
定價各册壹圓八十錢
送料各十四錢

東京市京橋區銀座西七丁目一番地

帝國地方行政學會發行

振替東京一三一番

最新刊

野崎泰秀先生著

新講映畫教育

全一冊四六判　洋布美裝函入　定價金一圓二十錢　送料十錢

日本に於ける映畫教育の清新《フレッシュ》なパイロットな魅力あるクローズアップ!!!

日本の映畫教育は從來外界から何らの影響をも受けないで極めて獨自的な道を歩んで來た。そこに良い點もあり、又改めたい點も多々存する。映畫教育の正しい向上成果を望むならば是非とも本場アメリカの映畫教育を知らねばならぬ。彼地では一校全職員の誰もが各自の教材を企劃し、操作し、說明し、整理し、愉快に所期の效果をあげてゐるのだ。本書の著者は在米數年、シカゴ大學に在つて斯界の世界的權威フリーマン教授に師仕し具にその研究を完成せられた。本書はその薀蓄に立つて、映畫教育の重要知識を順序正しく明快に述べられたもので、凡そ教職にある誰もが必須の新著である。讀者は本書より單に他山の石のみならず、磨き上げられた玉をも自由に摑み得てわがものとなし映畫教育の魅力と偉力を十分に經驗せらるゝであらう。

目次

東京市神田區錦町三丁目　培風館　振替東京三二六一七　電話神田三七七四

昭和十年十月二[illegible]日第三種郵便物認可　昭和十三年十二月十一日發行　（毎月三回一日、十一日、二十一日發行）

定價金貳拾錢

長崎における英語教育百年史

長崎における

英語教育百年史

英語教育発祥百年記念

事　業　委　員　会

英語傳習所址

目次

はしがき

昭和三十三年八月は、わが国における英語学校の濫觴《らんしょう》とも言うべき長崎英語伝習所の創立よりして、ちょうど百年目に当っている。

すなわち安政五年（一八五八）旧七月、長崎奉行所内岩原屋敷に、日本における最初の英語学校たる長崎英語伝習所が発足したのである。

あえて最初というのは、もとより江戸における蕃書調所を念頭においてのことである。

周知のように、幕府は、外国文書翻訳を行う機関として、洋学所を蕃書調所と改めたが、諸外国との交渉が、日増に頻繁《ひんぱん》になるに及んで、語学の教授をも併せ行うことにし、安政四年頃より、西周助、津田真一郎等をして、英語を教授せしめている。しかし、蕃書調所における主たる教授科目は、依然として蘭学で、英語が本格的に教授されるようになったのは、万延元年（一八六〇）以降であった。

従って、長崎における英語伝習所は、これより以前に発足していること、当初から英語教育を目的としていたこと、従前外国語の履《り》修は一定の通詞またはその家族に限られていたものを一般志願者にも解放したことなどによって、あえて日本最初の英語学校たる栄誉をになうものということができるのではなかろうか。

長崎における通詞の英語研究は、文化五年（一八〇八）にさかのぼることができる。

かのフェートン号事件に驚愕《きょうがく》した幕府は、通詞若干名に英語の履修《りしゅう》を命じている。

これより以前、宝暦十一年（一七六[illegible]）頃、本木良永が、ひそかに英語研究を行ったことも有名である。

そもそも日本人が英国船をはじめて見たのは、永禄七年（一五六四）、五島に英国船が近づいた時であった。

慶長五年（一六〇〇）来日、後徳川家康の家臣となったアダムス即《すなわ》ち三浦按針については、よく人の知るところである。

さて文化年間以後幾多の消長はあったが、通詞の英語学習は引きつづき行われていた。

しかし幕末に至って、ペルリの来朝をきっかけに外国との交渉が繁くなり、在来の通詞のみではとうてい間に合わず、しかも有力な通詞の多くが江戸出向を命ぜられるということから、どうしても多量に通詞を養成する必要に迫られたことは、十分推察できる。

しかし、長崎における英語学校設立についての長崎奉行川村対馬守の幕府との接衝《せつしよう》も実を結ばないまま、すでに安政二年に設立されていた海軍伝習所で、一般市民に広く志願者をつのり、英・仏・露の三ケ国語が学習されることになった。

その後海軍伝習所は江戸に移された。そして安政五年英語伝習所の発足となった。

これについては、時の長崎奉行岡部駿河守、提案者であり熱心な世話役をつとめた奉行支配組頭永持享次郎の努力を忘れてはなるまい。校舎は永持享次郎の官舎であったのである。

ちなみに永持享次郎は、もともと江戸から勝海舟らと共に海軍伝習生として長崎に派遣された人であったが、才幹抜群であるところから、海軍伝習生を免ぜられ、長崎奉行支配組頭として栄転していたのである。

ここに発足した英語伝習所においては、海軍伝習所教官であった蘭将校ウイッヘルス、出島蘭館役員デ・ヴォーゲルなどが相ついで教師であったし、柴田昌吉なども世話役として任命されている。

不幸にしてこの学校は、目まぐるしく変転する政治的事情や、奉行所内部事情などの影響を受けて、幾度かその名称、位置を変えている。英語稽古所・英語所・洋学所・済美《せいび》館がそれである。

殊に済美館時代もっとも充実、諸藩よりも英才多くここに笈《きゅう》を負うて集った。これは当時の長崎奉行服部長門守の功績に負うところ大であるが、同時にフルベッキの如き名教師を迎えることができたことによる。

フルベッキはもともと安政六年、長崎に来朝した新教宣教師であったが、布教が公認されていなかったため、服部長門守の懇望《こんもう》によって洋学所の教師となったもので、すばらしい力量と人格で信望を集めた。岩倉具視、伊藤博文、井上馨、大隈重信、副島種臣などが出入したと伝えられるかれの今籠町の家塾とは、崇福寺内広福庵であったのである。

フルベッキこそは、長崎英語教育史、日本教育史の上に輝く人であり、逸することのできない人であろう。かれが長崎に滞在したのは十年に亘るが、不幸にして長崎時代の事蹟については不明なところが多い。フルベッキ伝の唯一の著書であるグリフィッスのものでも、長崎時代のところは、抽象的で曖昧模糊《あいまいもこ》としている。筆者もこのことを遺憾《いかん》として数年来注意して来たが、幾分か明らかになしえたものもある。いつの日か機会を得て顕彰することができたなら、多少ともかれの志に報いることができようかと思っている。

さて済美館以後、明治五年学制改革により第五大学区第一番中学校、六年広運学校、十月立山旧県庁跡に移転、七年三月長崎外国語学校、翌年長崎英語学校、十一年長崎中学校、十六年長崎外国語学校、十九年公立長崎商業学校を合併して長崎商業学校となり、ついに三十年に近い歴史を閉じている。

この間長崎においてこれらの学校に学んだ人々として、西園寺公望、井上哲次郎、前島密、伊藤巳代治、田川大吉郎、藤山雷太などを挙げることができよう。

昭和三十三年英語伝習所の記念すべき創立百年を迎えるに際し、有志のものが相集って英語教育発祥百年記念事業委員会を組織し、この意義ある事実を顕彰し、いくつかの記念事業を企画した。

委員会は委員長に古屋野宏平、副委員長に小松直行、佐々木梅三郎、青山武雄を選出、記念事業として、

㈠　記念式典並に記念講演（昭和三十三年十二月二日、長崎国際文化会館）

㈡　資料展示会　（同　右）

㈢　記念碑建立　（立山の元伝習所跡）

㈣　長崎英語教育百年史刊行

この「長崎における英語教育百年史」は、右の記念事業の一つとして企画されたものであり、奥村孝亮、林潤一両氏に依嘱したものである。

執筆依頼から締切りまでの時日が余りにも短く、御迷惑であったろうが、両氏共本書刊行の意義を深く認められ、状況の困難を克服して労作を完成していただいた。

もとより特に長崎英語教育史の上では重要な役割を果したミッションスクールの歴史など、紙幅の都合もあって、割愛したこと二、三に止まらない。これは他日を期さねばならない。

ただ願わくば、本書の出版を機縁として、今後この地における英語のみならず、他の外国語をも併せて、その教育史に関する研究が刺激され促進されることになるならばと念ずるのみである。

最後に、本記念事業委員会に対し、絶大な援助を賜った県市教育委員会ならびにアジア財団ホール博士に対し、心から謝意を表す次第である。

昭和三十四年十一月

長崎英語教育百年史刊行委員会

委員長　青山武雄

第一部

長崎における英学の誕生

我が国における英学の始めは、せいぜい遡っても二百年を出ない。しかし鎖国以前の江戸幕府草創期にしばらくの期間ではあるが初めて英人に接したことを無視することはできない。

オランダ船リーフデ号が豊後（大分県）の海岸に漂着したのは、慶長五年（一六〇〇）三月で、徳川の覇権が確立した関ケ原の戦の五ケ月程前であった。この船に英人ウイリアム・アダムス（William Adams 1564—1620）が航海長として乗っていた。彼はオランダ人ヤン・ヨーステン（Jan Joosten 現在の東京八重洲に邸宅を貰い耶揚子と名のった）と共に家康に仕え、相模国三浦郡逸見村（神奈川県）に二五〇石の領地を貰い三浦按針と称した。

彼は最も家康の信頼を受け、外交顧問として活躍した。そして彼の要請によって英船は慶長十八年（一六一三）に来航し、平戸に商館を設立した。初代商館長にはリチャード・コックス（Richard Cocks1624歿）が就任し、我が国との貿易が始められた。オランダの貿易におくれること四年であり、貿易が行われたのは、元和九年（一六二三）オランダとの競争に敗れて日本を去るまでの十一年間であった。

この間、元和二年（一六一六）貿易を平戸、長崎に制限するまでは、京都、大阪、江戸、駿府（静岡）、堺、浦賀等に支店、代理店を有し大いに発展していた。従って貿易に当って英人は勿論日本語に通じようとしたであろうが、日本の商人も英語に習熟しようと努めたものと思う。しかしこの時代のことはよくわからない。

ウイリアム・アダムスは母国語を忘れる程日本語に習熟していたようである。

やがて十七世紀前期に鎖国が行われて以来、長崎の港だけが外国交渉の唯一の窓となり、それも西欧諸国ではオランダのみが交易を許されることになった。曾っての諸外国との活発な貿易や文化交流は時と共に忘れ去られ、その後の西欧の事情や文明については、長崎のオランダ人を通じてわづかにうかがい知るに過ぎなかった。また西欧の科学の発達は東洋とは比較にならないほどすぐれた段階にあったが、禁書令（一六三〇）より後は、キリスト教に関する記述を含んでいる漢籍や、一般の西洋科学の書物でも、マテオリッチなどの宣教師の著述は輸入を禁ぜられていたので、幕府中期まではこれらのすぐれた科学技術に接触する機会はほとんどなかった。

西欧の科学の発達に注目したのは、新井白石に始まる。彼はキリスト教布教の目的で我が国に潜入して来たイタリア人シドッチを取調べ、采覧異言や西洋紀聞（一七〇九）を著わし、キリスト教の教義は不合理だが、科学はすぐれていることを認めた。

ついで八代将軍吉宗は、幕政強化策の一つとして殖産興業を奨励し、享保五年（一七二〇）禁書令を緩めて漢訳科学書の輸入を許り、青木昆陽、野呂元丈らにオランダ語を学ばせた。これより後、昆陽（一七四四—六九）は五年の間甲比丹の江戸参府の折、通詞についてオランダの文字言語を筆録し、更に長崎に来て（一六九八）通詞本木良永、吉雄幸作、西善三郎について学んだ。

これまでは長崎の通詞は会話とごくありふれた読み書き以外に西欧の書物を読んで学術を研究することを禁ぜられていたが、この縁で昆陽があっせんして、通詞にもオランダの書物を学ぶことが許された。これから蘭学の学習が始まるのである。

前野良沢、杉田玄白らが西洋の医学に注目して、ターフエル・アナトミアを翻訳して解体新書を著わしたのは安永三年（一七七四）のことであり、その苦心はあまねく世に知られており、蘭学事始に記されている。

十八世紀末になり、北辺にロシア人が現われはじめ、また西に英仏の東洋侵略の形勢が伝えられるようになると、工藤平助は赤蝦夷風説考を著わし、林子平が海国兵談を著わして（一七九一）、国防の急務であることを唱えた。この頃識者の間では外国勢力の南下や東進の形勢が憂えられ、海外事情研究の必要が痛感されていたのである。

さて長崎において幕府の命で正式に英語が学習され始めるのは、文化五年（一八〇九）以降であるが、それより以前に蘭通詞本木良永（一七三五―一七九四）が出島のオランダ人から英書を借りて写し取っている。この事は良永の子、本木庄左衛門正栄（一七六七―一八二二）が諳厄利亜興学小筌の凡例に、家に伝わる古書を調べていたら、五十年前に父が勉学の折に写してしまっていた数冊の本を発見した、この書物はオランダの学語を集めた書物で、片側にオランダ語、他方に英語を細字で書いたものである、よくよく考えて見るに、これは昔長崎にもたらされた奇書で、オランダ人はそれについて何も教えず、またその頃英語を知っている人もなかったが、借り受けてそのまゝ写し、原本はオランダ人に返したのであろうと記している。この序は文化八年のものであるから五十年前といえば宝暦十一年（一七六一）頃のことである。

印度においてイギリスがフランスを打破って優位に立ったのは、プラッシーの戦である。これは一七五七年のことで、このことに刺激されて良永が英語に関心を向けたのではないかとも思われるが、新村博士はこれを英人の印度侵略の影きょうだとするのは少し早すぎるようだと言っている。

十九世紀に入りロシアとの関係がますますひんぱんになったが、たまたま文化四年に北辺に現われたロシア人が残して行った書面がフランス語であったところから、文化五年二月には、大通詞石橋助左衛門、同中山作三郎、同見習本木庄左衛門、小通詞今村金兵衛、同見習楢林彦四郎、馬田源十郎の六名が、甲比丹ヅウフの指導でフランス語を研究するよう命ぜられた。

しかるにその直後八月、オランダ国旗を掲げて長崎に不法入港した英船フェートン号が、オランダ商館を強迫して薪水食糧を補給して立去り、その責任を感じた長崎奉行松平康英が自殺するという、いわゆるフェートン号事件がぼっ発した。驚いた幕府は今後の英船の渡来を予想して、十月長崎へ文書を下し、言葉が通じないために起る紛争をさけるため、通詞に英語を学ぶ事を命じ、同時にロシアとの関係から、ロシア語、満洲語を修業させることとした。そして十一月町年寄高島四郎兵衛を語学修業監督として唐通事に満洲語を修業させ、翌文化六年二月には、大通詞本木庄左衛門、小通詞末席末永甚左衛門、小通詞格馬場為八郎、小通詞並西吉右衛門、同末席吉雄権之助（六次郎）、稽古通詞馬場佐十郎の六名にロシア語ならびに英語の稽古を命じた。

重久篤太郎氏は鎖国以後オランダ語についで起った外国語はフランス語で、これは十八世紀末のフランス革命やナポレオン戦争の影きょうであると言っているが、西欧に起った事件がすぐさま鎖国中の我が国に影きようを及ぼしたかは疑問と思われる。フランス語はオランダ人によって学ぶことができたであろう。本木庄左衛門は早くからフランス語を研究して居り、吉雄権之助、楢林栄左衛門（彦四郎）の協力を得て、払郎察辞範を編修している。しかしロシア語の学習がどの程度行われたか疑問である。馬場佐十郎は文化五年江戸天文方で飜訳に努めていたが、この年の冬から江戸でロシア漂流から帰国した伊勢の幸太夫についてロシア語を学び、文化十年には我が国に捕えられていたロシア艦長ゴロウニンに学んでいる。ロシア語は長崎より北海道方面において必要であり、また長崎より江戸、北海道方面がロシア語学習の機会も多かったと思われる。

つづいて文化六年六月に小通詞並岩瀬弥十郎、同末席吉雄権之助、八月には小通詞並中村得十郎、同石橋助十郎、同末席名村茂三郎、稽古通詞志筑龍助、同茂土岐次郎、同本木庄八郎が英語とロシア語を同時に学習するよう命ぜられ、同じ年の九月、本木庄左衛門、末永甚左衛門、馬場為八郎、岩瀬弥十郎、吉雄権之助、馬場佐十郎の六名が蛮学稽古世話役を命ぜられた。

そして十月に一同の者が相談して、蛮学は幼少より学ばなければ記憶が進まぬという理由で、年少の者も一しょに学習することになった。

これらの人々の教授に当る者としてはオランダ人のうち英語に習熟している者を任命することとなり、この年六月に渡来したヤン・コック・ブロムホフ Jan Cock Blomhoff 1779~1853 が専ら英語教授に当った。彼は文化十年(一八一三)オランダ国旗を掲げた英船二隻が長崎に渡来し、蘭館引渡しを要求した事件で、英国側と交渉するためジャバ総督のもとに行き、文化十四年再び長崎に来た。そして後任の甲比丹と交替して帰国したのは文政六年(一八二三)であった。

この間彼は英語を教授し、文化七年三月頃には十六名の蘭通詞――大通詞から稽古通詞にいたる人数の過半数にあたる――が彼に学んでいる。

しかるに同年三月には、蛮学稽古はオランダ語がまだ十分できない者は、混同してかえって英蘭両語とも上達しないが、オランダ語を既に習得している者は英語の上達も早いという理由で、本木庄左衛門、馬場為八郎、末永甚左衛門がこれまでの通り英語学習の世話をし、岩瀬弥十郎、西吉右衛門、吉雄権之助、猪股伝次右衛門、馬場佐十郎の五名だけが英語の教授を受けることになり、町年寄高島四郎兵衛の役宅で大通詞石橋助左衛門、小通詞末席末永甚左衛門等が立ち合いの上で、右の者らに対して、オランダ人より直接に学び、かつ通詞部屋に稽古出勤簿を備えることが申し渡された。他の者は本業のオランダ語が上達した後、おいおい英語修業に加わることにするというのである。

このようにして英語学習が始められたが、文化七年の十二月には早くも諳厄利亜言語和解(諳厄利亜常用語例ともいう)の第一冊が吉雄権之助により作られ、翌文化八年閏二月には猪股伝次右衛門が第二冊を脱稿し、これに続いて第三冊を岩瀬弥十郎が奉行所に提出している。また本木庄左衛門も諳厄利亜興学小筌(内題は諳厄利亜国語和解となっている）十冊を文化八年秋に奉行所に提出した。文化六年秋に本格的に学習を始めてわづかに一年で、その精励の様を想像できるであろう。

言語和解と小筌の間に共通の底本はなかったと思われると豊田博士は言っている。小筌の序文には本木良永の写本とブロムホフ所有の書物とを修業することになった、と記しているから、恐らく小筌は本木良永の書の訳述で、言語和解の方はブロムホフ所藏の書の訳述であると考えてよいのではなかろうか。

その後文化八年九月、奉行所では英和辞書編修を命じ、本木庄左衛門が主任となり、楢林栄左衛門、吉雄権之助、馬場為八郎等とヤン・コック・ブロムホフの指導のもとに編さんにとりかゝり、文化十一年夏六月にはこれを完成し諳厄利亜語林大成と題して奉行所に提出した。

この語林大成の序の日附は文化九年壬申夏五月二十三日となっており、十一年甲戌夏六月と附箋がついている。跋も初めには壬申季夏朔と記されている。そこで古賀十二郎氏は文化九年壬申夏五月下旬に書いておいた序の年月日の部分だけを、文化十一年甲戌六月に全部完成した時に改めたものであろうと述べている。

ところで、文化九年にはどの程度のものであったのであろうか。

語林大成の序文には巻数及び内容の体裁が記してあり、また篇中記載する言語は天地万物、人事におよぶまで、おおよそ七千余言あると述べている。従って文化九年には右の通りの内容で十五冊のものであったことがわかるのである。そして冊数は本木家由緒書の「同十一戌年右国語字引拾五冊相仕立差出」とある記事に一致し、語数は豊田博士の見た写本には約六千語が収められているとの事であるから、語数に多少食い違いがあるが、文化九年にはほとんど出来上っていたことになる。では文化九年から文化十一年までは何をしたのであろうか。

文化八年秋に編修の命をうけ、翌年夏までに十五冊、七千余言を仕上げた早さに比べて、この二年間の仕事は校正としては長すぎるように思われる。そこでいさゝか臆測がすぎるが、次のように解してよいのではないかと考える。

先づ語林大成の原本は何であったかということであるが、恐らく字書ではないと思う。字典の翻訳であれば、和解または訳述と記すはずであるし、また本木家由緒書には字引仕立とあるからである。そこで序を見てみると、諳厄利亜所有の言詞悉く纂集訳釈しと記しているから、語林大成は当時の書物の中から単語を集めたものと考えられる。すなわち、小筌、言語和解やその他彼等が見聞し得た限りの英書（良永の書とブロムホフ所持の本二、三冊程度と思う）から単語を集め分類したものではなかろうか。そして文化九年夏には拾集分類を終ったので序文が書かれ、その時の予定ではその後「裘と葛を経て」つまり一年後にはその訳を完成することになっていたが、蘭書やフランス語書を参考に用いて復訳再訂し、更に邦語に改める仕事は思ったより困難で、二ケ年を費したものと考える。本書の単語に訳を欠いたものがあるが、これは右の推論を助けるものと言えるのではなかろうか。

なお長崎本の署名は本木正栄、馬場貞歴、末永祥守、吉雄永保、楢林高美の五名となっている。

諳厄利亜語林大成の凡例は、簡単な文法を記したものである。これについては、エンゲルシュ・シュプラーククンストやその他の英文法書を使用したのであろうとの説があるが、語林大成の題言の品詞名が訂正蘭語九品集と一致するのでこの書が参照されたことは疑いない。

エンゲルシュ・シュプラーククンスト（Engelsch Spraakkunst）は近藤正斉（一七七一〜一八一九）の好書故事に諳又利亜国文則と見えて居り、オランダの英語教師レーマンの著書で、一八〇五年にアムステルダムで出版されている。

訂正蘭語九品集は和蘭品詞考（志筑忠雄編）の追補である蘭語九品集を馬場佐十郎が文化十一年に補訂したものである。

諳厄利亜語林大成には、長崎本、水戸彰考館本、大槻本の三種がある。

水戸彰考館本は諳厄利亜語林大成に若干の補遺を加え、その外に諳厄利亜興学小筌の重要な部分を加えたものである。

水戸彰孝館に蔵されている諳厄利亜辞書十五巻は文政八年（一八二五）の写本であるが、これについて新村博士、勝俁教授、豊田博士は何れも語林大成と同じものと思うと述べている。

以上のように文化五年（一八〇九）に英語学習を開始してから、わづか十年位の間に次々と成果をあげたが、これ以後しばらくの間長崎においては空白時代がつゞくのである。

文政十一年（一八二三）に吉雄権之助が英人モリソンの華英英華辞書を翻訳しているが、これは英語と蘭語をおきかえて訳した蘭語辞書であった。

× × ×

英語学習開始の頃の目的は小筌に「不虞に備る一大の要務にして、説話言談通釈も自在なるべし。」とあるように、英国人の渡来に備えてその応対交渉、持参した文書の訳解に習熟することにあって、国家の役に立てようという熱意のもとに行われたものであり、とくに会話のできることを目指していた。

諳厄利亜言語和解が内題を諳厄利亜常用語例といい、興学小筌の序に「此編は諳厄利亜国字音釈呼法より業を発して、言談問答に至る。」とあり、また語林大成の跋に「譚話問答文書訳解の際に巻を開けば了然として一義一音の詳悉ならざることなからん事を要す。」と記されていることにもそれが示されている。

この頃は西洋事情や学術研究の熱意が盛んになって行く時期であるが、蘭学自体が甚だ未熟であったことを思えば英語による学術研究は考えられず、また英書もほとんど我が国にもたらされていなかったと思われる。

諳厄利亜辞書の徳川斎修の序文には、更に明白に当時の英語学習の目的が示されているので左に記すことにしよう。

「此のふみはいかなる文ぞ、いぎりすてふ国の文字に和蘭陀の解をつけて、かの国にてもはら行ふふみなり、ちかきころ、長崎にある吉雄権之助永保なるもの蘭語の通辞にて侍りしが、いぎりすのことばもかたはらまなび得にけり。かれ門人の学びやすからむために、蘭語を国語にかへてもろこしの文字にあてゝつくり出たれば、ことにいと見やすくこそなりぬ。ある日蘆沢惣兵衛元昇かの永保が従弟なる吉雄忠次郎宜（宜も蘭語の通辞いとめでたく、人にこえてかずかずのくにの辞に及びぬ。癸未の夏、江戸に召て外蕃天文の書訳を承りぬ。丙戌の夏、事終りて長崎に帰る）のひめをきたりしを、ひそかにかり得て、もておこせぬ。あれもめでたうおぼえて、此本を宜井門人某をしてうつさしめ、漢字にて谷佐之衛門忠明に筆とらせ侍るに、日ならずしてその功を終にけり。宜元昇にかたりけるは、このふみ無用の翫に似たれども、いぬる甲申の夏、しろしめる国の大津の浜に彼国の人来泊せしに、おほやけの御命をもてあつかりつかさどれる人々、やつがれのごときもいそぎつどひゆきて、こと国の人にこと葉かはし、その届をかなえ、ことなく放ち帰しぬ。

かゝることあまたたびにおよびなば、やつがれの如きもそのおりおりにゆき侍らむはよからず。またゆゆしきつはものおびただしうまもらせ給うも、かへりて国のためあしかりなむ。

かやうの時は、この文もて、ゆびさしてこと人にしめし、こと人も此ふみもてその届のみをかよはしめば、をのづからその心をもはやうしり、つはものをうごかすこともなく、民もやすかるべうこそといふに、げにもかくあるべきなり。さはいへど、つかさつかさの人もてあつかふときは、くにのためとなり、ねらけびとのもてあつかふ時は、国のみだれとやならんとて、巻の末にしるしをき、いくさつかさにあたへて、弓のふくろつるぎのさやとともに、ひめをかしめ侍るとしかいふ。」（文政八年一八二五）

さてこのような目的で必要に迫られて始められた英語の学習は、はじめの頃は全く見当もつかず、しかも早急に成果をあげねばいつまた事が起るかも知れぬこととて、焦慮したことであろう。しかし幸いにも六月中頃甲比丹の次の役としてブロムホフが渡来し、英語の教授を担当するにいたって、ようやく学習が具体的になった。

蘭通詞は耳と口によって、少年の頃から家業として習い、オランダ語に習熟するようになったらしいが、会話を目的とする英語の学習も、先づ簡単なことを話すこと、会話の丸暗記から始められたと思う。

「ブロムホフの理想とする所は、幼若の者に英語を教え込むことであり、正則的教授を行う積りであったろう」と古賀氏も言っているが、恐らくそうであったろう。

そして幼少の頃から学ばなければ記憶がうまく行かぬとの事で、文化六年の十月からは年少の者にも学ばせることとなったのである。

しかし年長の者も、若年の者も同席であり、ことに年少者はオランダ語と混同し易く、年長の者は記憶が十分でなく、学習はなかなか進まなかったであろう。

先に述べたように本木庄左衛門が先人本木良永の写蔵した英書を発見したのはこの頃のことである。

彼はこの書を手にし非常な驚きと喜びをもって、ブロムホフに教わりながら読み始めた。蘭語を読み得る者にとっては、文字や書物を通じて英語を学ぶことの方が、より容易であったに相違ない。

そこで正栄の発見した書物とブロムホフの有する英書を学ぶという方法が、英語学習の方法として採用されるに至った。したがって本業のオランダ語と混同しがちな若年の者を先づ除外し、更にオランダ語に通じ、蘭書を読みうる者のみに限ることになり、前述の人々が任命を受けたのであろうと考えられる。

かくて前述の如く文化七年十二月から翌年にかけて、諳厄利亜言語和解、諳厄利亜興学小筌の完成を見た。

さて弘化二年（一八四五）七月佐嘉藩神島に英船サマラン号が停泊した。長崎からオランダ小通詞末席堀達之助、本木昌造、中山兵馬、楢林栄七郎、稽古通詞志筑辰一郎、岩瀬弥四郎や通詞森山栄之助（多吉郎）らの若手通詞もかけつけたが、彼等のうち誰一人英語のわかる者はなかった。結局サマラン号の乗組員の中に広東人が居たので、唐大通事頴川四郎八、小通事游龍彦十郎などが通訳にあたり、また蘭語を少々知っていた英人砲手に大通詞楢林鉄之助がたづねて、ようやく船名、渡来の目的、要求の件などがわかった次第だった。

この事件は文化五年から約四十年後のことである。文化年中に英語を学んだ通詞らはことごとく亡くなっていた。すなわち、本木庄左衛門は文政五年に、吉雄権之助は天保二年、末永甚左衛門は天保六年、楢林栄左衛門は天保八年、馬場為八郎は天保九年に歿していた。しかも彼等に続いて英語を学習する者はなかったと見える。

英学衰退の理由としては次のようなことが考えられる。

一つは初めの英語学習の目的が、外船渡来に備えて主に会話に習熟することにあったことで、文化五年以後余り長崎に英船の渡来がなく、英語を実地に用いる機会のなかったためであろう。そしてフエートン号事件から遠去かるに従って英学の衰退を招くに至ったのではないかということである。

今一つの理由としては、文化時代の英語学習が、書物の読解から始まり、蘭書の読める者を選んでいたことである。

文政六年（一八二二）シーボルトが来朝して医学やその他の科学を教授するようになると、蘭通詞の中で外国書読破に志あるすぐれた者が彼について学ぶようになった。そしてその多くが英語学習者であった。やがて彼等のうちの幾人かが、幕府天文方高橋作左衛門景保がシーボルトの所持するナポレオン戦争記と日本地図を交換して幕府の処罰にあった、いわゆるシーボルト事件に連坐した。

すなわち馬場為八郎は天保元年江戸の牢獄に投ぜられ、後に出羽国由利郡亀田へ護送されて天保九年こゝに歿し、末永甚左衛門は役追放となり、吉雄忠次郎も連坐した。これらの人々は英学の先達であり、同じくシーボルトに学んた吉雄、楢林らは幸い事件に関係しなかったが、おそらくひっそくをやむなくされたであろう。

この事は英語学習にも影きょうし、ついには後を継ぐ者が絶えたのであろう。そこへ弘化二年のサマラン号渡来となったのである。

× × ×

こゝで筆を転じて、江戸における英学を眺めてみよう。

十九世紀ともなると、江戸方面の近海に英船が出没し、文政元年（一八一八）五月に英船ブラザース号が江戸で貿易をするつもりで浦賀沖に来た。この時蘭通詞馬場佐十郎と天文方手伝足立左内（一七六九—一八四五）が出張し、交渉に当っている。この時の船長ゴルドン Captain Peter Gordon の手記には、

「この度における我等の滞津の第四日目に、予は二人の訳官の来訪を受けて満足した。一人は蘭語に熟達し、今一人は幾らかロシア語を心得ていた。また彼等は両人とも少し英語を話すことができた。しかしすべて彼等の交渉は蘭語をもって行われた。」

とあって、馬場、足立の両人が少々は英語を知っていたらしいが、余り自信はなかった様子がうかゞわれる。

古賀氏は馬場佐十郎は文化五年から文政五年まで江戸に居たから、長崎の英語学習に関係ない、多分蘭英英蘭辞書の助けによって学び、長崎の通詞が江戸に来た時に色々不審をたゞして勉強したのであろうと言っているが、まことに長崎と同時に江戸においても英語の学習が始められていたのである。

この時ゴルドンが漢訳新約聖書二部をもたらしたことに注目しておきたい。

文政五年に英国捕鯨船サラセン号が江戸湾に入港した時にも、馬場、足立両人が交渉に当り、薪水食糧を与えて浦賀から立去らせている。この時名はわからぬが何人かが、英語の単語四十五種を採集しており、これが諳厄利亜語の

大概と題して甲子夜話に収録してある。

ついで文政七年五月には英国捕鯨船二隻から武装した乗組員十数名が、常陸国大津港に上陸したので、江戸から足立左内と蘭小通詞吉雄忠次郎が交渉に来た。

先にあげた諳厄利亜辞書を水戸藩が写させたのは、この事件に刺激されたためである。そして彰考館蔵の語林大成もこの頃のものであろう。

また珍らしいことに京都大学図書館には、やはりこの頃のものと推定されている、忽児部土語諳厄利亜集成という日蘭英対訳の会話本がある。これは英船と応対した時に行われたらしい会話の問のみを記載し、後に来船した英船等に渡したらしい諭告の写しと、その英蘭文がついている。本文には英語の発音がかたかなで書いてあるが、これに限らず長崎でできたものもオランダ語流の発音である。

以上のように江戸方面では、長崎よりやゝ後まで英船との交渉があり、英語に関する書物が作られている。そして天保元年には英人モリソンの華英英華辞書を江戸天文台に備えつけた。また天保薪水令で外国船打払令を緩めた結果であろう、天保十一年に天文方見習渋川六蔵敬直が藤井三郎質の協力によって、我が国最初の英文法書英文鑑の写本を幕府に献上した。

藤井質は加賀藩医の子で、弘化四年（一八四七）には英文範を著わして英書の読法を示したが、未完成のうちに嘉永元年に歿した。

英文鑑は米国の文法家ディンドレイ・モレー Dindley Murray の著書の蘭訳書を重訳したもの。

英文範は今日所在不明であるがどこかにきっと残っていることと思う。

さて長崎において英語研究がほとんど中絶したのに対し、江戸では断続的にも行われていたことは前述の通りだがそれは会話を任務とする長崎と異なり、江戸の天文台では飜訳を主としていたためであろうと考える。

天文台では文化末年から、天保年間にかけて宇多川玄真、杉田成卿、大槻玄幹、宇多川榕庵、小関三英、箕作阮甫等の一般洋学者も採用して、専ら西洋学術書の研究を始めているが、これらは殆んど蘭書の飜訳であった。

英書の飜訳が継続的に行われたかどうかは不明だが、天保元年にモリソンの華英英華辞書を天文台に備えつけたことなどから、英語への関心の高かった事が知られる。

前述のゴルドンは次の如く記している。

「なお予は、新聞紙及び欧洲政情に関する出版物ならびに少数の地図や地理に関する書物を彼等に残す事は、予に愉快を与うるであろうと述べた。それは彼等が此等の問題に関して知識を得ることを特に切望しており、かつ其の上に彼等がつねに船上に携えて来る蘭英字書の助けによって、英書を了解することができるのを観看したからである。」と。

彼等とは言うまでもなく、足立、馬場の二氏である。この頃江戸には長崎の通詞が来ていて語学上の事に当った。蕃書和解御用の和解御用方であった馬場佐十郎が文政五年に歿した後に、吉雄忠次郎（一七八七―一八三三）が江戸に来ている。この傾向は後の世も同様である。

× × ×

サマラン号の渡来や、さらには阿片戦争の報らせなどによって、幕府は英国の勢力を身近に感じ取り、こゝに再び英語学習の事が取り上げられるに至った。

弘化三年には日本開港の目的で浦賀に来た米提督ビッドルの差出した文書を長崎の通詞で天文台勤務の品川梅次郎外二名が和訳している。これは英文を一度蘭文に直し、再び和文に飜訳したものである。なお参考に浦賀から差出した堀達之助の和解が添えてある。

これらのことはサマラン号来航の翌年のことで、蘭英英蘭辞書などに頼って、オランダ語を通して英文を読むことができるまでになったことがわかる。

ついで嘉永元年（一八四八）に米人ラナルド・マクドナルド Ranald Macdonald（1824～94）が漂流を装って北海道に来た。彼の目的は日本語を学び、江戸に出て英国か米国かが通商を開くため来航した時に、通訳として用いられることであった。しかし捕えられてこの年の晩秋には長崎に送られ西山郷に宿泊所を与えられることとなったのである。森山栄之助は蘭語辞書と首っ引きで彼を尋問し、後には森山の外に十数名の通詞が毎日のように来て、辞書に頼りながら、マクドナルドの必要とする品をきいたという。やがて彼は蘭通詞十数名に英語を教えることになった。

この通詞らについては彼の自伝中にローマ字綴りで記されているが、それは、西与一郎、植村作七郎、森山栄之助西慶太郎、小川慶十郎、塩谷種三郎、中山兵馬、猪俣伝之助、志筑辰一郎、岩瀬弥四郎、稲部禎次郎、茂鷹之助、名村栄之助、本木昌左衛門、であった。

伝記によると彼はひとりひとりに英書を読ませて発言を正し、聞き覚えた邦語に英語を交えて、文字や章句の意味を説明した。通詞たちはLを発音する時に、Rの音を出し、また日本人の発音の癖として、子音の発音にiかOの音が終りに加えられ、また母音については何の困難もなく全く円満な声で発音し、語尾のeやoeさえ発音すると驚いている。また皆熱心で文法の心得があり、驚く程上達が早かった。とくに森山栄之助は会話が上手であり、常に会話の際に蘭英々蘭対訳辞書を持っていたという。

嘉永二年三月下旬、米艦プレブル号が、先に漂流して長崎に幽閉されていた米国人十四名の受取りに来た時は、「アメリカ語心得の通詞」として森山栄之助が応対した。マクドナルドはこの時帰国した。

後に森山栄之助は堀達之助と共に、ペリーの来航に当り、通訳として活躍している。

嘉永三年九月には町年寄福田猶之進、高島作衛が、唐通事並びにオランダ通詞中の若年者の満洲語、ロシア語、英語の勉学や、言語和解取締掛を命ぜられた。満洲語は唐通事に、ロシア語、英語はオランダ通詞に学ばせたことは文化年中と同様である。

同年九月にはオランダ大通詞西吉兵衛、小通詞森山栄之助、唐方立合大通事平野繁十郎、小通事鄭幹輔、頴川藤三郎などが世話掛となった。そして在留甲比丹、オランダ人中に英語を心得ている者があれば、通詞と相談するようにとのことが、高島、福田両町年寄を通じて甲比丹に申し渡されている。

翌嘉永四年八月初め、オランダ船ヨアン号が長崎に来た。この船の船長コーニング C. T. Van Assendelft de Coningh は僅かの滞在ではあったが、その間に二人の通詞に英語を教えた。

「通詞たちのうちで、最も無遠慮な者は森山栄之助であった。彼以外かくの如く無遠慮な者には逢うた事がない。なお彼は最も聡明なる通詞中の一人であった。彼は甚だ良きオランダ語を話し、英語を少しく了解した。そして他の知識においても同僚よりすぐれていた。」

とその著「日本における私の書簡 Mijn Verblijf in Japan」に記して居り、彼等がその頃少しではあるが英語を解したことが知られる。

嘉永四年八月から、安政元年にかけて、エゲレス語辞書和解 English en Japaned Woodenbock が七部まで脱稿した。その序によると、これはホルトロップの著わした英語字典を飜訳したものであった。この編集に携った人々は、西吉兵衛、森山栄之助、楢林栄七郎、名村五八郎、中山兵馬、志筑辰一郎、岩瀬弥四郎、西吉十郎、川原又兵衛品川藤十郎の十名であり、辞書の体裁は語林大成と同じく、横文字の側に片仮名で発音を記したものであった。

ホルトロップの辞書は今日長崎県教育会に所蔵されているが、使用された跡がないので、おそらく当時のものではあるまい。

さてこの間の英語学習について考えて見ると、エゲレス語辞書和解の序に、

「皇国にて英吉利語を学ぶ始は文化の度先輩ロシア語諳厄利亜語兼学の命を受け、英吉利字彙嘶書数巻を訳し之を公館に捧げ其後絶えて伝らず、然るに近年異船の来ること屢々にして漂泊の異民頻に多し。是に語の通るは英吉利のみなり。故に嘉永三庚戌の秋旧令に復し蛮語兼学の命下り春秋に英語訳二巻を捧ぐべしとなり。」

とある通り、当時太平洋の捕鯨業が盛んで、また米国の対支貿易も増大しつゝあったので漂流民や渡来する船には米船が多かった。そこでその応接のため、会話を主な目的とする点、前と同様であった。この方向――通詞としての英語――はこの時に限らず、幕末長崎の英語を貫く一つの性格である。

マクドナルドは聖書、文法書、歴史、地理書等を持参していたので、その読解も行われたであろう。しかし海外事情や西洋の文化をうかがい知ろうとの要求は次第に強まっていたが、英学はまだその任にたえるだけの発達をしてなく、この時代の要求は、江戸における蘭学の隆盛となって現われている。

× × ×

安政元年ペリーによって神奈川条約が結ばれ、函舘、下田の両地において外国船との交渉が行われるに至り、幕府中央においても文書飜訳、或いは外人応接のことが必要となり、通詞を求めることが急務となった。その上、急激に諸外国の勢力が及んで、科学技術の優秀さを痛感させられ、こゝに海外事情や科学技術の研究が益々重要となって来た。

諸藩にも蘭学学習の気運が起り、薩摩藩ではしばしば琉球に渡来する異国船に対し通訳を必要とするので、島津斉彬は藩士を長崎に派遣し、蘭通詞について、オランダ語を学ばせることの許可を幕府から得ている。このように蘭通

詞、蘭学者の必要性が増大すると共に、長崎の通詞等も色々の実務のため江戸に招かれて行った。

嘉永六年七月、勝海舟は幕府の諮問に応じて海防意見書を差出し、西洋式兵学校と正確な官板の飜訳書を刊行する必要があると述べたが、翌安政元年オランダの蒸気船スームビング号が入港し本国の情報をもたらしたので出島蘭館長ドンゲル・クルチュウスは長崎奉行水野筑前守忠徳へ書を呈し、幕府が注文した軍艦輸入の遅延を弁解し、艦の運転、指揮法の伝習をすゝめ、長崎に滞在中のオランダの船将次官ファビュスの意見をも差出した。ファビュスは意見書の中で、海軍伝習に関して、伝授の節通詞に頼っていては面倒であるから長崎に学校を建て若年の者にオランダ語を教えることが肝要である旨強調している。

これらの事から安政元年、江戸に蕃書調所を創設する準備にかゝり、翌二年には実現した。そして飜訳掛として小田又蔵、勝麟太郎(海舟)、箕作阮甫、森山栄之助らが任命された。安政三年には九段坂下の竹本図書頭屋敷に移り、教導、手伝等を増し御目見得以上、以下の次三男厄介に至るまで年令に拘らず自由に稽古させることにした。当時日に百人以上の者が、多い時には三百四、五十人程の者がオランダ語の会読、輪講、書読稽古に努めたという。

このような江戸の状況に対し長崎の通詞養成も再検討され、安政二年十一月、閣老阿部伊勢守は「通事の外にも有志の輩は勝手次第稽古致させ飜訳通弁等出来候方然るべし」と長崎奉行に命じた。

長崎奉行川村対馬守は洋学の修業方について一応唐通事、および蘭通詞の意見を徴することになった。これに対して蘭通詞は左の通り答申した。

「現在主だった通詞などは甲比丹より伝習を受けているが、双方とも要務のためはかばかしくない。また自余の通詞らは重立った通詞から家業を伝え受け、其の外は洋書によって修業しているが、外国人に対する通弁や飜訳の事に至っては、各自心掛けるだけの事で何分行届きかねる次第である。そこで、できることなら此際洋学所を設立してとくに師範のオランダ人を採用の上、皆で修業するようにすれば熟達も早く、役に立つと思う。」と。

それで蘭通詞は幼年の頃から家の職業としてオランダ語を習い覚えていたが、通詞の用務多忙と、江戸出張などで学習の便宜を失い、また長崎でも安政二年に始められた海軍伝習に通詞が必要であったので、洋学所設立について答申が行われたのであった。

安政三年二月、長崎奉行川村対馬守は目付浅野一学、江戸在留長崎奉行荒尾石見守と打合せた上、幕府へ洋学所設立を上申した。そして安政四年六月（一八五七）に幕府閣老堀田備中守から左の訓令を受取った。

一、洋学所の取建は見合わす。

一、西役所において海軍伝習と一緒に洋学を伝習すること。

一、差当り英語、仏語、ロシア語など心得たるオランダ人、三人位を呼寄せ、蘭通詞はもとより唐通事などへも勉強させ、其外有志の者にも学習させるよう心得ること。

一、別に蘇木（染料とする熱帯産の植物）を輸入した時は長崎会所で売払い、その益銀を洋学伝習の費用に当てること。

こうして西役所において海軍伝習と共に英、仏、露語の学習を始めることになり、八月には奉行所から「英語稽古のものを新たに増員するから、希望者は廿九日までに名前を書いて差出すよう」と一般の人々からも英語学習者を募集した。これはオランダ語を学習させた江戸の蕃書調所と異なる長崎の特色であり今日、学習の始められた安政五年（一八五八）をもって長崎英学誕生の記念すべき年としている。

西役所には安政二年からの海軍伝習所と、安政四年からの医学伝習所があった。とくに海軍伝習は幕府および諸藩の伝習生百二十九名が学問技術を学んでいた。

こゝに前述の如く英語伝習が加わったのだが、今詳細を知ることができない。そこで、当時海軍伝習、医学伝習の両方とも外人に直接講義をうけ、通訳がついていたので、これに関する資料として万延の頃、医学所に学んだ長与専斎の手記の一部を掲げよう。

「翌日講義の席に列し、松本先生の紹介にてポンペ氏に引合はされしが、生来初めて外国の人に接せし事とて、一言の挨拶も出ず、只無言にて握手せしのみ。やがて講義は始まりけるが、通詞の一語一語口訳して伝ふる事さへしかと耳に止らず、茫然として酔えるが如く（中略）かくて日を送るに従い、ポンペの口演も略其意味を会得し、時には自分の喉舌を以て質疑問答することも出来るようになり、稍事情を解するに付き、つらつら学問の仕方を観察するに従前とは大なる相違にて極めて平易なる言語すなわち文章を以て直に事実の正味を説明し、文字章句の穿さくの如きは毫も歯牙にかくることなく、病症、薬物、器具その他種々の名物記号等の類、曾て冥捜暗索の中に幾多の月日を費したる疑義難題も物に就き図に示し、一目瞭然掌を指すが如くなれば、字書が如きはほとんど机上の飾物にすぎず。」

医学では学業が進むにつれて専門語を会得すれば次第に教授の話を理解できたようであるが、海軍伝習所の方ではとくに基礎学課について通詞に頼る所大であったらしい。

当時の海軍伝習所教授であったオランダ人リッダー・ホイセン・ファン・カッテイングの著の邦訳である、「揺籃時代の日本海軍」から左の記事を引用しよう。

「ポンペ氏の教育は、長崎の数人の患者を実地に診療しながら授業したのであるが、これはたしかに多大の貢献をなした。しかし代数や運転術つまり一言にして言えば、理学に関する学課は先づ語学の十分な力のある通辞が、自ら十分に研究し知っていて、教官の意志を間違いなく生徒に伝えるというのでなければ、到底教育の効果は期待し得られない。然るにその肝心の通辞が非常に不足している。学課の数は教官の数に応じて勢い増加せざるを得なかったが、何分にも通辞の不足によって断られることがしばしばあった。（中略）長崎の貿易が日増しに盛んになるにつれて、通辞がその方にとられ、学校の講義はたいていお留守にされ勝ちとなったので、いよいよ益々その欠陥が増大して行くばかりである。（中略）おまけに通辞の何名かが長崎から神奈川、函館の方に転勤を命ぜられてしまった。

こゝにおいて吾等は仕方なく危なげな日本語の知識を以て通辞抜きの講義をやって見たが存外うまく行った。しかし数科目はどうしてもその様な不満足な方法で講義を進めては行けないので、ついに全く停止するのやむなきに至った。

ところで生徒の方はかゝる欠陥のため課業に対する熱意が冷却するかと気遣われたが、事実はそれと反対でかえって益々学業に精を出し、教官の家庭に講義を聴きにくる者が段々ふえて行った。
尤もその家庭講義は通辞の都合のよい時刻を見計らって、通辞の通訳をかりて行われたものである。その通訳に対し、通辞は生徒達から報酬を受けた。」

伝習係の通弁官は、岩瀬弥七郎、楢林栄左衛門、荒木能八、西吉十郎、西慶太郎、末永猷太郎、本木昌造、横山又之丞、志筑禎之助、三島米太郎、石橋庄次郎、西富太、荒木卯十郎、植村直五郎などであった。

やがて安政六年二月長崎の海軍伝習所は中止となった。

少々引用が長すぎたようであるが、長崎の通詞が西洋学術研究の初期の時代にどのような役割を占めたかということと、貿易に伴って通詞が多忙となり、江戸、神奈川、函館等まで行き、長崎に通詞が払底したことや、あわせて当時の学生の学問への情熱などその当時の状態を知ることができるので、こゝに掲げた次第である。

なおこれらの通訳はオランダ語が主であった。

さて安政五年の開市開港によって、今まで徐々に進出して来つゝあった英国の勢力が急激に伸び、オランダをはじめ諸外国を圧倒して行った。貿易において英国が遙かに群を抜いていたことはいっそう英語の重要性を高めるものであった。

かくて先に英、仏、露、蘭語を習得させる目的で、西役所におかれた語学の伝習所は、時勢の変化に応じて安政五年七月に岩原屋敷にある組頭永持享次郎役宅に移され、名称も英語伝習所と改められた。そして蘭通詞楢林栄左衛門西吉十郎の両名が頭取となり、蘭国海軍将校ウイツヘルス、蘭人デ・フォーゲル、英人フレッチエルなどが相継いで英語教授となり、唐通事、蘭通詞その他地役人の子弟らが英語の教授を受けた。

安政六年（一八五九）三月頃、長崎に碇泊していた米艦ポーハタン号 **Powhotan** の乗組員水兵が長崎奉行の依頼で九名の通詞の英語学習に関係した。この時の水兵が米誌に投じた一文によると彼に学んだのは左の人々である。

横河元之丞、三島末太郎、石橋助十郎、楢林栄左衛門、名村五八郎、北村元四郎（名村泰蔵）、岩瀬弥四郎、磯田慶之助、西富太、これら通詞の大部分の者が、先にマクドナルドに学び、あるいはホルトロップの辞書の編修に当り、あるいは伝習係通弁官を勤めていた人々であるから、学習も相当に進んでいたものと思われる。

さて安政年間にはオランダ語文法書や辞書などが刊行されて、蘭学研究の便宜がとゝのえられたが、同時に洋学の中心が蘭学から英学へと移り始める時期でもある。

そして西役所において外国語の伝習が始められた安政四年は、我が国で左の数種の英語学習の入門書が刊行されて居り注目される年である。

一、蘭英対訳語学書（初歩）

長崎において出版された、英学初心者のための一般学習書 R.Vaner Pijl の著書を H. L. Schuld が増訂した（一八五四）ものゝ飜刻

一、英吉利文典

大野藩で出版したもの。R.Vander Pijl の初学者のための英語読解飜訳書の増訂版の一部を飜刻したもの。

一、英吉利文典

美作藩の宇田川塾で出版、版本はオランダの英学者の飜刻で、その原本は Vergani の著書

一、英語箋前篇（米語箋ともいう）

江戸で出版されたもので、井上修理校正、村上英俊閲となっている。これは英国宣教師メドハーストの英和和英語彙（天保元年一八三〇）が原本。

なおその一部は早くも安政二年に村上英俊が洋学捷径伝英訓弁に紹介している。

一、伊吉利文典

中浜万次郎が嘉永四年帰朝の時持って来たものが原本で、出版はほぼ右のものと同じ頃と考えられる。

手塚律蔵、西周助閲、津田三五郎、牧助右衛門校正となっている。

これらの刊行書はいづれも初学者の入門書であり、それも各地で出版されたことに英語学習ぼっ興の気運を見ることができる。

しかし一般には英語を学ぶ便宜はなかなかなく、右に掲げた書物なども容易に手に入らなかったらしい。

明治時代における西洋文化輸入の第一の先覚者福沢諭吉は、安政六年に蘭学から、英学研究に転ずる決心をしている。

それは新らしく開港した横浜で外国人の店に行き話したところが、数年間熱心に蘭学を学んだにも拘らず、少しも言葉が通じなかった。そして店の看板もビンの貼紙も分らず、何を見ても知っている文字がなかった。そこで失望したが、気を取り直して英学に転ずる決心をしたということである。

この時のことを自伝に次のように伝えている。

「あそこに行われている言葉、書いてある文字は、英語か仏語に相違ない。ところでいま世界に英語の普通に行われているということは予め知っている。何でもあれは英語に相違ない。いま我が国は条約を結んで開けかゝっている。さすればこの後は英語が必要になるに違いない。

洋学者として英語を知らなければ、とても何にも通ずることができない。この後は英語を読むより外に仕方がないと、横浜から帰った翌日だ、一度は落胆したが同時にまた新たに志を発して、それから以後は一切万事英語と覚悟を極めた。」

それから英語の学習にかゝり、先づ森山多吉郎（栄之助）に学ぼうとしたが、条約締結のため忙しくて習われず、結局字書さえあれば横浜から買って来ている蘭英会話書二冊によって独学できるからと考え、字書を手に入れようとした。しかし横浜にないので仕方なく幕府の藩書調所の字書を借りようとこゝへ入門した。

しかし藩書調所の字書は持出し禁止であったので利用を断念する外なく、ついに横浜の商人に頼んでホルトロップの英蘭対訳発音付きの辞書を買った。代価は五円という大金であったので、藩に買取ってもらい、その字書と首っ引きで毎日毎夜独りで勉強し、英文を蘭文に訳したりして英文になれることに努力したということである。

最も明敏で、時勢を見る眼もあり、かつ当時蘭学においては江戸で杉田成卿以外に怖れる者なしと自負していた福沢でさえ英学に転ずる時にはこのように学ぶ手段に苦労している。しかし蘭学が英語学習に大いに役立ったと述べて居る。

また福沢は神田孝平に英語を一緒に学習しようと誘ったが、神田孝平は、

「いやもう僕もとうから考えていて実は少し試みた。試みたが如何にも取付端がない。何処から取付いてよいか実にわけがわからない。しかし年月を経れば何か英書を読むという小口が立つに違いないが、今の処では何とも仕方がない。まぁ君達は元気がよいからやってくれ、大抵方角がつくと僕もきっとやるから、だが今の処は何分自分でやろうと思わない。」

と断った。そこで村田造六（大村益次郎）にすゝめたところが、

「無益なことをするな。僕はそんなものは読まぬ、いらざる事だ。何もそんな困難な英書を辛苦して読むがものはないぢやないか。必要な書はオランダ人が飜訳するからその飜訳書を読めばそれで沢山ぢやないか」

と言ってどうしても同意しなかった位で、まだまだ英語学習はこれら先覚者の中でも行われ難かった。

文久に入ると既に咸臨丸の太平洋横断の壮挙があり、米国へ、また欧洲へ使節が赴いているが、この頃になっても英文飜訳のできる者の得難かったことが、大槻磐溪事略の記述にうかゞわれる。

「咸臨丸の航海は百四五十日ばかり、サンフランシスコまで往って、帰って来られた木村摂州がアメリカみやげとして、磐溪先生に贈られたのはペリーの日本紀行の原書である。これかたじけなしと、早速仙台の君公へ差出した所で、原書ではわからぬ、飜訳して御覧に入れよとあったが、この時まだ英文を十分に読んで飜訳する人が少ない。ようやくの事で佐倉人手塚拙蔵、津軽人土藤岩次の二人を得て、家に寄宿させ、一年ばかりで文久二年四月飜訳できた。」

英学と蘭学の交替は安政年間に始まった。そして江戸の藩書調所は文久三年開成所となりやがて英学、仏学、ドイ

ツ学、ロシア学が設けられるが文久二年すでにこゝに日々学ぶ学生百人中六、七十名が英学であったといわれる。しかして本格的に英学が発達するのは慶応以降である。

ところで当時の英語学習には幾つかの系統が考えられる。すなわち、長崎の英語伝習所や江戸の洋学所で学んだ者と福沢のように独学で勉強し、漂流人でも小供でも、英語を知っている者をたづねて発音を学んだ者があった。江戸では森山多吉郎のように長崎通詞出身の者と、江戸の蘭学者出身の者や、それに漂流から帰った中浜万次郎が居た。また安政四年伊東貫斎、立石得十郎や支配向の子供等の中二人程と藩書調所の中で優れた者二人程が幕府の命で下田へ行き、アメリカ領事館の者について英語を学習した。そして伊東貫斎らが最も早く江戸に本式の発音を紹介した。

これら当時の英語習得者がどの程度の学力をもっていたかは興味のあることだが、これについては福翁自伝に、

「森山という先生も何も英語をたいそう知って居る人ではない。ようやく発音を心得て居るというくらい」

と述べており、福地源一郎は箕作麟祥君伝の中の談話で、

「その時分ろくな師匠はない。森山といえども、中浜にも今の中学校の生徒ほどの事は怪しいものさ」

と言っているが、まあ大体そんなものであったのであろう。

× × ×

今まで述べて来たところは蘭通詞の英語学習についてであるが、こゝで唐通事の英語学習について考えて見るとしよう。

安政二年末、長崎奉行川村対馬守は、蘭通詞の他に有志の者にも語学を学ばせよとの幕府の命により、唐通事らに対して満洲語の学習を中止して、洋学に転ずる方が国の役に立つであろうと諭した。これに対して唐通事は異議なく承知して、洋書に唐音を附した五車韻符その他右類の書籍を中国より取寄せたい旨を申し出ている。

文化の頃はじめて蘭通詞が英語を学んだ時は、まだ鎖国時代であって、オランダ以外に正式の交渉を持った欧米の国はなかったから、専らオランダ語を媒介として英語を学ぶほかなかった。

然るに英仏勢力が中国に及び、阿片戦争（一八四〇〜四二）やアロー号事件（一八五六）を起すに及び、我が国の英仏に対する警戒と認識も一段と強まった。一方欧米諸国の大陸における活動は増大し、中国語研究も促進された。

早くも一八一六年から一八二三年にかけて英人モリソン Dr. Robert Morrison は華英英華辞書をマカオにて出版しており、また英人メドハウスト W. H. Medhurst は中国語に訳した聖書が日本人に役立つかどうかを確めるため日本人編集の蘭漢和辞書、漢和字書を使用して英和和英語彙を作成し（一八三〇）、安政年間には日本でも洋学者に用いられている。

欧米人の中には漢詩文を作る者もあり、後に述べるがリギンスは中国刊行の欧米人の著わした漢籍科学書を千冊以上も日本に持来り、売却したというから、恐らく華英英華辞書や華英対訳書等も相当に作られていたと考えられる。また発音から言っても日本のひらがなによる傍書より、中国語の傍書の方がより正確であったであろう。

ともあれ安政年間ともなれば、唐通事にも中国語を媒介として英語を学ぶ道が開けていたと言える。

以上のような理由で安政二年に長崎奉行が唐通事に英語学習を勧め、唐通事もこれに応じたのであろう。

安政四年には正式に唐通事の英語学習のことがきまったが、まだそれ程積極的ではなく、また伝習所で学習することになっていたが、唐通事としては蘭通詞と一緒にオランダ人から英語を学ぶことはできなかったと思われる。従って恐らくまだ個人的な学習で、組織化したものではなかったであろう。

ところが安政五年には唐大通事鄭幹輔（一八一一—六〇）は英国の勢力が中国を覆《オオ》い行くのを見て、率先して唐通事も中国語のみでなく、英語を学ばなければならないと唱え、長崎奉行岡部駿河守に建白し、奉行もこれに賛同した。

たま〱この年九月に長崎に来航した米艦ポーハタン号 Powhatan の牧師ヘンリー・ウッヅ Henry wood は長崎滞在中に奉行所々属の六名の青年の英語教師を頼まれたという。

またその頃長崎に来合せていた米国プロテスタント派の上海宣教師であったシリ Edward W. Syle（明治七年から十二年まで開成学校、東京大学文学部の哲学および歴史学教授であった）は、自分から希望して長崎に英語教師として転任することになり、住宅問題まで当事者と相談したが、彼は任地上海を離れることが許されず実現の運びに至らなかった。

翌安政六年正月には鄭幹輔、游龍彦三郎、彭城大次郎、太田源三郎、何礼之助、平井義十郎ら六名の唐通事は、長崎滞在中の米船に行き、米人マクゴワン Daniel Jerome Macgowan から中国語を媒介して英語を学んだ。

彼等はアルファベットの発音からスペルなど英語の初歩を学習した。それはわづか二週間余りのことだったが、非常に熱心で長足の進歩を示したので、マクゴワンは驚いたということである。

マクゴワンがすでに中国語に熟達していた事は、航海金針（一八五三）という漢文著述をしており、唐通事等の中で、彼は瑪高温という名前で知られていたらしい。唐通事らの英語学習は勿論中国語を介して行われたが、彼らが特に発音によく注意したというのは興味深いことである。

マクゴワンは安政六年正月下旬長崎を出発した。

マクゴワンの後は出島に居た米人ワルシ R. J. Walsh が、出島や唐通事会所において教えた。彼が何時頃まで教えていたかは不明だが、恐らくそれ程長くはなかったであろう。

米国のプロテスタント・エピスコーパル教会 Protestant Episcopal Church の外国伝道員で中国布教に努めて

いたリギンス John Liggins が我が国に来たのは安政六年（一八五九）五月である。

彼は伝染病や暴徒の災禍で健康を害し、日本から来たマクゴワンの診察で転地療養を勧められて来たのだった。彼は米国領事ワルシ J.G. Walsh のあっせんで上陸を許され、長崎奉行の依頼で健康の許す範囲で、八名の通訳官に英語を教授することになり、毎週月、水、金曜の三日をこれにあて、六ケ月間教授した。その居住地は崇福寺の後山にある広徳院であった。

この年六月にはリギンスの同窓で、同じく中国伝道に努めていた米人ウイリアム Channing Moore Williams が渡来して、リギンスと同居し、同じく十一月にはフルベッキ Guido Herman Fridolin Verbeck（一八三〇―九七）が来て、崇福寺境内の広福庵に落着き、やがてその妻も来た。

彼ら三名はいづれも英語を教授すると共に、日本語を学んだ。高杉晋作は文久二年ウイリアムとフルベッキに会って「彼二人日本語を学ばんと欲する。何とも怪し、其心中を推し謀るに耶蘇教を日本へ推し広めんことを欲するならん」と考えた。事実リギンスはこの派の最初の日本宣教師に任命されており、高杉晋作に会ったウイリアムの方は、後に米国聖公会伝道局から日本および中国伝道監督に任命されて居る。

リギンスは病のため万延元年（一八六〇）二月長崎を去って帰国したが、ウイリアムはその後、大浦に移って英語と数学を教えていた。そして慶応二年に本国に帰った。大隈重信は慶応元年の頃彼に数学を学んだ。

フルベッキも後に出島に移り、やがて大徳寺内に住した。

この間、文久元年（一八六一）十月、唐通事らは長崎奉行と町年寄に願出て、学校を設けてその子弟に中国語および英語を教授することの許可を得た。そして彼等が積立ておいた資金で、崇福寺境内の空地に学校を建て、訳家学校と称した。

教授陣としては、本業教授方小通事呉泰蔵、小通事過人鄭右十郎、小通事助頴川保三郎、洋学世話掛小通事助彭城大次郎、小通事助過人何礼之助、同上平井義十郎などであり、おそらくウイリアムやフルベッキも教授として関係していたのではなかろうか。そしてオランダ人を通して開かれた日本の英語学習は、この頃は専ら米国人によって行われたのである。

× × ×

さて主に蘭通詞の英語学習を行った英語伝習所は文久二年（一八六二）片淵郷の組屋敷内の乃武館（現在の原爆病院）のうちに移り、英語稽古所または英語所と改称された。

教頭に楢林栄左衛門の高弟中山右門太、英語稽古助世話方は柴田大介がなり、外に教員四名がおかれた。

翌文久三年七月には英語所は立山奉行所の東長屋に移り、何礼之助、平井義十郎ら唐通事から学頭が任命されており、柴田大介はこれまで通り稽古人の世話役となった。

訳家学校は何時まで続いたか不明であるが、こゝの洋学世話掛の何、平井両人が英語所の学頭となったことから、古賀氏は訳家学校の英語学習は英語所に移されたものと言っている。

文久三年十二月に英語所は江戸町の元五ケ所宿老会所跡（県庁裏門附近）に移り、洋学所と改称し、学頭何礼之助平井義十郎、教授会頭柴田大介、教員十二名（内六名は諸藩士）、外国教師フルベッキという陣容であった。

元治元年（一八六四）正月、大村町に語学所を設け、英、仏、露語、三ケ国語を教えることになり、大村町の校舎の成るまで江戸町の仮語学所で教授した。そして何人でも語学執心の者には入学を許した。

その後慶応元年八月に語学所は新町の元長州屋敷のあと（もと雨森病院跡）に移り、新たに済美《せいび》館と称し、長崎奉行服部長門守の熱意で始めて洋学校の体裁をなした。学頭は何礼之助、平井義十郎、各科の教員十九名で、英、仏、露、満、蘭、および洋算や歴史、地理、数学、天文、経済、化学などの諸学の教授が行われた。

大隈重信が英語を学んだのもこの頃で、諸藩からの留学生が多かったという。

さて安政に設けられた伝習所では、幕府の外交に必要な人材の養成を目的としていた。それも唐通事、蘭通詞のように幕府召抱えの役人として外国語を学習させ、会話と文書飜訳の学力を養わせた。そして事実長崎で英語を学習した通詞は次々と長崎を離れ、実務についた。

文久三年（一八六四）以後、伝習所が洋学所、語学所、済美館へと移り変ったのは、今までと異なる性格の学校の成立を意味しているように思われる。

第一に済美館では歴史、地理、数学、物理、化学、天文、経済等の広範な学科を教えて居り、単なる通訳官養成から脱皮して、広く基礎学科を正式に取入れた近代的な学校になったと考えられる。そして洋学所の教授数から見て、済美館の学科の大部分はすでに洋学所時代に設けられ、この頃から前述の方向へと進みつゝあったものと考える。

丁度この頃、江戸においても洋学所（洋書調所）は開成所と改められ、従来の飜訳局的なものから、教育機関へと進んでおり、長崎もこれに応じたものであろう。西洋科学文明の急速な吸収という時代の要請によって、基礎学科からの学習となったのだと思われる。

第二は何人でも語学執心の者には入学を許可し英、仏、露、独語を学習させたことである。これは貿易形体の変化と関係がある。

すなわち安政の開国以後は、今までのオランダ人だけの官貿易と異なり、各国それ〴〵自由貿易となったため、官貿易に附属していた唐蘭通詞の仕事は新らしい貿易に適応した形体に分化するのが当然である。それは外国貿易事務と、民間貿易の通弁とである。

外国貿易事務は港会所、運上所等において取扱い、貿易における英国の進出に伴って、万延元年（一八六〇）の頃、正式に英語通詞をおき、万延元年に堀一郎がオランダ稽古通詞手代より一代限り英語稽古通詞に任命された。彼は文久元年に英語小通詞末席となって、慶応元年まで勤めた。また柴田大助は英語稽古所世話役をしながら、文久二年英語通詞手加勢となり、港会所詰となり、翌年は運上所勤務、元治元年には奉行所ならびに外国人方応接御用や運上掛飜訳などを勤め、慶応元年に一代限り新規英語小通詞となり、慶応三年に江戸の海軍伝習所に移っている。

また佐藤麟太郎も文久二年英語通詞となって梅ケ崎運上所に勤務した。

一方、民間の貿易にも外国語が必要なことは言うまでもない。語学執心の者に、諸外国語を学ばせたのはそのためであろう。

当時一般には和英商売対話集（安政六年長崎版）やその続篇に当る蕃語小引、また英語箋（文久元年石橋政方が横浜で出版）などのかなつき会話集が出ており、江戸の洋書調所からも英和対訳袖珍辞書（文久元年一八六〇）が出版され、その他にも二三の会話集が出版され、多大の便宜を与えていた。

さて慶応元年済美館ができ上ると、運上所で取扱っていた洋書取締方はこゝに移管された。外人教授として英語にフルベッキ、仏語にベルールド・ペティエンが居た。

明治元年には済美館は長崎府所管となり、奉行屋敷跡に移り、広運館と改称し六月に洋学局の外に本学局、漢学局を新設し、洋学局では英、仏、蘭、露、清語と数学を教えた。

明治二年フルベッキは開成所教授として招かれ、その後に米人スタウト Henry Stout 1838—1912 が広運館教授に任命された。これまで述べたようにフルベッキは安政六年来日以来、長崎において十年間英語教育に尽して来たのであり、その功績は大きい。

その後広運館は明治三年に大蔵省所管となり、翌四年には文部省所管となった。

明治五年の学制改革では、第五大学区第一番中学と改称し（明治六年五月第六大学区となる）、六年には県庁と場所を交替して立山に移り、広運学校となった。

その後、明治七年に外国語学校となり、翌八年、長崎英語学校となったのである。

× × ×

以上で長崎における英学の誕生について ほゞ概略を述べたが、なお 二、三書き落した事をつけ加えて結びとしたい。

○ 県立長崎西高等学校の蔵書中に、柳河春三訓点の智環啓蒙塾課初歩（全一冊）があり、長崎英語学校の朱印と長崎中学校文庫の印がおしてある。

内容は各方面の事にわたる教訓、人生訓を上段英文、下段漢文と英語と漢文の対訳にしてあるもので、慶応二年江戸の開物社から出版されている。原本は香港英華書院の出版である。

これは恐らく広運学校あたりで教科書として使用され、英語学校、長崎中学に引継がれ、戦後の学制改革によって長崎西高等学校に保管されるようになったのであろう。

智環啓蒙は原題を A Circle of knowledge in 200 Lessons すなわち〝二百課より成る智の環〟といゝ、慶応二年柳河藩でも刊行され、明治三年には鹿児島藩、沼津学校で刊行している。

また、石川県学校蔵版の智環啓蒙和解は明治六年広瀬渡、長田知儀の訳述であり、この書は慶応二年の飜刻後、相当広範に使用されたものと考えられる。

○ 長崎には幕末に致遠館や培社という私学校が建てられていて、各藩士が学んだらしい。致遠館は慶応二年、長崎浦五島町の諫早屋敷内に設立された佐賀藩の藩校であったが、財政権に陥った時に大隈重信が引き受け、佐賀の商人に出資させて経営したといわれている。

フルベッキはこゝで一日置きに教授にあたって居り、明治二年の上京後は、スタウトが後任となった。致遠館の学課は、政治、経済、軍事、理学などであった。

大隈重信はフルベッキについて次のように言っているが、よくその面目を示している。

「先生は極めて温厚なる紳士たり。予長崎にある日、塾生五十人のために請うて英語教師とす。時々キリスト教を聞きたることあり、先生はある宣教師等の如く強いてこれを説かん人にはあらず、予は蘭書について研究し不審の所はこれを先生にたゞす、往々言過激にわたり、礼を失することあるも、先生はこれを咎めず、親切に懇篤に教授せられたり、予がキリスト教の知識を得たるは三年間先生について学ぶ所ありしに困る。一時は信者たらんかと思ふ程なりしも遂に決心するに至らず……。」

致遠館の変遷はいまのところよくわからぬが、明治二年の頃に廃校となったらしい。

培社は何礼之の家塾で、ある禅宗寺院の空堂にあったらしい。文久三年十二月に前島密がこゝに学んだ。当時塾長代理は越前藩士瓜生寅であったという。

何礼之は文久三年には英語所頭取となって居るが、別に家塾を開いていたものであろう。

なお彼は慶応三年には江戸の海軍伝習所通弁頭取に任命されたから、培社はおそくとも慶応三年には解消されたものと思う。

第二部　英語教授法回顧

わたくしたちの母国語についての学習も容易なことではない。ましてや外国語の学習ともなれば、少なからぬ骨折りを必要とする。

学習する側だけではない、教える側も同様である。ことに初学者を相手とする場合、とくに強い困難を感ずるのではなかろうか。

そこで英語教育初期の外国人たちは、どのようにして日本人を教授したのであろうかという疑問と興味がわいて来る。

一体言葉というものはおかしなもので、全く未知の言葉であっても、なんどもきいているうちには、同じ場面が繰り返されるにともない、おぼろげながらもその意味が通じて来るものである。**What are you called?** でもよいし、**What is your name ?** でもよい、とにかく繰り返し繰り返したずねてみる、さらに付け加えて **I am Verbeck.** とでも言ったなら、生徒の方は、ウオット・イズ・ユア・ネイムは人の名前をたずねているのであり、ネイムは名前という言葉であるということを知り、さらに教授者によって黒板あるいは紙の上に提示された（NAME）の文字を知るということは、容易に期待できることである。

黒板は、米人スコットScott. M. M 1843—1922 によって伝えられた。かれは明治四年一八七一年来日、その後明治十四年離日するまで、大学南校・官立東京師範学校・東京英語学校・東京大学予備門等の教師を歴任した。

黒板は明治五年に輸入したもので、それが地方に普及したのは明治六年の頃である。だからフルベッキの長崎時代はまだ使用されてはいなかった。

このような方法の他に、また次のように、たとえば本を生徒に示して教授者は、ウオット・イズ・ジス（What is this ?）ときく、生徒の方は質問を受けたことを感じとって、答えると言うよりもむしろささやきあいするように、ホンとかショモツとか言うであろう、すると教授者はすかさず、（オオ・イエス・ジス・イズ・ア・ホン Oh, yes, this is a Hon. ホン・イエス・ブック・ブック）と連呼しながら、（Book）と書いてみせるだろう、生徒の方は、ホンがブックであることを知ってうなずく、まあこのようにして次第に言葉を覚えさせていく方法をとることも考えられる。あるいは、身振り手まねの方法もある。もっとも簡単なところで、教授者が歩いて見せては、アイ・ウオーク（I wolk.）と言い、止まっては、アイ・ストップ（I stop.）と言う、そこで生徒は、ウオーク・ストップの言葉を覚えるというわけである。

本邦最初の英語を母国語とする英語教師、米人ラナルド・マクドナルドが、嘉永元年（一八四八）十月から翌年七月までの長崎滞在中に、掘達之助・本木昌左衛門等を教えたのも、これに類したものであったろう。

文久二年（一八六二）、サミユエル・ローリンス・ブラウン Samuel Rollins Brown 1810—80が横浜に作った私塾（修文館）では、mastery system（Practical method とも言われ、プレンダガスト Prendergast が唱導したものである）を使って教えている例もある。これは簡単な formula（形式）を最初に提示しておき、それにだんだんと attribute 限定詞や adjunct 付加詞を付け加えていくというやりかたである。たとえば I am a boy. I am a school boy. I am a good school boy. I am a very good school boy. と言った風にである。

英語学習の日本人学生も苦心したであろうが、教える外人教師の苦労も並みたいていでなかったことが想像される。

慶応元年（一八六五）長崎に済美館が設けられて、そこで清・蘭・仏・英・露語が教えられたが、非常に日本語が上手で教授法もうまく、成績大いにあがったアメリカ人教師のいたことを、日本教育史略（明治九年文部省出版）はしるしている。東山学院五十年史（昭和八年）を編した井川直衛は、これをフルベッキであろうと推定しているが、まちがいなかろう。

× × ×

だが、フルベッキにしても、はじめからこうであったわけではなかったようだ。かれが日本語を学習しはじめた頃は、学習の参考書となるような本はなかった。もっとも後ではだんだんと出るようになったが、とにかくも、かれが〝当時は、日本語の一つの新しい品詞の発見、または新規の構文を知ることは、われらにとりて往々にして、新大陸の発見にまさりてうれしく、欣喜雀躍を禁ずることができなかったのである。〟と、伝道局に送った報告書にのべていることは、決して誇張した言葉ではないであろう。

フルベッキが来日した安政六年の頃までには、すでに、メドハアストの英和和英語彙・英華辞典・モリソンの華英英華辞典などもできていて、長崎にももたらされており、エゲレス語辞書和解さへ編集されていたのであるから、フルベッキの言葉も一寸異様に聞えるが、いずれ簡単に一般が入手できそうな本ではないのだから、フルベッキもこれらの作業を聞き知ってはいたろうが、現に手にとり目で見て学ぶという機会はなかったものだろう。

慶応元年（一八六六）一月、横浜発のある書信が、長崎の一宣教師は、前年中その学校において、一日三〜四時間英語教授に没頭したことを伝えているが、ここに言う一宣教師も、フルベッキを指していると解してよい。

このフルベッキの門下から、伯爵伊東巳代治が出ている。

なおまた、大隈重信・副島種臣等、同じくフルベッキの門に学んだ人たちである。

長崎においてフルベッキの後を継いだヘンリイ・スタウト Henry Stout 1838—1912 は、明治七年（一八七四）二十四坪の木造の会堂を作ることからはじめて、その二年後の明治九年には、長崎日本基督教会と称し、十人の会員と二人の小児の洗礼者とを得ているが、伝道会社の記録によると、伝道のつてとして英語の教授は重要視され、バイブルが教科書として使用された。そしてここに集る夜学の青年の数も相当数に上ったようである。

スタウトの弟子瀬川浅の手記には、〝その頃の聖書研究会はすこぶる不完全なるものにて、その教師たるスタウト博士は日本語に熟せず、その聴講たる青年等は英語を十分に解せず、ずいぶん研究に困難を感じたるものである。かつ、その折には未だ日本語訳の聖書一冊もなく、ただわずかに漢英対訳の書が一部あって、博士も青年もこの聖書により研究を続けた。だから博士はたびたび言語をもって説明し得ない時は、身振り手まねで聖書を解釈したのである。〟と書きしるしている。このスタウト博士についてはまた、東山学院の受業者岡部一太郎は、博士の英語教授法が実に厳格で、少しでも日本語を使えば、ここは英語教室であると言って許さなかったことを伝えている。英語でもって英語を説明するという方法を、スタウトはとっているのであるが、この点については、フルベッキ程には日本語に習熟していなかったスタウトの場合、よけい厳しかったにちがいない。（瀬川浅は中津藩の人、嘉永六年一八五三年東京に生れた、明治六月一八七三年受洗、一ケ年下で同じ中津藩の人であり、明治九年に受洗した留川一路と共に東山学院草創期の俊秀であり、後年有能な牧師として九州各地に、布教の任に当った。）

瀬川の話は明治五、六年の交のことであり、岡部は明治二十六年の卒業である。

スタウトと共にエ・ピイタルス Albertus Pieters 1869—1956 が東山学院に教えていた。この人については、受業者中屋司馬輔は、〝ピイタルス先生の会話のけいこには、一々自宅に呼ばれたものだ。しかして応待坐作進退、実際につき修練せしめ、家庭の什器習慣等に至るまで、懇切丁寧に説明せられたものだ。〃と語る。もちろんこれは会話の助けになること大きかったろう。

中屋は、ピイタルスが、「英語学習の手引」を作ったことを伝えるが、どこかに現存していてほしいし、現存しているとすればまことに珍重するに値する。中屋の東山学院在学は明治二十年代の終りである。

外国人の教師にすれば、このような方法は全く自然なものであろう。

バイブルを、スウイントンの万国史を、ユニオン・リーダーを、ナショナル・リーダーを、それぞれテキストとして教える場合、一貫して英語をもって英語を説明するというやり方であったろう。（もちろん、間々いくらかは日本語をまじえることはあったろう。）英語をもって日本人の生徒に答えさせることもあったにちがいない。

とにかくも、外国人の教師について学ぶ限り、日本人の生徒たちは、日本語をできるかぎり少く使うような鍛えられ方をされたものであろう。

大正・昭和の時代のオーラル・メソッド（Oral method）の先駆と言うべきである。

長崎におけるミッション・スクールは、スタウトが明治十九年に作ったスチール記念学校（後の東山学院）、スタウト夫人エリザベスが作った明治二十年の梅香崎女学校、（エリザベス夫人は一九〇二年長崎で昇天、坂本町外人墓地に眠っている。）明治十二年エリザベス・ラッセル女史が建てた活水女学校（今日の活水学園）、明治十四年のシー・エフ・ロングとデビソンの協力になるカブリー英語学校（後の鎮西学院）、明治二十五年にできた海星学校等があるが、これら外人の経営になる各学校の外国語教授は、さすがにオーラル・メソッドの最上を行くものであったようだ。

× × ×

明治三年（一八七〇）にできた「大学南校規則」では、正則生は外人教師に従って韻学会話より始め、変則生は邦人教師に訓読解意を主として教授を受くべきことを規定している。　正則生のためには多数の英米人を傭い入れて、Direct method すなわち正則によって、英語はもとより普通学をも教えたのであった。

明治四年（一八七一）長崎の広運館に入学した井上哲次郎（一八五五―一九四四）の懐旧録では、教科書は全部英書、先生は皆英米人であったと言っている。もとよりここにおける英語教授法は Direct method である。

このような風は長崎だけに限るまい。官立の英語学校（長崎の他に、宮城・新潟・愛知・広島・大阪）はみなこうであったろう。もちろん中央の開成学校しかりである。外国人教師による Direct method で鍛えられた人々の中から、植村正久（一八五七―一九二五）、内村鑑三（一八六一―一九三〇）、岡倉覚三（一八六二―一九一三）、新渡戸稲造（一八六二―一九三三）等の人物が輩出したことは記憶しておいてよかろう。

幕府は文化八年一八一一年蛮書和解御用方を設置して外国語研究に留意していたが、安政三年一八五六年、幕府はこれを洋学所すなわち蕃書調所と改めた。その後の変遷を言うと、文久二年洋書調所、文久三年開成所、明治二年政府は、この幕府の外国語学校であった開成所を接収して開成学校とする、―開化所と称した例もある―。さらに大学南校と改め、明治六年再び開成学校、明治七年東京開成学校と改称、翌八年東京大学法理文の三分科大学、そして明治十年東京大学となる。

しかるに明治七年、文部省学監マレー（David Murray 1830―1905、日本では普通ダビッド・モルレーとよばれている）は、文部省所轄の外国語学校においては、オルレンドルフ Ollendorff の方法を採用することを大臣に申報している。すなわち、文法を基礎として日常生活に関係のある簡単な例文をあげて、これを問答式で練習するというのである。

これは当時ヨーロッパで行われていた飜訳式教授方式のプレウツ Plötz の系統に属するものであった。そのせいか、文法が重視せられて行く傾向を、次に引く釘本小八郎の言葉でうかがいうる。

英語学校時代に井上哲次郎と同学であった釘本小八郎（一八五七—一九三七）は、県立長崎中学校五十年をしのぶ座談会で、外国語学校時代のことを回顧して（長崎広運館の後身である英語学校は明治十一年廃止、十六年外国語学校ができている。）

〃外人の教授振りですか、訳は分らん、訳も意味も言はない。歴史なんかも読んで向ふの問にイングリッシュで答えねばならん。

Grammar が大分訳語には助かりました。この文章にはどれが Subject かまたは Predicate であるかということを、文法を知っているからいえる。これが Adverbial Clause という式で、その掛り工合で字引を引張っておりました。字引ですか、その頃は大分できております。柴田というのがあった。初めはウエブスターの大・中・小があって、その小を引っ張っておりました。しかし引いても、それを読むのにまた字引が要るという具合に、字引を引いても分らんものは困っておりました。しかしおかげで Grammar はなかなか忘れません。これは今でも教授ができます。毎時間 Grammar がある。リンニーという文法、ケツケンボス、それからブフウンの文法、文法はほとんどはじめからしまいまで毎日やりました。それで Grammar ではみな精しい。それで訳にせよ、みな Grammar でというわけです。〃

と語っている。

ずいぶんの鍛われ方、むしろほほえましい。

ところでこの釘本翁の回顧談であるが、当時の外国語学校の学習振りには、すでに、正則ならぬ変則の風がほの見えていることは、注意しておかねばなるまい。

つまり Grammar にかじりついて、translation にいっしょうけんめいの風がある。

長崎の外国語学校はさすがに外人教師に接するのであるから、発音もしっかり学ばせられたことであろう。だが、私塾あたりでは、そうもなかったのではないか。

明治国民教育史（昭和三年）の著者町田則文は、明治七年土浦から上京して、本郷にあった進文学舎に入学しているが、（当時、東京には、中村正直の同人社、尺振八の共立学舎、福地源一郎の共慣学舎、箕作秋坪の三叉学舎、その他数多くの英学塾があった。）その当時を回顧し、英学塾に共通した事項の一つとして次のように言っている。

〝会読（従来の漢学の輪読の如きもの）という方法であった。しかし漢学の輪読なるものの如くに、諸般にわたって研究審議して談論風発するの気概はなかったのである。学生は字引と首引きしつつ十分に下読をなし、教師の下で会読する。該教師は一々黒白点を手帳に満載しおき、その黒白点の多少により、毎月席次を昇降されたのである。白点は他学生の会読し能はざるところを解釈した者に附与し、黒白点差引の上優劣が評定せられるのである。もちろんただ訳解のみであって、音読には少しも関係がなかったのである。たとえば、Theをヘーと発音するも、サイと発音するも、これによって別に黒白点が附与さるる訳ではなかった。すなわち当時これが変則英語学習と唱えられたものであって、正則英語学習とは、作文、会話ならびに書取等が課せらるるをいうのである。もっとも英語文典は多々課せられたのである。〟

会読については、安政三〜四年頃の、大阪緒方塾における蘭学学習の時の光景が、福翁自伝に詳しい。

慶応二年（一八六六）に、福沢諭吉の慶応義塾に入った馬場辰猪（一八五〇―八八）も、英語学習についての会読のことを伝えている。なおまた馬場は、（発音は何時も間違っていたのだが、当時は正しい発音を知っているものは誰もなかったのだ。）と言っているが、発音については、幕末以来、明治になっても、まずいいかげんなものであったようだ。

私塾の第一等と言うべき慶応義塾も、英語教授においては訳読中心のようである。

私塾がこのように訳読いってんばりの〝変則教授〟の方法を主としていたことは、外人教師を雇い入れるだけの資力に不足していたことが、主な原因であろう。日本人の教師が英語教授に当ることが多かった関係から、自然訓読中心に傾いたものだと思われる。

慶応義塾では明治五〜六年の交、三人の米人が次々に六か月間雇われているが、その費用は、旧掛川藩主太田資美の篤志による寄付金であったし、町田則文の学んだ進文学舎にしても、明治五年三月の開校時には、外国人教師を二名雇い入れたことを大きく新聞広告はしているものの、それから二年後の七年には、すでに町田の記したところであり、私塾としては外人教師雇い入れは大きな負担であったことだろう。

とすれば変則教授はまず無理のないことだったと思われる。

片山寛は、日本における英語教授法の歴史を書いて（昭和十年）明治五〜六年の頃については、

〝これ程英学が盛んになっても外国人教師のいない学校ならば Oral work も実施せず、発音も正しく教授せず、漢文の素読同様な英文の読方や、日本式におもしろい節をつけた読方をそのまま教授して、語句を無茶につめこむ機械的諳記法に依るのであった。〟とし、

〝明治十四〜五年頃については、英語教授法は概して訳読一方で、教師の方でも教授法を気にかける者はほとんどいなかった。まだ Practical English に目覚める時代にはなっていなかったのである。ただむりやり語句をうのみに覚えさせて文を解釈させるだけであった。〟

と叙しているが、まず正しい観察と言はねばなるまい。

長崎では、柴田昌吉（一八四二—一九〇一）の柴田英語学舎（明治十七年英語義塾として開設）では、官教師を外人講師として

招いて、教則にも普通の英語学を伝え、外国人と応待通信の道を指南するといっていることは、一種の正則であって、一私塾の経営方針として、これは大いに多としなければなるまい。これは、柴田が通詞の出であり、中央で通訳の仕事が主であったこと及び貿易港として当時の長崎でこのような会話を要求することが多かったわけからであろうか。先述の釘本小八郎の回顧談に出て来る「柴田」の辞書は、柴田昌吉・子安俊と共著の附音挿図英和字彙を言うのであろう。明治六年初版である。

とにかくも、しかし、変則教授にしても、それはそれとして意味は十分に認められる。

新渡戸稲造が、〃この方法で訓練された学生たちは、一般に他の、意味は十分に考えないで、文章を一つずつ、オームのように読むことを教えられた学生たちより、自分たちの読んだところのものを、もっと正確に理解したことはほめられてよい。〃と言っていることによっても、敬意をもって回顧しておいてよかろう。

英語を通じて一般泰西文化と、その動向を知るという念願が、その当時は強かったため、変則教授法むしろ利するところ大なりと考えられたとみてよいであろう。

× × ×

さて日本人の英語教授法についての研究はどうであったろうか。

明治二十二年（一八八九）文部省から正則文部省英語読本（Conversational Reader）が出版されているが、これはそれまでの英語教授に対する反省をよびかける声でもあったわけである。

明治も三十年代に近づくと、外国語の教授法についてのすぐれた見解が、ぼつぼつ現われて来るようになった。

岡倉由三郎の〃外国語教授新論〃は、「教育時論」という雑誌に、明治二十七年（一八九四）に掲載されたが、それは「日本英学新誌」に、さらに引き続いて載せられた。

神田乃武の〃English in Middle School〃は、明治二十九年雑誌「太陽」に、単行本としては、重野健造の〃英語教授法改良案〟が明治二十九年、外山正一の〝英語教授改良案〟が明治三十年に、内村鑑三の〝外国語の研究〟が明治三十二年に、岸本能武太の〝中等学校に於ける英語科〟が明治三十五年に、高橋五郎の〝最新英語教習法〟は明治三十六年に、それぞれ出版されている。

そして明治三十九年（一九〇六）、岡倉は、〝外国語最新教授法〟を刊行したのである。

これは英人メリー・ブレブナ（Mary Brebner）の〝ドイツにおける現代語の教授法〟の大意訳であった。

その十個の要領を次に示すと、

一、読書科を語学教授の中心とすること。
二、文法を帰納的に教えること。
三、全過程を通じて、外国語をできる限り多く用いること。
四、課業のあるごとに、会話の練習を正式に行うこと。
五、教授を、生徒日常の生活と連係させること。
六、教授の初期には、実物及び図書を用いること。
七、風土文物を、特に初期以後の教授において広く教えること。
八、発音の教授には、十分の注意を与え、特に初期において、これに意を用いること。
九、自国語を外国語に飜訳することはなるべくこれを止め、これにかえて自由作文を広く課すこと。
十、外国語を自国語に飜訳することは、なるべく減縮すること。

以上である。

外国語の教授法としては、もっともなことばかりである。岡倉がこの本を飜訳した意図の正しさも推察できる。

岡倉は明治二十三年（一八九〇）、〃日本語学一班〃を出版して以来、数冊の言語学の著作をし、明治三十九年、〃英語発音学大綱〃を書き、さらに明治四十四年（一九一一）、〃英語教育〃を出版した。

岡倉は明治元年生れ、福井藩士の子として横浜に生れた。天心岡倉覚三の弟である。昭和十一年没。

岡倉は、耳と口の練習から、眼と手の練習に入ることを説いた。発音教授の重要性を説いたのである。作文については、自分が駆使できる言葉の範囲内で易しい英文を書くことをすすめた。そしてまた直読直解をすすめて漢文素読式の返り読みを戒めた。

かれは、大正十一年には、〃英語発音練習カード〃を、翌十一年には、〃英語小発音学〃を著わしている。なお同じ頃、十一年に豊田実の〃英語発音法〃が、十二年には市河三喜の〃英語発音辞典〃が出た。

明治期における英語教育の方法論を改良することについての功績は、もとより岡倉一人だけのものであったわけではない。先の神田・外山・岸本等の名前を逸することはできない。

神田乃武が英独留学中（一九〇〇―一九〇一）の手控えノートをのぞいてみよう。（訳・筆者）

神田乃武は、安政四年一八五七年生れ、蘭学者神田孝平の養子、十才で英語を学びはじめ、十五才にして森有礼に随行して渡米、留学八年にして明治十二年一八七九年に帰国する。以後一高・東京大学・東京高商等に教べんをとる。明治二十二年芝に正則尋常中学校を創立して、耳と口による新教授法を採用している。

The Principal Features of the New Teaching.

（新しい教授法の原則的特徴）

1. Purely Oral teaching at the beginning

（初期に、純粋な口頭教授をする。）

2. The use of the foreign tongue, as much as possible, from the beginning and throughout.

（はじめから、そして一貫して、可能な限り、外国語を使用する。）

3. The absolute or partial exclusion of translation from the native into the foreign tongne, except in the higher classes.

（高学年を除いては、母国語を外国語に飜訳することは、全然または一部分排除する。）

4. The reduction to a minimum of translation from the foreign tongue into the mother tongue.

（外国語を母国語に飜訳することは、最小限度に減ずる。）

5. The extensive use of pictures in the younger classes, and generally as concrete a way of putting things as possible.

（低学年においては、絵を大いに使う。そして一般に、ものごとをできるだけ具体的にする。）

6. The extensive teaching of Realien, i.e, the life, Customs and institutions, geography, history and literature of the foreign nation.

（風土文物すなわち外国の生活・習慣・制度・地理・歴史・文学を手広く教える。）

7. Constant conversations on the reading-book, either in the form of preparations, or, more frequently, by way of revisal.

（準備の形においてか、あるいはもっとしばしば再吟味の方法によって、リーダーについて絶えず会話をする。）

8, The use of the reading-book as material for learning grammar inductively.

（帰納的に文法を学ぶための資料として、リーダーを使用する。）

神田乃武が構想していたと思われる教授法は、先の岡倉が、〃外国語最新教授法〃に言うところに、ほとんどそのまま通ずるものがある。共に、一八八二年ドイツのフィエター（Vietor）が発表した Reform method（Phonetic methodとも言う）につながるものである。

神田は、明治三十五年、ホワード・スウォン Howard Swan を、東京高商の英語教師として招いている。スウォンは、仏人フランソワ・グアン Francois gouin 1931—95 の唱道したいわゆるグアンメソッド gouin method を日本に伝えた。この法は別に自然教授法 Natural method ともよばれている。

I stand up. I walk to the door. I draw near to the door. I get to the door. I stop at the door.

I take kold of the handle. I turn the handle. I open the door. I pull the door. I go out.

という風に、段階ずけて実演しながら、series「連続した文章」を授け、だんだんと言葉を理解させて行くというやり方である。ただしスウォンによって輸入されたこの方法は、余り普及しないで終った。

外山正一も、〃英語教授法〃にすぐれた見解を見せる。かれは一貫して音読をすすめている。直読直解を尊重している。

〃意味の極めて覚え易き極く簡単の文章に就いて、訓練的に会話及び音読に依って、耳よりして印象を与え、口をしてしばしばこれを言はしむべきなり。〃と言っている。

岸本また読みの必要性を強調するのである。

ここにあげた直読直解あるいは読みというのは、（読書百ぺん意自ら通ず）というやり方を言うのではなくて、英語音で英語流に読んで理解するというやり方である。

浦口文治も明治三十年代に想を発し大正の初年にグループ・メソッド Group methodを唱え、同じ頃村田祐治は直読直解法を唱えた。また吉岡源一郎も多読速読の法 Fast Reading を唱えているが、これらはみな、今あげた外山・岸本等の考えに同じ系統のものである。

とにかくも、明治末期には、神田・外山・岸本・岡倉等の輝やかしい英語教育の先覚者たちによって、英語教授法は立派に集大成確立されたと言うことができよう。

× × ×

ところで日本全体を見わたした場合、各学校における英語教育の実情はどうであったろうか。岡倉の教えを受けた東京高師の卒業生は各地に散って、師ゆずりの方法を多少でも使って、オーラルを利用しての授業をしたように推察されるふしがあるが（岡倉は明治二十九年から大正十四年まで東京高師の教授である。）たいていは結局、（かれは―常であった―散歩するのが。）といった風の教授振りが普通であったようだ。**He used to go for a walk.** を教える場合、これが一番容易に、少くとも教える側ではいかにも教えたような気持になれるし、教えられる側もいかにも教えられたような気持になるやり方であろう。

語学学習の初期には、何としても学生が、文中の単語の一つ一つに相当する訳語を知りたがるのは、これは本能に近い欲望と言えよう。まして日本には、漢文の訓読法という伝統とエグザンプルがある。

In (三) **what** (一) **town** (二) **do** (六) **you** (四) **live.** (五)

（どの都に於て汝住ひなすか。）

I (一) **do** (五) **not** (六) **see** (四) **any** (二) **bird.** (三)

（私は或鳥を見為さぬ。）

と言う風に教えられたのである。

中浜万次郎（一八二八―九八）の〃英米対話捷径〃は、安政六年（一八五九）にできているが、この式の番号付解釈法によっている。

（例　Can《キャン》《コタヘルカ》二　you《ユー》《アナタ》　speak《スパーカ》《言ヒ》一レ　English《エンケレス》《イキリスコトバ》？）

変則教授法はこのような方法であった。

行間遂語法とでも名付けるべきこのハミルトン・メソッド（Hamilton method）は、たしかに取り付き易い英語教授法の一つである。

これはジェームス・ハミルトン James Hamilton 1796―1831 が創始したものである。

訓読を主にした変則の教授法が、全く無益有害だと言えるものではない。それは先の新渡戸の言葉によっても証明できる。

しかし何事にも亜流は弊害を生み出してくる。

いたずらな訓読式、訳読式の教授法がいけないのである。無反省な translation method（音声面を重視しない、母国語におきかえることばかりに専念する）、grammar method（文法を演繹的に教える）、さらにはこの二つをいっしょにした grammar-translation method の弊がこわいのである。

しかしながら、残念にもこの弊は珍らしくないものであった。というのは、明治中期になると、そろそろ受験のための英語が重要視されるようになった。

神田乃武は、明治二十九年の（English in Middle School）の中で、上級学校の入学試験に、余り難解な問題が出るので、そのため中学校では、生徒の学力の現段階としては無理な教材を使うようになって、ただ英文を日本文に訳することだけで精一杯になっていると、**bookish English** にかたよることの危険性を警告している。

これは実情であったろう。

明治のはじめ、各地の官立英語学校において見られた〃正則〃の英語教授法は、だんだん影をひそめて行くことになったわけである。

このすう勢は、その弊を指摘され痛感されながらも、現実の入学試験の状態が改まらないかぎり、そのままに推移することをどうしようにもなかったのである。

ここで南日恒太郎の〃英文解釈法〃、山崎貞の〃英文解釈研究〃、小野圭次郎の〃英文の解釈〃等を例にとって考えてみよう。

南日のは明治三十八年初版、山崎のは大正元年初版、小野のは大正十年初版である。

南日は確にすぐれた英語学者と認められているし、山崎、小野共にその学殖の高さは認められねばならないし、英語教育者としては、まぎれもなく看過される人ではない。（殊に山崎が大正十四年に出した自習英文典は、今日なおその価値を認められている。）

南日の〃英文解訳法〃は、英語の慣用語 **Idiom** に視点をおいて編集されたものであり、英語の、いかにも英語らしい言いまわしの文に、親しませてくれる利点をもっている。まことによく英語の細かな味、細かなニュアンスをつかませてくれることは特記されねばなるまい。

山崎、小野のものは、英文を解釈するための構文、成句を一般化しようとしたものであった。英文解釈のコツを公式化したという点において、その利用価値は決して小さくない。ところでこれらの木は、ねらいは **translation** のためのものであった。

上級学校の入学試験で、英語は translation が中心であった。

そのために、どうしたら英文をうまく日本文に translate できるかが、英語学習者の大問題であった。

南日、山崎、小野の三つの英語学習書は、それぞれそれなりに有益な本であったが、それも（上級学校の入学試験に対応するためのものであって）、日本の特殊な学校教育事情を象徴していることは注意すべきことであろう。

南日、山崎、小野共に多くの版を重ねて需要に応じている。またこれらと前後して多くの受験参考書が、くびすを接して出版されるのであるが、いずれも右三書の先例を多かれ少なかれ追うものであった。

短い文章を、その構造の分析を丹念にやる、英文の日本語訳に知えをしぼるということであった。

Translation は英語を学ぶ上には大事なことである。多くの受験向きの英語参考書の行き方、それもそれとして意義はあろう。

しかしながら、試験問題の作成者が、自分が読んだものあるいは目についたものの中から、短い文節を区切って出題するという形式が繰り返される結果、その出典に気を使うと共に、この構文はどうの、あの構文はどうのと解釈の末技に気をとられてしまい、英語をもって英語を考えるということ、ましてや英語を口で語るということなど、自然と第二義的に考えられてしまう結果にならざるを得なかった。

かくて明治期の先覚者たちが唱道した〃正則〃的な教授法は、おのずから影をひそめて行かざるを得なかった、少くとも英語教育本来の良き面は、次第に忘れ去られる運命になったのである。

明治二十年代の末に、神田乃武によって指摘され改善を要望されていたような事情が、依然として続き、かつ根深くなっていたのである。

もっとも中学校において、外人の臨時の講師をもつところもあったのであるが、多くは調に一時間位であり、また明治期の外国人教師たちがかってあったような、〃啓蒙〃のために学生を心から愛するという気骨と情熱をもった例も、もはや聴くところがない。

外国人講師の授業の効果もあまり認められなかったというのが、まず実情のようである。

このようなとき、ハロルド・イ・パーマーが日本に来たのであった。

○大正六年五月文部省発行の「学事視察復命書抄」の中から、岡倉由三郎の分を抜き書きすると、

（なお各種の中等学校において英語科参観の際常に心付き候は、英語そのものの復習と練習とは、著しく等閑に附せられたるの観あり。特に注目の要あるは、英語そのものの生徒の財産となれる高は極めて少量なるにかかわらず、その財産の整理を事とする文法的教授の高は甚だ多く、貧者に対して徒に富者も要せざるほどの精細なる財産目録を強いて記憶せしむるの概《がい》あり。かくの如くしては例せば、うえたる者に給するに食を以てせずして食器を以てするに同じく、生徒は適当の知識の糧を得ざるがために、知慾次第に減退するに至る。教授の実情この如き間は、生徒の英語の力これを学ぶが為の努力と時間とに比例する能はざるは炳《へい》然として明かなりと存じ候。故にこれが救済の方法の目下の事情において励行し得べきは、教授の中心をなるべく多く読本にすえ、時間の都合上一級を二人またはそれ以上の教員が分担する場合にも、あくまでも読本（別の読本にてもさしつかえなし）を中心としてその授業を行はしむるようにし、文法上の知識の如きはこれを終始独立の課目たらしめず、よし文法書を用いて文法上の知識を整理するに当りても、読本を通じて得たる文法上の事実の整頓補綴《てつ》を旨と課るべき儀に候。しかしてかく読本を中心とするに当り、特に注意すべきは、読本中に載せたる英語を、在来の如く日本語にて解釈するに止まらず、これを解釈したる上は、これに関する英語の問答を、口頭及び筆頭において反復履《り》行せしめ、英語そのものを英語として会得せしむる練磨を努むべきものにして、この事は、たとえば、中学五年間について考うるに、そのいずれの年級にてもこれを忽諸《こつしょ》に付すべからざる

はもちろんなれども、特に初の三学年において十分これを行い、もって英語の性格気分と親密なる関係を、生徒の胸底に養うこと必要と存せられ候。……中略……。よりてねがわくば、

一、文法教授のややもすれば独立せんとする傾向をため、

二、読本を教授の基礎としその中にふくまれたる英語を英語として解釈し練習する。

ことを、上述の理由にもとづき、盛んに御奨励相いなりたく、この段切に希望仕り候。）

とある。

もって、当時の中等各学校における英語教授が、解釈いちずに流れていた状況をうかがうことができる。

○明治以来の名のある英語学者を回顧してみよう。

岡倉由三郎についてはすでにかなり語った。

外人も舌をまく学力を持ち、名著〝英和中辞典〟を著わした正則英語学校教師の斎藤秀三郎は第一にあげねばならない。かれは慶応二年（一八六六）生れ、昭和四年（一九二二）没、仙台の人である。六才にして外国語学校に学ぶ、明治二十五年には長崎に来て鎮西学館に教べんをとり、Nagasaki Press にも筆を執っている。正則英語学校は、明治二十九年（一八九六）、かれが創立したものである。市河三喜教授も、かれについては、English was meat and drink to him.── 英語は三度の飯より好き──英語に寝食を忘れた人であったとして、かれが大正四年に出した〝熟語本位英和中辞典〟Idiomological English-Japanese Dictionary を激賞している。

斎藤と並び、後述の井上十吉と共に、明治英学界を代表する三巨人の一人とされる神田乃武については、先に語るところがあった。Kanda's Crown Reader を知らない中学生は少なかったろう。かれがワシントン軍縮会議に徳川家達全権の顧問として出席したことは、案外に知られていない。大正十二年（一九二三）歿する。

さらに、稀に見る Practical English writer とされ、英和と和英の辞典で有名な井上十吉（1862—1929）、明治二十七年、

〃中外英字新聞研究録〃（後の中外英字新聞）を創刊した磯辺彌一郎（1860—1931）、明治三十一年〃英語青年〃の編集刊行をはじめた武信由太郎・勝俣銓吉郎（二人とも後に早稲田大学教授になった。武信に〃和英大辞典〃、勝俣に〃英和活用大辞典〃の労作がある。）、明治四年わが国最初の女子留学生として渡米明治三十三年女子英学塾を作った津田梅子、明治十八年 The Student を創刊して欧化風改良熱の盛んであった当時の Practical English の要望に応じた山県五十雄、その他、喜安璡太郎・増田藤之助・佐川春水・熊本謙二郎等、まことに充実した実力を持つ英学者たちが、きら星の如く居ならんでいる。

○イディオムと言えば、ディクソン James Main Dixon 1856—1933 に言及しておかねばなるまい。かれはスコットランド生れ、明治十二年（一八七九）来日、東京工部大学・文科大学等で英語・英文学を講じた。斉藤秀三郎は、工部大学在学中にこの人に師事している。ディクソンには、A Dictionary of Idiomatic English phrases がある。一八九一年初版、一九一二年新版 English Idioms と改題している。この人の学風が斎藤にも、南日にも流れていると考えられる。

× × ×

ロンドン大学の Spoken English の講師であったハロルド・イ・パーマー（Harold E. Palmer 1877—1945）が文部省外国語教授顧問として来日、神戸に着いたのは、大正十一年（一九二二）であった。

来日については、昨今松方コレクションで名前の高い松方幸次郎が世話をしたのである。来日の翌年、沢柳政太郎桜井錠二博士等の尽力によって、英語教授研究所（The Institute for Research in English Teaching——今日の語学教育研究所の前身、文部省内の一室にあった。）が設立されて、パーマー活躍の基礎ができた。

パーマーは、ロンドン大学で、ダニエル・ジョウンズ（Daniel Jones）について、発音学を専攻した人であった。

かれはオーラル・ディレクト・メソッドOral-direct method を唱えた。（口頭直接教授法と訳されている。）

IRET創立の翌年、所報 The Bulletin が創刊された。（一八一号から語学教育と改題されている。）

所報により、講演により、著書により、教科書編集によって、パーマーは熱心にその普及に努力している。

パーマーの方法は、直接教授法（Direct method――通俗にはこれも Oral method とよばれることもある。）に共通する面が多いが、パーマーの方法は口語のみに力を注ぐ点に相違がある。

パーマーは、中等学校の第一学年では、言語習得の五つの習性を発達させることを強調する。五つの習性とは、聴取（よく聴く習慣）、口まね（聴いた通りのまねをする習慣）、機械化（幾度も反復して口にならす習慣）、話と意味の直結（聴いたことばの意味をよく理解する習慣）、類推による作文（既習の知識を応用活用する習慣）である。

次に精選した一定数の語いと基本的な文法上の機構を教えると言うのである。

第三に、あらかじめ口頭でおぼえたことばを読んだり書いたりする習性を作ることにあるとする。

この三箇条が、その後の学習を成功させるための必須条件だとしている。

かくて第二学年以後では、a―精密に漸進的な grade を持つ読本を使い、b―必要に応じて日本語を使うことをも許し、c―問答練習を高速に反復し、d―Direct method による作文練習を行う、――この四つをすすめるのである。

パーマーは、如水会館で行われた歓迎宴の席で謝辞をのべ、その中で、語学修得は一言以てこれをおへば、Spontaneous assimilation（自然な同化作用――習うより慣れよ）であると言っている。

平凡な言葉にきこえるが、この言葉には、パーマー教授法の中核がよくこめられている。パーマーの理論は実際の授業にはどのように現われて来るのだろうか。福島プランとして有名であった福島中学校の場合を考えてみよう。

当時の英語教師清水貞助の回顧談である。

○一年生は一年を三期に分けて、四・五月の二ケ月を第一期、六・七月を第二期、二学期以後を第三期としました。第一期には英語をよく聞く習慣、聞いた通りまねる習慣、単語や連語を聞いたらその意味が分かり、意味を思い浮かべれば、それを表わす音が呼び起されるような習慣、類推によって作文する習慣、以上五つの習慣を養成することを目的としました。

○第二段として、六・七の二ケ月では、普通の綴字の読み方を教えることに全力を傾倒しました。…………。よく出る語句・文を Flash Card で教えるとか、 Phonetic transcription と読本とを参照しながら読ませるとか、いろいろ工夫しました。

○九月から第三期に入りますが、第二期の教授法を大体継続します…………。三学期の始めに、辞書の使い方を指導して予習させる。大体このような教え方ですね。

○一年から五年まで Oral ですね。授業がはじまると、前時間に教えた中から、単語を五つだけ選んでテストをしました。

Oral でやると、書く能力などが落ちますから、訂正に手間のかからない単語のテストをするのです。それから前々日あるいは一週間前までさかのぼって、重要な sentens pattern を中心として、問答を徹底的にやりました。時には復習の中に和文英訳も入れることもありました。それから新しい教材の Oral introduction を型の如くやって、その内容を理解しているかどうか、test question をする、または読本中のむずかしい語句の発音を徹底的に教える――だいたい、これで時間の半分ぐらい使いました。あとの半分の時間は、やはり本を見させようという主義ですね。本を開いてから、model reading をして、生徒について読ませ、生徒一人一人に読ませる。その後で explanation ですね。ことに三年・四年・五年では、Synonym, antonym を使ったり、Paraphrase して説明しました。それが終ると、また読ませて、一通り読み終ると、その日の要点について問答をしたり、あるいは hearing ですね。最後に生徒に目をつむらして、その日の教材をゆっくり読んで聞かせて、意味をつかませる。こういうのが、一般的に言って、授業の進め方ですね。

以上の清水の話によって、パーマーの方法に従った中学校英語教育の実際の姿が、どのようなものであったかが、大体類推できる。

福島県の福島中学校、神奈川県の湘南中学校等が、Oral method について熱心であり成績をもあげた。

福島中学校の磯尾哲夫、清水貞助の両教諭は生徒をつれて上京、神田一橋の商科大学で実地授業(demonstration)をしたが、(昭和八年十月)、これは参会者に大きな感動を与えた。

今磯尾は神戸大学教授、清水は東京都の中学校長として斯道に活動を続けている。

なお昭和九年には、東京高師教授寺西武夫も、二年生に実演をしており、パーマーの法が、高等程度にも有効なことを証明している。

パーマーの方法にはすぐれた点が多かった。

しかしやはり日本の実情には、遺憾ながらマッチしていなかった。

もし英語の実力も豊かにあり、事前の勉強も十分な教師であるなら、これはまことにりっぱな授業になり、効果も期待できたであろう。

しかしながら不幸にして、このことを完全に果し得る教師はさすがにまれであった。

今東京学芸大学の教授である左右田実も、かつて東京高師付属中学校在職中、パーマーの方法によって指導案を作り努力してみたが、とても十分にはやりおおせなかった。Review の後、Oral introduction をやり、それについて test question をやったりしていると、新教材の explanation や、その時間の Consolidation などは、なおざりになってしまったものだと述懐している。

パーマーは来日当時 それまでの日本英語教授法を徹底的に批判して、耳と口を通して学ぶ Thinking in English と言うことを強く主唱したが、後には各方面の意見に徴してその見解をやわらげ改めて行った。Oral-direct method が New method 新教授法とよばれるゆえんである。

とにかくも豊田実の（日本英学史の研究）においても、パーマーが日本英語教育界に与えた刺激は大きかったことを指摘している。

教師に適任者を得ることが困難であったこととあわせて、上級学校の入学試験の状況は、依然として明治以来のままであったので、パーマーの方法も十分にしみとおることができなかったが、日本英語教育界に大きな刺激を与えたかれは、昭和十一年（一九三六）、日本を去ることになった。

かれの後、英語教授研究所を主宰した人は、ホーンビイ(A.S.Hornby)であった。かれはパーマーと同じくロンドン大学に学んだ。この人の仕事は、日本人の英語学習者のために作られた Idiomatic and Syntactic Dictionary として結実した。

日華事変、それに続いての第二次世界大戦のぼっ発、そして戦局はだんだんと深くなって行った。

英語教育には不幸な谷間が来たのであった。暗い影を落して行くことになったのである。

昭和十八年戦雲の濃い中ながら、語学教育研究所からは、新教授法解説の決定版とも言うべき〝外国語教授法〟が刊行されたのであって、このことは特記しておかねばなるまい。

長崎県では、大正の末期には、岡倉由三郎の発音学等の影響を受けて、「英語発音練習カード」を教室で使用する中学校も見られた。

パーマーの法が知られるようになってからは、多くの中学校において、これを多少でも試みようとする風は現われて来たが、学校自体として組織的に計画されるということではなく、英語教師その人の個人的趣味的な試みで終ったようである。

なおパーマーが、長崎ＹＭＣＡ（現在の袋町カトリックセンターの地址にあった）の招きに応じて、ここで講演をしたことは、かれの九州における第一声であったが、（当時のＹＭＣＡの総務幹事寛光顕は、後パーマーの語学教育研究所の主事となった人である。）このことは、忘れられないトピックであろう。

× × ×

戦争は終った。

国際的に新しく生れ変った日本では、英語教育にもまた新生が来た。

そして教授法も大きくクローズ・アップして来た。

磯尾哲夫は、昭和二十三年〃英語教授の理論と実際〃を刊行した。

古い英語教授の型から脱却して、英語を話せる生徒、英語を舌で味わい得る生徒、英語を耳で聞いてわかる生徒、そのような新時代のこどもたちを、新らしい中学校の英語教室の中で育てあげたいと念じつつあった教師たちには、異常な感激をもって迎えられたようである。その感慨を語る教師に会うことはまれではない。

戦後、英語教授法の大きな流れは、フリーズ・メソッド（Fries method）であった。

ミシガン・メソッド（Michigan method）とも言い、オーラル・アプローチ Oral approach （訳して口頭入門教授法・構造主義言語学習指導法）とも言う。

フリーズ（Charles C. Fries 1887—）は、ミシガン大学の英語研究所の所長であった。

昭和三十一年、市河三喜、岩崎民平等の英語学者や、前田多門、高木八尺等の名士が委員となって、フリーズ、およびホーンビイ、そしてトワデル（W.Freeman Twaddel ブラウン大学教授、構造言語学者）を中心として、英語教育研究委員会（The English Language Exploratory Commitee…………ＥＬＥＣ）ができた。

ここに日本の英語教授法は、さらに一段の進歩発達を期待されることになった。

フリーズの方法は、九州地方にはガイガー女史（Virginia Geiger）によって伝えられた。ガイガーはフリーズに学んだ人であり、昭和二十四年からほぼ一年、米軍の九州民事部補佐官として在職、熱心にこの方法の普及に努力した。

東北では、宮城県で、山家《やんべ》保を中心にして活発であった。

山家は、ガリオア留学生として昭和二十六年から二十七年にかけて、ミシガン大学の英語研究所で学び、帰国後宮城県指導主事として実践するところがあった。（今、日本英語教育研究会主事の職にある。）

フリーズによると、言語の学習には、recognition（識別・理解）と、Production（発表）の二つの面がある。

完全学習というのは、十分な recognition の上に立って Production ができることである。これが Oral approach の学習目標である。ほんとうの英語の実力と言うべきこの Production の能力をつけてやるためには drill が必要である。（recognition の能力はのびても、それに応じて Production の能力は必しものびるものではない、反対に、production の能力をのばせば recognition ものびる。）そこで Pattern practice（文型練習）が、学習上大事な作業となってくる。それについても、たとえば、It is a dog. という文章をおぼえたなら、It is a cat. と言えるような substitution（代入）ができなければならないし、Is it a dog? というふうに、Conversion（転換）もできなければならない。さらにまた、It is a running dog. というように、Cunlative modification（累積的修飾）もできるようにすべきである。

なおまた、言語の Contrast （対立）ということが指導の重要な観点である。

フリーズの言葉に、〝もっとも効果的な教材とは、生徒の母国語と、学ばんとする外国語とを科学的に分析し、両者を注意深く比較したものを基礎として作成されたものである。〟とある。そのためかれの主宰した英語研究所からは、日本人にとって困難な Contrast に注意して編集された日本人学生のための発音の本を出している。

Test of Aural perception for Japanese Students.

以上このフリーズの科学的な英語教授法の理論は、日本の英語教育に大きな改良の刺激となった。

そして今、日本の英語教師は、明治期以来の伝統をつぎ、近くは戦前のパーマー、戦後のフリーズの方法をとり入れ、現実個々の学校事情、学級事情を考慮して、苦心に苦心を重ねている。

長崎県の場合、そのような例に決して乏しくはない。

日本語が、本来、英語と構造上の差異が大きいだけに、困難は多い、山積している。しかし希望がないわけではない。

先にあげた左右田実も、〝パーマーのいわゆる「新教授法」の精神と実地とは、将来においても、慎重な態度をもって尊重し、かつ持続されねばならぬ、と考える。将来、フリーズ博士の **Oral approach** （口頭入門教授法）が、全国にわたって行われるであろうことは、十分に想像される。…………中略…………………………。

この二つばかりでなく、これらを主体として、あらゆる教授法の長をあつめ粋をぬいて集大成し、渾然たる融合に到達したものこそ、将来における、日本の、日本人による、日本人のための教授法であるべきであり、自分に教授法は無い、と言いたげな教授者の反省が、つよく要望せられるところである。「教育は人にある。」わたくしは、この道にたずさわるものの奮起すべきときは、今、という感を禁ずることができないのである。〃と言っている（昭和三十三年三月）。

教授法についてのこの態度、見解は正しい。

なお一言しておきたい。言語学の系譜をたどると、Fries→Bloomfield→Harold Palmer→Jespersen→Sweet→Vietor となる。岡倉、神田が影響をうけたのも Vietor であり、歴史の因縁のおもしろさをここにも見ることができる。

教授法と関連して大事なことは、英語教育の目的である。このことについては、福原麟太郎の次の言葉を注意したい。それは福原の師である岡倉由三郎の持論でもあり、また明治期以来今日に至るまでの英語教育関係識者の共通の見解でもある。

〃わたくしは中学校や高等学校の英語という過程では、英語を学ぶことによって表現の方法に対する注意が喚起され、その興味がつちかわれ、外国の文物に対する知識が与えられ、外国人の心意感情が理解され、除々に、外国および外国人というものに対する目を開いてくるというのがねらいであると思う。〃と。

もとよりこの願いによって教えられたこどもたちは、英語を、読めもし、書けもし、話せもし、聴きとれもする、かつそのことによって自分の考えを広め深めるこどもたちになるだろうということを期待できよう。

英語教育はじまって百年の歴史、教授法については多くの人たちの苦心の連続であった。その苦心はなお新しい人たちによって引きつがれ、一層の発展が約束されねばなるまい。

付　記

今、県下の英語教師が、普通とっている教授案の一応の形式を示してみよう。

The teaching plan of English （教案）

by ○ ○ （教師氏名）

1) Date （日時）

2) Class （学級）

3) Text （教材）

4) Assignment （時間配当）

5) The Aim of this Lesson （本課のねらい）

6) Material of this hour （本時の教材）

7) Aim of this hour （本時のねらい）

8) Material for teaching （準備すべき教具）

9) Procedure （教授過程）

① Greetings （あいさつ）

② Calling the roll （点名）

③ Review （前時の復習）

a) Review reading （本を読んだり，文型について聞いたりする）

b) Review question and answers （質問して答えさせる）

c) Discussion of Home task （宿題について研究する）

④ Oral introduction （口頭によって本時の新教材を解説する）

⑤ Text question　（上記のことを理解したかどうか、その了解を確かめるために問答する）

⑥ Reading Drill　（読みの練習）

a) Model reading　（範読）

b) Reading after teacher　（教師について読ませる）

c) Individual reading　（指名読）

d) Chorus reading　（斉読）

e) Phonetic drill of new words and phrases　（新出語の発音練習）

⑦ Explanation　（語法とか、注意すべき文法上の要点について説明する）

⑧ Consolidation　（整理）

a) Chorus or individual reading

b) assignment of home task　（宿題を課する）

c) Guidance for preparation of the next part of the lesson　（次の時間の準備の手引き）

もちろんこれは一定不変でなければならないというのではない。その時々の事情に応じて教授者が、臨機の判断処置をすればよいのであって、要はバランスがとれていればよいのである。

執筆を終って

この夏のはじめ、執筆の依頼を受けて勉強にとりかゝったが、共に浅学非才、さらに公務を持つ身とて十分に時間を持つことなく、思いの外に時日を経過する割には貧しい作品となってしまった。心からその罪をお詫びしなければならない。

お訪ねして聞いてみたい人、閲覧しなければと思う平戸をはじめ県下各市の文庫などもあった。

県立図書館改築の日は、参考になる諸文書をも披見できよう。

心残りすることばかりである。

もし先学古賀十二郎先生の「徳川時代に於ける長崎の英語研究」（昭和二十二年七月刊）の導きがなかったら、とうていわたくしたちの仕事は一歩も進まなかったろう。特記して、先学の労苦に感謝の辞をささげたい。

本冊子の表紙を、お願いして、同書の装幀にならったのは、このことを記念せんがためであった。

なおわたくしたちが参考にした諸文献は今あげないが、それぞれに得ることが大きかった。

青山武雄先生、東西両高の社会科の諸先生、その他いろいろと御教示を受けた方々にも心から感謝したい。

果してわたくしたちは、英語教育史を織りなした諸先人の輝やかしい労苦と功績とを顕彰し得たであろうか。

今わたくしたちは筆をおくに当って、この百年の英語教育の史実を想起して、心から内外諸先人の歩みに感謝の念を深くするのみである。

印刷　昭和三十四年十二月十日

出版　長崎市住吉町二四三
（長崎外国語短期大学気付）
長崎英語教育百年史刊行委員会
代表者　青山武雄

THE STUDENT

(EIBUN-SHINSHI)

A Semi-Monthly Magazine for the Study of the English Language & Literature

EDITOR-IN-CHIEF:

INAZO NITOBE.

ASSOCIATE EDITORS:

MASUJIRO HONDA. UME TSUDA.

HIKOICHIRO SAKURAI.

Subscription per Year .... 2.10 *yen.*
Subscription per Half-year .... 1.10 *yen.*
Single Copy .... 10 *sen.*
Foreign postage; 48 *sen* per half-year, 96 *sen* per year.

EIBUN-SHINSHI-SHA

(THE STUDENT COMPANY)

15, Gobancho, Kojimachi-ku, Tokyo, Japan.

Sold by all news agents throughout the country.
Subscription only on application to the Office.

CONTENTS

(Vol. IV, Nos. 7-8)

(*Total Nos. 83-84*)

January 1, 1907.

英文新誌社告

定價			廣告料		
一冊	拾二冊（半ケ年分）	廿四冊（壹ケ年分）	等級	普通	特等
金拾錢	前金壹圓拾錢	前金弐圓拾錢	一頁	十圓	拾五圓
			半頁	五圓五拾錢	廣告は種類により謝絶す
內國 無郵稅			一行	拾五錢	

[illegible]購讀者は左の規定に準ずべし

● 御注文は凡て前金の事前金盡くる前號雜誌封帶へ「前金切」の朱印を押捺すべし

● 郵便爲替拂渡局は必らず麴町郵便局宛の事

● 郵便切手代用は一割增にて御送附の事〇但し五厘切手に限る

● 海外郵稅は一部四錢を要す

● 本誌の見本御入用の方は郵券十錢封送申込あれば壹部送本す

● 編輯に關する用件並に寄贈雜誌の寄附は東京市麴町區五番町十六番地「英文新誌社編輯部」宛にて御送付の事

禁轉載飜譯

明治四十年一月一日發行

編輯兼發行人　櫻井彥一郎

印刷人　後醍院頼誠

印刷所　株式會社秀英舍第一工場

發行所　東京府豐多摩郡千駄谷村大字千駄谷八百五十三番地　英文新誌發行所

事務所　東京市麴町區五番町十六番地　英文新誌社

電話番町百九十五番（女子英學塾）

MISCELLANEOUS

日本に於ける英語史

最初に我國に輸入せられた外國語は、葡萄牙及西班牙語でありとせねばならぬが、これは彼國の商人によりて使用せられ、又た天主教徒の間にイクラか行はれたのであらうが、學問として研究せられたる形跡は存してゐ無いで、たゞカステラなど云ふ語が今日まで殘つてゐるに過ぎ無いのである。

學問として研究せられて、鎖國時代の我國民の眼を海外の事情に開かせ、而して開國の氣運を早からしめたのは、云はずとも知れてゐる和蘭語であつた。この和蘭語の輸入に就いては、英文新誌の第二卷に於て『歐洲文化の曙光』と題して連載してあるで、讀者は之に就いて見られたが宜しい。

和蘭語に次いで研究せられたのは、英語と佛蘭西語とであつたが、それが遂に英米と日本との關係上からして、今日にては英語が殆ど第二の國語たらんとするまでの勢になつたのである。予は今ま舊史を尋ねて、弘化の頃から、明治の二十一、二年頃に及ぶまでの英語の歴史の概略を述べて見たいと思ふのである。委しく資料を穿鑿した譯で無いから、杜撰と遺漏とを免れ無いことは知れてゐるかなれど、只だ讀者をして、コンナ事もあつたかと知らしむれば足るものなのである。

英語は實に和蘭語を通じて先づ我國に輸入されたのであつた。Commodore Perry の來朝に先だつ久しい以前からして、英米の船が屢ば我海門を訪れたことが刺戟となりて、當時外國の事情に最も精通したる蘭學者が、自然彼等の國語たる英語の必要を感じて來たに相違無いのである。最もズツト古い事を云へば、Will Adams が我國に漂着して、家康に重用せられた時、彼の Shakespeare 時代の英語が、我國のドコカで用ゐられ、(現に長崎には Richard Cook の如き商人もゐた) 而も家康は英國王 James の親翰なるものを接手したのである。

英語研究の祖先として忘るべからざる人は實に本木榮之進と藤井三郎の二蘭學者であつた。本木榮之進は『語林』なる英語初歩の書を著したが、これは官府の秘書として世には行はれ無かつたのであるが、之が實に我國に邦人の手に成つた英書あるの初めであつた。之に次いで弘化年中であつたらう、藤井三郎は『英文範』を著して之を世に行ふた。藤井三郎は嘉永元年、即ち Perry の來朝より五年前に歿した人である。

當時我國の漂流人で米國へ渡つて、多少の敎育を受けたものもあつた中に、土佐の漁夫中濱萬次郎は嘉永四年に米國より歸朝したが、此人は實に Perry 來朝の際には通辯に任じたと云ひ、又たJoseph Hiko など云ふ米國歸りの人もあつた。

米國との通商の關係からして次第に英語が必要となり、之に反して蘭語は廢れるやうになつて、蘭學者が英語を學ぶやうになつた。それで英語の通詞も追々に出來たのである。而して萬延元年に小栗上野等が國使となつて諸外國に使した時、又た木村芥舟や勝海舟が咸臨丸で米國桑港へ往つた時などには、相當の通譯者もあつたのである。文久三年には、英國へ留學生が派遣せられたし、これと前後しては、Dr. Verbeck は來りて長崎で英學を敎へ、Dr. Hephurn は橫濱で學生を敎へた。

これからして凡ての敎育が英語に傾いて來て、慶應年間には福澤諭吉氏既に芝三田新錢座に慶應義塾を開いて、Weyland の經濟學を講じてゐたのである。之より先き蕃書取調所にては英語が敎育されてゐた。舊い英學者は此處で敎へられたのである。又た有名なる英學者尺振八氏は沼津に英學校を開いて幕府の俊才を養つた。外山博士の如きは、第一回に米國に留學した人で、福澤諭吉や、津田仙は舊い英語の通譯者であつた。

明治三年に彼の"The Mikado's Empire"の著者たるDr. Griffis は松平春嶽公に聘せられて、日本に米國風の敎育制度を布かんとしたし、明治四年に岩倉大使の海外に使するや、伊藤侯爵はモウ立派に米國で英語演説をやつたし、福地源一郎は通譯者の一人であつた。當時は Michigan や Rutgers や Harvard 等の大學には、少からぬ日本留學生がゐたのである。英國にも多く居た。神田乃武男の如きは、この使節より少しく先に米國に赴き、津田梅子其他の四女子は大使等に隨行して、米國に留學した。而して東京には竹橋女學校あり、開拓使女學校あり、加ふるに、モウ盛んに入り込んで來た宣教師等は東京橫濱神戸等にて、女子敎育をなし、女子すら英語を學ぶやうになつたのであるから、男子は勿論の事、開成校は先づ Dr. Verbeck を校長として、英語を主としたる敎育を施し、北海道には Dr. Clark を校長とせる札幌農學校も起りて、英語敎育はズンズンと進歩して來た。また男子の Mission Schools も興り出したのである。一方には中村敬宇氏が英學者として、同人社を起して、慶應義塾と競ふて、Mill や Spencer を講義してゐた。開成校が大學組織に改つてからも、凡ての學科は英語で敎授せられた。當時の大學は法理文の三學部であつたので、其學長たる外山博士、穗積敎授、菊池男は、皆英米仕上の新進學者であつたのである。

當時の英語學者なるものは、實にすばらしいもので、慶應義塾の卒業生が月俸百圓で敎師に雇はれる勢であつた。彼等の英語は所謂變則であつたが、何んでも abc が讀めれば、大學者であつたのである。

大學が學者の養成、慶應義塾が實利主義、同人社が其中庸に立つてゐた時に、新島襄氏が米國から歸つて、宗敎的精神的に青年を感化せんとて起したのが、京都の同志社で、それが立つと、之れまで熊本で Captain Janes の下で、英語や宗敎を敎はつてゐた青年が、一時に新島氏の門下に馳せた。其面々は、橫井、小崎、海老名、德富等であつたのである。

英語の敎育は此勢で進歩し來つて、席を卷くが如くに、我國學界を風靡した。されば英語が今日の地位あるは實に當然の勢なので、始めの變則英語も、外國の留學生が歸り、宣敎師學校の出身者が敎師となるに至りて、其影を收めたのである。編者が明治十八九年に始めて中學校に入學した時には、まだ變則先生がゐて、予等はアー ベー セーと敎はつたものである。慶應義塾で「ゴボルンメント」だの、「ソツチ、モツチ、シルカムスタンス」だのと敎へたのも、今からは笑の種にするかなれども、之が英語敎育の發達にどれだけ効驗したことであるか。

扨て當時の書籍であるが、船來の書籍が乏しいからして、福澤氏の塾などでは、洋紙が無いから雁皮紙に Pinneo の小文典等を飜刻した。Readers なども同樣に飜刻せられたのである。かゝる飜刻書は明治廿年頃までは存在してゐたが、今日では傳はら無い。Readers では、先づ Wilson のが、最初ではあるまいが、最も久しく流行したもので、文部省が明治五年の敎育令に從つて、小學校の讀本を撰した時には、丸で Wilson's Readers の直譯をしたのであつた。數多き Readers の中にも最も宗敎分子の多き Wilson のを取つた事だから、小學讀本には用捨無く、基督敎的分子が輸入せられた。又た小學入門と云ふ本には、「神は天地の主宰にして、人は萬物の靈なり」「酒

と煙草とは養生に害あり」と書いて、西洋の道德思想を吹き込んだ。併しかゝる種類の西洋直譯教科書が、將來の國民養成に多大の貢献をなしたことは爭はれ無いので、啻に幼者のみならず、當時の小學教員であつた、昔風の儒者なども、かゝる書物を教へつゝある間に、泰西的の思想に感染したのである。

當時の文部省が如何に西洋思想を小學生にまでも注入するに大膽であつたかは、以上で以て說明せらるゝが、猶ほ良い例として、吾人の記臆から話せば、早い頃あつた「地理入門」と云ふ本には、「ゼオガラヒー」「ヒジカル、ゼオガラヒー」など云ふ原語の發音が容赦無く書き込んであつたのである。實にや當年の文部大輔たりし田中不二麿子は、明治五年に歐米を視察して歸り、子の理想は、米國流に、小學敎師は悉く女子を採用せんとしたまでの急進主義であつたのである。併し今日の理屈を捏ね過ぎて變挺來になつた教育法よりは、當年の方が、若やいでゐて、面白く、またそれだけに國家改造の上に大貢献をなしたのである。

福澤氏であつたか、ウエブスターの辭書を謄寫したと云ふ話もある。而して英和字書は其始め如何やうにして出來たか、詳かでは無いが、何んでも蘭學者が、英蘭字書から譯し出し、それに支那には英華字典の類が夙に出來てゐたから、割合に雜作無く運んだらう。舊いのは開拓使で編纂した字典、それを薩藩で飜刻したのが薩摩字書であつた。此等は、雁皮紙の横帳に銅版で印刷したものであつた。福澤三浦兩氏著『英和懷中字引』と云ふも早いものゝやうだ。而して柴田子安兩氏の『英和字彙』は明治六年に出來たもので、當時では最も完成したものなのである。明治七年には Oya and others の『廣益英倭字典』あり、尺氏の『袖珍英和字典』もあつた。『英和字彙』の如きは出版の當時定價十圓であつたのである。此等の書に先たち Dr. Hepburn の『和英字書』の第一版は明治五年の頃に上海に於て印行せられた。Dr. Hepburn が醫術に於て、傳道に於て我國に大功勞ある外に、博士が羅馬字用法を定めたると、和英字書を撰したると、聖書の和譯に熱心したるとの此三事は、我國英學界に於て永く忘るべからざる賜なのである。彼の和英字書編纂に預りたる岸田吟香、奧野昌綱二氏の名もまた記憶せねばならぬ。此字書と子安氏の英和字彙とが出でゝ、後世の英語の字書の編纂法を指導したのである。此人々等の勞は、今日の多くの字書が、本屋の二階で編纂せられて大家が之に名を假すのとは異り、實に產みの苦勞を舐めて出來上つたものであり、學界の爲に珍重せねばならぬのである。されば吾人は Dr. Hepburn の和英字書と、子安柴田兩氏の英和字彙とは、彼の Webster's Dictionary の如くに、後世に永く、原編者の名を留めて、時世の必要に應じて校訂增補せられんことを希望するものなのである。

明治二十一年頃までは、西洋殊に英米を直譯した時代、英米模範時代であつた。最初はオヅ〳〵やつたのが、中頃には崇拜的となり、後には無暗にカブレ、遂に其弊を發して、國粹保存主義の反動を迎へた。

直譯時代模範時代だから、洋書の飜譯も、學者の手によりて大分出來て來た。福澤氏の『童蒙教草』(Chambers' "Moral Class Book") や中村敬宇氏の『西國立志編』(Smile's "Selp-Help")『自由の理』(Mill's "Essay on Liberty") の如きは、時世の必要に應じて、西洋的の倫理や、思想を敎へたのであり、『自由の理』や又た同じく中村敬宇氏の譯された『代議政體』(Mill's "Representative Government") の如きは、中江篤介氏の『民約篇』(Rousseau's "Social Contract") の飜譯と共に、民間に政治思想自由思想を鼓吹するに預りて多大の力があつたことは爭はれぬ。當時は既に征韓論の破裂から引つゞいて、民撰議院設立の建白となり、板垣大隈兩氏の政黨樹立となり、國民は政治熱に浮かされて來ておつたのである。又た『西國立志編』は "Selp-Help" から拔萃して譯述したものであつたが、中村氏の漢文的な立派な文章によりて、此書は廣く國內に行はれ、靑年が自主獨立の精神を養成するに多大の利益があつたものと云つて宜しい。封建既に破れて、秩祿を失ひたる士族の子弟、階級制度の打破によりて自由を得たる平民の子弟等が、『西國立志編』の敎ふる立志者の美談によりて、幾許大に刺戟せられたか、容易に之を測ることは出來まい。

同じ頃であつた。文部省では、Chambers's "Encyclopædia" を飜譯し、分册にして出版し、國民一般に近世的智識を與ふるに勉めた。

以上の譯書の如きは國民の純思想を啓發する爲のものであつたが、英米の美文の我國文學に輸入せらるゝに至つたのは、必然時がやゝ遲れて、明治十五年に外山、矢田部、井上(哲次郎)の三教授が、『新體詩鈔初篇』を出版して、英米詩人の詩歌の飜譯を示した時からの事と云つて宜しい。

Dr. Hepburn 等が聖書の和譯を企てゝ、上海に於て、四福音書中の一を、片言交りの和語に飜譯し、木版唐紙刷で出版したこと、また之に伴つて讃美歌の和譯あり、それは

"There is a happy land far far away."

を譯して、

『よい國御座ります大層遠方』

と云つたやうな唐人の和語であつたのが、次第に進步し、奧野昌綱の如き和學に達した人が手傳つて、次第に形を成して來て、それは樂譜に合はさるゝ必要からして、meters を切り、stanzas を合せたが、それが抑も今日の新體詩の形となつたのである。新體詩の讃美歌に負ふ所は尠く無い。その讃美歌に刺戟せられ、これに在來の七五、若しくは五七調を和し、これにて西洋の詩の飜譯を試みたのが、即ち外山博士等の新體詩鈔なのである。外山、矢田部の二氏は米國大學の出身、井上哲次郎氏は大學出身の俊才、前二氏は外國語に長じ、井上氏は漢文に長じてゐたのであるが、其の新體詩なるものは、寧ろ珍體詩で、今では中學校の生徒でも、コンナ可笑しな新體詩は作らぬ。中にも外山氏の新體詩は阿呆陀羅經もどき、チヨボクレ文句である。されど、この珍體詩が我國に純文學を輸入するが爲めの一大動機を與へたる効は沒すべからざるものである。予は團十郎の活歴、川上の新劇、外山博士等の新體詩、坪內逍遙氏の新小說、之を名けて明治文藝の四源流と稱す。

新體詩なる語は外山矢田部氏等の功勞を記すれども、彼の『新體詩鈔』はモウ全く世間から忘られて仕舞つた。其中に收めたる新體詩は、

飜譯十四篇、創作五篇(計十九篇)

であつて、而して之を作者に分類すれば、外山正一氏(ゝ山居士)のが九篇(譯七篇、創作二篇)、矢田部良吉氏(尙今居士)のが九篇(譯六篇、創作三篇)、井上哲次郎氏(巽軒居士)のが譯一篇である。其創作と佛國語より譯されたる一篇とを除きて、飜譯に係るものゝ題目を擧ぐれば、即ち

ブルームフイルド氏兵士歸鄕の詩(ゝ山)
(Robert Bloomfield's ——)

カムブベル氏英國海軍の詩(尙今)
(Campbell's "Ye Mariners of England")

テニソン氏輕騎進擊の詩(ゝ山)
(Tennyson's "The Charge of the Light Brigade")

グレー氏墳上感懷の詩(尙今)

(Gray's "Elegy; Written in a Country Charch-yard")
ロングフエロー氏人生の詩 (ヽ山)
王の緒の歌 (巽軒)
(以上二種共 Longfellow's "A Psalm of Life")
テニソン氏船將の詩 (尙今)
(Tennyson's "The Captain")
チヤールス、キングスレー氏悲歌 (ヽ山)
(Charles Kingsley's "The Three Fishers")
高僧ウルゼーの詩 (ヽ山)
(Cardinal Wolsey's, Lament from Shakespeare's "Henry VIII")
ロングフエロー氏兒童の詩 (尙今)
(Longfellow's "The Children's Hour")
シエーキスピール氏ヘンリー第四世中の一段 (ヽ山)
(From Shakespeare's "Henry IV.")
シエークスピール氏ハムレツト中の一段 (尙今)
同　　上　　　　　　(ヽ山)
(以上二つ共 "Hamlet's Solilequy")

である。參考の爲、以上の中から、少しく quote して、對照の爲に原詩をも示さう。

英國海軍の詩　(尙今)

イギリス國の海岸を　固く守れる水兵よ
一千年のその間　汝が建つる大旗は
戰爭のみか嵐をも　支へ得たれば此後も
敵を受くともたゆみなく　勇氣の限りひるがへせ
軍烈しくあらばあれ　嵐も强く吹かば吹け

"Ye Mariners of England
That guard over native seas!
Where flag has braved, a thousand years,
The battle and the breeze!
Your glorious standard laucht again
To match another foe:
And sweep through the deep,
While the strong winds do blow;
While the battle rages loud and long
And the stromy winds do blow."

輕騎進擊の歌　(ヽ山)

拔けば玉ちるやいばをば　皆もろ共に振あげて
きらゝゝゝゝと輝けり　敵陣近く乘りかけて
大砲方をなで切りす　最と目冷しき働きぞ
煙の中に飛込みて　烈しく陣を破るなり
大刀の早業見ごとなり　敵の軍勢たちゝゝと
遂にさゝふる事ならず　むらゝゝばつとむらくづれ
馬の頭ぞ立直す　以前に進みし六百騎
殘るはいとゞわづかなり

"Flashed all their sabres bare,
Flashed as they turn'd in air
Sabring the gunners there,
Charging an army, while
All the world wondered:
Plunged in the battery-smoke
Right thro' the line they broke;
Cossack and Russian
Reeled from the sabre-stroke
Shattered and sundered.
Then they rode back, but not,
Not the six hundred."

墳上感懐の詩　(尙今)

深き水底求むれば　輝く珠も有るぞかし
高き峯をば尋ぬれば　かをる木草の多けれど
千代の八千代の昔より　人に知られで過ぎにけり

"Full many a gem of purest ray serene
The dark unfathomed caves of ocean bear:
Full many a flower is born to blush unseen,
And waste its sweetness on the desert air."

人生の詩　(ヽ山)

光陰實に箭の如く　藝道殊とも易からず
心は如何に猛くとも　墓無く進む葬禮の
送葬大皷打つ胸は　音止めされたる大皷の音
いともあはれにひゞくらん

これは丸で葬禮の意味を無茶苦茶にもぢつたのである。同じ句を井上巽軒氏は (玉の緒の歌) の中にて

業は久しく時は馳す　强き胸だも亦たえず
皷の如く擊ち續け　一日ゝゝにちかくなる
死出の旅をぞはやすなる

と譯した扨て原詩は以下の如くで、合せて見ると面白い。

"Art is long, and time is fleeting,
And our hearts, though stout and brave,
Still, like muffled drums, are beating
Funeral marches to the graves."

キングスレー悲歌　(ヽ山)

朝日かゞやく砂礫に　潮引き去りて其跡に
殘るは三つの屍ぞ　三人の漁夫の妻三人
歸らぬ旅に門出して　歸らぬ夫のなきがらに
髮振り亂し取すがり　消る斗に啼入て
目もあてられぬ風情なり　かせがにやならぬ男の身
袖のひぬのは女子の身　一日も早く世を去れば
一日も早く業をせん　屍の跡の砂礫に
寄せ來る浪のくだけつゝ　鳴りたきや鳴れよゑゝ儘よ

"Three corpses lay out on the shining sands
In the morning gleam as the tide went down,
And the women are weeping and wringing their hands
For those who will never come home to the town:
For men must work, and women must weep—
And good-bye to the bar and its moaning."

『かせがにやならぬ男の身、袖のひぬのは女子の身』とは迷句である。『ゑゝ儘よ』の投げ句も妙。扨て『新體詩抄』の卷末に、ヽ山尙今二居士が、競爭的に Hamlet's Soliloquy—"To be, or not to be" を譯してあるが、これが如何にも面白いから、其一部分を quote して見ん。先づ quote すべき譯文に對する原詩より擧ぐれば、

"To be, or not to be: that is the question:
Whether 'tis nobler in the mind suffer
The slings and arrows of outrageous fortune,
Or to take arms against a sea of trouble,

And by opposing end them?
………………………………
The fair Ophelia! Nymph, in thy orisons
Be all my sins remembered."

これが尙今居士の譯文では、

ながらふべきか但し又ながらふべきに非るか
こゝぞ思案のしどころぞ運命いかにつたなきも
これに堪ふるが大丈夫か
…… …………
………………
ハテ疑の晴れぬもの
うき事長く忍ぶのもこれが爲めかななぜなれば
九寸五分さへ持ちたれば其切先で一つきに
………………
事をすますもやすけれど
さはさりながらオヒリヤよアヽたをやかな其風情
そなたは神にいのるならわしが罪障わびてたべ

又たゝ山居士ので見ると、カウである。

死ぬるが増か生くるが増か
つたなき運の情なく
堪へ忍ぶが男兒ぞよ
堪へ忍ぶは何故ぞ
一本あれば何のその
あたら命をながらへて
うんすと云はん腸は無し
………………
おへりや殿よ辨天よ
祈て給へ我罪の

思案をするばこしぞかし
うきめからき目重なるも
………………
なまくら刄錆刀
極樂往生出來ふなら
重荷をしよつて汗みづく
………………
のうこれもうし美しの
後世のねがひする時は
亡ぶるやうに賴むぞや

『のうこれもうし美しのおへりや殿よ辨天よ』と來ては、プツと吹き出さればなるまじ。これゝ山法師得意のチヨボクレ節なのである。併し新體詩鈔の主旨は、中古語のみで無く、俗語でも何でも構はずに、自由に用ゐて、舊來の短歌を打破り、充分に情を言現はすべしとの事であつたのだ。

今日から見れば實に價の無い、而も噴飯的な『新體詩鈔』も、これで以て、英米の文學思想を我國に鼓吹するの先驅者となつたので、この書の出たる明治十五年を我國文壇の一紀元と劃すべく、社會が愈よ歐化主義の深味に入つたと共に、西洋文學、殊に英米文學が輸入飜譯せられた。而して其飜譯者たるものは純文學者では無くて、政論家、新聞記者であつた。

それは當時の純文學者と云へば、馬琴や三馬の流を汲んだ人等ばかりで、西洋思想などは無かつたのである。それで外國語の多少分つて、日本の文章も書けたやうな人が、何でも西洋小說が面白いとて之を紹介するやうになつたのである。其飜譯者が、今日は何をしてゐる人かと調べて見ると、實に今昔の感に堪へ無いのである。

但し政論家や新聞記者が、六ケ敷い民權自由論を鬪はした餘暇に、小說に筆を染めたにも所以のあることで、これは文學を通じて、政治上の理想を一般に注入せんと欲したのであつた。されば、彼等の撰んだものが、Disraeli や Lytton の政治がゝつた小說が多かつたのである。自由主義の革命小說なども彼等の筆に成つた。言論の自由を拘束されてゐたから、意を小說に寄すとは、彼等の眞意であつた。尾崎行雄、關直彥、藤田茂吉(鳴鶴)、吉田甞六、渡邊治等は實に其人々の中にあつたのである。

今明治十六年以降明治二十一年までに飜譯せられた小說の重なるものを擧れば左の如し。但し原名の分り兼ぬるが多い。

花柳春話　(Lytton's "Ernest Maltravers")
繫思談　(Lytton 作 藤田鳴鶴譯)
春鶯囀　(Disraeli 作 關直彥譯)
三英双美政海の情波　(Beaconsfield 作 渡邊治譯)
奸雄の末路　(Lytton 作 吉田熹六譯—"Rienzi"?)
雙鶯春話　(Beaconsfield 作 牛山良助譯)
サクソン王の名殘ハロルド物語　(Lytton 作 磯野德三郎譯)
鏡花水月　(Shakespeares' "Comedy of Errors" 渡邊治譯)
みなれざを　("Measure for Measure" 和田萬吉譯)
幽　靈　("Hamlet" 井上勤譯)
自由の笞恩愛の紲豪傑一世鏡　("Julius Cæsar" 板倉與太郞譯)
春情浮世の夢　("A Midsummer Night's Dream" 河島敬藏譯)
人肉質入裁判　("The Merchant of Venice" 井上勤譯)
仇結奇の赤繩西洋娘節用　("Romeo and Juliet" 木下新三郞譯)
セキスピア物語　(Lamb's "Tales" 品田太吉譯)
政治小說妻の涙　(Wilkie Collins 作 井上勤譯)
梅蕾餘薰　(Scott 作 牛山良助譯)
謌其德奇談　(Scott 作 横山氏譯)
梨園の噂　(Henry Jones 作 高橋義雄譯)
魯敏孫漂流記　(Defoe 作 牛山良助譯)
驚奇魔見囘島記　(Swift's "Gulliver's Travels" 片山平三郞譯)
全世界一大奇書　("Arabian Nights" 井上勤譯)
開卷驚奇龍動鬼談　(Lytton 作 井上勤譯)

以上の中にて Shakespeare より譯したるは、皆 Lamb's "Tales" より取つたもので、脚本其儘を取つたのは、坪內逍遙氏が "Julius Cæsar" を譯して

自由太刀餘波切味

と題したものである。この題目によりて見るも、如何に當時の自由思想政治思想にあてゝゐたかゞ分るのである。

井上勤なる人は、盛んに小說和譯をした人であつて、以上の他に、多くの Verne が作を英譯より重譯して以下の如きものがある。

十万英里海底旅行
九十七時二十七分間月世界旅行
學術妙用造物者驚愕試驗
政治小說佳人の血涙

の如きがある。なほ Verne は他の人によりても飜譯されてゐる。

五大洲中海底旅行　大平三次譯
拍案驚奇地底旅行　三木愛花譯

などである。又た Max O'Rell's "John Bull and His Islands" は尾崎行雄氏によりて飜譯せられて

許隱發秘一讀三歎

となつてゐるのである。氏は他に自作の政治小說もある。一時洛陽の紙價を高からしめたる、

經國美談　矢野文雄作

は希臘 Thebes の英雄 Epaminondas の事歷を書いたもので、强ち飜譯では無いが、材料を彼に取つたものなのである。

以上に列擧したるが如きは、多くの飜譯の中で、其の一部分に過ぎ無い。其當時は、紳君乘馬會あり、鹿鳴館の舞踏會に浮名を流すあり。雲の上には洋服を召され、地方でも判任官の妻君は束髮洋服と改めた所さへあつた位の歐化時代だから、これ等の飜譯小說が如何に江湖に歡迎せられたかゞ知れる。明治二十二年頃からの國粹保存、古文學復興で飜譯小說は下火になつたけれども、英文學の感化、英語の普及は毫も勢に於て變ずる所無く、遂に今日の形勢となつたのである。

以上は杜撰にして瞥見的の英語史ではあるが、以て如何に我國民が Anglo-Saxonの言語文學を迎へたか、其有様を推察することだけは出來やうと思ふ。日本に於ける英語史は實に興味のある問題であつて、好學の士が、之を研究して、一大著述を示されんことを希望するものである。

(This wind-blown bit of charred music was found at Fort Mason, San Francisco, the morning of the third day of the conflagration, April 20, 1906, while picking up bits of wood to make a fire for an early cup of coffee. The thousand of refugees there awoke that morning feeling that the strife was ended and that they were safe, for the wind had changed and the terrible shower of ashes was being blown back towards the burnt city.)

桑港罹災者の天啓

此に寫し出したる樂譜の燒殘りは、今春桑港の大震災に際し、難を避けて Fort Mason, San Francisco にありたる數千の人が、震災第三日即ち April 20, 1906. の朝に當りコヒーを沸かさんが爲めに、薪木を拾ひつゝありたる際、何處よりと無く風に吹かれて飛び來つたもので、これぞ實に、基督教會に於て基督の復活を讃美するに用ゐる歌で、原は無名氏の作で、1859 に Francis Pott の英語に飜譯したるものである。其全詩は以下の如し。

(1) The strife is o'er, the battle done;
The victory of life is won;
The song of triumph has begun
Alleluia!

(2) The powers of death have done their worst,
But Christ their legions hath dispersed;
Let shout of holy joy outburst.
Alleluia!

(3) The three sad days are quickly sped;
He rises glorious from the dead:
All glory to our risen Head!
Alleluia!

(4) He closed the yawning gates of hell;
The bars from heaven's high portals fell;
Let hymns of praise His triumphs tell!
Alleluia!

(5) Lord! by the stripes which wounded thee,
From death's dread sting thy servants free,
That we may live, and sing to thee
Alleluia!

これぞ基督が死の苦を受けて葬られて三日目に復活し、終に勝利を得たるを詠じたものであるが、桑港の人民が、災後三日目にして、この歌を燼餘に發見して、"the strife is o'er," を知りて、大に心を安んじ、見れば、風向變じて、降りくる灰は、既に燒け滅びたる市街の方へ吹き付けられつゝありたりとかや。この寫眞は當日の災禍を破りたる一人にして社友 Miss Very の寄贈するものより製版す。("Alleluia" 又は "Halleluiah" とは神を讃する語。)

SNOW ON CHRISTMAS EVE

The winter is a wondrous wizard wight!,
Old as the hills, who on the earth below,
And high in airy regions loves to show
His many miracles to mortal sight.
Lo! on this solemn, silent Christmas night,
He has bidden all the wild winds cease to blow,
And an invisible shutter to and fro
He throws, and weaves a web of purest white.
Who looks abroad may see it gradual grow,
While o'er the unconscious world he lays it light,
A swaddling sheet immaculate, men call snow;
So in a dusky manger, there was dight
In robes as spotless, centuries ago,
The sleeping child of whom the apostles write.

W. L. Shoemaker.

英語教育叢書

英語教育に關する文部法規

櫻井役

東京研究社出版

英語教育に關する文部法規

櫻井　役

東京　研究社　出版

はしがき

この一篇は、我が國の中等學校に於ける英語教育を、過去及現在の文部法規を中心として、略説したものである。外國語教育の將來を考察する一資料ともならば、幸甚である。

從來、中等學校殊に中學校に於ける外國語には、時を割き、力を注ぐこと多きに拘らず、これによりて酬いられる所は、一般の期待に副はないやうである。之を以て(他にも理由の存することではあるが)大正の初期以來、その存廢或は授業時數の多少は、世論の一對象となつたのである。

外國語教育の過去を顧み、現在を視て、將來を察すれば、近く之が廢止を見るべしとは考へられないが、比較的少き授業時數を活用して、寧ろその成績を高むべき方法の講究は、一層喫緊事となるであらうと想はれる。

昭和十年九月

著者

目　　次

英語教育に關する文部法規

I. 中學校の外國語

i. 外國語教授要旨。 現行の「中學校令施行規則」(昭和六年一月改正)の第十條には、

「外國語ハ普通ノ英語、獨語、佛語又ハ支那語ヲ了解シ之ヲ運用スルノ能ヲ得シメ知德ノ增進ニ資スルヲ以テ要旨トス」

と規定せられ、教授の分科については、

「外國語ハ發音、綴字、聽方、讀方及解釋、話方及作文、文法ノ大要竝ニ習字ヲ授クヘシ」

と示されてゐる。

この教授要旨は明治三十四年(1901)三月に始めて制定せられた「中學校令施行規則」の内に規定せられ、明治四十四年(1911)七月に修正を加へられ、昭和六年(1931)一月更に改正を加へられたものである。明治三十四年制定の「中學校令施行規則」(文相松田正久)に於ては、

外國語ハ普通ノ英語、獨語又ハ佛語ヲ了解シ之ヲ運用スルノ能ヲ得シメ兼ネテ知識ノ增進ニ資スルヲ以テ要旨トス

外國語ハ發音、綴字ヨリ始メ簡易ナル文章ノ讀方、譯解、書取、作文ヲ授ケ進ミテハ普通ノ文章ニ及ホシ又文法ノ大要、會話及習字ヲ授クヘシ

と規定せられ、明治四十四年の改正(文相小松原英太郎)によつて、第一項の「知識」は「知德」と改められ、第二項は、

外國語ハ發音、綴字ヨリ始メ近易ナル文章ノ讀方、譯解、話方、作文、書取ヲ授ケ進ミテハ普通ノ文章ニ及ホシ又文法ノ大要及習字ヲ授クヘシ

と修正せられ、昭和六年の改正(文相田中隆三)により、現行規定の如く訂正を加へられたのである。斯くして、外國語の種類に於て、支那語が新に加へ

られ、分科に於ては、「會話」を「話方」、「譯解」を「解釋」と改められ、而して「聽方」を新に加へられたのである。これによつて我が國と中華民國との關係が、益々密接を加へたことを知り、また外國語教授法が、漸次に變遷したことを察せられるのである。

ii. **中學校の目的。** 現行の「中學校令」(大正八年二月改正)第一條には、

> 中學校ハ男子ニ須要ナル高等普通教育ヲ爲スヲ以テ目的トシ特ニ國民道德ノ養成ニ力ムヘキモノトス

と規定されてゐる。昭和六年(1931)一月(文相田中隆三)に至り、「中學校令施行規則」が改正せられた。中學校の教育の實際が、高等教育の本義に副はず、上級學校の豫備教育たる舊來の遺風を脫せず、人格の修養を等閑にして、且つ實際生活に適切ならざる嫌ありとして、(1)生徒教養の要旨を規定して、中學校は、小學校教育の基礎に據り、一層高等の程度に於て道德教育及國民教育を施し、生活上有用なる普通の知識を養ひ、且體育を行ふべきものたることを明かにし、(2)高學年に於て、第一種第二種の兩課程を編制して、生徒の性能・志望・土地の情況に依り、選擇履修せしむべき增課科目を定めて、實業を第一種課程の必修科とし、(3)學科目及其內容を改めて(a)公民科を加へ、(b)作業科を設けて、園藝・工作其他の作業を課し、勤勞を尊重愛好する習慣を養ひ、且日常生活上有用なる知能を與ふることゝし、(c)從來の博物、物理及化學は之を綜合して理科として、實際生活に裨益する所多からしめんことを期し、(d)柔道及劍道を必修せしめて、國民精神の涵養心身の鍛錬に資し、(e)情操教育を重視して、音樂を必修科とし、(f)生徒をしてその性能・趣味・境遇・志望等に應じて、自由に研究する所あらしめ、且つ之に對して適當なる指導を施さんが爲に、所定の教授時數以外に於て、每週二時以內を、課程外の指導に充つることを得しめ、(g)外國語の中に、支那語を加へて、これが學習を必要とする地方に於ては、之を課することを得しむるなど、中學校は高等普通教育を施す所なることを明かならしむることに努めたのである。

我が中學校の發達の跡を顧みるに、中學の名稱は、明治三年(1870)二月の「大中小學規則」に始まつてゐる。この規則は、學制の先驅とも見るべきものであつたが、中學についての規定は、極めて簡明であつた。曰く、

> 子弟凡ソ十五歳ニシテ小學ノ事訖リ十六歳ニ至リ中學ニ入リ專門學ヲ修ム科目五アリ大學五科ト一般、子弟凡ソ二十二歳ニシテ中學ノ事訖リ乃チ其俊秀ヲ撰ヒ之ヲ大學ニ貢ス

と、玆に大學五科とは、教・法・理・醫・文を指し、中學は高等普通教育と專門教育とを兼ねるものと解せられる。但しこの規則は實施せられずして、明治五年(1872)八月「學制」の頒布を見るに至つたが、「學制」は、學校を大學・中學・小學の三階とし、「中學ハ小學ヲ經タル生徒ニ普通ノ學科ヲ教ヘル所ナリ」と規定し、中學を下等中學(十四歳より十六歳まで)と上等中學(十七歳より十九歳まで)の二等に分ち、六箇年(十二級)を通じ、外國語を一教科目とした。一週の「稽古時間」を二十五時乃至三十時と定めたが、このうち外國語に幾何の時間を配當すべきかは示されなかつた。

同年(1872)十月「外國教師ニテ教授スル中學教則」を定めて、英・佛・獨語の一を以て、中學の課程を修了することを得しめたが、卒業後英・佛・獨孰れの國語によるも、大學に入り、外國教師に就いて專門學科の講義を理解し得る爲に、豫備教育を施すものであつたのである。而して、課程は豫科一年、下等上等各三年、通計七箇年で、現制の七年制高等學校(尋常科四年、高等科三年)に相當するものであつた。

明治十二年(1879)九月に公布せられた「教育令」には、單に「中學校ハ高等ナル普通學科ヲ授クル所トス」と規定せられ、その施設經營を地方に委任し、修業年限、教科目等については規準を示さなかつたから、これらは學校によつて、區々に岐れて定まる所がなかつたのである。併しながら實際に於ては、高等專門の學校に入らんとする者に、豫備教育を施すことを目的とするものであつた。

明治十四年(1881)七月文部省が、中學校教育の統制を圖らんがために、制定布達した「中學校教則大綱」の第一條には、

> 中學校ハ高等ノ普通學科ヲ授クル所ニシテ中人以上ノ業務ニ就クカ爲メ又ハ高等ノ學校ニ入ルカ爲メニ必須ノ學科ヲ授クルモノトス

と規定し、學科を分ちて初等中學科（修業年限四箇年）と高等中學科（修業年限二箇年）とした。豫備教育を一方の目標としたことは明かである。

明治十七年(1884)一月「中學校通則」を定めて、

> 中學校ハ中人以上ノ業務ニ就ク者若クハ高等ノ學校ニ入ル者ノ爲ニ忠孝彝倫ノ道ヲ本トシテ高等ノ普通科ヲ授クヘキモノトス

と目的を明かにし、且つ當時の歐化熱に對して警むる所があつた。

明治十九年(1886)四月（文相森有禮）始めて勅令を以て、「中學校令」が公布せられたが、その第一條には、

> 中學校ハ實業ニ就カント欲シ又ハ高等ノ學校ニ入ラント欲スルモノニ須要ナル教育ヲ爲ス所トス

と規定し、中學校を高等（修業年限二ケ年）、尋常（修業年限五ケ年）の二等に分ち、次いで文部省令を以て、尋常中學校の學科及程度を定め、教科目の內に、第一外國語（通常英語）及び第二外國語（通常獨語又は佛語）を加へたが、中學校の目的は、從來の規定を修正しなかつたのである。

明治二十七年(1894)三月文部省（文相井上毅）は、「尋常中學校の學科及其程度」を改正した。改正の要點は第一に國語及漢文の時間を增加せること、第二に第二外國語を削除せること、第三に農業を削除し、簿記を新に隨意科としたこと、第四に第四學年以上に本科の外、實科を置くことを得しめたことである。蓋し、中學校の教育をして、專ら高等教育の豫備たる一方に偏傾するの弊より救はんとする趣旨に因るものであつた。實科に就いては、當時當局者は、實業の專門教育を施すものではなく、實業に就かんとするものに、適切なる教育を授くるものであるが、しかも將來高等なる實業教育を受けんとするものゝ爲には、猶之を豫備教育と認むるを得るものであるとの說明を施した。ともあれ、中學校の目的が、單に高等教育の豫備たる一方のみに存せざることを、明かにせんとしたのである。

明治三十二年(1899)二月（文相樺山資紀）「中學校令」を改正して、「尋常」

の二字を削つて、單に中學校と改稱し、その第一條を、

中學校ハ男子ニ須要ナル高等普通教育ヲ爲スヲ以テ目的トス

と修正した。明治四十四年(1911)七月(文相小松原英太郎)「中學校令施行規則」を改正して、「中學校は豫備教育の機關にあらずして、高等普通教育を施すべき本來の性質に鑑み、中等以上の國民たるべき者をして、實業に關する智識を修得せしむると共に、之に對する趣味を上進し、勤勞を重んずるの美習を養成せしむるを最も緊要なり」と認め、學科目中に實業を加へ、第四・五學年に於て、農業、商業又は手工を課することゝした。

大正八年(1919)二月(文相中橋德五郎)勅令を以て「中學校令」を改正し、

中學校ハ男子ニ須要ナル高等普通教育ヲ爲スヲ以テ目的トシ特ニ國民道德ノ養成ニ力ムヘキモノトス

と改め、一層道德教育の强調を圖つた。而して、茲に注意に値することは前年(1918)十二月「高等學校令」を公布して、

高等學校ハ男子ノ高等普通教育ヲ完成スルヲ目的トシ特ニ國民道德ノ充實ニ力ムヘキモノトス

と規定し、その修業年限を七箇年(高等科三年、尋常科四年)とし、高等科に入學することを得る者のうちに、當該高等學校尋常科の修了者と共に、中學校第四學年修了者を加へたことである。

中學校も亦改正中學校令により、尋常小學校第五學年の課程を修了し、學業の成績優秀、且身體の發育十分なる者には、入學受驗の資格を認め、特別の必要ある場合に於ては、修業年限二箇年の豫科を設置することを得しめ、その學科目及程度は、「小學校令」及「小學校令施行規則」を準用することゝし、外國語を加ふるときは、其授業時數を每週三時とし、國語、圖畫、唱歌の教授時數各一時を減じて、之に充つべきものと規定された。

之を要するに、中學校は始め專門教育と高等普通教育とを兼ね、次で高等普通教育と大學の豫備教育とを併せたが、後高等普通教育を施すを眼目とし、爾來當局は法規の改正、學科課程の改善等、中學校が豫備教育に偏傾するの弊を矯めんが爲に、十分の努力を拂ひ來つたのである。顧ふに、

明治三十四年「中學校令施行規則」制定當時は、中學校の數二百四十餘、生徒數八萬八千餘であつたが、その後中學教育の普及著しく、昭和六年の改正當時には、校數五百五十餘を算し、生徒數三十四萬餘に達し、又卒業生の情況に關し、旣往十年間の資料に徵するに、卒業後直ちに上級學校に入學する者は年々約三分一に過ぎず、殘餘の大部は、社會の實務に當る情態であるから、中學校に於ける高等普通教育の本旨を明かにし、その職能を全からしむるに意を用ひることは、當然の處置と云ふべきである。

昭和七年（1932）十月及昭和八年十月調査による公私立中學校卒業者の狀況（文部省普通學務局調査）は次の通りである。（補習科を除く）

（＊ 同程度の學校を含む）	（昭和六年度卒業者）	（昭和七年度卒業者）
高等學校及大學豫科入學者	5,416	5,269
＊ 官公立專門學校入學者	4,628	4,659
＊ 私立專門學校入學者	5,286	5,691
陸海軍諸學校入學者	303	384
官公署に奉職したる者	1,419	1,743
教員となりたる者	518	894
實業に就きたる者	13,493	12,826
死亡したる者	158	122
其他の者	28,064	28,389
計	59,285	59,977

次に昭和七年三月卒業者の狀況（昭和八年三月調）と第四學年在學中の志望（昭和六年三月調）及第五學年在學中の志望（昭和七年三月調）とを對比して、希望實現の百中步合は次表の通である。（文部省文書課調査）

（種別）	（第四學年）	（第五學年）
高等學校入學	50.8	51.1
專門學校入學	57.5	53.4
中等教員養成學校入學	5.9	8.9
陸海軍諸學校入學	11.9	15.9
其他の學校入學	24.7	23.7
小學校教員	50.2	41.1
官公署奉職	82.0	135.5

實業從事	212.9	155.4
其他及未定	185.3	518.8

iii. 外國語の種類。 抑々我が國に於ける洋學は蘭學を祖とする。延享元年(1744)幕府が青木昆陽を擢んでゝ、長崎に赴かしめ、蘭人及譯官に就き蘭書を講習せしめて以來百數十年、その間盛衰はあつたが、江戸時代の後半期に於て、醫學、天文學等の實用科學を傳へ、又西洋文化を輸入する爲に、蘭學の寄與する所甚多かつた。然るに明治維新の後、蘭學は漸く疎んぜられて、英學が之に代はるに至つた。想ふに、我が開國は英語國たる北米合衆國に負ふ所が多く、當時英國の富強は世界に冠たるものがあり、英語は世界語を以て稱せられ、維新の後、米英人を文政の顧問とし、藩黌私學の教師とし、先覺俊英の士が米英二國に留學して、新文明を將來したることなど、英學の隆昌を致す因由は二三にして止まらなかつた。併しながら、明治初年の學校教育に於ては、英語のみに限られたのではなく、諸藝學、鑛山學等を修めんとするものは、佛獨語を學習したのである。

中學校に於ける教科目の內に、始めて外國語を加へたのは、明治五年の學制であつて、下等中學（三年）と上等中學（三年）とを通じて、之を課したが、外國語の種類については、限定する所がなかつた。併しながら、英語を主とし、佛獨語を課するものは稀であつた。學制に次いで布達せられた「外國教師ニ依リ教授スル中學教則」には、明かに英・佛・獨の一を以てすることを定め、それぞれ教科書目をも示したのである。

尙外國語の種類について併せ考ふべきは、東京大學卽ち帝國大學の前身たる開成學校に於ては、明治六年(1873)四月教則を改めて、下等中學第一級（最上級）以上の生徒を入學せしめ、法、工、鑛山、理、諸藝の學科を教授したが、法、理、工學は英語により、諸藝學は佛語により、鑛山學は獨語による制を定めたことである。然るに文部省は、開成學校の學科課程は、將來英語に依るべき旨を內示して、佛學及獨學生徒の處置を講ぜしめたので、明治八年(1875)七月獨語を以てする鑛山學と、佛語を以てする諸

藝學を廢止し、在來の佛獨學生徒は、英學に轉ずることを許し、或は經過的に佛學の爲に物理學を、獨學の爲に化學の各一科を設けて希望者を入れ、その他の者については隨意退學を認めた。これは一校內に數國語を以て、專門科を設置することは、經濟上甚しく不利なることを主たる理由とするのであるが、英學を修習して、之を支持する者が朝野の間に多かつたことも、想像に難からざる所である。

明治六年(1873)五月政府は東京に外國語學校を開設して、英、佛、獨、露、淸の五國語を敎授する所とし、翌年愛知、廣島、新潟、宮城、大阪、長崎に官立外國語學校を設置したが、同年(1873)十二月東京外國語學校の英語科の生徒が多數を占めたので、これを分離獨立して、東京英語學校を創設し、又地方所在の官立外國語學校を改めて英語學校とした。この施設も亦外國語の內、英語が首位を占めたことを示すものである。

明治十四年(1881)七月文部省布達の「中學校敎則大綱」によれば、中學校を初等（修業年限四年）高等（修業年限二年）の二等とし、敎科目中に「英語」を加へて、六箇年を通じて之を課するものとしたが、明治十五年(1882)三月文部省達によつて、「英語ハ之ヲ缺キ又ハ佛語若クハ獨語ヲ以テ之ニ換フルコトヲ得」るものとした。

明治十九年(1886)四月勅令を以て公布せられた「中學校令」に次で、六月制定せられた「尋常中學校ノ學科及程度」によれば、外國語は之を第一、第二とし、第一外國語は通常英語とし、第二外國語は通常獨語又は佛語として、之を第四・五學年に課するものとしたが、第二外國語と農業とは其一を缺くことを得るものとした。なほ尋常中學校（修業年限五箇年）を經て入學すべき高等中學校（修業年限二箇年）に於ては、第一、第二外國語のほか、更に羅典語を課することゝした。

明治二十七年(1894)三月尋常中學校の學科及其程度を改正して、從來の第二外國語を廢めて、學科を外國語とした。當時省令改正の說明は、

普通敎育ニ於テ二ツノ外國語ヲ授クルノ必要アラザルノミナラズ實際ノ成績ニ

據ルニ邦人ニシテ洋語ヲ學ブハ其語脈語源ノ異ナルニ因リ殊ニ困難ヲ覺エ一ノ外國語スラ仍數年ノ學習ヲ以テ習熟スルコト能ハザルモノ多シ故ニ今第一外國語ノ時間ヲ增シ同時ニ第二外國語ヲ除ケリ

と云ふに在つた。而して第二外國語の削除と共に、國語及漢文の授業時數を增したが、これに關しては、次の如き說明が施された。

國語教育ハ愛國心ヲ成育スルノ資料タリ又個人トシテ其思想ノ交通ヲ自在ニシ日常生活ノ便ヲ給足スル爲ノ要件タリ今ノ靑年ニシテ中等又ハ高等教育ヲ受ケタル者卒業ノ後或ハ此ノ點ニ於テ不足ヲ感ズルモノ多シ是レ授業時間ヲ增加スルノ已ムヲ得サル所以ナリ。

明治三十二年(1899)二月「中學校令」を改正して、外國語は英語、獨語又は佛語とすることを規定した。明治四十四年(1911)七月「中學校令施行規則」を改正し、大正八年(1919)二月「中學校令」を改正したが、外國語の種類については從來の規定を存し、修正を加へなかつたが、昭和六年(1831)一月「中學校令施行規則」を改めて、英、獨、佛語の外更に支那語を加ふることゝした。我國と中華民國との關係頗る密接なるに鑑み、中學校教育をして、實際生活に有用なるものたらしむるの趣旨により、支那語の學習を必要とする地方には、之を課し得るの道を開いたのである。

昭和十年(1935)四月の調査によれば、中學校に於て、英語以外の外國語を課するものは十指を屈するに足らざる狀況である。

國語別	英語	英支語	英獨語	英佛語	合計
校數	545	3	3	2	553
百分比	98.55	0.54	0.54	0.36	100.00

因に英語及支那語を課するものは、奈良縣天理中、愛媛縣越智中、熊本縣天草中の三校、英語及獨語を課するものは、東京府獨逸協會中、大阪府上宮中、浪速中の三校、英語及佛語を課するものは、東京府曉星中、長崎縣海星中の二校である。

iv. 外國語授業時數。 明治五年四月頒布の學制に於ては、中學の上等、下等（修業年限各三箇年）を通じ、外國語を課したが、每週の稽古時間を三十時乃至二十五時と定めたる外、各學科の授業時數について規定する所

がなかつた。各教科目について規準となるべき教授時數を示したのは、明治十四年七月の「中學校教則大綱」布達以後のことである。

次に中學校における外國語教授時數の增減を表示する。

明治十四年七月　中學校教則大綱。

學科目	第一學年	第二學年	第三學年	第四學年	第五學年
外國語	6	6	6	6	（備考）
和漢文	7	6	6	6	（修學年限初等中學四年、高等中學二年）
數學	5	（前）4・（後）2	2	（前）2・（後）0	
合計	28	28	28	28	

明治十九年六月　中學校令に據る「學科及程度」（文相　森有禮）

第一外國語	6	6	7	5	5	(39)
第二外國語	—	—	—	4	3	(7)
國語漢文	5	5	5	3	2	(20)
數學	4	4	4	4	3	(19)
合計	28	28	28	28	28	

備考。修業年限は尋常中學校五年、高等中學校二年とす。

明治二十七年三月「學科及其程度」改正。　　（文相　井上毅）

外國語	6	7	7	7	7	(34)
國語漢文	7	7	7	7	7	(35)
數學	4	4	4	4	4	(20)
合計	28	28	28	28	28	

明治三十四年三月「中學校令施行規則」制定。（文相　松田正久）

外國語	7	7	7	7	6	(34)
國語漢文	7	7	7	6	6	(33)
數學	3	3	5	5	4	(20)
合計	28	28	28	28	28	

明治三十五年二月　施行規則改正。　　（文相　菊池大麓）

外國語	6	6	7	7	7	(33)
國語漢文	7	7	7	6	6	(33)
數學	4	4	4	4	4	(20)

明治四十四年七月　施行規則改正。　　　（文相　小松原英太郎）

外國語	6	7	7	7	7	(34)
國語漢文	8	7	7	6	6	(34)
數學	4	4	5	4	4	(21)
合計	29	29	30	31	31	

大正八年三月　施行規則改正。　　　（文相　中橋德五郎）

外國語	6	7	7	5	5	(30)
國語漢文	8	8	6	5	5	(32)
數學	4	4	5	4	4	(21)
合計	29	30	30	30	30	

昭和六年一月　施行規則改正。　　　（文相　田中隆三）

外國語	(基本) 5	5	6	—	—	
	(增課) —	—	—	(第一種) 2—5	2—5	
				(第二種) 4—7	4—7	
國語漢文	(基本) 7	6	6	4	4	
	(增課) —	—	(第一・第二種共)	1—3	1—3	
數學	(基本) 3	3	5	—	—	
	(增課) —	—	—	(第一種) 2—4	2—4	
	—	—	—	(第二種) 2—5	2—5	
合計	30	30	32	(第一種) 31-35	31—35	
				(第二種) 30-32	30—32	

外國語につき增課時數每週教授時數配當の狀況。（昭和十年四月調）

學年		增課セズ	二時	三時	四時	五時	六時	七時
第三學年	第一種	—	2	—	4	2	—	—
	第二種	—	—	—	—	3	5	—
第四學年	第一種	5	31	171	185	74	—	—
	第二種	—	—	—	44	287	198	15
第五學年	第一種	5	33	174	167	87	—	—
	第二種	—	—	—	27	240	260	17

上表に示す如く、第一種第二種の兩課程は、第三學年に於ても之を編制

し得るのであるが、第三學年に於て兩課程を設くる學校は少數である。

尚現制に於ては、既述の通り、各學年に每週二時以內を課程外指導に充つることを得るのであるが、その狀況は次表の如くである。

學　年	指導時數一時	指導時數二時	合　計	指導セザル學校
第一學年	73	307	380	173 (31.3)
第二學年	52	347	399	154 (27.9)
第三學年	82	311	393	160 (28.9)
第四學年	62	462	462	91 (16.5)
第五學年	57	456	456	97 (17.5)

備考。上表は昭和十年四月現在、最右欄の括弧內の數字は百分比。

課程外指導の內容については、區々として定まらないのであるが、その內英語又は英語と他の學科目とを組合はせて、指導科目とするものが少くない。次に昭和十年四月の調査を表示する。(數字は學校數を示す)

學　年	英　語	英・數	英・數・國・漢	其　他	限定セズ	合　計
第一學年	22	121	30	64	143	380
第二學年	16	129	45	69	140	399
第三學年	33	82	58	74	146	393
第四學年	27	134	94	52	155	462
第五學年	24	135	91	55	151	456

v. 教授要目。 明治三十五年(1902)二月文部省(文相菊池大麓)は始めて、「中學校教授要目」を編纂し、各中學校長をして、之を斟酌して適當なる教授細目を作成させ、教授の效果を完からしむるやう、各府縣に訓令を發した。これによりて中學校の各教科の教授は、全國的に劃一整頓せられることゝなつた。而して外國語については、

各學年ノ教授事項ハ之ヲ分割スルコトナク同一教授時間ニ於テ相關聯シテ之ヲ授クヘシ、但特ニ示シタル場合ニ於テハ教授時數ヲ分ツコトヲ得ト雖モ尙其ノ相互ノ連絡ニ留意センコトヲ要ス

と前書し、第一學年に於ては、專ら習字を授くるため、每週一時を、第三

學年に於ては、專ら文法を授くるため、毎週一時を、第四學年に於ては、專ら文法を授くるため、毎週一時を、又專ら會話作文を授くるため、毎週二時以內を、第五學年に於ては、專ら會話作文を授くるため、毎週二時以內を分つことを得るものとした。

又英語につき第一學年の程度は、正則文部省英語讀本、ナショナル、ロングマンス、スウィントン讀本の第一卷又は第二卷の初の程度に依るべきものとし、學力の標準を規定した。

明治四十四年(1911)七月文部省(文相小松原英太郎)は、編纂後約十年を經たる「中學校教授要目」を改正した。改正要目によれば、外國語の分科及各分科に於て、授くべき事項は次の通りであつた。

發音、綴字　單語ニ就キテ單音、連音、アクセント及文字ノ組合ヲ授ク

讀方及譯解　文章ノ聽方、讀方及解釋ヲ授ク

話方及作文　話方ニ於テハ對話、說話ノ聽方、言方ヲ授ク

作文ニ於テハ凡次ノ諸例ニ準シ適宜之ヲ課ス

一、讀方及譯解又ハ話方ニ於テ練習セル事項ヲ適用シテ記述セシムルモノ

一、國語ヲ外國語ニ譯セシムルモノ

一、記述スヘキ事項ノ梗概ヲ授ケ又ハ使用スヘキ語句ヲ示シテ之ヲ綴ラシムルモノ

一、課題ヲ與ヘ自由ニ文ヲ綴ラシムルモノ

書取　文章ヲ臨寫セシメ又ハ之ヲ朗讀シテ筆記セシム

習字　書寫文字ノ書方ヲ授ク

文法　品詞論及文章論ノ一班ヲ授ク

昭和六年(1931)二月文部省(文相田中隆三)は改正後約二十年を經過したる「中學校教授要目」に改正を加へたが、この要目によれば、

外國語ノ教材ハ平易ナル現代文ヲ主トシ常識ノ養成國民性ノ涵養ニ資スルヲ旨トシテ選擇スヘシ

外國語ハ發音・綴字・聽方、讀方及解釋、話方及作文、書取、文法、習字ヲ課シ了解・發表ノ二方面ニ亘リテ互ニ聯絡シテ之ヲ授クルモノトス

とし、教授上の注意九項を擧げた。次に(A)明治三十五年二月編纂の教授要目、及び(B)明治四十四年七月改正の教授要目に示されたる注意事項と對比して(C)昭和六年二月改正の教授要目中の注意事項を揭げる。

A–1　英語ヲ授クルニハ習熟ヲ主トスヘシ生徒ノ學力ヲ顧ミスシテ徒ニ課定ヲ進ムルコトアルヘカラス

A–2　第二學年以後ニ於テハ發音綴字習字ノ目ヲ擧ケスト雖モ讀方會話作文及書取ニ附帶シテ便宜之ヲ練習セシムヘシ

A–3　發音ハ特ニ英語教授ノ初期ニ於テ嚴ニ之ヲ正シ又國語ニ存セサル發音ニ留意シテ之ニ習熟セシムヘシ

B–1　發音ハ何レノ學年ニ於テモ之ヲ忽ニスヘカラスト雖モ初期ノ教授ニ於テ特ニ注意シテ之ヲ正スヘシ

C–1　發音・綴字ハ初期ノ教授ニ於テ注意シテ之ヲ授クヘキハ勿論ナレトモ何レノ學年ニ於テモ之ヲ忽ニスヘカラス

B–2, C–2　發音ヲ授クルニ際シ必要アルトキハ舌・齒・脣等ノ位置ヲ說明シ又ハ發音圖ヲ示スヘシ

A–4　英語ノ意義ヲ了解セシムルニハ之ヲ譯解シ又ハ實物、繪畫等ニヨリ之ヲ直指スヘシ稍進ミタル生徒ニ對シテハ英語ヲ用ヒテ說明スルコトアルヘシ

B–3　讀方及譯解ニ於テハ場合ニ依リ實物・繪畫等ヲ用ヒ又彼我風俗・習慣等ノ相違ヲ說キテ意義ノ了解ヲ助クヘシ

B–5　教授中教師ハ生徒ノ了解シ得ル程度ニ於テ成ルヘク外國語ヲ使用スヘシ

C–3　聽方・讀方及解釋ニ於テハ實物・繪畫・動作等ヲ示シ又彼我風俗・習慣等ノ相違ヲ說キテ意義ノ了解ヲ助クヘシ

A–5　譯解ハ正シキ國語ヲ以テシ成ルヘク精密ニ原文ノ意義ニ適應セシムヘシ

B–4　解釋ハ成ルヘク精密ニ原文ノ意義ニ適應セシメ國語ヲ以テスル場合ニハ其ノ正確ナルモノヲ使用スヘシ

A–6　讀方ハ既ニ意義ヲ了解セル文章ニ就キテ反覆練習セシメ又時々暗誦ヲ課シ發音抑揚緩急及止聲ニ留意シ生徒ヲシテ誦讀ニ依リテ文章ノ眞意自ラ見ハルル樣之ニ習熟セシムヘシ

B–6, C–7　生徒ノ學力ニ應シ正確明瞭ニ會得セル文章ニ就キ時々暗誦ヲ課スヘシ

A–7　書取ハ讀本中ノ文章又ハ生徒ノ容易ニ了解シ得ヘキ文章ニ就キテ之ヲ授ケ生徒ノ耳ヲ慣ラシ且綴字運筆ニ習熟セシムヘシ

C–6　書取ハ各學年ヲ通シテ成ルヘク頻繁ニ之ヲ課スヘシ

A–8　會話ハ讀本中ノ文章ニ因ミテ之ヲ授ケ進ミテハ日常ノ事項ニ就キテ對話ヲナサシメ又生徒ヲシテ文字ヲ離レテ英語ヲ了解シ又自己ノ思想ヲ表ハスコトニ習ハシムヘシ

A–9　文法ヲ授クルニハ生徒ヲシテ煩雜ナル規則ノ記憶ニ陷ラシムルコトナク應用自在ナラシメンコトヲ期スヘシ

C-5　作文・文法ノタメニ第三學年以上ニ於テハ適宜時間ヲ分ツコトヲ得

A-10　適當ノ機會ニ於テ辭書ノ用法ヲ授ケ漸次對譯ニアラサル辭書ノ使用ニ慣レシムヘシ

B-7, C-8　適當ノ時期ニ於テ豫習ヲ課シ又辭書ノ用法ヲ授ケ其ノ使用ニ慣レシムヘシ

C-4　作文ニ於テハ常ニ聽方・讀方及解釋又ハ話方ニ於テ練習セル事項ヲ應用シテ記述セシムルコトニ留意スヘシ

C-9　第一種課程ニ在リテハ實業ノ種類ニ應シ適宜教材ノ選擇ニ留意スヘシ

II.　高等女學校の外國語

i.　外國語教授要旨。　現行の「高等女學校令施行規則」によれば、其の第四條に、

外國語ハ普通ノ英語又ハ佛語ヲ了解シ且之ヲ運用スルノ能ヲ得シメ兼テ知識ノ增進ニ資スルヲ以テ要旨トス

外國語ハ發音、綴字ヨリ始メ簡易ナル文章ノ讀方、譯解、書取、作文ヲ授ケ進ミテハ普通ノ文章ニ及ホシ又文法ノ大要、會話及習字ヲ授クヘシ

と規定せられてゐる。「高等女學校令施行規則」は明治三十四年 (1901) 三月に、始めて制定せられて、爾來部分的には十數回の改正を加へられたのであるが、外國語の教授要旨については、最初の規定を存して、現在に至つてゐる。前揭の教授要旨は、明治三十四年三月始めて「中學校令施行規則」のうちに、中學校の外國語について定められた教授要旨と等しいものであつて、中學校については、爾來二回の改正を經たるものに對比すれば、之も亦改正を施すの要あるものと認められる。

先是明治二十八年(1895)一月文部省(文相西園寺公望)は、始めて「高等女學校規程」を定めて、高等女學校の修業年限を六箇年とし、その入學資格を修業年限四年の尋常小學卒業程度とした。「學科目及其程度」によれば、外國語は之を隨意科とし、その教授要旨を次の如く規定した。

讀方、譯解、習字、會話、書取、文法及作文ヲ授ケ普通ノ文章ヲ讀ミ及簡易ナル

會話及通信等ヲ爲スコトヲ得シムヘシ

外國語ヲ授クルニハ常ニ其ノ發音ヲ正シクシ及文法ニ注意セシメンコトヲ要ス

而して外國語等の科目を隨意科とせる理由としては、

生徒ノ負擔ヲ輕減シ精神ノ過勞ヲ避ケシムルノ必要ヲ認ムルノミナラス土地ノ情況及家庭ノ如何ニ依リ取捨ヲ許スノ適切ナルヲ認ムルニ依ル

ことを附說した。

ii. 高等女學校の目的。 明治五年(1872)八月に頒布された「學制」には、「女兒小學」の名があるのみで、小學以上の女子の學校については、何等規定する所がなかつた。「學制」は女子の教育に關しては、不備であつたとも見られるが、中等教育に於ては、女子を男子と同一の規矩によりて律せんとしたるものとも察せられる。明治十二年(1879)七月に、栃木縣に於ては第一女子中學校の開設を見たる如き事例もあつたからである。先是、明治五年二月政府は官立東京女學校を創設したが、當初の教科は、尋常小學に英語を加へたものに過ぎなかつた。明治八年(1875)其教則を改め、程度を高めて中學の教科に準じ、小學卒業の者を入學せしめて、その修業年限を五年として、現制の高等女學校と略同程度のものとした。然るに此學校は數年にして廢止された。

明治十二年(1879)公布の「教育令」に於ても、猶高等女學校に關しては、規定せらるゝ所がなかつたが、明治十五年(1882)七月に至つて、東京女子師範學校に、附屬高等女學校が附設された。これは我が國に於て、高等女學校の名稱を用ひたるものゝ嚆矢であつた。

附屬高等女學校は、彝倫道德を本とし、高等の普通學科を授け、淑良なる婦女を養成するを以て目的とした。爾來明治十九年(1886)に至るまで、公立の高等女學校の數は、十指を屈するに足らず、女子教育は未だ不振の域を脫しなかつたのである。隨て、明治十九年帝國大學令、師範學校令、中學校令、小學校令等が公布されて、學校教育の系統を整然たらしめた際に於ても、「高等女學校令」の公布を見るに至らなかつたのである。

併しながら、明治二十年以降、時勢の進運に伴つて、女子の中等教育も

漸次勃興するに至り、明治二十四年(1891)十二月勅令を以て中學校令の追加をなし、其第十四條に於て、高等女學校は女子に須要なる高等普通教育を施す所にして、中學校の種類たることを規定せられた。因に、文部省令に始めて高等女學校の名稱を用ひたのは、明治十九年「尋常師範學校尋常中學校及高等女學校教員免許規則」を制定した時である。

明治三十二年(1899)二月(文相樺山資紀)を以て、始めて「高等女學校令」の公布を見るに至つたが、同令によれば、高等女學校の目的は、女子に須要なる高等普通教育を爲すに在つた。大正九年(1920)七月(文相中橋德五郎)「高等女學校令」を改正して、その目的を、

高等女學校ハ女子ニ須要ナル高等普通教育ヲ爲スヲ目的トシ特ニ國民道德ノ養成ニ力メ婦德ノ涵養ニ留意スヘキモノトス

とした。高等女學校の目的は、現制の中學校の目的とする所と相等しと見るべきであるが、兩者の沿革をたづぬれば、其の間には趣を異にする點が見出される。卽ち高等女學校に在りては、終始高等普通教育を施すを以て本義とし、中學校に於ては、專門教育と豫備教育とをも目指したのである。

iii. 外國語の種類。 高等女學校の教科目中に在る外國語については、明治三十四年(1901)三月始めて制定せられた「高等女學校令施行規則」のうちに、「外國語ハ英語又ハ佛語トス」と規定せられて現今に及んでゐる。高等女學校の外國語の沿革を尋ぬるに、明治五年(1873)二月に開校せられた東京女學校は、國書、英學、手藝、雜工等を教科目としたが、同八年(1875)教則を改めて中學の程度に高め、其教科目に英學を加へた。しかるに此女學校は明治十年(1877)廢止せらるゝに至つたのである。

明治十五年(1882)七月東京女子師範學校に附設せられた附屬高等女學校の學科目には、英語を加へなかつたが、明治十九年(1886)六月東京高等女學校と改稱せる以後は、英語と國語とを重要科目とし、特に英語には多くの授業時數を配當した。(IV 參照)

高等女學校は、明治十九年に於ては、公立のもの僅に七・八校に過ぎなかつたが、當時基督教主義の女學校が、諸方に創められて、英語を主要課

目としたことは注意に値する。明治二十六年(1893)の頃には、高等女學校の數は二十七校に達し、全國の高等女學校を統制すべき規程を必要とするに至り、明治二十八年(1895)一月「高等女學校規程」を制定した。而して外國語については、文部大臣（後に地方長官と改む）の許可を受けて、之を缺き、又生徒の志望により、之を課せざることを得るものとしたが、外國語の種類についての規定はなかつた。併しながら實際に於ては、英語を主としたことは云ふまでもない。明治三十二年(1899)二月高等女學校の學科及其程度を定めたが、外國語に關しては、變更する所がなく、明治三十四年三月制定の「高等女學校令施行規則」に於て、現制の如く、外國語は英語又は佛語とし、之を缺き又は隨意科と爲すことを得るものとした。

高等女學校に於て、英語の外佛語を正科又は隨意科として課するものは極めて少く、東京の白百合高等女學校及び雙葉高等女學校、鹿兒島の聖名高等女學校など數校に過ぎない。

尙實科高等女學校及び高等女學校實科に在りては、外國語は學科目中に加へられてゐないのであるが、昭和八年度の調査によれば、兩者を併せ、總數百八十五校の內、外國語を正科として加設するもの三十六校、隨意科又は選擇科として課するもの三十校を算する。實科（高等女學校）の學科目は、高等女學校の學科目（iv の終參照）から外國語を除き、實業を加へたものであるが、その外に土地の情況に依り、教育又は手藝を加へ、其の他文部大臣の認可を受け、必要なる學科目を加へることが出來る。

vi. 外國語授業時數。 高等女學校に於ける外國語の授業時數は、「高等女學校規程」制定以來、殆ど增減を見ることがなかつた。

明治十九年(1886)　東京高等女學校課程。　(文相　森　有禮)

學科目	第一學年	第二學年	第三學年	第四學年	第五學年	第六學年
英語	8	8	9	9		
國語	5	5	5	5	（修業年限四年）	
合計	23	23	22	22		

明治二十八年(1895)　高等女學校規程。　(文相　西園寺公望)

外國語	△3	△3	△3	△3	△4	△4
國語	5	5	4	4	4	4
數學	3	3	3	2	2	1
裁縫	5	5	5	5	5	5
合計	21 △7	21 △7	23 △7	23 △7	21 △8	21 △8

備考。△は隨意科の時數を表はす。

明治三十二年(1899)六月　學科及其程度規定。　(文相　樺山資紀)

外國語	3	3	3	3	
國語	6	6	5	5	(修業年限四年)
數學	2	2	2	2	
裁縫	4	4	4	4	
合計	28	28	28	28	

明治三十四年(1901)一月　高等女學校令施行規則。(文相　松田正久)

學科目	四年制				五年制					三年制		
	第一	第二	第三	第四	第一	第二	第三	第四	第五	第一	第二	第三
外國語	3	3	3	3	3	3	3	3	3	—	—	—
國語	6	6	5	5	6	6	6	5	5	8	8	7
數學	2	2	2	2	2	2	2	2	2	2	2	2
裁縫	4	4	4	4	4	4	4	4	4	4	4	4
合計	28	28	28	28	28	28	28	28	28	28	28	28

大正九年(1920)七月　高等女學校令施行規則改正。(文相　中橋德五郎)

	(五年制)					(四年制)				(三年制)		
修身	2	2	2	1	1	2	2	1	1	2	2	1
公民科	—	—	—	1	1	—	—	1	1	—	1	1
國語	6	6	6	5	5	6	6	5	5	5	5	5
外國語	3	3	3	3	3	3	3	3	3	3	3	3
歷史 地理	3	3	2	2	2	3	3	2	2	2	2	2
數學	2	2	3	3	3	2	2	3	3	2	2	2
理科	2	2	3	3	3	2	2	3	3	3	3	3
圖畫	1	1	1	1	—	1	1	1	—	2	1	—
家事	—	—	—	2	4	—	—	2	4	—	2	4
裁縫	4	4	4	4	4	4	4	4	4	4	4	4
音樂	2	2	1	1	—	2	2	1	—	2	1	1
體操	3	3	3	3	3	3	3	3	3	3	3	3
合計	28	28	28	29	29	28	28	29	29	28	29	29

v. 教授要目　明治三十六年(1903)三月文部省（文相菊池大麓）は「高等女學校教授要目」を定めて、全國の高等女學校に統一的教育が行はるゝに至つたが、外國語については、前年に定められた「中學校教授要目」と大同小異で、その前書は、中學校については、「但特ニ示シタル場合ニ於テハ教授時數ヲ分ツコトヲ得」るものとしたが、高等女學校に在りては、「但時宜ニ依リテハ」之を分ち得るものとした。教授上の注意も、多少語句を異にする程度で、「中學校教授要目」に在るものと同趣旨であつた。但文法に關しては

文法ハ別ニ日ヲ擧ケスト雖教授ノ際便宜實用ニ適切ナル法則ヲ了解セシムヘシ

の一項を附加した。

明治四十四年(1911)七月文部省（文相小松原英太郎）は教授要目を改めたが、同時に改正せられた中學校教授要目と異なる點は、分科の話方及作文に於て、「課題ヲ與ヘ自由ニ文ヲ綴ラシムルモノ」を除き、文法に就ては、「他ノ分科教授ノ際便宜簡易ナル事項ヲ知ラシム」と改め、教授上の注意として、中學校教授要目の注意第四項を省いて、次の一項を補つた。

綴字ヲ授クルニ際シテハ便宜羅馬字綴ヲモ授クヘシ

III. 師範學校の英語

i. 英語教授要旨。　明治四十年(1907)四月文部省令（文相牧野伸顯）を以て、始めて制定せられた「師範學校規程」には、

英語ハ普通ノ英語ヲ了解スルノ能ヲ得シメ知識ノ增進ニ資シ兼テ小學校ニ於ケル英語教授ノ方法ヲ會得セシムルヲ要旨トス

英語ハ發音、綴字、讀方、譯解、書取、會話、作文、習字及文法ノ大要ヲ授ケ且教授法ヲ授クヘシ

と規定された。昭和六年(1931)一月に至り、文部省（文相田中隆三）は、「師範學校規程」を改め、英語科の教授要旨を次の如く修正した。

英語ハ普通ノ英語ヲ了解シ之ヲ運用スルノ能ヲ得シメ知德ノ增進ニ資シ且小學校ニ於ケル英語教授ノ方法ヲ會得セシムルヲ以テ要旨トス

英語ハ發音、綴字、聽方、讀方及解釋、話方及作文、書取、文法ノ大要並ニ習字ヲ授ケ且教授法ヲ授クベシ

ii.　師範學校の英語。　我國の師範學校は、明治五年(1872)九月東京に官立師範學校を創設したのを起原とする。當初米國人 M. M. Scott を聘して教師とし、坪井玄道を通譯とし、上等生徒に主として小學教授法を傳習せしめ、これを下等生徒に實施せしめつゝ、小學教則を編成せしめたのである。明治七年(1874)の頃、地方に於ても官立師範學校のほか、公立師範學校を設置するに至り、其數四十餘校に上つたが、その名稱は、小學教員傳習所、小學教員講習所、師範講習所など區々に岐れ、修業期限は二三箇月乃至一年に過ぎなかつた。明治十年(1877)の頃には、修業年限も延長せられて、五年に及ぶものもあり、學科目中に英語を加ふるものもあつた。

明治十四年(1881)八月「師範學校教則大綱」を布達して、全國師範學校の學科及程度の統一を圖り、學科を初等科(修業一年)中等科(修業二年半)高等科(修業四年)とし、それぞれ小學の初等科、中等科及初等科、各等科の教員を養成するものとしたが、教科目中に英語は加へられなかつた。

明治十九年(1886)四月(文相森有禮)勅令を以て、「師範學校令」を公布せられ、學科を尋常、高等の二等とし、尋常師範學校の修業年限を四箇年とし、學科目中に英語を加へ、男女生徒共通に之を學習せしめ、その程度を「綴字習字讀方文法及飜譯」とした。

明治二十二年(1889)十月(文相榎本武揚)尋常師範學校の女生徒の學科及程度を改正して、修業年限を短縮して三箇年とし、學科目より漢文及英語を削除した。明治二十五年(1892)七月(文相大木喬任)尋常師範學校の課程を修正して、男生徒の英語を必修科より隨意科に移し、外國語、農業、商業、手工のうち、生徒の所長に依り、一科目を課することゝした。

明治四十年(1907)四月文部省令(文相牧野伸顯)を以て、「師範學校規程」を

定め、第一部を本科四年、豫備科一年とし、第二部は男生徒については中學校卒業者を入學せしめて、修業年限を一年とし、女生徒については、四年制高等女學校卒業者を入學せしむる場合は、修業年限を二年とし、五年制高等女學校卒業者を入學せしむるときは、修業年限を一年とし、英語は、第一部の男生徒には、必設隨意科とし、女生徒には加設隨意科とし、第二部に於ては、修業年限を二年とする女生徒に限り、之を隨意科として課し、修業年限一年の男女生徒には、之を課せざることゝした。當時文部省が各府縣に向つて發した訓令のうちには、次の一節があつた。

英語ハ元來學習ニ困難ナル學科目ナルヲ以テ學力ニ餘裕アル者又ハ語學ノ才幹アル者ノ之ヲ修ムルハ固ヨリ妨ナシト雖世ノ流行ニ倣ヒテ之ヲ學習スルカ如キハ深ク戒ムヘキコトニシテ學校職員ヲシテ指導其ノ方ヲ誤ラシメサランコトヲ要ス

大正十四年（1925）四月文部省（文相岡田良平）は「師範學校規程」を改め、豫備科を廢して、本科第一部の修業年限を五年とし、英語は、男生徒には必修科とし、女生徒には隨意科とした。第二部については前規程の通りとし、別に修業年限一年の專攻科を新設し、英語を專攻科の選擇科目中に加へた。文部省は、この改正の要旨並に施行上の注意事項につき、訓令を發したが、英語については、次の如く改正の趣旨を示す所があつた。

英語ハ世界ノ知識ヲ收得スルノ關鍵トシテ必要ナレトモ女生徒ハ男子ノ修ムル學科目以外ニ家事裁縫ヲ學ヒ之カ爲ニ相當ノ時數ヲ要スヘキヲ以テ一般ニ英語ヲ課スルコトノ困難ナルヲ認メ學力ニ餘裕アル者ノミニ之ヲ修メシムルノ趣旨ニ依リ隨意科目トナシタルナリ。

昭和六年（1931）一月（文相田中隆三）「師範學校規程」を改正して、從來英語は、本科第一部の男生徒に限り必修科とし、女生徒には之を隨意科としたのを改めて、男女共基本科目として必修せしめ、本科第二部には男女共增課科目として、之を選修せしむることゝした。この改正については、

教員タル立場ニ於テ一般教養トシテ英語ノ必要ナルヲ認メ且其ノ一般教養ハ男女ニ於テ區別スヘキモノニアラスト認メタルニ因ルナリ

との說明が加へられた。

iii. 英語教授時數。

明治十九年(1886) 師範學校令に基づくもの。 (文相 森 有禮)

學科目	第一學年	第二學年	第三學年	第四學年	備考
英語	5	4	3	3	第四學年の半期は實地授業に就くものとす。
國語漢文	3	3	2	2	
數學	4	3	3	—	
家事(女)	5	5	4	5	
合計	34	34	34	34	

明治二十二年十月女生徒の修業年限を短縮し英語を除く。

明治二十五年(1892)七月改正。(男生徒) (文相 大木喬任)

外國語	2	3	3	3	(隨意科)
國語漢文	4	4	4	2	
數學	4	4	3	2	
合計	34	34	34	34	

明治四十年(1907)四月 師範學校規程。 (文相 牧野伸顯)

學科目	豫備科	第一學年	第二學年	第三學年	第四學年	備考
英語	—	3	3	3	2	必設隨意
國語漢文	10	6	4	3	3	本科一部
數學	6	4	3	3	2	(男)
合計	31	34	34	34	34	
英語	—	(3)	(3)	(3)	(2)	加設隨意
國語漢文	9	6	4	3	2	本科一部
數學	5	3	3	2	2	(女)
合計	31	31(34)	31(34)	31(34)	32(34)	
英語		(3)	(2)			加設隨意
國語漢文		5	3			本科二部
數學		4	3			(女)
合計		31(34)	31(34)			

大正十四年(1925)四月 師範學校規程改正。 (文相 岡田良平)

學科目	第一學年	第二學年	第三學年	第四學年	第五學年	備　考
英語	5	3	3	3	3	本科第一部 男生徒
國語漢文	6	6	4	5	5	
數學	4	4	4	3	3	
體操	5	5	5	4	4	
合計	34	34	34	34	34	
英語	(3)	(3)	(3)	(2)	(2)	本科第一部 女生徒 ( )は隨意科の時數を示す。
國語漢文	6	5	5	5	5	
數學	4	4	3	3	3	
裁縫	4	4	3	2	2	
合計	31(34)	31(34)	31(34)	32(34)	32(34)	
英語	(2)	(2)	數學	4	3	本科第二部 女生徒
國語漢文	5	5	合計	32(34)	32(34)	

昭和六年(1931)四月　師範學校規程改正。　　(文相　田中隆三)

學科目	本科第一部					本科第二部		專攻科
	第一年	第二年	第三年	第四年	第五年	第一年	第二年	
英語	4	4	4	— 增 2—4	— 2—4	— 增 2—4	— 2—4	英語を增課科目(十三科)中に加へその內二科目以上を每週十時選修せしむ。
國語漢文	6	6	5	基 4 增 2—4	4 2—4	基 2 增 2—4	2 2—4	
數學	4	3	3	基 2 增 2—4	2 2—4	基 2 增 2—4	2 2—4	
體操	5	5	5	4	4	3	3	
合計	34	34	34	34	34	34	34	
英語	3	3	3	— 增 2—4	— 2—4	— 增 2—4	— 2—4	
國語漢文	6	6	5	基 4 增 2—4	4 2—4	基 3 增 2—4	3 2—4	
數學	4	3	3	基 2 增 2—4	2 2—4	基 3 增 2—4	2 2—4	
家事裁縫	4	4	4	基 4 增 2—4	4 2—4	基 3 增 2—4	3 2—4	
合計	34	34	34	34	34	34	34	

備考。女生徒の家事裁縫は增課科目に於ては各々 2—4 とす。

iv. 教授要目。 師範學校の教授要目は、明治四十三年(1910)に始めて編纂せられたが、英語の教授に關しては、次の注意三項が示された。

一、發音ハ特ニ教授ノ初期ニ於テ嚴ニ之ヲ正シ常ニ其習熟ニ意ヲ用フヘシ

二、讀方ニ於テハ場合ニ依リ實物、繪畫等ヲ用ヒ又彼我風俗習慣等ノ相違ヲ説キテ意義ノ了解ヲ助クヘシ

三、學力稍進ミタル生徒ニ對シテハ成ルヘク英語ヲ用ヒテ説明シ又時々暗誦ヲ課スヘシ

大正十四年(1925)四月教授要目が改正せられ、英語教授上の注意として、次の六項が列擧せられた。

一、教材ハ古語、古文、難解ナル語句、應用範圍ノ限ラレタル特別ノ表出等ヲ避クヘシ

二、教材ハ生徒ノ容易ニ消化シ得ル程度ニ止メ又例解モ微細ニ馳セサルヤウ注意スヘシ

三、生徒ノ學力ニ應シ明瞭ニ會得セル有用ナル章句ニ就キ時々暗誦ヲ課スヘシ

四、發音ハ初期ノ教授ニ於テ特ニ之ニ注意シ必要アルトキハ舌・齒・脣等ノ位置ヲ説明シ又ハ發音圖ヲ示スヘシ

五、讀方及譯解ニ於テハ場合ニ依リ實物・繪畫・動作等ヲ用ヒテ直接ニ其ノ意義ヲ示シ又彼我風俗・習慣等ノ相違ヲ説キテ意義ノ了解ヲ助クヘシ

六、適當ノ時期ニ於テ豫習ヲ課シ又ハ辭書ノ用法ヲ授ケ其ノ使用ニ慣レシムヘシ

昭和六年(1931)三月再び教授要目に改正を施したが、外國語に關しては概ね前月に改正せられた「中學校教授要目」に在るものに等しく、英語教授上の注意として示された八項は、中學校に於けるものゝ第一項乃至第八項と同一である。

IV. 實業學校の外國語

實業學校には、通則として明治三十二年(1899)二月(文相樺山資紀)勅令を以て公布された「實業學校令」がある。その第一條に、

實業學校ハ實業ニ從事スル者ニ須要ナル知識技能ヲ授クルヲ以テ目的トシ兼テ

德性ノ涵養ニ力ムヘキモノトス

と規定せられ、その種類は、工業、農業、商業、商船、水產學校其の他實業教育を爲す學校とし、(獸醫學校は農業學校と看做される) その入學資格と修業年限とは、

工業、農業、商業、水產學校については、

1. 尋常小學校卒業程度を入學資格とするもの、二年乃至五年、
2. 高等小學校卒業程度を入學資格とするもの、二年乃至三年、

商船學校については、

1. 尋常小學校卒業程度を入學資格とするもの、　　五年、
2. 高等小學校第一學年修了を入學資格とするもの、　　四年、
3. 高等小學校卒業程度を入學資格とするもの、　　三年、

職業學校については、

尋常小學校卒業程度以上を入學資格とし、修業年限二年以上四年以內を規準とし、特別の必要ある場合は、一年以內 (水產學校の遠洋漁業科に在りては二年以內) 延長し得るものと規定されてゐる。

學科目の中に外國語を加ふるものは、商業、商船學校で、其他の學校に於ては、之を加設し得るものと定められてゐる。實際に於ては、修業年限の短きもの及び女子の學校には、外國語を課するものが比較的少い。每週教授總時數は、商業學校は三十時以內とし、其他の學校は實習を除き二十四時以內とし、特別の場合には三十時まで增加することを得るものと定められてゐる。實業學校には各學校規程を定められてゐるが、中學校又は高等女學校の如く、施行規則がなく、又教授要目も修身、公民科以外のものは未だ編纂されてゐない。

公私立實業學校に於ては、(一) 學位を有する者、(二) 大學卒業者又は學士と稱することを得る者、(三) 文部大臣の指定したる者、(四) 教員免許狀所有者を有資格教員とする。昭和八年度の甲種實業學校 (尋卒五年高卒三年以上の修業年限を有するもの) の教員資格別を次表に示す。

學校種別	校數	有資格者	無資格者
工業學校	公立85　私立10	男　1979	男　379
農業學校	公立　233 私立　7	男　2381 女　93	男　333 女　10
商業學校	公立　171 私立　121	男　5282 女　79	男　932 女　44
商船學校	公立　10	男　113	男　29
水産學校	公立　12	男　122	男　21
職業學校	公立　75 私立　115	男　798 女　1150	男　224 女　354

V. 教　　員

i. 教員の資格。 明治五年に頒布せられた學制に於ては、

> 中學校教員ハ年齢二十五歳以上ニシテ大學免狀ヲ得シモノニ非レハ其任ニ當ルコトヲ得ス

と規定したが、當時之を實施すべくもあらず、この規定は、「其目的ヲ示スモノニシテ數年ヲ待ツテ之ヲ行フベシ」と附記された。而して英語教員は變則に英學を修めた者を聘用して、一時の急を彌縫したのである。明治八年(1875)六月中學校教員養成の目的を以て、東京師範學校に中學師範學科を設け、又明治十七年(1884)八月に至り「中學校、師範學校教員免許規程」を定めて、始めて中等教員檢定の法を設けた。爾來この規程に數次の改正を加へ、明治三十三年(1900)三月勅令を以て、「教員免許令」の公布を見るに至つた。其第二條には、

> 特別ノ規程アル場合ヲ除クノ外教員免許令ニ依リ免許狀ヲ有スル者ニ非サレハ教員タルコトヲ得ス

と規定され、免許狀所持者を得難き場合には、免許狀を有せざる者を以て

教員に充つることを得るのであるが、中學校、高等女學校に於ては、

> 新ニ採用セントスル者ヲ加算シテ教員免許狀ヲ有セサル者ノ數教員免許狀ヲ有スル者ノ二分ノ一ヲ超過スル場合ニハ文部大臣ノ認可ヲ受クルコトヲ要ス（明治三十三年九月文部省令第十五號）

と定められてゐる。而して教員免許狀は、教員養成の目的を以て設置したる官立學校の卒業者と、教員檢定に合格したる者に、文部大臣之を授與するものである。（教員の檢定及養成については **ii. iii.** 參照）

昭和四年度調による師範學校、中學校、高等女學校教員の資格別は次表の如くで、無資格者は漸次減少の傾向を示してゐる。

	師範學校		中學校	高等女學校	
	男	女		男	女
高等師範學校卒業者（檢定不要）	844	119	1,643	756	1,449
教員養成所卒業者	207	38	972	525	616
大學卒業者	372	—	2,252	1,185	3
其他無試驗檢定合格者	401	77	3,903	2,058	3,081
合計	**1,824**	**234**	**8,770**	**4,524**	**5,147**
試驗檢定合格者	432	21	2.627	1.645	701
通計（有資格者）	**2,256**	**255**	**11,397**	**6,169**	**5,848**
無資格教員	**247**	**22**	2,289	**1,706**	**1,099**
總計	2,503	277	13,686	7,875	6,947
有資格者百分比例	90.13	92.06	83.27	81.08	
無資格者百分比例	9.87	7.94	16.73	18.92	

教員の資格の有無について注意すべきは、學校の教員配置に於て、往々教員の所有する免許狀と、受持學科目とが、一致せざる場合の存することである。教員の免許は、免許狀記載の學科目を教授するに堪能なることを證明するものであり、免許學科以外の學科目に對しては、無資格者と異なることなきものであつて、斯くの如きは、教授改良上遺憾少からざるものであるとして、文部省普通學務局は、明治三十八年十月各地方廳に對し、

依命通牒を發して、教員配置の適正を得るやう注意を促した。

ii. 教員の檢定。 明治十七年(1884)八月文部省は、「中學校師範學校教員免許規程」を定め、中學師範學科又は大學の卒業者に非ざるものが、これらの學校の教員たらんことを欲するときは、品行學力等を檢定して、文部省より免許狀を授與することゝし、翌年三月學力試驗を施行した。これを中等教員檢定試驗の嚆矢とする。爾來屢々規程の改正を行つて、明治四十一年(1907)十一月現行の「師範學校中學校高等女學校教員檢定規程」を定むるに至つた。同規程によれば、教員檢定は試驗檢定と無試驗檢定とに分ち、受檢者の學力、性行、身體に就き之を行ひ、試驗檢定は毎年少くとも一回、無試驗檢定は隨時之を行ふものとし、檢定を爲すべき學科目中、外國語は英語、獨語、佛語、支那語の四部に分つものとした。

試驗檢定を受くることを得るものは、(一) 中學校、高等女學校の卒業者若くはこれと同等以上と認定せられたる者、又は之に準ずべき學歷ある者(二) 小學校(本科、尋常小學校本科) 正教員、小學校專科正教員、若くは小學校准教員の免許狀所有者、(三) 教員免許令に依る免許狀所有者、(四) 文部大臣に於て某學科目に關し適當と認めたる學校の卒業者などである。但し師範學校專攻科並に高等女學校高等科及專攻科教員の試驗檢定を受くることを得る者は、高等師範學校、女子高等師範學校、臨時教員養成所、專門學校若くは專門學校と同等以上の學校として文部大臣の指定したる學校の卒業者、又は當該學科目に關し教員免許狀を有する者に限る。

試驗檢定は豫備試驗(願書經由の地方廳所在地に於て行ふ) と本試驗(通例東京に於て行ふ) の二に分ち、受驗者出願の學科目に就いて行ふ外、國民道德要領、教育大意及教授法の試驗をも併せ行ふことに定められてゐる。

無試驗檢定を受くることを得るものは、(一) 文部大臣の指定したる學校の卒業者及選科修了者、(二) 前揭の試驗檢定の受檢有資格者にして、教員無試驗檢定に關し、文部大臣の許可を受けたる公私立學校に入學し、三

箇年以上在學して卒業したる者、(三) 高等學校高等科教員免許狀所有者、(四)實業學校教員免許狀所有者、(五) 中學校高等女學校程度以上の卒業者が、外國の大學又は之に準ずべき學校に於て修學し、學位又は卒業證書を受領したる者、(六) 相當の學歷を有し、師範學校、中學校、高等女學校及之と同等以上の學校に於て、五箇年以上檢定を受けんとする學科目の授業を擔當し、其の成績優良なる者である。

英語科につき、教員無試驗檢定に關する指定學校は、

1. 東京、京都帝國大學の文學部、東北、九州、京城帝國大學の法文學部、臺北帝國大學の文政學部卒業者のうちにて、

甲、英吉利語學英吉利文學七單位、言語學概論一單位、教育學概論一單位、教育史概說一單位ヲ修了シタル者ニ限ル。

乙、高等學校ニ於テ英語ヲ第一外國語トシテ履修シ更ニ本學部ニ於テ外國語學修課程ヲ修了シ且教育學概論、教育史概說各一單位ヲ修了シタル者ニ限ル。

(以上甲、乙は東京帝國大學文學部卒業生についての條件であるが、他の帝國大學についても、略これに等しい條件が附せられてゐる)

2. 北海道・京城帝國大學豫科及大學令に依る各大學豫科修了者(英語を以て入學し主として英語を修め其成績優等なる者に限る)

3. 東京・大阪商科大學、神戶商業大學の豫科・商學專門部及高等商業學校本科卒業者 (英語の成績優等なる者に限る)

4. 早稻田、慶應義塾、日本、同志社、法政、龍谷、國學院、大谷、立教、關西、立正、駒澤、高野山、大正等大學令に依る大學の文學科(部)卒業者 (英語英文學を修め、教育學の必修等それぞれの大學に於て附する條件を具備する者に限る)

5. 高等學校高等科卒業者 (英語を以て入學し主として英語を修め其成績優等なる者に限る)

6. 橫濱商業專門學校、東京・神戶高等商船學校航海科卒業生(英語の成績優等なる者に限る)

7. 東京外國語學校英語部、暹羅、馬來、ヒンドスタニー、タミル語部

卒業者(教育學を修めざる者に對しては英語の成績優等なる者に限る)、大阪外國語學校英語部卒業者（教育學を修めたる者に限る）

8. 學習院高等學科、高等科卒業者（英語の成績優等なる者に限る）

9. 東京女子高等師範學校附屬高等女學校專攻科英語部卒業者

10. 文部省英語教員養成講習修了者（成績優等なる者に限る）

以上の外公私立學校卒業者に對し、英語科につき、無試驗檢定の取扱を許可したる學校は、

1. 早稻田、日本、法政等諸大學及青山、東北、關西、明治學院の專門部高等師範科（英語師範科・英文科）

2. 津田英學塾(本科)、日本女子大學校英文學部、東京女子大學英語專攻部、大學部文學科（英語及英文學專修）

3. 同志社、實踐、大阪府、梅花、活水、金城、宮城縣女子專門學校の英文科、廣島女學院專門學校英文科

4. 京都女子、聖心女子學院高等專門學校の英文(研究)科、神戶女學院專門部（大學部英文科第二部、高等部乙類)、宮城女學校（專攻部英文科）平安女學院（專攻科、英文科)、日本女子高等學院英文研究科、櫻井女子英學塾高等師範科、高師本科、

5. 天理外國語學校本科英語部（昭和六年三月以後の卒業者に限る)、同志社專門學校英語師範科(昭和十年三月以後の卒業者に限る)（最後の項に附記したる如く、卒業の年次についての制限もあるが、他は之を省略した)。

英語科の教員檢定出願者及合格者數は次表の如くである。

年度	試驗檢定				無試驗檢定			
	出願者		合格者		出願者		合格者	
昭和四年度	男 536	女 55	男 56	女 3	男 1,233	女 296	男 1,182	女 274
昭和三年度	740	170	31	1	1,407	329	1,267	291
昭和二年度	524	22	24	5	1,451	267	1,359	210
昭和元年度	905	40	38	9	1,138	236	1,014	208

iii. 教員の養成。 官設の教員養成を目的とする學校のうち、英語教員を養成するものは、東京及廣島の高等師範學校である。(過去に於ては、別に臨時教員養成所に於て、英語教員を養成したが、何れも廢止せられた)

東京高等師範學校は、明治五年九月東京の舊昌平校跡に開設せられた師範學校を創始とする。明治八年八月中學師範學科を創設し、同十一年七月中學師範學科卒業生十二名を出した、之れが中等科教員第一回の卒業生であつた。明治十九年四月高等師範學校と改稱せられ、同二十三年三月女子部を分離して、女子高等師範學校を置かれた。明治三十一年三月始めて英語專修科卒業生十二名を出し、同三十六年本科第一學部(英語科)卒業生十四名を出した。爾來年々十數名乃至二十數名の英語部卒業生を出して現在に及んでゐる。明治四十五年三月專攻科英語部を設け、大正三年三月專攻科の卒業生十四名を出したが、專攻科英語部は僅に一回の卒業生を出して止んだ。(東京及奈良の女子高等師範學校に於ては、英語教員を養成しない)

廣島高等師範學校は、明治三十五年三月に設置せられ、九月より授業を開始し、明治三十九年三月始めて第一回英語部卒業生二十六名を出し、爾來毎年十數名乃至三十餘名の卒業生を出してゐる。

高等師範學校の生徒は(一)師範學校又は中學校の卒業者、(二)一般の專門學校入學に關し中學校の卒業者と同等以上の學力を有する者として、文部大臣の指定を受けたる學校の卒業者、(三)一般の專門學校入學に關し、無試驗檢定を受くる資格を有する者、(四)專門學校入學者檢定規程に依り試驗檢定に合格したる者につき、身體健全品行方正にして、出身學校長の推薦したる者を、試驗の上選拔し(三・四に該當する者については、出身學校長の推薦に代るべき方法を採る)修業年限を四箇年と規定せられてゐる。英語部の學科目は、修身、教育學、公民科、英語、心理學、論理學、哲學、生物學、國語、漢文、歷史、言語學、體育とし、英語を主要科目とし、四箇年を通じ毎週約十五時、講讀、文法、作文、書取、會話、修

辭學、英文學史、英文學を課し、又第二學年以上に於ては、言語學（聲音學、言語學概論、英語史）を課してゐる。

臨時教員養成所は、明治三十五年三月文部省令を以て、「臨時教員養成所規程」を定め、全國に六箇所を設置せられた。この內第四（第三高等學校內）及第五（東京外國語學校內）臨時教員養成所に英語科を置いたが、明治三十九年之を廢止し、同年第六臨時教員養成所（女子高等師範學校內）に英語科を置いたが、明治四十二年に至り此英語科も廢止せられた。

大正十一年四月文部省告示を以て、第一より第五に至る臨時教員養成所を設置し、次いで全國に通計十六箇所の養成所を設けたが、この內、第一（東京高等師範學校內）、第二（廣島高等師範學校內）、第五（大阪外國語學校內）、第十二（東京外國語學校內）、第十四（小樽高等商業學校內）の五ケ所に、英語科を置いた。英語科の學科目は、修身、教育、英語、國語及漢文、言語學、體操とし、修業年限を始め二年とし、後三年に延長したが、昭和五年より昭和八年の間に、全ての臨時教員養成所に在る英語科を廢止した。中等教員の供給漸く充足を見るに至つた爲である。

文理科大學は、昭和四年四月、東京及廣島に設置せられ共に大學令に依り、「國家に須要なる學術の理論及應用を教授し、並に其の蘊奥を攻究するを以て目的とし、兼て人格の陶冶及國家思想の涵養に留意すべきもの」であるが、其內容、卒業生の進路、並に開設に至る沿革を考ふれば、教員養成機關と見るべきである。先是、高等師範學校を大學となし、師範教育の改善向上を圖らんとするの議があり、東京高等師範學校に修身教育專攻科、廣島高等師範學校に德育專攻科が置かれて、文理科大學設立の素地となつたのである。文理科大學の開設と共に、高等師範學校の官制を公布せられ、之を兩文理科大學に附置せられるものとした。文理科大學の修業期間は三年とし、文學科のうち、英語學英文學を專攻する者は、共通科目として國民道德(一)、哲學(一)、倫理學(一)、心理學(一)、教育學(二)、專攻科目として、英語學英文學（一〇）、文學概論（一）、支那哲學支那文學

(二)、言語學(一)、佛語又は獨語(二)、他の專攻學科に屬するもの(三)の二十五單位を必修すべきものと定められてゐる。

iv. 教員の講習。 文部省は明治二十一年八月各府縣尋常師範學校教員を集めて、手工科を講習せしめたのを創めとし、屢々講習會を開催したが、英語科については、明治三十年七、八月東京に講習會を開き、二十九名の中等教員に講習せしめたのを始めとして、明治三十四年以後は、殆ど毎年東京及地方に於て、二週間乃至五週間に亘り、概ね夏期を利用して、中等教員の講習會を開いて、教員の學力の補充と向上に努めてゐる。

VI. 教　科　書

i. 教科書の採定。 明治五年頒布の學制及同十二年公布の教育令には、教科書に就いては何等の規定もなかつたが、明治十九年四月公布の「師範學校令」には、師範學校の教科書は文部大臣の定むる所とし、「中學校令」には、中學校の教科書は文部大臣の檢定したるものに限ると定められ、高等女學校については明治二十八年「高等女學校規程」を制定し、次いで高等女學校の教科書は、中學校のものに準じ、文部大臣の檢定を受くべきものとした。

明治三十二年二月改正の「中學校令」及新に公布された「高等女學校令」に於ては、此等の學校の教科書は、文部大臣の檢定を經たるものに就き、地方長官の認可を經て、學校長之を定め、文部大臣の檢定を經ざる教科書を使用する必要あるときは、地方長官は文部大臣の認可を經て、一時其の使用を認可することを得るものとした。又同月に公布された「實業學校令」によれば、實業學校の教科書は、公立學校に在りては學校長に於て、私立學校に在りては設立者に於て、地方長官の認可を經て之を定むるものとした。此等の規定は爾來改正せらるゝことなくして現今に及び、現行の「師

範學校規程」に於ても、「中學校令」に於けると同樣の規定がある。

敎科書に關し、注意すべきは、選定に際し、精査をなすべきことであるが、明治三十九年九月文部省普通學務局圖書課より、次の趣旨の通牒を各地方廳に發してゐる。

敎科書の變更を屢々するは、採定の際調査の粗漏によるものと思考される、適否を精査せしめて、漫に變更することなきやうに致度。

往々敎科書に記載せる敎材以外の事項を口授筆記させ、爲に敎科書中の敎材を敷衍講說する餘裕なく、又豫定の事項を講了せずして學年を終るが如きことがあり、其結果生徒は瑣末の事項を記憶するが、敎科書にある比較的重要なる事項には、却て迂遠であり、又須知の知識を缺くが如き虞もあるやに見受けられる、此弊は高等學校入學試驗の成績に徵しても、認め得られる所である、敎師は豫め敎科書記載の事項を咀嚼し、敎科書を活用して、徒に章句の末に拘束せられることなく、其眼目の點に關して、深き印象を生徒の腦裏に與ふることに注意し、特に必要なる敎材を附說する場合の外は、敎科書に記載せる事項を敷衍講說するに止め、其以外の事項の口述筆記を避け、知識の散漫に流るゝを防ぎ、常に適當なる機會に於て、之を反覆練習せしめ、以て敎授の效果を完からしむるやう致度。

尙明治三十五年頃、小學校敎科書については、所謂敎科書事件を起したのであるが、當時文部省總務長官より、各地方廳に通牒して、中等學校の敎科書について、斯かる弊害の伴ふことなきやう、又同一管內に中學校、高等女學校等各數校ある場合に於て、各學校をして、强て敎科書を劃一ならしめんとする申合等をなすものもあるやうであるが、此の如きは、書肆に乘ずべき運動の機會を與へる虞があるから、寧ろ各學校の創意に依つて、敎科書の選擇を爲さしめ、以て敎授上各自特有の進步をなさしむるやう注意する所があつた。

ii.　敎科書の檢定。　敎科書の檢定は、師範學校、中學校、高等女學校に關しては生徒用圖書、實業學校に關しては普通學科目の生徒用圖書に就

き、教科用に適することを認定するものであつて、教科用圖書の組織、程度、分量、記事の性質、誤謬の多少等の調査をなし、検定を與へたる圖書は、文部省より官報を以て廣告することに定められてゐる。尙檢定の效力は、檢定を得たる後修正を加へたる圖書には及ばない。

生徒が日常誦讀する教科書の文字印刷等は、生徒の近視眼豫防上最も注意を要することであるので、文部省は之が標準を示してゐる。卽ち歐字については、凡「パイカ・オールドスタイル」（十二ポイント）の大さ以上とし、註解例題參照若くは之に類するものゝ文字は、凡「ロングプリマー・オールドスタイル」（十ポイント）までを用ふることを得、地圖挿畫表圖等の文字は凡「ミニオン・オールドスタイル」（七ポイント）、著色部には、「ブレビア・オールドスタイル」（八ポイント）までを用ふることを得るものと定められてゐる。又教科書については、定價標準をも定められてゐる。

VII. 視　學　機　關

i. **中央の視學機關**は、文部省督學官であつて、文部大臣の補助機關として、學事の視察監督を掌る。その任用に就いては、特別任用令があつて（一）二年以上帝國大學の奏任教官、又は文部省直轄諸學校の學校長若くは奏任教官の職に在りたる者（二）五年以上奏任文官たる學校長若くは教官、又は奏任文官と同一の待遇を受くる學校長若くは教員の職に在りたる者の中より、高等試驗委員の詮衡を經て任用することが出來る。

文部省督學官の外、別に文部省視學委員がある。文部大臣の命を受け、特に指命を受けた學事を視察する。概して大學、直轄學校の教官の中に就き委囑し、中等學校については、一府縣につき某學科の視察を爲し、之を文部大臣に復命することに定められてゐる。その復命書は隨時「文部時報」に發表される。

文部省督學官及視學委員は、視察上必要と認めたるときは、日課を變更して教授を爲さしめ、又は生徒兒童の學力を試驗することが出來る。また督學官は、視察中（一）法令に牴觸したる事項（二）省議の決定に反したる事項（三）教授の方法に關する事項（四）其の他特に指命を受けたる事項に就て、關係者に注意を與ふべきことを規定されてゐる。

ii.　地方の視學機關は、地方視學官及道廳府縣視學であつて、地方長官の補助機關として、學務部に屬し、視學官（北海道廳府縣に各一人）は上官の命を承け、學事の視察其他教育に關する事務を掌り、視學（北海道廳府縣に各若干名）は上官の指揮を承け、學事の視察其他教育に關する庶務に從事する。北海道廳視學官、地方視學官、北海道廳・府縣視學の任用にも特別任用令がある。（昭和三年勅令第二十六號北海道廳視學官・地方視學官・北海道廳視學及府縣視學ノ任用ニ關スル件參照）

地方に在りても、視學官・視學の職務を補充せしむる爲に、視學委員を置くものが少くない。

英語教育に關する文部法規

昭和十年十一月十五日印刷　昭和十年十一月二十日發行

著作者　櫻井　役

發行兼印刷者　小酒井五一郎　東京市麴町區富士見町一丁目五番地

印刷所　研究社印刷所　東京市牛込區神樂町一丁目二番地

發行所　研究社　東京市麴町區富士見町一丁目五番地
(振替口座東京二八六〇一番)

(豫約出版)

日本に於ける英語教授法史

明治二十年より四十五年まで

日本に於ける英語教授法史

（明治二十年より四十五年まで）

定　宗　數　松

英語が教科として、始めて取りあげられたのは明治五年である。その後我が國の中等學校の教科目に重要なる位置を持つてゐるが、英語そのものゝ重要性が變遷した事は、その時代々々の精神に影響された事は勿論であるが、英語を教授する方法も亦その時代々々の要求によつて異つて居る。だから英語の教授法の變遷の跡を辿るにしても、單に英語教授法そのものゝ、言語學的な方面からのみ論ずる事は出來ないし、又さうする事は、言語教授特に外國語教授の如く最も密接に社會と結びつき、國際的なつながりの中に結ばれてゐるものを論ずる事は肯綮を失する事となる。本篇に於ては重に我が國に英語教授法が問題になり、歐洲に起つた外國語教授法の革新運動の斷片が輸入され始めた時代、英語教授法から言へばその黎明期とも云ふべき明治二十年代から是等輸入された英語教授法が、全國の大多數の學校の實際の授業に於ては兎も角も、進歩した學校に於ては實際の授業に採用され、相當以上の效果をおさめるやうになつた明治の末年までの、英語教授法に關する文獻史的な考察をして見たいと思ふ。

明治の初年に紹介された教授法と名のつくものとしては David Murray が紹介した The Practice Method[1] と、Dr. Brown や James Ballagh 等が横濱の英語學校で實際授業に利用して非常な效果をおさめた The Mastery System[2] 位のものであらう。前者は Ollendorff や Ahn によつて米國で唱導され、當時非常な評判になつたものである。また後者はこの Ollendorff の

(1) 英語教授法概論 P. 25—27.
(2) ibid. P. 27—31 參照

Practice Method を發展させた Prendergast の唱導したものである。是等の教授法が他の外人乃至は日本人教師によつてどの程度に利用されたかは、不明であるが、明治六年から七年にかけて創設された全國七ケ所の英語學校には、三名乃至四名の英米人教師が居つて、あらゆる普通學科を英語で教授したのであるから、所謂英語を教授の *means* とした Direct Method による教授が行はれた事は疑ふ餘地がないし、又實際それ等の英語學校に學んだ人々の追憶談によつてもそのことを知る事が出來る。だから外國人による英語教授はその方法の如何を問はずとにかく英語によつて授業が進められ、聞くこと、話すこと等に相當に力を入れたと云ふ事は明かな事實である。

外人を除外しても、中濱萬治郎のやうな維新前後に年少にして英米に於て英語を學び、教壇に立つた人々の英語による講義も、大體明治十五年頃までは續けられたやうであるから、是等の人々による英語教授も相當のものであつたと云ふことが出來やう。然し、一般的に見て、どんな教授法が最も多く行はれてゐたかと云ふに、やはり變則流の英語教授が行はれたと云ふ事は爭ふことの出來ない事實である。卽ち意味がわかりさへすればよいと云ふ實利主義の教授法と云ふか、學習法が行はれて居り、然かもこの方法による方が英語の學力をつけるにはよい方法であると云ふ考への人が多かつたと云はれてゐる。この變則流の英語教授に對して正則流の英語教授が唱導されてゐる。卽ち外人による發音、會話等を重要視する英語の授業を正則教授法と稱したのである。實際政府に於てもこの正則を大いに奬勵した事は金子伯[1]の談話によつても知る事が出來る。扨てこの變則流の英語教授法の沿革を述べんに、大きな原因は如何にして一日も早く外國の新知識を攝取する事が出來るかと云ふ必要にせまられた結果である事は勿論であり、他方、言語そのものゝ知識が全然ないので、意味をとるには發音等却つて有害であると考へた事に起因してゐるのであるが、丁度英語が學習され始めた頃は、蘭學の研究が我が國に於て完成期になつた時であつた。卽ち蘭書を讀む事が禁止されて蘭學は僅かに長崎の蘭通詞の、耳と口による父子相傳でその命脈を保つてゐたのが、吉宗の解禁によつて蘭書を讀む

(1)　日本英學物語 P. 63.

が許され事て後は蘭學塾が所々に出來、當時唯一の洋學卽ち泰西文化の媒介者として全盛を誇るやうになつた。その時ペリーの來航あり、蘭學者で英學に走つた者が多かつた。所が丁度西洋に於いて、現代語が教科として取り上げられた時に、Latin 語教授法が打ち立てられてゐて、それが現代語教授法に直ちに採用されて、長らく現代語教授の成績があがらなかつたやうに、我が國に於ても蘭學から英語の研究を始めた人々は、蘭學の知識を利用した事は勿論、その學習法をもそのまゝ英語教授法に借用したのである。慶應義塾や三叉學舎の教授法は皆これである。然かも是等の塾の卒業生が地方に教鞭をとつてこの方法を持つて行つた事も當然であつたのである。

明治二十年代になつて、本格的な英語教授に對する意見が述べられてゐる。雜誌に、パンフレットに、講演に、著書に、所謂新教授法の紹介がある。吉田直太郎氏は二十年に、マーセルが著した「外國語研究法」を譯してゐる。明治二十三年には外山正一氏が正則豫備校の設立に述べて著した「日本の教育」中で英語教授法を論じ、又神田乃武氏は同年、「言語と文學との話」を大學通俗講談會に於いてなし、二十七年六月には更に「英語學の研究」を東洋學藝雜誌に寄せ、岡倉由三郎氏は同年「外國語教授法新論」を教育時論に寄せて、英語教授に於ける新しき方向を示し、重野健造氏は明治二十九年二月、「英語教授法改良案」と題する著書をなし、青山學院教授松島剛氏は「英語教授法管見」と題する 16 頁のパンフレットを同志教育第二十二號に附錄として配布してゐる。

明治三十年になつては、外山正一氏の「英語教授法」があり、三十二年には内村鑑三氏がそれまでに東京獨立雜誌に寄稿した論文を集めた「外國語の研究」があり、三十四年には、八杉貞利氏が Henry Sweet の “The Practical Study of Languages” を譯補して、「外國語教授法」として出版し、續いて三十五年には佐藤顯理氏が「英語研究法」を物し、同年岸本能武太氏は「中等教育に於ける英語科」と云ふパンフレットを配布して居り、高橋五郎氏は、三十六年に「最新英語教授法」を著し、岡倉氏は三十九年「外國語最新教授法」として Mary Brebner の “The Method of Teaching Modern Languages in

Germany" を飜譯してゐる。

假りに明治二十年までを我が國に於ける英語教授法の混沌時代とするならば明治二十年から明治三十年代は、その黎明時代とも云ひ得るかも知れない。二十年代のものゝ特質は從來の教授法を改革するに、新しき教授法の紹介を以つてした事は當然であるが、英語そのものゝ教法と云ふ事より、その譯し方に就いて頁を費してゐる事が非常に目につく。直譯か意譯かと云ふやうな事が問題になつたやうで、重野氏の如きは、その大半を個々の英文に就いての譯例を示し、外山氏も岡倉氏もやはり、この問題に就いて相當に言及してゐる。又此の時代には英語を何時頃より始むべきかゞ大分問題になつたやうで、この問題に就いても何れの人も言及してゐる事である。又何故に英語を教授すべきかと云ふやうな事に就いても深刻な議論が戰はされたと思はれるふしが充分に伺はれる。

教授法に關して先づ從來の變則流の教授法に大鐵槌を加へたのは、當時文科大學の教授であつた外山正一氏の「日本の教育」の中に於ける「外國語を正則に學ばん爲には如何にすべき乎」と云ふ講演であらう。「……外國語を最初より正則に學ばしめん爲には、

「簡單なる問答の文句を使用して或は教師と生徒と原語にて問答し、或は生徒同士にて問答をなさしめ繰返し繰返して遂に原語の儘にて能くこれを覺へ込ませるの手段によらざるべからず。輓近歐米に行はるゝ外國語練習の法の如きも大槪此法によらざるはなし。此理を辨へずして外國語を教授するに直ちに外國の讀本を用ひて變則流をしみ込ませるが如きは、教育上甚だ有害なることゝ謂ふべし。彼の文部省正則英語讀本の如きは則ち本邦人をして最初より變則流に陷らざる樣に英語を學ばしめん爲めの者にて、著者が歐米の學理と數年の經驗とに基きて編纂したる者にして、教師に於て之を誤用することなくんば本邦兒童をして正則に英語を學ばしむる爲めには屈竟のものと思はるゝなり。」(1)

(1) 丶山存稿前編 P. 10.

とあるやうに、外山博士が、外國留學中に於ける體驗と、歐米に於て唱導される教授法卽ち Ollendorff や Prendergast 等の方法によらねばならぬと主張し、明治三十年に同博士が著した英語教授法の中に於ても、それ等の說を引用し、英語の授業には須く訓練法を用ひねばならぬと云つてゐる。そして英語の授業に於ては、「教師は舌を惜まず饒舌らざるべからず。手を惜まず黑板を使用せざるべからず。同じ語句、同じ文章を、何度となく云ふて聞かせ書いて見せること必要なり。」と論じ、更に我が國の英語教授法に於て最初とも云はれる「生徒をして耳と口と眼と手とを怠りなく働かしむるやうに努めざるべからず」と看破してゐるのは卓見である。今日に於てこそ、耳と口と眼と手とを動員すべしと云ふ事は英語教育の常識になつてゐるが、所謂變則流の英語教授ではなくても譯讀は譯讀、音讀は音讀、會話は會話、文法は文法と、個々別々の課目として課し、譯讀の授業に於ては發音や音讀には少しも構はず、生徒をして唯々譯讀せしめ、若しくは教師自ら譯讀するに止まり、音讀の授業に於ては文章の意味を生徒が了解すると否とには少しも構はず唯音讀せしめ、文法の授業に於ては、自身には少しも英文を綴り得ぬ如き教師が、文法の規則を日本語にて口授して生徒に書き取らせて、其れで英語の文法を授けたりと做し、會話と云へば上下《カミシモ》を着けたる如くに改たまりて、會話の稽古に取り掛らんとするが如き、實に言語同斷の授業少からず」と同博士が攻擊しなければならなかつた時代に各分科を有機的に教授し、耳と口とを大いに重んじたと云ふ事は、記憶さるべき事でなければならない。又同博士は、英米の兒童のために編した讀本を日本に於てそのまゝ使用することの不都合を論じ、自ら指導者となつて、所謂訓練法に則つた正則文部省英語讀本を明治二十年に著したが、當時の教師にそれを有効に使用し得る教師が無かつたことを歎いて居る。

神田乃武氏は明治二十七年六月號の東洋學藝雜誌に於て、「英語學の研究」と云ふ論文を寄せ、中等學校に於ける英語教育の目的を論じ、當時の英語教師の實力のない事を實際の教職にある人々が、檢定試驗に合格するものゝ殆んど皆無である有樣であると云ふ方面から實證し、特に、初步の文法等の知識の缺けてゐる事を指摘し、更に教授法に於ては、外山氏と同じく、耳と口と眼と手の

活動を重要視し、英語を研究する事の目的は英文を讀むこと、英語を聽いて了解すること、英語を以て口によりても、手によりても發表し得る能力を養ふことにある事を主張して從來の讀めさへすれば、英語學習の目的は達せられたものであると云ふ通念に啓蒙の一擊を浴びせ Natural Method による發音、綴字、文法その他の敎授法を論じてゐる。このことが Crown Readers の表紙に耳と口と眼と手とを表象した圖案となり、三十四年になつて、Haness 氏の follower として Natural Method の繼承者となつた Swan 氏を東京高等商業學校に招聘する遠因とも見る事が出來やう。

外山博士が、外國の敎授法を取り入れ、日本人に適する敎科書の編纂に着眼したと同樣に、外國に於ける敎授法を取り入れる事を主張し、それに日本語の特質を考慮して、その方法に加減を加へようとしたのが、岡倉由三郎氏である。明治二十七年敎育時論に載せられた「外國語敎授法」新論の中に於て

> 「……彼のヨーロッパに行はる言語敎授法中、オルレンドルフ・オットー・コンフォート・グァン・モンテーヌの如き形式を採り、之に充分日本語の性質より來る變更を加へて着々學修せしむるに於ては、必ず良結果を生ずるに至るべし」

と述べてゐる。そして如何なる改正をなすべきかと云ふ問題に就いては、日本語と英語とを連絡して敎授すべく、最初の外國語は專ら國語を基礎として進むべく、第二の外國語の場合は國語はもとより旣に學びたる外國語の基礎の上に出發すべしと論じてゐる。このことは同氏が改善策の三項目として方法、敎科書、敎師、をあげた中で、方法の中の發音敎授の中に於いて外國語にあつて日本語にない音、又我が國語にあつて、外國語にない音、さては我國の似て非なる音等に就いては一々叮嚀に示さなければならない。そして之を示すには圖解を以てし、又發音の際の舌端の位置を見させる事等非常に効果があると論じて、言語學者としての片鱗を示し、後年同氏が發音圖解のカードを物したる如き、旣に此の時代にその萌芽のあつた事がうかゞはれる。又文法の敎授に於ても、日本語の性質を基礎とし、之と比較し互に異る所を啓發するやうにしなければならぬ、文法書でも原書を用ゆる事は單にその意味を理解するに止まり、

應用まで進まないから、日本人の書いたものを使用しなければならない。譯解には特に意を用ひてゐる。そして風俗、人情等が非常に異つてゐるから、原文を讀んで起る聯想が異る。從つて原文の眞意を摑むためには出來る丈けその聯想を彼等の聯想に近接せしめなければならない。それには種々の方法があるであらうが、原文の譯解をなすにあたり、一語としての譯解、一句としての譯解、一文としての譯解を授け、その譯語の如きも日常語を以てしなければならない。そして當時所謂「直譯」として行はれてゐたものゝ百害あつて一利なき事を看破してゐる。一例を示せば "She found her dog fatally wounded." を「彼女は彼女の犬を死ぬべく傷けられて見出せし」等と譯してゐたらしい。尤も此の點に關しては外山氏は、當時行はれてゐた曚朧漠然たる意譯、怪譯を廢して、英語教授に於ては强めて直譯を旨としなければならぬと論じてゐる。然し之も直譯意譯と言葉の上では對蹠的に用ひられるが兩氏の狙ふ所は同一であつたやうに實例の上からは想像される。

又文法教授に於ては、日本語との比較を重要視し、且つその教授は生徒が既に說話、作文等につき得たる材料を基礎として教授しなければならないと、所謂歸納法を主張し、演繹的に規則を暗記する方法を排撃してゐる。その最良の方法はオルレンドルフの外國語教授式のものがよいと附言されてゐる。

當時外國語教授法、特に英語教授法に就いて、何か新しいうごめきがあつた事は前述によつても略々了解の行く所であるが、二十七年の三月二十五日號の東洋學藝雜誌には次のやうな記事が載せられてゐる。以て一斑を知る事が出來るであらう。

「外國語教授法に就きては種々の說あるは人の知る處なるが、過般佛國に起り英國に渡りたる The Living Method と稱する方法は大に他の方法と趣を異にし、案外に少き時日にて外國語を得納することを得ると云ふ。此方法の詳細に就き知らんとする者は Kroeh 氏著 "How to think in German" 及び "How to think in French" と題する二書に付き研究すべし。……」

Kroeh は Haness の follower として、Natural Method の宣傳に大いに努めた人である。

とにかく雜誌に講演に、新しい教授法が紹介されたのであるが、これ等のものを參酌し、纏め上げたものが、重野健造氏の英語教授法改良案であらう。二十九年二月の上梓でその序文の一節に、「本書は神田乃武先生が曩に東洋學藝雜誌に投ぜられたる英語學の研究、岡倉由三郎君が嘗て予の從事せる學校に在られし時、教育時論の附錄を以て世に公にせられたる外國語教授新論附國語漢文の教授要項、增田藤之助君が編輯せらるゝ日本英學新誌其他中外諸家の說を參考としたるものなり」とあり、又岡倉氏が通閱の勞を取られた事、並びに國民英學會主磯邊彌一郎氏が加筆の勞を取られた事が附記されてゐる事から推して、當時の第一線に活躍する英學者が、直接間接に關與したものである事が想像される。

此の著にて紹介された教授法はオットー・オルレンドルフ・カムフォート・モンテース・グヮン等の教授法である。そして歐洲語と日本語との構成上の比較を論じ、學理上の困難を指摘し、學習の means として、日本語によつてなすべきを强調してゐる。之は既に Natural Method 等の紹介によつて英語教授は英語によつてなされねばならぬと云ふ說が唱へられてゐたのに對する意志表示だとも見ることが出來る。

同氏の主張する所には三つの注目すべき點がある。一つは直譯も意譯も眞に英語を解することは出來ないとして、各々の弊害數箇條をあげ、その解決法として訓譯法を主張した事と、教授の能率をあげるためには、同一の教師がその學級のあらゆる分科を教授しなければならぬと主張した事、及び教科書の問題である。訓譯法とは同氏によれば「直譯に泥まず意譯にも馳せぬ恰も其中庸を得たる方法なり、場合に依つては多少逐語的となり、或は意譯的となることもあるべけれども要するに未だ外國語を知らざる人々をして之を聽かしむるも大略其耳に通ずるを程度とし譯をつけたるまゝにて成るべく意味が理解され得るを主意とす」とあるやうに、所謂折衷である。又第二につきては英語の如き學科に於ては、譯解、文法、讀方、書取、會話、作文等相對照呼應して教授し、生徒をして各分科の連絡上互に啓發する所あらしむることが最も必要である。だから同一生徒に授くるには出來るだけ同一の教師を用ひねばならぬ。而して生

徒が文法にて得たる知識を譯解に應用し、譯解にて得たる力を會話作文に應用せしむるは英語教授上最必要の一事なり、とて今日にても、英語教授上理論の上では是認されながらも、實際上の障碍のためなかなか實現を困難視されてゐる點に鋭鋒を向けてゐる。第三の教科書に就いては英語では漢文等と異つて平易なものをたくさん讀ませる程利益のある事であるから、生徒の實力に比しては稍々程度の低いと思はれる書を用ひ、出來るだけ多くの種類を課するがよいとて今日の多讀主義の主張と同一の主張をなし、且つその教科書で學んだものは生徒が自ら會話や作文に應用することの出來るものでなければならないと論じてゐる。

外山正一氏が正則文部省英語讀本を作り、日本人に適當した讀本の供給をしたのを契機として、英語教授に携はる人々の間に英語教科書が問題として取り上げられるやうになつたのは、この時代の著しい特徴である。之は單に語學教授の上から、外國で作られたものが、日本人に不便であると云ふ純粹な言語問題のみでなく、二十年代の始めに澎湃として起つて來た日本主義運動の餘波から、その教材內容に就いても、批判が加へられるやうになつた結果であるとも見られる。松島剛氏の英語教授法管見は、同氏等が叙上の趣旨の下に Swinton の Readers の一から三までに註を施し、且つ本邦學生にとつて不用の材料を削除し、必要にして缺くる所のものを增補して、「英語新讀本」として出版したものゝ趣意書とも見る事が出來るが英語教授上注目に價する文獻である。そして、Ollendorff の所謂會話的文法教授法や Gouin の聯想的教授法を參酌してゐるが、之等の方法は、先づ教師が問題であつて、不適の教師にては如何にこの方法によつても所期の效果をあげることは出來ないと、之等の新輸入の教授法に批判を加へてゐる。その主張する所は次の諸點である。

(1) 英語教授は讀本から始むるを便とす。

(2) 語辭の綴り方、及發音法に先づ慣熟せしむべし。之は一時正則英語としての Webster の Spelling Book によつて、綴字及び發音に重きを置いてゐたのが變則英語の跋扈と共にその方面が再び輕視された事に對する警鐘である。

(3) 讀本の各課の新語は生徒をして其發音法と譯語とを一々暗記せしむべし。

教科書に適當の譯語を附し、生徒が辭書に就て一々新語の譯を索むる爲の勞を省き、その勞を轉じて、新語の發音及び意義を記憶の方へ向けやうとしたのである。

(4) 譯語譯文は成るべく純正の日本語に契合せしむべし。

(5) 文法の教授を初學より始め、且つ一層此に力を致すべし。

(6) 復習練磨に力を致すべし。

教材が問題になつたと同樣、英語教授そのものに對する論難も亦此の時代の著しい出來事である。例へば飜譯で事足りるとか、英語を學習すれば愛國心が減殺される等と云ふ議論は決して、昭和に入つてからの新說ではなくて既に二十年代に於て唱へられてゐた事である。之は鹿鳴館時代を現出したあの極端なる歐米心醉時代に敢然として起つた國粹保存主義論卽ち二十年代の始め、志賀重昂、三宅雄二郎、杉浦重剛等の諸氏が、「日本人民の意匠と日本國土に存在する萬般の圍外物とに恰好する宗教、教育、美術、政治、生產の制度を選擇し、以て日本人民が現在未來の嚮背を裁斷す」との主張に起因する日本精神の昂揚が、特にキリスト教の排擊となり、キリスト教との因緣から英語教育そのものが問題にされるやうになつた事も否めないが、事實教授時數の減少にまで及んだ事から考へて相當以上に英語教育そのものから云へば受難時代であつたと云はねばならない。內容的に見るならば、英語の發音の如き、松浦氏が指摘してゐるやうに、折角正則流の發音になりかけてゐたのに、又變則流になつた。卽ちさきに夢中で歐米文明を謳歌した連中が、國粹保存を高唱し、外國から來たものは、何でも惡いと云ふことになつた。それが品物か何かなら勿論何んでもない事であるが、英語の發音そのものも、所謂英米人流に發音することは日本精神に反すると云ふやうな程度にまでなつて、英語を勉强する人々が、正則に英語の發音をする事をこゝろよしとせず、明治初年以來の所謂慶應流の發音が再び日本在來の發音であると云ふやうな見當はずれから、一時流行した事さへあつた程であつた。とにかく英語教育そのものがゆすぶられた事は、內村鑑三氏

教授の理想に持つて來の「外國語之研究」の中で、「此に於て乎說をなすものあり、曰く、我に我が榮光ある日本語あり、我れに外國語を學ぶの用あるなし。我れ若し海外の事物に通曉せんと欲せば之を飜譯に於てすれば可なり。外國語を學ぶは我より降て彼に服從の意を表するものなり。我は毅然として我の威嚴を守り、我の和歌に我が懷を述べ我の直立文字に我が想を傳へ、彼をして竟に日本語を學ばしむることあるも、我より進んで彼の蟹行文字を曉得せんとするが如きは決して爲すべからず。彼のダンテ・シェークスピヤ何かある。我に貫之、業平のあるにあらずや。外國語の研究は愛國心を減殺するの虞れあり、國家的觀念を薄ぐるの害あり……」と述べてゐるのによつても知る事が出來る。

以上のやうに英語教授そのものが問題になつたのに答へるためか、內村氏は「外國語研究の利益」を述べ、ゲーテの「一外國語を曉得するは一新世界を發見する事なり」を引用して、自國の語のみに滿足する國民は畢竟するに攘夷鎖國の民であると論じ、英語そのもの丶世界の言語に於ける位置を論じ、英語そのもの丶特質を言語學的の方面から論證して英語研究の必要を詳述し、その研究法は、言語は習慣であつて學術ではない、だから完全に之を學ぶには是に慣れなければならない。之を文法的に究めても駄目である。だから實習あるのみであると云つて、 Natural Method の主張するやうな living the language の說をとつてゐる。そして、(1)忍耐なれ、(2)通達を計れ、(3)發音を怠るなかれ、(4)先づ四五百の單語を暗んぜよ、(5)規則動詞の變活を熟誦せよ、動詞は實に言語の中心だから、先づ動詞を征服せよと云つてゐるのは Gouin の主張する所と同じである。(6)每日少くとも愛篇の一句を誦んぜよ。(7)既に學びし所を使用せよ。(8)執拗なれ、不撓と頑固とは語學研究の秘訣だと斷じてゐる。內村氏の說は教授法と云ふより或ひは學習法乃至は研究法と云つた方が適切であるかも知れないが、その中には歐米の外國語研究者の說が織り込まれてゐる事は見逃がせない。

既に三十年代に入つたのであるが、三十年には外山正一氏の英語教授法がある事は既に述べた所である。三十四年には八杉氏が Sweet の “The Practical

Study of Languages" を譯補してゐる事は注目に價する。Sweet の外國語研究法がとにかく紹介されたのである。それから三十五年には佐藤顯理氏が「英語研究法」を著して、先づ耳を慣らせ、そして外國人に就くべしと主張してゐるのは、日清役が日本の大勝となり躍進日本の世界的進出の武器として英語特に耳及び口の方面の英語の必要が識者の間に叫ばれ出した事を裏書してゐる。神田氏が Swan氏を招聘し、文部大臣が地方長官會議に於て、英語教授法を論じたと云ふやうな事は之等の證左であると云ふことが出來る。所が佐藤氏は、珍說を出してゐる。それは中學校では、四年までは英語を教授しないで、最後の一年卽ち第五學年に於て專ら英語のみを教授せよと云ふのである。

同年岸本乃武太氏は文部省視學委員として群馬、栃木、茨城三縣を視察した報告書を「中等教育に於ける英語科」として頒布してゐる。之には當時に於ける我が國中等教育に於ける英語科のあらゆる方面に於ける無統一を論難し、之の統一なき教授がその成績のあがらない原因として、教師の方面から、各分科の方面から、教授法の方面から論じてゐる、そして同氏が最も力を注いでゐる點は發音の方面であつて、所謂「醫療的教授法」と稱して同氏が後年「英語發音の原理」の中で我々に教示された發音法が相當以上の頁を占めてゐる。二十年代は如何に譯すかと云ふ事が問題になつたやうに、三十年代はその發音の方面が重要視された事の證左である。同氏が參考にしたと思はれる Methods は Ollendorff Berlitz Gouin の三氏のやうである。こゝに始めて Berlitz が文献的には紹介されたやうである。勿論アテネ・フランセ等に於ては Berlitz の方法で French の教授をしてゐたやうであるが。又當時中學校ではどの程度の英語の學力を要求したかと云ふ事に答へては次のやうに述べてゐる。

「中學卒業生にして若しナショナル第五讀本若しくは Union の第四讀本程度の書を英米人に意味の可成り明白に了解し得らるゝ樣音讀し得れば、彼は中學に於ける英語の理想に到達したものなり。」

これは唯單に意味をつかむ丈けでなく、發音、讀み方を重要し且つ讀本教授は、學生をして遂には譯讀せず、通讀して意味を了解し得しむるを理想として教授しなければならないと云ふ同氏の主張のあらはれである。所謂直讀直解を英語

たのである。文法敎授は歸納的にやらねばならぬ、それには文法の敎科書を用ひず、讀本中の材料によつて規則を發見するやうにすればよろしい。そして中學校に於ける文法は、文法研究そのものが目的でなく、それによつて英文を解し、英文を作る方便であると斷じてゐる。作文に於ては、Model-Sentence-Method を唱へてゐる。一個の模範文章を基礎として、同じ形式によつて單に用語を變じて色々の事を云はせる方法である。そして成るべく十語以下の短文に習熟させる事が肝要であると云つてゐる。その他、會話、書取、習字等細かに色々の說明が述べてあるが、最後に日本に於ける英語敎授の實績をあぐるには、日本人向きのもので一冊にてよくあらゆるものを敎授し得るやうなものが出來なければならぬと主張してゐる。

此の時代の今一の特質は所謂「實用英語」の尊重と云ふ事であらう。この實用英語の問題がやかましくなつたのは、耳と口とを重んずる敎授法の輸入紹介が因となつたと云ふよりは、寧ろ外的原因に起因するやうに思はれる。それは條約改正があり、外國人が內地に雜居するやうになつて、英語を使用する外國人が多數に入り込むと云ふ想像が一般に行はれ、誰でもそれ等の外國人と自由に會話し、文通しなければならない時代が來るだらうとの妄想に捉はれたがためと見る方が至當である。之の問題に就いては、岸本氏は、實用英語も勿論必要であるが、中學校は實用英語のみを專ら敎授する所ではない。會話や作文を中學校の英語の本體であるやうに考へる事は主客を轉倒したものであつて、中學校に於ける英語敎授の目的は、英語を讀下して直ちに意味を了解し以て知識の增進に資する所謂正則的讀書力の養成こそ最も必要のものであるとて、中等敎育に於ける英語學力の基準を示した同氏は、更に中等敎育に於ける英語敎授の中心目標を明示した。このことはその當否は別として注目に價ひする提唱である。

この會話の問題に關して眞正面から反對したのが、三十六年に最新英語敎習法を著した高橋五郎氏で、氏は「會話は外國語學習の僅かに一部分のみ、全體に非ず。僅かに會話を少しく能くすればとて、決して其外國語を解讀し得る者に非ず、故を以て洋行歸りの英學者は概して解讀力の乏しきを稱せらる。是れ

固より過實の評語なるべしと雖も、會話なる者が英語の全體に非らざることは蓋し此一事にても明かなる可し」と云つてゐるやうに、當時の實用英語論者に一矢を報ひてゐる。同氏のこの著書は三百六十二頁の大册で、これまでに出版された此の方面の研究書としては、最も大部のものである。明治二十年代の初頭キリスト教問題で、井上哲次郎博士にとにかく學問的に太刀受ちの出來たキリスト信者は高橋氏丈けだつたと云はれる程の同氏の著書であるから、引用は古今東西の文獻に亘り、文學あり、語學あり、言語學あり、心理學あり、音聲學あり、アリストテレスが出るかと思へば、孟子が出て來ると云ふやうに、同氏の博學振りを示す展覽會場の如き觀がある。然し要するに英語は世界語であるから大いにやらなければならないが、方法論に關しては、「英國の着々として進歩するは其の保守なるが故なり、佛國の頻々として蹉跌するは其急進なるがためのみ」との哲學を堅く持して、それ等の新說に對しては、愼重なる態度を持して進むべきであると主張し、之迄唱導された教授法又は日本人の改革意見を、自己の信ずる鏡に照して批評してゐる。例へば Gouin の方法グアン式は愚案式なりと看破して、その方法の不自然なるを指摘し、年長者の外國語學習は決して幼兒の母國語學習と同一過程をふむものではないこと、又母國語を媒介としてはならないと云ふやうな事を心理學の立場から論じてゐる。尤も Gouin の Psychological Method と Haness 等の唱導した Natural Method とを混同して論じてゐるが。そして Sweet の Practical Study of Languages を比較的健全なるものと斷じ、之は從來の長を取つて短を補はんと試みた健全な折衷法であると云つてゐる。Sweet が Phonetics を教授の出發點とし、日常語より始める事を主張する點に於ては、歐洲大陸に表はれた改良案に贊成しながら、文法を排除したり Translation を排撃する急進論者と立場を異にした主張を以て、我が國に於ける英語教授の範とすべきものとしてゐるやに思はれる節もある。又 Ollendorff の方法や Ahn 等の方法についても、尤もと思はれる批評を下してゐる。佐藤顯理氏の「英語教授法」に就いては、背心理的、不自然極まる方法であると口を極めて罵倒し、その中學生が五年の年月を費しても英語の知識の極めて乏しい實情にあるのに、第五學年になつて、一年間で

學習したらよからうと云ふ珍提案を、こつぴどくこき下してゐる。又岸本氏の所説に就いても、多くは文法上の講義にして深く参考とするに足らないと論斷してゐる。そしてどれが一番よい方法であるかと云へば、まあ Rational Method が比較的無難な方法であらうと云つてゐる。之は Sweet の說く所であり、同氏が Sweet の The Practical Study of Languages に負ふ所あるを示したものであらう。Gouin や Ollendorff 乃至は Prendergast 等の諸方法に對する批評も亦 Sweet の批評の受け賣りであると云へば云へない事はないのである。かくて更に章を改めて、發音教習法を論じ、會話教習法に及び、文典教習法の章に到つては、新舊各種の文法、教授法を評論してゐる。更に譯解譯讀教習法、Slang, Idioms, Phrases 等の教習法を論じ、最後に外國語の有効なる獨修法を論じてゐる。當時獨習者が多かつたせいもあるためか、獨習法が必ず附錄のやうになつて多くの是等の著者に說かれてゐる。例へば、內村氏の外國語の硏究法には、佐伯好郎氏の英語自習獨學の注意がある。

明治三十九年岡倉由三郎氏が「外國語最新教授法」と題する飜譯を出してゐる。之は 1897 年に英國の Mary Brebner 女史が六ケ月に亘つて獨逸に於ける新教授法の實際を視察した報告書 "The Method of Teaching Modern Languages in Germany" の飜譯であり、その附錄として三十八年に同氏が、教育公論に投じた「本邦の中等教育に於ける外國語の教授に就いての管見」が載せられてゐる。之は原著者が獨逸に於ける新教授法、卽ち我が明治十五年に Viëtor によつてあげられた現代語教授の革新の主義を實行してゐる獨逸の實際授業の參觀記であると共に、Reform Method とか Rational Method とか Phonetic Method とかの名稱によつて呼ばれてゐる方法の紹介である。明治四十四年に出版された同氏の「英語教育」の核心をなすものであり、且つ明治四十三年に報告された「英語教授法調査報告」の基調をなすものとも見る事が出來るかも知れない。此の報告書は新渡戸博士、神田乃武氏、淺田榮次氏、岡倉由三郎氏、大島義脩氏、中西保人氏、篠田錦策氏の七名の委員によつて作られたものであつて、我が國に於ける英語教授の指針を示したものである。勿論之の報告書の中には、當時までに輸入紹介された色々の教授の長所がとり入れ

られた事は論を俟たないが、この Brebner 女史の報告書や Sweet の The Practical Study of Languages や、大正二年に前田太郎氏によつて「語學教授法新論」として飜譯された Jespersen の "How to Teach a Foreign Language" 或ひは K. Breul の "The Teaching of Modern Foreign Language" 等のやうな、どちらかと云へば折衷的な意見が多分に取り入れられてゐるやうに思はれる。

この報告書の次に岡倉氏が "英語教授法一斑" と題して五十頁に亘つて論じてゐる事は、翌年に出版された「英語教育」の骨子になつたと云つても過言でもあるまい。その中で同氏が引用したり、紹介した教授法は Ollendorff 及び Otto の如き文法を基礎として教授する文法式教授法、又暗誦式と呼ばれたりした Prendergast の方法、それから Berlitz の方法の如く母國語の使用を禁止したもの、更には Gouin の方法、最後に New Method, Reform Method, Rational Method, Phonetic Method 等と色々の名稱によつて呼ばれてゐる方法で、Sweet や Jespersen や Ripman や Viëtor 等によつて唱導された方法である。そして、引用したものは Jespersen の說や Karl Breul の "The Teaching of Modern Foreign Language" 等である所から、大體の見當はつくと思はれる。又同氏が洋行中には Ripman に師事したと云はれてゐる事等からも之の邊の消息を伺ふ事が出來る。そして此の Reform Method の大方針とも云ふべき次の八ケ條をあげて、各々について詳細なる解說を加へてゐる。

(1) 最初の間は耳によりてのみ教授すべきこと。

(2) 全課程を通じて出來得る限り外國語を用ひること。

(3) 自國語を外國語に飜譯することは上級の外は全く除くか、又は幾分か除くべきこと。

(4) 外國語を自國語に飜譯することは成るべく減縮すること。

(5) 教授の初期には廣く繪畫を用ひ具體的に示すべきこと。

(6) Realien（風物教授）卽外國の生活風俗制度地理歷史文學等を廣く教ふべきこと。

(7)　讀本を基礎とし絶えず會話を行ふべきこと。

(8)　文法は讀本より歸納的に教ふべきこと。

以上の大綱のうちで、二、三の說明を紹介すれば出來る丈け外國語を用ひること。と云ふ第二項の說明として「Berlitz 式では全く母國語を用ひぬと定めてある。すると前に述べた如く「櫻」の說明に三十分もかゝつて而かも曖昧な觀念を與へる樣な弊が起る。斯の如きことは感心した方法とも思はれない。それで新教授法では及ぶ限りと斷つてある。止むを得ない場合は自國語を用ひても差支ない。例へば "I go." と云ふ文で "I" は「私」で "go" は「行きます」で發音は斯く斯くと說明するは不都合のないことである。それでは舊式法と全く同樣になるでは無いかと云ふ疑ひが起るかも知れんが、決して同樣ではない。舊式法は生徒に意味を了解さすれば足れりとしたので、云はゞ外國語に關する講義である。外國語そのものを教へるのではない。新教授法は外國語その物を教ふるのであるから、意味が解かつた以上は充分に使用し、問答し、外國語を聞けば直解する樣にするのである。會得せぬ語を口頭ばかり模倣しても無効であるから會得させる爲に或る程度に自國語を用ひるのである。外國語で說明して分かる場合は無論外國語を用ひねばならぬ。又成るべく外國語で說明して分からせるやうに仕向けて行かねばならぬ。斯く最初から精々外國語を聞かせ、話させ、耳や口の練習を充分奬勵して惡怯ぢせずに外國語を使ふと云ふ習慣を附けるは初步の際には殊に大切である。……」とある。このことは外國語教授者の間に常に意見の對立を見た問題であつて、或る時は極端にまで母國語の使用を拒否し、或る時は母國語の使用を許容する意見があつたが、それ等の問題に就いての折衷的斷案であると思はれる。それは Viëtor なり Sweet, Jespersen 等の主張する所が、今日或る人によつては、折衷案であつて、Classical Method に反對して唱導された新しい教授法と、Classical Method との折衷案であると云はれてゐるやうに、それ等の學者の說に負ふ所が多かつたであらう岡倉氏が、我が國の事情、我が國語の特質等から、以上の斷案を下された事は當然の事である。この著述と相前後して、書物と云ふ具體的なものとしてゞはなかつたが、廣島高師の杉森此馬氏、長尾順耳氏等は盛んに此の主義を唱導され、日本

の英語教育の改善のために盡されたのである。東西兩高師の附屬中學校の英語教授が大體之等の Principles によつた事も事實である。かくて四十四年には「英語教育」が出版され、大體に於て二十年代から三十年代にかけて新しく紹介された所謂新教授法が取るべきは取られ、棄てらるべきは棄てられて、英語教授の方向が決定されたとも見る事が出來る。大正以後昭和にかけての英語教授が活發な活動をしたその基礎をなしたとも云へる。大正以後の英語教授法の變遷に就いては稿を改めることにする。材料の蒐集意の如くならず、不備の點多々あり、大方の示教を得て他日の完備を期することが出來れば幸甚である。

明治英学史

1～21

文明開化から英米撃滅へ

[明治英學史 1]

花　園　兼　定

明治維新後の標語の一つは「文明開化」であつた。この語は既に幕末に用ゐられ、福澤諭吉の「西洋事情」に「世ノ文明開化」の一章がある。福澤諭吉は幕使に隨つて萬延元年(1860)渡米、文久元年(1861)渡歐、慶應三年(1867)再び渡米し、「西洋事情」を慶應二年三月に起稿し六月下旬初篇脱稿し慶應四年(明治元年)頃から一般に廣く讀まれ、「社會に影響を及ぼしたること、此書の如きは實に稀れ」(尾佐竹 猛「維新前後に於ける立憲思想」)と云はれてゐる。此の書は慶應二年から明治二年に亙つて出版され、初篇のみにて十五萬部を賣り、その後の再版を合して二十五萬册を越えたといはるゝ位ゐ、一世を風靡した著書で、初編巻一に政治、收税法、國債、紙幣、商人會社、兵制、學校、新聞紙、病院、貧院、盲院、博物館、蒸氣機關、蒸氣車、傳信機、瓦斯燈等について備考として説明し、巻二以下各國の歴史、政治、軍備、財政について語つてゐる。此の書の見返しの頁には中央に地球の圖を描き、周圍に汽車汽船風船等の圖を描き、上に「蒸汽濟人電氣傳信」と記し、次の頁には白人有色人種の顔を描いて上に「四海一家五族兄弟」の文字がある。この「西洋事情」は初編外編に分れ、初編のうち巻一は備考に宛てられ、この備考だけが福澤の見聞に基いての記述で、巻二以下は英米出版の「歴史地誌數本を閲し、中に就て西洋列國の條を抄譯」したもので、外編は「英人チヤンブル氏所撰の經濟書を譯し傍ら諸書を抄譯し増補」したものである。この「西洋事情」の外編に「世ノ文明開化」の一章がある。その章では「又或人ノ説ニ蠻野(ママ)ハ天然ナリ文明ハ人爲ナリト云フ者アレドモ畢竟字義ヲ誤解シタル論ナリ、文明ノ世ニ行ハルヽ事物一トシテ天然ニ出デザルモノナシ、世ノ開化ヲ進メ法則ヲ設ケ其法寛ナレドモ之ヲ犯ス者ナク人々力ニ制セラレズシテ心ニ制セラルヽ文明ノ有様ニテ、即チ人生天禀ノ至性ナリ」とか、「野鄙草昧ノ人ハ衣食住居共ニ不潔ニシテ文明開化ノ人ハ淸潔ナリ」とか、「文明ノ國ニ於テハ耕作ヲ勸メ牧畜ヲ勵ミ工ヲ勸メ業ヲ營テ其人口次第ニ増シ」などゝある。この福澤の「文明開化」にはまだスローガンとなるべき内容も稀薄であるが、此の文字が一度スローガンとなるや、それが日本全體を風靡し、文明開化が社會の各層に大きな運動となつて働きかけるに至つた。「しんせん唱歌の吹寄」に「開化の姿は皆つゝそでゞ、しやぷかぶつてつへをつき、馬車人力車、日曜休日ぐわすテリガラフ、ヲイヲイミミ新に變る世の中じや」とあるやうに風俗までも一變しはじめた。

明治になつて出た英語本の一つの特色は眞面目な英語辭書、初等英文法、會話書の外に、英語を文明開化の道伴れにしたといふほどの片々たる書物が澤山出たことである。一般の市民が英語の言葉を一つ二つつかつて見やうといふ類の本である。「英語手引草」(ケー・エム・アソム氏撰、横濱錦誠堂)に「此言葉のうちよりいるところをぬきがきにしてからつゞけてゆけば、美人とはなしができ、てがみもかけるなれども、てがみをかくには横文字をけいこしなければならぬ」とあり、明治初年出版で何年かは不明。「新撰英語實用便」(尾崎富倍老編、錦誠堂藏版、明治十一年發

行）の序にも「この本はふだん美人がつかうことばをそのまゝをかいたから」といふやうなことを書いてゐる。この種類の英語本の中には横文字入唄本があり、英語でイロハ綴を示すだけのものがあり、英語の單語を假名だけで書いたものがあり、英語の單語を圖解したものがある。これがペルリ來朝以來の日本の開國から明治維新となり、「文明開化」の運動となつた時代を語學の方面で明らかに示したものである。かうして一方に英語の流行となると同時に、漢語の流行を來し、「勉强」、「規則」「注意」などの語が「文明開化」「因循姑息」「舊弊一洗」などの語と共に盛んに行はれるやうになつた。漢語の流行が英語の流行に反抗的に行はれたといふよりも、それも「文明開化」の一つの現象であり、舊弊一洗が言語の方にまで及んだ證據である。

横文字入唄本としては「支那西洋國字度々逸」（船亭作、芳春畫、明治四年酒氣亭香序）、西洋國字葉唄（芳春畫、明治于年 山兒堂 晋水序）、「英語土渡逸」（房菴戀々山人作、發行年號明記なし、浪華 一荷堂 半水自序）、「聲くらべ」（明治八年若葉家主人序）、AHODARA-KIYO（大阪松島 いろ里町中大はやり、發行年號不詳、大阪平野町 石和版）、白山人序西洋都々逸などある。この白山人序の都々逸にはこんなのがある。「星の數ほど男はあれど月と見るのはぬしばかり」、「すたるの數ほどめんはあれど、むうんと見るのはぬしばかり」）、「酒のちやうしでいふのぢやないがお前に限るとおもはれる」、「わいんのちやうしでいふのぢやないが、ゆうに限るとおもはれる」などがあり、皆な瓢逸な繪がついてゐる。勿論英語の發音に間違ひもあり、「いゝべん」（暮）は evening のことだし、“「うゑす」（西）も・「いゝす」（東）も「のうす」（南）もいやよ、わたしやお前の北がよい”は west, east, south のことで、「のうす」を南としたりしてゐる。「英語土渡逸」には「ブロード（廣き）世界もぬしゆへわたしやナルロウ（狹く）くらすよこの頃は」などがあり、「聲くらべ」には「忍ぶよすがにたのみし事をおもひ出さする此 match（マツチ、ハヤツケギ）」とあり、この本には match と英字が入つてゐる。この種類の英語本は今日では餘り殘つてゐない。

英語のイロハ綴本とでもいふべきものは中々澤山ある。こゝに列擧して見る。

よこもじいろは　發行年號明記なし。新庄堂

横文字獨習教　横濱錦誠堂

横文字いろは早けいこ　横濱佐野屋富五郎（錦誠堂）

よこもじいろは　明治三年　齋藤建之編

七體いろは　明治三年　齋藤建之著、東京　松阪屋金之助刊

横文字獨學　青木輔淸著　明治四年忍藩洋學校藏版

英語初步　島一德（桂潭）著　明治四年

英學階梯　松岡啓著　明治四年　好問堂

英字三體名頭字盡　橋爪貫一著　明治四年　椀屋喜兵衞

英字早滿奈飛　明治四年　四書堂

英學捷徑九體伊呂波　橋爪貫一　明治四年　青山堂

和西十體以呂波　明治四年 東京 吉田屋文三郎版

英語横文字入七ツいろは大全　　同上

英語手引草　岸野復　明治五年 東京 雁金屋

和洋五體以呂波　明治五年　吉田屋文三郎版

三體英字獨學　明治五年 茶好道人、名古屋　栗田氏藏版

英字早まなび

英字いろは（四體之部）　明治六年　富山堂

西洋五體伊呂波　ホーパツピーツル著　松延堂刊

英字以呂波（二體之部）　明治六年　富山堂

横文字早學問　明治五年　山靜書屋

なほこの外に洩れたものがあるかも知れないが如何に明治三、四年頃文明開化の嵐が吹きまくり英語の大衆化にまで及んだかを知ることが出來る。尤も既に

横文字早學　（慶應二年、錦港堂）

英學七ついろは（阿部友之進 慶應三年）

の如き書が慶應年間に出てゐるのだから、慶應と明治初年との間に截然と區劃をつけることは困難なことが分るが、文明開化が如何に

明治になつて强化されたかは上揭の表から見ることが出來る。

この「五體いろは」のやうな考がやはり德川時代にあつたもので、明治になつて俄かに出來た考ではないことはいろいろの場合に知ることが出來る。たとへば「五體いろは」といへば大體“ぽ、*po*, PO, **PO**, ポ”のやうな組合せになつてゐる。二體、三體、四體、五體、七體、九體、十體などあるが、大體同じ式で二體といへば“I い, RO, ろ”の如き、七體といへば“I, i, *i*, イ、い、伊、𦢌”の如きものである。この本の表題なり作り方なりは當時の人氣を得たものと見えて、多くの類書がある。此等の中、「英字三體名頭字盡」といふ表題の如き、明らかに德川時代にあつた「五體名頭字」の眞似で、この類の形は當時の人には親しみあるものであつたと思ふ。「五體名頭字」(文政四年)には、たとへば「源平藤橘茂文八彌兵半權」等の姓名にある漢字を行書、楷書、隷書、草書等で書きわけたもので、假名の本字として「い 以 ろ 呂 は 波」等が記されてゐる。橋爪貫一の「英字三體名頭字盡」は源藤等の漢字の下に三體の英字を書いたものである。

當時の文明開化英語本の一つに「童解英語圖會」(弄月亭陳人抄撮、蕙齋閑人圖畫)といふのがある。明治四年の出版で、序文に「西洋文字を兒童衆にも視易かれとして添竹に畫をもて纒(からみ)の足しとはなせど」といふやうなことを書いてある。中のプランはすべて繪で連絡をつけてゐるところが特色で、“search さるちゆ覓さがす; run away ろすゑうゑー(ママ)逃る人、にげる; run ろぬ、走 はしる; find ふはいぬど尋 たづぬる; river りーゔぁる 河 かは; dead でつど死 しぬ”のやうになつてゐて、人が提灯をつけて草をわけてさがすところ、足輕見たいな男が女郎と川に身を投げやうとしてゐるところなどが描かれてゐる。この同じ弄月亭がやはり蕙齋の繪で明治三年に「童蒙必讀漢語圖解」といふ本を出してゐる。その序に「奎運日々進文化益々開、上は　天朝の御布令、中諸侯の建奏、下市俗の論議及び遊女弦妓の雜談迄、漢語を交えざるはあらじ」といふやうなことを書いてゐる。此本が此の著者の最初のプランで、「童解英語圖會」はそのプランを英語に應用したものである。その一つに農民の繪があり、その下に武士の殺されてゐる繪があつて、「億兆之生靈 おくてうのせいれい、せかいの民百性(ママ)のこと; 蒼生 さうせい、これも百性の事、群氓 ぐんばう、おほくの民といふ事、耕獲 かうくわく、たがやしかりあぐる事、鬪諍 とうじやう、いさかひの事、怨殺 ゑんさつ、いしゆぎり、暗殺 あんさつ、やみうち」とある。群氓などいふ難かしい字を當時用ゐて居たらしいことは驚く。氓の字などは芥川賞を貰つた「蒼氓」で馴染になつた字で、その外には今日では用ゐられてゐない。同じ書に「總督、朝裁、錦旗、參謀、降伏、抗命」などがあるところ、明治初年の出版であることが感ぜられる。同時にこのやうな啓蒙書にまで、英語の本では西洋の美人と話が出來るやうにとか、漢字の本では遊女の雜談にも漢語が用ゐられる世の中だといふやうな eroticism が可成りにあらはれてゐるのが注目される。この點は幕末からかけて明治初年の新聞にも著しく窺はれる。つまり醉人趣味といはうか、道樂の傾向といはうか、さういつたものが橫溢してゐたのである。金のある若旦那たちは、何でも新らしがりで、早速洋服を作つて着て見たり、片言の英語を聞き覺えたり、洋食を食べたりしたのである。「牛鍋(うしなべ)食はねば開化不進奴(ひらけぬやつ)と鳥なき鄕の蝙蝠傘」(假名垣魯文、明治四年出版「牛店雜談安愚樂鍋」)とあるやうに人は爭つて牛鍋を食べたのである。今日いふ「あいつは開けない奴」といふ言葉は、この文明開化時代の名殘りの言葉である。服部誠一の「東京新繁昌記」(明治七年)に「輓近建築の方法、衣服の制度、漸く洋風に遷り、茶店の少婦と雖も洋語を用ゐ、絃妓の歌も亦洋語を挾む」とある。英語都々逸が明治初年に出てゐるのは、この絃妓の歌として恐らくは用ゐられたもので、この大きな文明開化運動が明治維新と共に起り、それが歐化主義と結びついたもので、これが一つには民衆運動でもあつたけれども、同時に指導者の政治的方向でもあつたのである。

文明開化は一つは英語の大衆化を卷き起したと共に、一つは新聞によりて新政治を謳歌

せしめんとした。宮武外骨が「文明開化」(大正十四年)の第一篇を「新聞篇」として當時の新聞の初號を集めてゐるのは意味のあることである。そして、明治六年二月第一號を出した「東京新報」の表紙の上のところにTOKIO NEWSと英語を入れてゐる風が、最近までつゞいて新聞の欄頭に英字で新聞名をつけてゐたのである。

日本の歴史は年號の改變で新たに選ばれた年號により當時の行きつまつた情勢を察することが出來るが、明治以後は時々の政府の造つた標語によつて當時の時代を知ることが出來る。日清戰爭後の三國干涉に萬斛の恨を呑んで「臥薪嘗膽」の標語が生れた。これは伊藤博文が作つたといはれる。先頃物故した林銑十郎大將の内閣の時、眞の憲法政治確立を期さうとして「國體の眞姿顯現」の語を揭げた。今日「擊ちてし止まむ」の標語が、最もよく今日の時代の國民的覺悟を示してゐる。「文明開化」から初まり、英國勢力を一つの背景とした明治維新が、英語都々逸集を流布せしめた明治初年の英語熱を生んだが、今や第二の維新と稱せらるゝ時代に入り、英語研究は眞面目にその行く道を考へなければならなくなつた。英米勢力を「擊ちてし止まむ」の大東亞戰爭となるや、今までの英語研究は、英米教育の日本延長であつて、形だけは同じでも實蹟を擧げ得なかつた根本が、英米少年の英語力と、日本少年の英語力との差違といふ極めて常識的な根據を再び考へ直さなければならなくなり、女學校では英語教育が隨意科となり、一面英語研究は一層眞劍味を帶び來り、適性あるものに、もつと有效適切な教育を施さんとするに至つた。かくして一時盛んに唱へられた英語教育廢止論は笑殺され今日以後英米勢力と抗爭するために彼等の國語を學ぶ必要があるといふことに落着いた。これは英米に於て日本語研究が盛んになり、ドイツに於て英語教育が一層强化されてゐるのと併せ考へらるべきことである。

變則英語と富國强兵

[明治英學史 2]

花園兼定

幕末に於て幕府は次第に海外の事情に注意するに至り、たゞ志士攘夷を叫ぶも「唯だ幕府を困らしむる口實の外には亦攘夷を説く者無きに至り」（坪谷善四郎「明治歴史」博文館、明治廿六年、四三六頁）、「故に幕府は蘭人を聘して醫術の教師と爲し佛人を雇ふて軍制を改め且つ横須賀に造船所を設け又佛語學所を置きて麾下の士に西洋の學を勸め」（同上）るといふ有様であつた。

「明治維新經濟史」の著者猪谷善一氏は明治四年以後の自由主義的改革について「明治維新政府の一般風習の改革はいはゆる文明開化の風潮に棹した」（同書一四〇頁）と述べてゐる。そしてこれを「國權的國家統制主義」の下の政治であるとしてゐる。

明治維新の荒波の間に英國系の思想がどしどし日本に入つて來た。明治維新の方向は一方からいへば、日本の近代化であつた。歐米の文物を日本に取り入れるのに急であつた。たとへば養豚の法や養蠶の法まで歐米の方法を英書から飜譯せしめて實行するといふ有様であつた。そこで急に英語の教育を盛んにしなければならなくなつた。當時の中學に變則中學校、正則中學校といふものが生れたのは時代の必要からであつた。變則中學校といふのは漢學數學の私塾風のものであつた。これに對して正則中學校といふのは、もつと整頓した今日の中學校の先驅を爲すものである。今日尚ほ芝の「正則中學校」の名稱が殘つてゐるのは當時の名殘りである。

英語についても正則流と變則流とが行はれ、變則流といふのは、何でも早く本が讀めればいゝといふので、發音などはかまはない。文字の通り讀めばそれでいゝじやないかといふので、the は t-he トヒーといふやうに讀んだり、brother は bro-ther ブローゼルと讀んだりしてすましたのである。今も尚ほ元氣であられる政治家尾崎行雄氏などは、この變則流英語を一度は學んださうである。今日、神田に「正則英語學校」があるが、これは、その當時の歴史を語るものである。この方法につき新渡戸博士はいふ。「此の方法の目的は意味を教へることで、發音はかまはないのだが、かういふ風にして教へられた學生は深く意味を考へないで、それからそれへと鸚鵡のやうに教はつた人たちよりも讀んだものを正確につかんでゐることは長所といつていゝ」（“Foreign Languages in Japan”）

今日の帝國大學の前身の一部であつた大學南校にも、「初め正則と變則の二部があり、正則は外國教師の受持で正確な發音や讀方を教へ、變則は邦人教師が發音には重きを置かず、外國文の意味を十分に説明する教へ方であつたが、後には變則を廢めて正則のみ置くことになりました」（「余が受けた明治時代の教育」工學博士高松豊吉、大日本文明協會刊行、「明治文化の記念と其批判」大正十四年）この南校が東京大學となり、今日の東京帝國大學となつたのである。高松博士は明治四年南校へ入學した。當時の教師は多く米英人であつた。學生中優秀のもの二十名ばかり選抜されて、明治八九年の二ケ年にわたり英米等に五ケ年留學を命ぜられ明治十三年及び十四年に歸朝した。小村壽太郎、杉浦重剛、鳩山和夫、松井直吉、古市公威、穂積陳重、櫻井錠二、高松豊吉等はその時の留學生であつた。それ

ぞれ專門の學問を研究した。穗積博士は Middle Temple に入り法律を研究した。(studied the English jurisprudence at the height of the Victorian age. 穗積重遠跋。"Ancestor-Worship and Japanese Law", by Nobushige Hozumi, Fourth Edition)

穗積陳重博士（穗積重遠博士の父）が英語を初めて習つた時は復唱式とでも呼ぶべきもので、先生が「book ブツク、本」といふと、生徒が異口同音に「ブツク、本」といつたものであると先生が私に話されたことがある。それで日本語にないものになると、"cheese チーズ日本にないもの" といふと、生徒もその通り復唱したのである。それで當時の生徒には、cheese と butter と milk の區別がつかなかつたと話された。牛乳やバターが東京市中で愛用されるやうになつたのは明治十一年頃からである。

「言海」の著者大槻文彥博士は弘化四年(1847)の生れ、穗積博士は、安政二年(1855)の生れで同時代である。大槻博士は仙臺の藩儒大槻磐溪の子で、生れは江戸木挽町であつたが文久二年に諸侯の家族の土着令が出て一家と共に仙臺に移つた。その時十六歲であつた。二十歲（慶應二年)、仙臺藩より「洋學稽古人」を命ぜられ、蘭學及び英學を修めた。氏の自傳によれば、二十歲の時、洋學稽古人といふを命ぜられて、敎師から始は蘭學を敎へられた。その頃の蘭書の素讀は妙なものであつた。

Om het getal van zekere voorwerpen ann te duiden, maakt men van telwoorden gebruik.

これを讀むのに「オム・ヘツト・ゲタル・ハン・セーケレ」ある「ホールウエルペン」物體の「ゲタル」かずを「アーン・テ・ドイデン」あらはす「テ」事の「オム」ために「マークト・メン」人が「ハン・テルウオールデン」數ふるに「ハン」ついて「ゲブリュイク・マークト」用ゐを「マークト」なす、と、かやうに暗誦するやうに學んだものだ。今の洋學生は何と感ずるか、アハハハ。併し英學でも初め『it「イツト」それが and「エンド」さうして』とやつたものだ（復軒旅日記、富山房 百科文庫 220 頁)

この自傳は明治四十二年大槻文彥氏六十三歲の時、東京日日新聞記者久保田辰彥氏の乞はるゝまゝに談つたもので、同年十月七日より十五日まで東京日日（今の毎日新聞）に掲載されたものである。

大槻文彥は間もなく「橫濱へ出て米國人バラ氏、タムソン氏などに就いて英學をした」(自傳)と書いてゐるが、これはキリスト敎の宣敎師として有名となつた James Hamilton Ballagh および Rev. David Thompson で、この二人の米人は我國キリスト敎界の長老植村正久や井深梶之助の先生でもあつた。(「植村正久とその時代」第一卷)

その後敎授法は多少變へられ表現の單位を擴大して復唱させることになり、その方法は夏目漱石の少年時代 Do you see the boy? をヅーヅーシー・ボーイと覺え込んだりした時代を經、この復唱的な敎へ方は明治卅年頃までつゞいた。Do you come here?「ヅー・ユー・カム・ヒヤー 汝は、こゝに、來なすか」といふやうに逐語式直譯的に敎へられたのである。Here, Rover, here は「コヽニ、ロヴアー、コヽニ」と譯したもので、Here といふのは、こゝでは「オイ」といふやうな意味だといふことなどは明治の末期にならなければその知識は行きわたらなかつた。この復唱的な敎へ方は極めて幼稚のやうに考へられるが、英語を丸呑込みにして了ふといふ利益はあつた。かうして英語の順序は直譯のため漢文のやうに返つて讀んだりしたけれども、そのため diction については自然にその法則を覺え込んだのである。明治中期の西洋の冒險小說類は多く此の方法で譯された。「汝は約束し爲すか」、「然り予は爲す」といふ風であつた。これから Do you promise? Yes, I do の原文は、英語を知るものである限り想像が出來た。

大槻文彥は明治三年大學南校に入り、四年箕作秋坪、箕作奎吾の兩先生の蠣殼町の三叉(サンサ)學舍に入つて英學を修めた。「其頃の英學の學修に輪講といふ事があつた。かねて下讀みをして出て、輪になつて坐し、一人づゝ書中の一節を講釋し、各生徒互に其意味に意見を述べて鬪ひ、最後に先生が誰の解釋が勝ちと斷案を下して白星をつける。負けた

者は黑星だ。勝てば喜ぶ。負ければ悔しがる。次に又順廻りにさうしたものだ。妙な敎育法もあつたと思はれようが、字引で一所懸命に考へるので、學力は付いたやうだ。又半枚乃至一枚の文を暗誦させられる事があつた。私は餘りに氣を詰めて耳が遠くなつた事があつた」(大槻文彥自傳)

此の輪講の方法は蘭學時代からの習慣で、大阪の緒方洪庵の塾で行はれた會讀が同じであつた。「出來不出來に依て白玉を附けたり黑玉を附けたりする趣向で」(福澤諭吉：福翁自傳)「いよいよ明日が會讀だといふ其晩は、如何な懶惰生でも大抵寢ることはない。ヅーフ部屋と云ふ字引のある部屋に五人も十人も群をなして無言で字引を引つゝ勉强してゐる」(同上)「肝腎の字書といへば塾中只ヅーフ(卽ち和蘭字彙なり。ハルマといへる字典をヅーフといへる人長崎に來りて和譯を付したる書なり)の寫本一部あるのみ。三疊敷許りの室をヅーフ部屋と唱へて其處に備へ置き、一册たりとも他に持出だすを許さず。百余人の生徒皆此一部のヅーフを杖とも柱とも賴むものなれば、立替り入代り其部屋に詰め込みて前後左右に引張り合ひ、容易に手に取ることも叶はざる程なり。斯て晝間は字義の註索も屆かざれば、深夜に人なきを伺ひ字を引きに出かけるもの多く、ヅーフ部屋には徹宵の燈火を見ざる夜ぞなかりし」(長與專齋「松香私志」)

緒方塾では末席となると「或は往來筋となり、又は壁に面したる席に居れば夜間人に踏み起され晝間燭を點して讀書するなどの困難あり」(長與專齋「松香私志」)。塾では疊一枚を一席とし其間に机夜具其他の諸道具を此に置いて起臥するのであつた。一ケ月の點數白點の多いものは其級の上席となるのであるから、「輪講の勝敗は一身の面目」(同上)であつた。

緒方洪庵については最近出た緒方富雄氏著「緒方洪庵傳」は好著である。緒方洪庵は醫者の道として「自然之臣也」と稱し、「醫者は自然の家來である。醫者は自然界におこなはれてゐる法則を知り、これに從つて治療をほどこすよりほかに、醫者としての道はない」(緒方富雄：「緒方洪庵傳」)といつてゐた。緒方の門人には日本憲法思想の先驅であり慶應義塾を開いた福澤諭吉、日本軍陣醫學の恩人、醫博長與稱吉の父、文學者長與善郎の祖父長與專齋、其他橋本左內、大村益次郎、大鳥圭介等がゐた。ヅーフといふのは Hendrik Doeff で、幕府は當時の長崎出島の蘭館長であつたヅーフをして蘭日對話辭典の編纂に從事せしめ、ヅーフは François Halma (蘭人でユトレヒトの人) の蘭佛辭書第二版に準據して、二三の通詞を助手として文化九年 (1812) 起稿し、文化十二年 (1815) に脫稿した。この辭書の出來上つた文化十二年、卽ち 1815 年は杉田玄白の「蘭學事始」の著述の成れる年であり、ナポレオンがセント・ヘレナに流された年である。かくして明治初年の英學研究は幕末の蘭學の系統を引いてゐた。たゞ彼等は蘭學時代のやうに歐洲の近代科學を學ぶのみでなく、當時 Victorian age の絕頂にあり勢威ある英國が如何にしてその國力を築き來れるか、その富國强兵の道を研究せんとしたのである。その結果は今日の日本の威力となつて花開いた。今日の日本を築くに貢献した洋學は文久以來オランダ、英國、米國に送られたる學生によりて齎らせられ、而して注意すべきことは「最初留學生を派遣せしは曩きに最も開交を非とし攘夷を主張せし諸藩なり(薩長肥等)。此等の諸藩は外國と爭競せんには先づ學術を研究して以て其力を養はざるべからざるを早くも看破せり」(渡邊修次郎氏：「明治開化史」明治十二年)といふことである。

Bonaparte's nursery rhyme

Bonaparte was only able to whistle one little nursery rhyme all through his carrier; it was the French version of "One, Two, Three, Four, Five, Six, Seven, All good children go to heaven."

科學教育と英語

[明治英學史 III]

花園兼定

明治元年三月、京都に學習院が再興され、同じく元年六月には江戸の昌平黌、醫學所、開成所が復興され、「五ケ條の御誓文に示されたる宏謨を以て維新の大業は開け」(中島半次郎:「明治時代の敎育界及敎育制度の批判」)、明治二年六月昌平黌は大學校と改められ、國學漢學が授けられ、開成所は大學南校となり、こゝでは洋學が學ばれた。醫學所は大學東校となり、醫學の研究が行はれた。明治三年明治政府は諸藩に命じ、偉材を選んで之を「貢進生」と稱し、大學南校で洋學を學ばしめ、その中の優秀なものを海外に留學せしめた。當時はまだ文部省がなく、大學校の中に「府縣學校取調局」を置いて學制を作つたが、それは全國に行はれなかつた。明治四年七月に文部省が設けられ、佛國の學制を參考として學制が立案された。米國の學制は各州の自治であつたので一定の國立制度がなく、英國は私立の敎育を重んじ、當時日本が參考とすべき一定の國立制度がなかつたし、獨逸は當時帝國組織が出來たばかりで參考とすべき全國的の制度が確立してゐなかつたからである。佛國の制度を參考して學制を作つたが敎育內容は、「米國に之を求めた」(中島半次郎:前出論文)。明治五年東京師範學校が創立さるゝや、新學制實施につき新敎育の方法を學ばんとして、米人 M. M. Scott を聘用した。そして小學校の讀本は米國の讀本を飜譯したものを用ゐ、中等以上の學校での外國語は英語を學ばしむるといふやうになつた。「共和國を則に取つたのは……目前の急に迫はれて、右の如き處置に出でたもの」(中島半次郎:前出論文)であつた。當時我國に於ては「田中不二麿といふ人が大に米國の敎育制度と精神とに感心をし、……米國から雇つてゐたダヴキト・モーレーといふ人がある。この人を文部省の督學として……ところがモーレーの方は非常に國家主義、日本主義であつて、敎育のことは然う外の國のものを機械的に模倣すべきでないと論じて田中氏の米化主義に反對したと云ふことである」(吉田熊次:「文化史上より見たる明治年間の敎育」)。かくして「明治七八年に英國なり佛蘭西なり獨逸なりに留學して居つた人達も歸つて來たのであるが、單に米國ばかりを手本とすることが段々無くなり……英國及び瑞西などの敎育上の學說と、いづれかといふと德川時代における儒敎主義とが混合して居たのである」。(同上論文)日露戰爭に勝ち、「西洋の文明そのものも必ずしもそれ程完全なものではないといふ感情を持つたやうに思ふ。……國民道德の論といふやうなものが明治三十七八年戰役以後に復興して來たやうである」。(前揭論文)

明治英學史をふり返るに、この明治の敎育制度なり、敎育の方針、實情を知る必要がある。そして日本に來た英米敎師、及び宣敎師が、日本の英語敎育を指導し實行し、かねて英米思想を注入したけれども、所謂注入された英米思想は日本文化の上に大いなる影響を與へたけれども、それによつて眞の日本精神が恐ろしい危機に立つといふことは斷じてなかつた。幕末文久三年幕府が西周、津田眞道の二人を和蘭に遊學せしめたのが海外留學生の嚆矢であり、慶應二年箱館奉行から山內作右衛門、市川文吉等六名が最初の遣露留學生として送られ、慶應二年幕臣の優秀な子弟が

英國に留學せしめられ、中村正直が取締で、外山正一、箕作圭吾、林董、菊池大麓等十四名であり、また大藩から歐米に留學せしめた數も多かつた。

明治となつて、明治二年山縣狂介（後の有朋）が英國に留學、ついで西園寺公がフランスに留學、明治五年、米、英、佛、獨、魯、蘭、淸の七ケ國に留學するものゝ數三百八十餘人と記されてゐる。

明治初年に日本に來朝した英米人で敎育に從事したものの人物は、到底今日英米から敎師として日本に來てゐたものの多くとは比べものにならないほど立派であつた。

科學方面では日本の地質調査に初めて從事した米人B.S.Lymanライマンが明治五年日本に來朝、明治九年十月越後遠江の油田調査をしてゐる。大正九年八十六歲でフイラデルフイアで歿してゐる。このライマンの門弟が幾春別炭山や夕張炭山の發見をしてゐる。明治醫學の初めにあたつては、奥羽の戰爭に從つて偉功を奏した英國の醫家William Willisにより日本の外科の技術の方面の發達が促され、その門から池田謙齋、石黑忠悳、佐々木東洋、高木兼寬が出た。明治十四年英國に歸り、明治二十七年歿してゐる。英人のWillisと並んで米人のHepburnがmissionary physicianとして來朝し、名優田之助を治療したので有名となり、且つ「和英語林集成」といふ立派な和英字典を岸田吟香を助手として作つてゐる。ヘボンは聖書の和譯に對しても大いなる功績を殘してゐる。ヘボンはフルベツキ博士等と共に明治十五年(1882)聖書飜譯委員に擧げられ、松山高吉、植村正久、井深梶之助の三氏が主として飜譯にあたつた。ヘボンのいふところによれば、「聖書の文體に統一あらしめ」(米國聖書協會・「聖書の和譯の歴史と聖書協會」)ることに苦心した。ヘボンは明治二十五年(1892)米國に歸りNew JerseyのEast Orangeに閑居し、明治四十四年(1911)歿した。享年九十七。生物學の方面では明治二年に設けられた蝦夷開拓使が、その開拓顧問であつた米人Horace Capronの進言に基いて明治五年東京に開拓使假學校を設けたが、此の假學校は明治八年に札幌に移されて札幌學校と稱せられ、明治九年米國マサチユーセツツ農科大學の組織に基いて改變し札幌農學校となつた。この札幌農學校が生物學方面の進歩に貢献した。札幌農學校設立當時、マサチユーセツツ農科大學學長たる人で招かれて農學校の敎頭として盡萃した米人Col. William S. Clarkは去るに臨み「"Boys, be ambitious!"（靑年よ、須らく大志を懷け）の名句を後に殘し、一鞭を與へて阪を登り疎林の彼方に其影を沒す」(創立五十年記念北海道大學沿革史)。「札幌に在る僅かに八ケ月に過ぎずと雖も」(同書)長く學生に與へた感化は偉大なものがあつた。同校からは多くの生物學者、農學者、英學者を出したのは不思議ではない。植物病理學者宮部金吾、昆蟲學者松村松年、螢の研究で有名な渡瀨庄三郎のやうな學者を輩出した。同時に、同校からは新渡戸稻造(第二回卒業)、頭本元貞(第三回)、武信由太郎(同)、內村鑑三(第二回)、のやうな英文家を出してゐる。當時の札幌農學校は、人物を作るのが目的であつたから、此等の英學者が出たことは少しも怪むに當らない。

明治初年の思想界は英國のBenthamの功利說大いに行はれ、陸奥宗光獄中で飜譯して「利學正宗」と名づけて出版し、其外フランスのモンテスキユーの「萬法精理」やルーソーのものなどが大いに讀まれたが、「最も影響を與へたのは、モールスが來つて盛んにダーウヰン、ハクスレーの說を主張したのにある。卽ち人類は猿の類より變遷し來つたと言ふ說の、人を驚かしたのみならず、兩手で白墨を取つて、巧に畫いて演說し聽衆を刺激したのは、一時世を風靡するの勢であつた」(三宅雄二郎「哲學的思想」——大隈重信：開國五十年史下卷)。同時に米國Harvard大學から來たフエノロサがスペンサーの社會學に依つて宗敎を論じた。このフエノロサは日本美術の價値を世界的ならしめた人である。Edward Sylvester Morseについて其門弟であつた石川千代松博士はかういつてゐる。「モールス先生が日本のために盡された事は實に非常なもので、わが東京帝國大學が今日あるのは全然先生の力によるものであるというても決してほめ過ぎた言葉ではないと信ずる。それは先生が明治十年に來朝せられた時

にはわが大學三學部には本當の專門家は殆どなく、當時ゐた外國教師は何れも宣教師であつたが、モールス先生が來られてから、物理學のメンデンホールであるとか、文學のフエノローサであるとか、何れも皆先生が呼んで來られたのである」(「噫モールス先生」、石川千代松、大正十四年十二月二十五日東京日日新聞)。 モールス博士は大正十四年十二月二十日歿す。享年八十七歳。モールスの大森の貝塚發見は有名である。氏はダーウキンの進化論をいち早く我國に傳へた。モールスの「日本その日その日」は石川千代松博士息石川欣一氏によりて譯されてゐる。モールスが江の島に滯在中或る日一人の男がたづねて來て、嘗てミシガン大學に在つた日、モールスの進化論の講義を聽いて非常に感銘を受けたが、あれと同じ講義を東京大學でしてくれまいかといつたのがもとで、東京大學で動物學を教授することになつた。この日本人は明治十五年以後東京大學文科大學の教授であつた外山正一であつた。モールス先生が來られたのと前後して矢田部良吉、菊池大麓、外山正一等が歸朝し、大いにモールスの專門教授招聘の主張を助けた。モールスはかの有名なThomas Henry Huxley (1825-95) を迎へる交渉したが、ハツクスレーの健康がこれを許さなかつたので、Charles Whitman, 1842-1910 を米國から迎へ、これを後任として日本を去つた。Huxley は the doctrine of evolution (進化論) について大作を殘した英國の學者で、進化論といへば Darwin が theory of natural selection (自然陶汰の說) を1858年に稱へたことと、Alfred Russel Wallace がダーウキンと同じ結論に來たことをワレースの論文で知つたダーウキンは、ワレースの友情を感じながら 1859 年に彼の有名な著作 Origin of Species (種の起源) を公けにしたことと共に、ハツクスレーの名を記憶しなければならない。

この大學者ハツクスレーの來朝は實現出來なかつたが、米國からモールスが來て進化論を說いたことは前に述べた如くで、それはダーウキンの「種の起源」發表後僅かに二十年、「當時本邦にあつては未だ進化論の言葉すら耳にせなかつたやうな所へ、いち早くこれを傳へ、而も極めて平易に說き示したことは生物學界のみならず一般思想界に一大覺醒を與へたものであつた」(「明治科學史」: 生物學篇、理學博士上野益三)。

此等の學者はクラークの如く、農學植物學及英學の教授にあたつたものばかりでなく、凡て學問の教授は英語で行はれたために、我國の英學教育を進步發達せしめたことはいふまでもない。その後我國の科學教育は獨逸學風を入れることになつたが、英米の科學の進步について、我國の學界も、技術者も無關心ではなかつた。科學者が外國語の知識を重んずることは歐米に於ては我國以上であるが、我國の專門科學教育も、英獨佛語の教育をその學課課程に入れてゐる。

REMOTE DESIRE

BY DOROTHY QUICK

Always the heart's desire should be far,
Alien as some infallible, blue star,
For those who keep desire vague, unknown
Find that it strangely will remain their own
But those who clasp it to the anguished breast
How can they know the faultless balm of rest.

理學宗の提唱と國家の興隆

[明治英學史 IV]

花　園　兼　定

我國に於ける洋學の發達は、天文學、醫學、本草學、物產學、兵學等を主にして入つて來た。そして幕末明治の時代に、此等の科學振興のために我國で傭入れた歐米人は夥しい數に上つた。而してまた我國から歐米に留學するものも多く、その人々が歸朝の後、各方面に活潑に働いて、日本の新文化を築いたことはいふまでもない。吉田松陰が、安政元年(1854)正月下田に赴き米艦に投じて米國に渡らんとして果さず、縛に就き、翌年(1855)出獄して松下村塾を開いたが、當時から數へて十年になるかならない文久三年 (1863) 幕府は西周、津田眞道の二人を撰んで和蘭に留學せしめた。これが日本の海外留學生の嚆矢である。西は和蘭から歸りて、留學の復命として彼の飜譯に成れる「萬國公法」を將軍慶喜により、慶喜は西を招いて憲法制度に關して問ふところあつた。萬國公法は今日、國際法の名を以て呼ばれるが、明治六年箕作麟祥譯に「國際法」の著あり。併し大體萬國公法といはれてゐた。慶應二年幕臣の俊秀なる子弟を撰拔して英國留學を命じた。川路太郎、中村正直 (敬宇) を取締とし、成瀨錠五郎、外山正一、箕作圭吾、林董 (後の外相)、伊藤貫之助、億川一郎、福澤英之助、菊池大麓、市川森三郎、杉德三郎、岩佐源八、安井新一郎等十四人を擧げたが、「他日明治の昭代に光輝を放つた人物學者の此一群より出たものが多きことである」(米山梅吉著「幕末西洋文化と沼津兵學校」)。

明治の時代となり、明治二年には山縣狂介(後の山縣有朋)英國留學を命ぜられ、明治三年には華頂宮、東伏見宮等皇族方の英米遊學あり、諸氏その行に隨ひ、また西園寺公の佛國留學、四年、五年にわたり益々海外留學生は激增し、「明治五年の調査によれば、米、英、佛、獨、魯、蘭、淸の七箇國に於ける當時の 留學生 三百八十餘人と註さる」(同上)。明治六年墺國維也納に大博覽會があり、日本は之に參加し、このため渡航せるもの六七十人、何れも當時の 洋學者であつた。そして「世界に於ける日本人」の著者として知らるゝ渡邊修次郎翁(本年八十九歲、尙ほ矍鑠として筆硯に親しまれてゐる。)は「此頃濫に外人を聘用するの風行はる」と同書に記してゐる。

明治八年明治政府は東京開成學校から文部省第一回の 留學生を 派遣することになつた。その人名は下の如くである。

法學部：鳩山和夫(鳩山一郎氏父)、小村壽太郎(小村捷治侯父)、菊池武夫、齋藤修一郎

理化學部：長谷川芳之助、松井直吉、南部球吾

諸藝學部：古市公威

礦山學部：安東淸人

工業學部：原口要、平井晴二郎

このうち、古市はフランス、安東はドイツ、他の九人は皆な米國に留學した。

すると、選に洩れた人々が運動を起し、明治九年 (1876) 第二回の 留學生 派遣となり、その中には杉浦重剛も加はり、「我々が行くならば今度は英國へ行かう (前の人は米國であつた) とした」(大町桂月、猪狩史山共著「杉浦重剛先生」政敎社) 希望が達せられた。

この時留學した人たちは、杉浦重剛 (化學、膳所)、穗積陳重 (法學、宇和島)、岡村輝彥 (法學、東京)、櫻井錠二 (化學、金澤)、關

谷清景（工學、大垣）等であつた。八名は英學で、二名が佛學であつた。その時の開成學校の送別宴に出た學生の中には、最近靜かに老を養つてゐられる辯護士界の長老増島六一郎氏（彦根）の名も見える。杉浦重剛が米國でフィラデルフィヤで小村壽太郎に出會ふと、杉浦たちが米國を經由して英國に行くのを知つて、「とうとう君等に一歩先んぜられたね」といさぎよい挨拶をしたさうである。杉浦は、「さすがに小村は偉いと思つた」と云つてゐる。ロンドンに行くと馬場辰猪の世話になつたと語つてゐる。この馬場辰猪は昭和十五年六月歿した文士馬場孤蝶の兄で、嘉永三年（1850）高知に生れ、慶應三年（1867）藩費生として江戸留學生となり、福澤塾に入門し、明治二年慶應義塾に經濟學を學んだが明治三年（1870）渡英、政府の留學生として法律學を修め、その間日本語文典（英文）を著はした。七年歸朝、八年（1875）再び渡英、十一年歸朝して民權論者として活躍し、當時國會開設の必要がしきりに唱へられたが、先づ民衆知識の開發を急務なりとして、早稻田大學創立者の一人小野梓、一二年前物故された金子堅太郎等と共に共存同衆を再興した。「共存同衆は人間共存の道といふ大きなイデオロギーに包容されてゐた啓蒙的な社會改良團體であつた」（西村眞次著小野梓傳）共存同衆は「共存雜誌」を出したが此の雜誌の執筆者には小野梓、馬場辰猪、菊池大麓、金子堅太郎、田口卯吉、島地默雷がある。明治十九年渡米、二十一年フィラデルフィヤで三十九歳で歿してゐる。筆者は在米中、幾たびか此の憂國の士の墓に詣でて彼の多忙なりし一生を思つた。杉浦重剛がロンドンで馬場辰猪の世話になつたといふのは、馬場の再度渡英の時である。渡英前、自由黨黨首板垣退助の外遊の企あるや、馬場等はその洋行費が政府から出づるものとして攻撃し、遂に馬場は自由黨を脱退した。杉浦重剛の近江膳所藩では佐幕勤王が藩内で分れ重剛の父は藩學の教授高橋坦堂などゝ共に勤王論を主張した。後年重剛は藩學で學習してゐる際、「少年時代に於て、予の精神は之を坦堂（高橋）先生より受け、學問は之を麴廬先生（黑田）より受け、識見は之を月洲（岩垣）先生より受けた」と述べてゐる。高橋坦堂の亡くなつた後、重剛は慶應二年父に伴はれて黑田麴廬の門に入つた。麴廬は江戸から歸つて來た學者で、初め此の人から漢學を教はつたが、後には蘭學、英語、フランス語も教へられ、更に數學や、理化學、天文學なども原書で教へられた。黑田麴廬は蘭學を緒方洪庵や伊藤玄朴に學び、更に英語、フランス語、ドイツ語、梵語まで學んだ。かくして膳所藩から大學貢進生が撰拔される際に、重剛は黑田により第一に推薦され、重剛は十六歳で貢進生に加はつた。重剛は貧書生であつて、學校から支給された洋服のチョツキが破れて仕舞つて上衣を着たまゝでチョツキを引き拔くことが出來たさうで、これを「杉浦のチョツキ」と云つたさうである。(「西村茂樹と杉浦重剛」海後宗臣著」)。

「小一年掛つて漸く洋行が許可される事になつた。その折のうれしさ。そんなにうれしかつた事はまたとなかつた」と杉浦天臺道士は自づから書いてゐる。

杉浦は純正化學を學ぶためにマンチエスターのオーエンスカレーヂに赴いて、ロスコー（Roscoe）教授に就いて無機化學を學んだ。ロスコーは獨逸の化學大家ブンゼンの弟子であつた。このロスコーの助手であつたショーレマル教授から有機化學の指導を受けた。この人は獨逸から歸化した人である。杉浦はクロースといふ學友と一所に實驗中、クロースが、自分が見てゐるから晝飯を食べて來てもいゝといふので、杉浦は下宿に歸つて食事をして二十分程で引返して來ると、クロースが居ない。硝子管がへの字なりにまがつて了つてゐる。その時先生から、The chemist must not depend upon others. He must depend upon himself（化學者は他をあてにしてはならない。自分だけに賴らねばならぬ）と云はれた言葉は一生忘れなかつたといつてゐた。こゝで杉浦は首席の成績を擧げたほど猛烈に勉強した。明治十一年ロンドンに移りサウスケンシントン化學校に入學し、翌十二年にはロンドンのユニバーシテイ・コレージに移つた。明治十三年歸朝の後、日本主義運動のために活躍し、明治廿一年、島地默雷、井上圓了、三宅雄二郎（雪嶺）等と共に、雜

誌「日本人」を創刊した。その頃文部大臣は日本の發展のためには國語を英語にしたならばどうかといふ熱烈な考さへも曾て披瀝した森有禮（アリノリ）で、森有禮の敎育主張は本質的には國體敎育で、その點「國體と敎育とを一つにして考へて來てゐた」（海後宗臣：「西村茂樹と杉浦重剛」）杉浦重剛と共鳴するところあり、遂に明治廿一年杉浦は文部省參事官兼專門學務局次長となつた。

杉浦が長い間日本中學校の校長をしてゐたことは誰れも知るところであるが、この日本中學校の前身が明治十八年に杉浦重剛、千頭淸臣、增島六一郎等と共に作つた東京英語學校であることを知る人はすくない。日本中學校の名が示す如く杉浦の日本主義がこの學校の精神となつてゐた。杉浦は英國で化學を研究した修養から當然の發展と思はれるが、彼は日本に於て科學の研究と應用の獎勵の重要なことを唱道し、自づからその提唱を「理學宗」と稱へた。彼の考によれば、神とは、「conservation of force で、勢力を一番餘計保存なして居るものは何時迄も殘つてゐる」、それが神だといふのである。「科學より見たる神道」（明治四十四年稱好塾報）の論稿がある。

大正三年から大正十年まで東宮御學問所に於て倫理の御進講を申上げ、その御進講草案は「倫理御進講草案」として公刊されてゐる。

杉浦重剛といふ人が、まことによく明治文化を築いた一面の、ぢみな代表的人物の一人といふことが出來る。

抑も我國の化學研究は文化五年（1808）アムステルダム刊行にかゝる William Henry の原著、 Elements of Experiment of Chemistry の獨譯を更にオランダ語に譯したものを、日本蘭學の先覺者宇田川榕庵が邦語に飜譯して、天保八年（1837）に出した「舍密開宗」こそ、その起原といふべきであらう。この「舍密開宗」の刊行が川本幸民、桂川甫周等をして明治以前に化學研究を志ざさしめたものと考へられてゐる。（櫻井錠二：「明治時代の化學」、明治文化發祥記念誌）。宇田川榕庵（1798–1846）は津山藩の侍醫で、宇田川玄眞（號榛齋）の義子、蘭學を馬場佐十郎に受け、幕命で飜譯に從事した。榕庵の「菩多尼訶經」は「泰西の植物學 Botanica を我が國に移入した最初の文献である。……折本仕立てに作り上げたもので、我が國人に朝夕諷誦せしめんとした著者榕庵の着想が窺はれる。蓋し榕庵は親交ある蘭醫坪井信道（寛政七年——嘉永元年、一七九五——一八四八）より贈られた細井廣澤筆の般若心經の扁額を楣間に掲げ、日夕之を愛誦し、自ら菩薩樓と號してゐた位であるから、ボタニカなる發音が佛敎語の音に近似してゐる點と合はせ、恐らく此の菩多尼訶經の命名や體裁も之から暗示されたものではないかと思はれる。（大賀一郎：複刻菩多尼訶經解說）。榕庵は植物學に於ても我國に於ける開祖であり、また化學に於ても、彼の「舍密開宗」の書によつて我國近世化學の開祖となつた。舍密は chemie で、彼の「舍密開宗」以來、洋書調所の敎授となつた川本幸民の「舍密讀本」、「舍密眞言」、「化學通」（明治八年）などが現はれ、今日の化學の語がここに用ゐられてゐる。德川幕府は化學研究の重要なことを承認して開成所内に化學實驗所を作り、慶應三年蘭人ガラタマを開成所に招聘して化學敎授にあたらしめた。明治二年大阪舍密局が開かれ、ガラタマ博士の指導を仰ぎ、次いで翌年京都舍密局が設けられ、蘭人ヘールツ博士、獨人ワフネル博士を聘し、製藥、石鹼、氷糖、ラムネ、陶磁器、七寶、硝子、石版、寫眞、ビール釀造等の實驗場を起した。このガラタマの名はその「英蘭會話譯語」（ガラタマ先生口授、渡邊氏藏梓、明治元年）を以て、むしろ今日に知られてゐる。この書は蘭人フアン・デル・ペールの英語會話篇を刷行したものである。

幕末明治の洋學の一つの方向が科學であり、また科學部門のうち化學の研究が既に重んぜられてゐたことは注意すべきことであると思ふ。榕庵の說に曰く、「醫學は究理の門に屬す。故に西洋、醫を理科による。凡そ醫を爲すもの、必ず先づ辨物の學に進んで以て内量藥物を研討し、而して後、究理、舍密の奧旨に通じ、始めて治病に從事すべし」と。此の科學研究の正しき道を明治に於て傳へた一人が杉浦天臺道士であつた。道士の提唱した「理學宗」こそは、今日の我國に於て再び提唱せらるべきことで、故山本元帥の戰死、アッツ島守備軍玉碎の跡を忍び、まさに青年學徒は邦家興隆のため、血みどろの研學にいそしみ、天地自然の理に敬虔の念を以て參入すべきである。それが理學宗の精神である。

森 有 禮 の 國 語 論

[明治英學史 V]

花　園　兼　定

明治の日本に於ける英學研究史を顧みると、其處にすぐ大うつしに出て來る人物の一人は森有禮である。「明治五年六月森有禮米國在留中英語を以て日本語に代へようとする說をホイトネ (Whitney) 宛に文通、反對さる。翌年この書簡を公表 (Education in Japan, 1873) して內外人の論議の的となる」(朝日新聞社、國語文化講座「國語問題篇」、國語問題年表)とある事實から、森といふ人は何でもかんでも西洋心醉の人のやうに考へる人もあるやうであるが、さうではなかつた。森が明治二十二年一月二十八日、卽ち氏が刺殺さるゝ十五日前、文部省で直轄學校長に說示した要領中の一節に、「諸學校を通し學政上に於ては生徒其人の爲にするに非ずして國家の爲にすることを始終記臆せざるべからず」(木村匡編「森先生傳」、明治卅二年金港堂）とあることから明らかである如く、氏は「國體教育の主義である」（井上毅の皇典講究所に於ける講演、明治二十二年四月出版皇典講究所講演四)。明治二十二年紀元節の盛典に氏は參列せんとしつゝありし時、西野文太郎のためで官邸で刺殺されたが、「蓋し伊勢神宮參拜の際に不敬の行爲があつたとの寃罪によるもので、ついで十四日正二位を贈られ、金幣五千圓を賜つた」(平凡社大百科事典)。

森有禮 (1847–1889) は鹿兒島藩士で、弘化四年生。同藩士上野景範（明治元年外國事務御用掛、後全權公使として歐米諸國に赴く）につきて英語を學ぶ。藩が子弟を選んで英國に留學せしむるにあたり、森は澤井鐵馬と變名して、吉田淸成、鮫島尙信等と、慶應元年三月留學の途に上り、ロンドン大學に修業の後、米國に轉じ、慶應四年六月歸朝。當時鹿兒島藩は留學せしむるにあたり、幕府の嫌疑を恐れ、「名を脫藩に托して之を斷行することし同行の士皆別名を用ゐた」（前掲「森先生傳」)。ロンドン大學に入學した先生は「將來海軍に從事すべきの豫定なりしが故に豫備として化學、數學、物理學を研究し、最も化學に勉めたり」(同書)。杉浦重剛が文相森有禮の推輓により明治二十一年文部省に入り、參事官兼專門學務局次長になつたのは、國體教育の主義で、杉浦の教育上の見識が森に認められたためではあるが、杉浦が英國で同じく化學を修めたことについても、二人の傾向が相似しゐる。杉浦は明治三年十月十六歲で貢進生として大學南校に入學し、英學を修めた。森は明治三年少辨務使として米國に駐劄、五年中辨務使、代理公使に進み、同年日本語問題の討究につとめ、岩倉全權大使の歐米回覽中は條約改正のことに奔走して翌六年歸朝、外務大丞、同少輔に轉じ、新知識の故を以て同志と明六社を設けて泰西思想の普及に努めた。八年淸國に公使となり、十一年駐英公使となり、十七年歸朝、十八年內閣制度施行に當つては初代の文部大臣に親任せられた。予の見たる Education in Japan の一本には、「杉浦兄、有禮、明治六年十一月五日」の署名がある。明治六年は森が、米國から歸朝し明六社を起した年で、杉浦重剛は十九歲。紙魚といはるゝほどの勉强をしてゐた時である。

森有禮が廢刀論を建議し、その爲め職を棄つるに至つたが、「橫井小楠の日記に明治元年の末京都に於て森金之丞〔後の森有禮〕と大に米國議事院の事を論じ快談夜を徹すと云ふ一

節あり」（「森先生傳」）。明治二年公議所が開院され、第二回からは 森金之丞は「議長同樣之心得となり、「實際の議長は森で、歐羅巴仕込の腕を振つたのである」（尾佐竹猛：「維新前後に於ける立憲思想」）。森の廢刀論に對して、「苟も大和魂を有する者、誰か刀を脫する者あるべきや」等の反對があつた。多くの議事中、「衣服の制度を定むる事」、「禁洋服の議」、「刑罰は其一身に可止議」等があり。最後の一項は森金之丞の建議であつた。以て當時の思想が如何に錯雜してゐたかゞ判る。（尾佐竹猛，前揭書）。此の公議所の議場は純然たる歐米議場の形式に則つてゐるが、出席するものは「直垂着用の事」と定められた（同上）。

森の伊勢神宮の參拜の際の不敬事件については、恐らく信ずべからざることだとし、「剛岸不屈の性格に由來して居る」（高橋淡水：「森有禮と星亨」）とするものあり。矢張米國公使をし、後に政界に身を投じ、伊庭想太郎に刺された星亨と、その人物は非常な違ひだが、性格の剛岸なところが似てゐた。「あの男の傲慢な態度が、さうした流言を生んだのだと思ふ（青年の四）」（小内山薫：戲曲「森有禮」）といふ見方が一方に强いが、谷干城の日記では森を批難してゐる。流言といふのは森が「豐受大神宮の前まで來ると、森はステッキで御門扉の御帳を高く上げて中を覗いたさうだ」（前揭戲曲）といふことである。兎に角「當時革新、保守二主義の爭は滔々として我邦の政界に浸り」（「森有禮」、海門山人著、民友社、明治卅年）といふ狀態であつた。

小山内薫の戲曲に出て來るワシントンの日本辨務使館（公使館のこと）に於ける外務文書大令使矢田部良吉と辨務少記外山正一とが後に我邦英語敎育に大いなる貢獻をしてゐるのであるが、森は外交官であると同時に、非常に敎育に當時から注意を拂つたので、同戲曲でも、森が、「敎育だ、敎育だ、何を措いても敎育だ」と云つてゐるのは、史實に依るものである。森の周圍から矢田部、外山のやうな敎育家が出たことは怪むに足らぬ。外山は明治五年學問で身を立てる決心をして、一留學生の身分となりミシガン大學最初の日本人學生となつた。そして「理科哲學の兩方面に亘つて廣く諸學科を修められ、中にも理科を好まれ。遂に化學科で卒業せられた。（三上參次：「外山正一先生小傳」）。森有禮にみとめられた外山正一も杉浦重剛も化學を學んだことは興味あることである。

矢田部は明治三年高橋是清の斡旋により、森有禮に從つて渡米し、翌年外務少錄に轉じたが、辭職して勉學に努めコロネル大學に入り官費留學生となり、同九年卒業して歸朝した。長く東京帝大理學部の敎授であり、後東京高等師範學校校長となり、英語中等敎員試驗委員をもつとめた。外山は東京帝國大學の敎授となり、文科大學長となり、文部大臣ともなつた。慶應二年中村正直が取締で、林董、菊池大麓等十四人のものが幕臣の子弟から幕府により選拔さるゝにあたり外山も十四人中に加へられ英國に留學せしめられ、ロンドン大學に入り、明治元年歸朝、明治三年外務省の關係で渡米した。我國に於ける新體詩が、井上哲次郎、外山正一、矢田部良吉により「新體詩抄」が明治十五年に出たのが最初で、この中で、井上哲次郎は Longfellow の A Psalm of Life, 外山正一は Tennyson の Charge of the Light Brigade, Longfellow の A Psalm of Life,「シエーキスピール氏、ハムレツト中の一段」、矢田部尙今居士は Thomas Campbell の Ye Mariners of England, Thomas Gray の Elegy Written in a Country Churchyard, ハムレツト中の一段等の譯をのせてゐる。矢田部と外山とは米國以來の親友で、「終始友情濃かであつた」（三上參次：外山正一先生小傳）。そして明治十年代に我國のローマ字論が盛んになるや、「外山正一、矢田部良吉等を中心に『羅馬字會』を結成するに成功した。その發會式に當つては、時の英國大使が來て挨拶を述べ、その目的綱領が忽ち英文のパンフレット（A Short Statement of the Aim and Method of the Romaji Kai 1886）となつて宣傳された」（南澤季生：「ローマ字運動」朝日新聞社國語問題篇）。森有禮が米國駐在中、英語を日本で採用するについて、有名な言語學者 Whitney に手紙を送りその返書を受けた事があるほど、森は言語敎育にも大なる關心を寄せてゐて、この森の說が、ホイツトニーのいふやうに、果して英語を以つて日本語に代へ

んと眞劍に考へたものか、どうか、明らかではないが、Education in Japan の森の序文には "The absolute necessity of mastering the English language is thus forced upon us. It is a requisite of the maintenance of our independence in the community of nations. Under the circumstances, our meagre language, which can never be of any use outside of our island, is doomed to yield to the domination of the English tongue, especially when the power of steam and electricity shall have pervaded the land." と書いてゐることからだけでは明らでない。此の森の英文は當時 American secretary of Japanese 、Legation in Washington の Charles Lanman が書き直したものと思はれる。この書の Additional Papers の中に On the Adoption of the English Language in Japan の表題をもつた Yale 大學教授 W. D. Whitney(有名な言語學者で Century Dictionary の編輯監督)の書簡には、"Dear Sir: Your communication respecting the adoption by the Japanese of an improved and simplified English language, in a consistent orthography, has been received and read by me with very great interest." といふ書き出しで、森の英語の不規則を改正して a new phonetic form で學ばんといふ意見を反駁し、その間に日本語のローマ字に轉じ、それは the first and most important of possible reforms といつてゐる。そして, その間に "Were the Japanese merely seeking a best language to put in place of their own, they would want to look carefully through the world, ancient as well as modern, and choose, after a mature weighing of the merits of many dialects. The history of languages, also, shows this consideration to be of minor consequence. There have been many instances in the world of a people's abandoning its ancestral speech and adopting another; but, so far as I know, it has always been under the influence of the superiority in culture of the speakers of the other language—usually, indeed, aided also by political supremacy or social preponderance. The people in question has, as it were, by adoption of another language, linking its cultural progress with that of the latter. So, I imagine, it would be with the Japanese: so far as they learned and used English, it would be because, mainly, of the eminence of the English-speaking races, in the present political and social history of the world, and in the career of modern civilization in literature, science, and art. By coming to speak English, they would, in a manner, make themselves a part of those races, having immediate access to all that was done by them; uniting, so far as civilization was concerned, the destinies of the two peoples. All this seems to me so much the more important advantage to be gained by the adoption of English in Japan, that I should be very loath to see any thing done which would interfere with its realization." と云つてゐる。森の英語採用が英語教育の範圍にあるものを Whitney が米國文化の優秀性を說き英語採用を彼れの好む俳釋によつて說いてゐるやうでもある。さうかと思ふと、Even with a fully-developed system of national institution, it would take a long time to teach a strange language to so large a part of the population as to raise the latter in general to a perceptibly higher level. If the masses are to be reached, it must be mainly through their own native speech. Those who have but little time to give to learning will learn little or nothing if they first have to acquire a new speech in which to learn it. と書いて、國家の一般敎育はその國の國語によつて行はれなければならないと述べてゐるあたりは、所謂森の說がホイットニーに依り反駁されたといはれる所以でもある。

森有禮の the adoption of the English

language in Japan は實は「英語を以て日本語に代へようとする説」といつたところで、英語を敎育に採用し、またはローマ字論の主張の範圍に屬したものかも知れぬ。森と共に米國に駐在した矢田部、外山がローマ字運動に入つたことは不思議ではない。明治十七年外山は「東洋學藝雜誌」に「羅馬字ヲ主張スル者ニ告グ」を發表、ローマ字論者の團結を提唱、明治十八年矢田部良吉は「羅馬字早學び」を刊行した。

森は米國にあるや、スペンサーやミルを「熱心に研究せり。又世界語、日本語を英語と爲すの説、羅馬字を用ゐるの説等に就き、職務の餘暇之が講究に從事し」(木村匡:「森先生傳」)、一方交友の中には Longfellow もゐて(「森有禮」海門山人著)彼は一流の米人と深く交際してゐた。森が Whitney に日本に於ける英語採用についての意見を求めた時は明治五年六月、二十五歳の時である。更に予が引用せんとする森の送つた文面から見て予は森有禮の國家を思ふ赤心に打たれるのである。

―― 語學講座 ――

アメリカニズム特有の訛り

アメリカ語の鼻音

米人が一言口を開いたゞけでもそのお里(nationality)を丸出しにする程アメリカ語には特有な臭味がある。

殊にその獨特の鼻音は英國のそれとは全く異なつたものであるが、あの鼻音は一體どこから來たものであらうか?

一説によると實はこの鼻音は英國にも嘗ては存在してゐたといふ[G. H. McKnight の Modern English in the Making 參照]。即ち第十七世紀當時の英本國の Puritans の發音は著しく "canting nasal voice" であつた。米語のこの鼻音は East—Middle West—Wild West と西方へ移るにつれて愈々著しくなる傾向があるが、これも Puritan colonists の多くは所謂 frontier spirit (開拓精神)に驅られて、敢然危險を冐して新開地に axe や plough を振つて自己の運命を切り開いた歷史的事實から考察して見ると、彼等獨特の鼻音的英語(nasal English)が新開地に擴がつたこともうなづかれる節がある。

アメリカ語には特有の音色(tone-color *or* timber)がある。これは我が日本人で、東北訛り、九州訛りがあると同樣だが、これは先天的に英人のそれと異なるもので、人工的練習によつて矯正出來ぬものと考へられる。もつとも、未だ成長期にある少年(幼年時は勿論)は努力によつて比較的容易にこの訛りを脫却することが出來るのは既に經驗濟みである。成長が停止すると同時に發聲機關の elasiticity は動脈硬化にかゝるらしく、その後は努力によつて完全に natural timber を變へることは不可能に近い。この點女子は概して男子より遙かに柔軟性に富むものと考へられる。

米語の單調(monotone)と平板(flatness)

アメリカ語が英語に比し著しく平板(flat)であることは二語を比較するまでもなく明瞭である。英語の高低(pitch)はアメリカ語のそれに比して遙かに著しく、且つ急激(abrupt)で、爆發的(explosive)で技巧的(artificial)、誇張的(exaggerated)である。アメリカ語はそれに反し、不斷(constant)で、波調的(vibrating)で、頗る dry and monotonous である。

このアメリカ語の平板は一説には英語に比し、pitch が高いからだともいはれてゐる。つまり米人は性急で、發音が甲高くなる。その爲抑揚の差がつけ難いともいはれてゐるが、筆者はこれは例の鼻音と大いに關係があるのではあるまいかと考へてゐる。又會話の際のゼスチュアは米人に比し、英人は著しく大きいが、これも一因であらう。一寸言ひ落したが、米語の鼻音は氣候の濕度とも關係があるともいはれてゐる。英國は濕度が高く、米大陸は乾燥してゐる。

森有禮の時代

[明治英學史 VI]

花　園　兼　定

森有禮の英語採用論については、彼はまづ手紙を Yale 大學の言語學教授 W. D. Whitney に送つたのである。日付は 1872 年の六月十五日である。

W. D. Whitney, Professor of Sanskrit and Comparative Philology in Yale College.

Dear Sir: The spoken language of Japan being inadequate to the growing necessities of the people of the empire, and too poor to be made, by a phonetic alphabet, sufficiently useful as a written language, the idea prevails among many of our best educated men and most profound thinkers, that if we would keep pace with the age, we must adopt some copious, expansible and expanding European language, print our laws and transact all public business in it, as soon as possible and have it taught in our schools as the future language of the country, to the gradual exclusion of our present language, spoken and written.

以上のやうな書き出しで、日本語を廢めて將來英語を日本の國語にしやうといふ點については極めて明解であるけれども、森は一方に出來ない相談をもち出してゐるのである。それは simplified English を日本で學ばうといふ提案で、そのところで、

In other words, I propose to banish from the English language, for the use of the Japanese nation, all or most of the exceptions which render English so difficult of acquisition even by English-speaking people, and which discourage most foreigners who have the hardihood to attempt to master from persevering to success.

と云つて居る。たとへば森は speak, spoke, spoken のやうな複雜な形をやめ、speek (speak をも變へて speek としたものと思はれる) に ed をつけて speeked としてそれを過去とし、同樣に bite の過去は bited, 同じやうに teached, thinked, buyed, comed, 等の改正をし、all plurals を regular にし、English spelling を phonetic basis にしやうといふ提案なのである。

この森の英語改正論は既に歐米にもかういふ意見をもつてゐるものが今日でもゐる。尙ほ且つ沙翁年代の英語では、强變化動詞で弱變化の語形變化を取るものが多く、growed や understanded 等があるのだから、森の考が全く英語の歷史を無視したからではない。併し、Whitney は、「折角英語を採用しても、そんな風にして採用したのでは日本人と英米人と英語で話してゐても一つの barrier になつて了ふし、日本人は英文學への access から shut out されて了ふ」(Education in Japan. p. 146) と述べ、

"All this seems to me so much the more important advantage to be gained by the adoption of English in Japan, that I should be very loath to see anything done which would interfere with its realization. And I think that any alteration, in the process of adoption, of the

essential structure of English, would constitute an interference" (同書 p. 146) とホイツトニーは云つてゐる。結局森の考は、英語採用についての反抗妨害干渉であるとしてゐる。

森の手紙の下の部分を讀むものは、森の英語採用論は結局出來ない相談であり、森の外交的術策が其處にあることが分る。

"Let me ask you to consider, also, that the people of the Japanese Empire are anxious to take a high position among the most advanced nations of the world, but are unprovided with that great essential to individual and national progress—a good language; and that the English language, simplified as I have indicated would be received by them as a boon, while it would be all but impossible to force upon them the language in its present form."

森としては、國家を發展せしむるためには、國語を棄てゝもいゝといふほどの囚はれざる革命的の狂信的のところが一方にあつたとも思はれるけれども、それは表面詩のやうな心で、恐らくは實行する場合可能かどうかなど考へた議論ではなく、且つまた條約改正に對する熱情から米國の民心を迎へる氣持もあつたかも知れないし、要するにローマ字論其他といふぐらゐのところが本音であつたかとも考へられる。渡邊修次郎氏は之を森の「のぞき心」と解してゐられる。保科孝一氏の「國語學史」に、「この漢字を廢することについては、前島密氏が舊幕時代に建議せられたことがある。これがおそらく國字改良說の先驅であつたらうと思う。……つぎに明治六年に西周氏の國字改良意見が公にされ、ホイトニー敎授が森有禮氏の英語を以て日本語に換えるといふ意見が辨駁された書簡が發表され、同十二年十一月には、南部氏の『以羅馬字、寫國語、並盛正則漢學說』を『洋々社談』に載ていられる。」といふやうに國字改良或はローマ字論の一部と共に併記してゐるのは一つの取扱ひであらうと思ふ。土岐善麿氏も其著「柚子の種」の中に「ローマ字日本語の文獻」の中に、森有禮の說を偏見盲狂として記述してゐる。森の意見の中には多分に漢字排斥論がある。併し森の地位と、森に對する思想上の反抗も相當强かつたので森の英語採用論は、單に「英語を以て日本語に換へる」意見として傳へられ、實際には國民はその實際をあまり知らず、たゞ米國の有名な言語學者ホイトニーが彼の意見を辨駁したことだけ知つて攻擊の材料にした關係上、この問題は、當時大いなる波紋を引き起したのである。一般にはホイトニーは日本に於ける英語採用論に全面的に反對したのではないけれども、さういふ風に傳へられて了つてゐる。馬場辰猪は明治六年 Japanese Grammar の著述をロンドンで出版し、その序文で著述の目的について、「第一は、日本語が不完全なものであるから、變改しなければならぬと說くわが國邦人の或る者に對する反駁、第二に現用日本語に關する一般知識の提供」と記してゐる。

森のホイトニーに宛てた往信は明治六年 The Japan Weekly Mail に紐育の Tribune 紙からの轉載として揭げられた。そしてホイトニーの返信は森が華府在留日本代理公使であつた時米國の名士に對し、日本の敎育についての意見を求めたのに對する回答十三通と共に "Education in Japan: A Series of Letters, Addressed by Prominent Americans to Arinori Mori" の中に Additional Papers として收められてゐる。この書の序文に森は日本國語について次のやうに書いてゐる。

......Without the aid of the Chinese, our language has never been taught or used for any purpose of communication. This shows its poverty. The march of modern civilization in Japan has already reached the heart of the nation—the English language following it suppresses the use of both Japanese and Chinese The commercial power of the English-speaking race which now rules the world drives our people into some knowledge of their commercial ways and habits. The absolute necessity of mastering the English language is thus forced upon us.

It is a requisite of the maintenance of our independence in the community of nations. Under the circumstances, our meagre language, which can never be of any use outside of our islands, is doomed to yield to the domination of the English tongue, especially when the power of steam and electricity shall have pervaded the land. Our intelligent race, eager in the pursuit of knowledge, cannot depend upon a weak and uncertain medium of communication in its endeavor to grasp the principal truths from the precious treasury of Western science and art and religion. The laws of state can never be preserved in the language of Japan. All reasons suggest its disuse.

要するに英語を完全に征服することの絶對的必要が我國民に强ゐられてゐる。それは國際に於て日本が獨立を維持するための必要條件である。蒸氣力電氣力が日本に、滲透して了つた時、國外では使用されぬ貧弱な日本語は英語の支配に屈服せざるを得ない。我が聰明な日本民族は西歐科學、藝術、宗教から重要な眞理を把握するの努力に於て、弱い、不確な通信中立ちに賴つてゐることは出來ないといふのである。當時小學讀本まで米國の讀本を日本語に飜譯して作つたり、米國の教科書に眞似て作つたりしてゐたし、隨分專門書の飜譯も出來てゐたけれども、飜譯よりも英語で教育を受けた方がいゝと考へられただらうし、すべての專門教科書を飜譯することは困難であつた。一般西洋史などは森の英語採用論が發表された明治六年までには、明治になつてからの飜譯といへば、カツケンボスの米國史（米國史略、高橋基一譯、明治六年）等、羅馬史、萬國通史、日耳曼史略の類十五六册を數へても、地理に至つては極めて幼稚なものしかなく、數學、天文、物理、化學、動植物、醫學、農學、兵學、經濟財政學、政治外交等の教育用專門書の飜譯に至つては適當と思はれるもの極めて寥々たるものであつた。幾何學では菊池大麓の「初等幾何學教科書」の出たのが明治二十一年、初めて「日本人の手になつた相當しつかりした教科書」（小倉金之助：「日本の數學」）で、日本字の横書としても初期の歷史的文獻となるものである。それまでの幾何學教科書は外國書からの直譯で、すべて「譯が惡いばかりでなく、どうしても日本の事情にぴつたりしない」（同書）のであつた。かういふわけで、明治五六年に於て日本の教育を考へるものが、明治維新の政治的狀勢、それは英國が日本を非常に動かしたところの事情や、米國と日本との當時の關係から、英語を通して教育を行はうと考へたとしても、その動機が想像し得ないことではない。

この時、森有禮は愛國心と進歩的思想から日本がひろく泰西の學術を入れるには英語を通して直接教を受くるのが便利であり、當時行はれたやうに急いで有らゆる學術を飜譯しても到底日新月歩の學問に追付けず、甚だ迂遠であるといふ考をもつて居たらしく、且つまた當時日本が屈辱的條約の改正を爲さうといふ大きな目的をもつて居た。政府はそのため國内には歐化主義を盛んならしめ、日本の文明が歐米文明と肩を並ぶるものと歐米をして考へしめやうといふ念願が、あつたのである。森有禮の「英語國語論」もさういふ時代の背景を見ないでは解し得ざるところである。日本がペルリに脅されて開國するや、ペルリやハリスの提出した條約を鵜呑みにした形で、日本で罪を犯した米人は米國領事の裁判を受けるといふ領事裁判權の條項と、輸出入品に對する稅率は條約により一定されてゐて、關稅の修正變更の權利は米國に奪はれてゐて、日本の手にはなかつたのである。此等の條項は米國のみならず、他の列國との條約にも含まれてゐた。日本はこの條項の撤廢修正に懸命の努力をしたけれども、各國は固く之を拒絶した。その唯一つの希望は、この條約は明治五年（1872）に修正さるべき規定があることで、そのため日本は外務卿岩倉を正使とし、木戸、大久保、伊藤、山縣を副使として明治四年に、歐米列國の了解を得るため特使を派遣した。その一行は全部で百四人の總勢であつた。桑港に向け米國船 America で横濱を立つたのが明治四年の十二月二十一日であつて、駐日米國公使 Charles E. De-Long や同公使館の interpreter の W. S.

Rice も米國へと同行した。桑港には明治五年一月十五日に到着。一行の歸朝したのは明治六年であつた。明治五年「二月三日、具視、木戸孝允、大久保利通、伊藤博文、山口尚芳ト國務省ニ到リ國務卿フヰシユニ面晤し條約改正ノ事ヲ議ス」（岩倉公實記）。結局條約草案まで出來たが失敗に終つた。この一行には福地源一郎や林董も加はつてゐた。この使節については、一行に加つた久米邦武の「米歐回覽實記」がある。この久米邦武は後年「神道は祭天の古俗」と題する論文で筆禍を買ひ、明治廿五年文科大學教授を罷め、後國史の著述に專念し、昭和六年九十三歳で歿した。一行は米國では非常な歡待を受けたが、伊藤博文が英語が出來たので大に交歡につとめた。彼が桑港での歡迎宴でした演說を見ると、如何なる計が彼の胸中にあつたかを知ることが出來る。

伊藤のした演說の中には次のやうな文句があつた。

"By reading, hearing, and by observation in foreign lands, our people have acquired a general knowledge of constitutions, habits, and manners, as they exist in most foreign countries. Foreign customs are now generally understood throughout Japan.

"To-day it is the earnest wish of both our Government and people to strive for the highest points of civilization enjoyed by more enlightened countries. Looking to this end, we have adopted their military, naval, scientific, and educational institutions, and knowledge has flowed to us freely in the wake of foreign civilization, the mental improvement of our people has been far greater. Our wisest men, after careful observation, agree in this opinion".

この外、日本に於ける a feudal system が廢止されたことや、それも the united action of a Government and people によりて爲されたこと、更に、女子〔津田梅子等〕が教育を受けに米國に來たことや、日本に於ける鐵道その他の建設が行はれつゝあることなどを述べ、

"The red disk in the centre of our national flag shall no longer appear like a wafer over a sealed empire, but henceforth be in fact what it is designed to be, the noble emblem of the rising sun, moving onward and upward amid the enlightened nations of the world."

と結んでゐる。この一行の目的は達せられなかつたが、岩倉はその三子の教育をその後米國の學校に托した。日本は條約改正のために歐化主義を取るに至つた。今日顧みて、人は今昔の感に堪へず、我が國威の發展に世界を擧げて驚く日が來たことについては、如何に日本が忍從の時代があつたかを知らねばならぬ。

森有禮の Education in Japan について譯者不明の部分的飜譯（大政官用紙に書かれてゐる）が發見され、明治文化全集第一卷に收められてゐる。此の飜譯は當時のものと考へられてゐる。最初の Your communication respecting the adoption by the Japanese of an improved and simplified English, in a consistent orthography, has been received and read by me with very great interest を「貴意畫一ノ切韻ニ據リ、簡雅ナル英語ヲ日本人民ニ適用セント欲ス」といふやうに譯してゐる。この an improved and simplified English（英語を改良し、文法や綴等の規則を正した新英語）に森の大膽な意見を見ることが出來るのであるが、「簡雅ナル英語」と譯しては、森の意氣を見ることが出來ない。

そして Whitney は「英語ヲシテ多年間日本ニ漫潤セル漢語ノ地位ニ代ラシメ、此ヲ以テ學人儒士ノ語トナシ」（前出譯文）といふ考で、("Let it take in Japan the place so long occupied by the Chinese; let it become the learned tongue, the classical language; let its treasures of expression be drawn upon as freely as circumstances shall admit and favor—but let the beneficial effect of all this be felt in the Japanese tongue itself")
森が英語を通して行はんと欲した教育につき、高等專門教育に英語を採用することには贊成で、たゞ極力漢語の使用に反對してゐる。森は明治十九年文相となるや、小學校令の改正を行ひ、高等小學校の教科目中に英語を土地の狀況に依つて採用してもよいといふ規定を加へた。森の英語教育論は一貫したものであつた。

最 初 の 女 子 留 學 生

[明 治 英 學 史　VII]

花　園　兼　定

伊藤博文が明治四年暮、岩倉大使一行の副使として歐米に向け出發し、翌明治五年一月十五日桑港着、桑港での歡迎會席上伊藤の爲した演説の中に

"These facts assure us that mental changes in Japan exceed even the material improvements. By educating our women, we hope to insure greater intelligence in future generations. With this cnd in view, our maidens have already commenced to come to you for their education." ("The Japanese in America", by Charles Lanman, American Secretary of Japanese Legation in Washington)

の一節があるが、この女子留學生は此の一行と同船して米國に赴いたので、それは津田梅子をはじめ五名の女子であつた。この女子留學については、開拓使次官黑田淸隆、歐米に旅行中女子敎育の盛んなのを見て歸朝の後、將來北海道開拓のため開拓使の費用で女子を米國に送つて勉强せしむることを考へ、五名の女子を送ることにした。この計畫には森有禮も大いに關係がある。その五名は東京府士族、秋田縣典事吉益正雄娘亮子(十六歲)、東京府士族 津田 仙彌 (後に津田 仙) 娘梅子 (九歲)、 靜岡縣士族永井久太郎娘繁子 (十歲)、靑森縣士族山川與七郎妹捨松(十二歲)、外務省中錄上田畯娘悌子(十六歲)であつた。この中で一番年少なのが、後に津田英學塾を起した津田梅子であつた。米國公使 DeLong の妻も歸國するので、船中五少女の世話を賴んだ。出發に先立ち宮內省へ召され皇后宮より茶菓及び紅縮緬一疋宛下し賜はり下の書付を賜はつた。(「世界婦女往來」大阪山本與助、明治六年)

其方女子にして洋學修業の志し誠に神明の事に候、追々女學御取建の儀に候へば、成業歸朝の上は、婦女の模範とも相成候樣心掛、日夜勉勵可致事。

そして米國到着後は、森有禮の斡旋で、日本公使館の書記官 Charles Lanman, 横濱在住で、名優田之助の手術をし、「和英語林集成」の著者である Hepburn 所謂ヘボンの兄の宅などに寄留し、それから學校に通つた。この中、亮子、悌子の二人は病身で在米一年の後早く歸朝したが、梅子、捨松、繁子の三人は約十年程留學して梅子、捨松は明治十五年、繁子は明治十四年歸朝した。梅子は女流敎育家として知られ、明治卅三年津田英學塾を創設し、大正六年病を得、大正八年辭任するまでその經營につくした。女史は大正十年病を以て逝かれた。六十六歲であつた。捨松は公爵大山巖元帥の夫人、繁子は瓜生海軍大將の夫人となつた。悌子は朝野新聞社主乙骨氏の妻で、その息が明治文壇に於ける英文學者上田敏である。亮子は早世した。

ワシントンのランマンの妻より津田仙彌妻へ來た手紙の譯には下の如き箇所がある。

「御娘子梅事私宅の二階に吉益亮と一所に居申候。右兩人は私共引受御世話仕候事に御座候。……去る火曜日には日本の大使當府へ御着、辨務使森樣一方ならず御請待にて萬事御都合よろしく候。御同行の娘子達は私夫の妹御世話申上候御約束仕候。御娘は直に學校へ寄宿致させ候には餘り早く

存候儘森様より能き御差圖御座候迄私宅へ御預り申上候つもりに御座候。悌子、捨松、繁子の三人は近處に住居致し居申候。ランメン事日々双方へ參り御心添いたし居申候。皆々一同學問修業の志し厚く感心仕候。殊に梅は覺へよろしく、うめに逢ひ候人々いづれもその立居振舞の好み褒申候。全く是迄の御育方宜しき事と御噂申上候。……私共一同既に梅と懇親を結びし故にもし後來時ありて別るゝ節は如何のなげきあらんかと唯今より心配仕居申候。……梅事は當地へ參り候夜直に私宅に着致し候事故別段に心安くいたし候。いかゞの人御世話致し居候やと御案じもなさるべくと存じ候儘私共の寫眞封じ入れ置申候。梅出立の節遣され候寫眞同人相樂しみをりをり出しながめ入り居申候。……

千八百七十二年三月四日

チヤレス・ランメン妻

(「新聞雜誌」第四十號、明治五年四月; 前掲「世界婦女往來」)

この手紙を受けた津田仙彌妻初子の喜びが如何ばかりであつたかは想像することが出來る。五女子留學のことが傳へられると、世間では、娘を手放して留學させた母親のゑらいのにも感心した。

津田仙彌は佐倉藩主堀田侯の家臣小島良親の四男で天保八年佐倉城内で生れた。初め漢學を學んだが、安政三年英學修業のため出京し、堀田侯の家臣手塚律藏によつて一年ばかりオランダ語を學び、後、伊東貫齋、森山多吉郎から英語を學んだ。米國公使館の書記官ヒユースケン E. S. Heusken からも英語を學んだが、仙は英語に發音しない文字のあることを初めて學んだ。(吉川利一:「津田梅子」、婦女新聞社、昭和五年)。二十五歲の時、幕府の徒士津田榮七の養子となり、その娘初子と結婚した。それから、津田仙（仙彌のこと）は杉田玄瑞、津田眞道、西周等と外國奉行の通辯に雇はれ、慶應三年、勘定吟味小野友五郎に隨つて渡米した。この旅行は半歲に過ぎなかつたが、得るところ多かつた。明治六年に墺太利に萬國博覽會が開かれ、津田仙は副總裁佐野常民(總裁は大隈重信)と共に渡歐し公務の餘暇を利用して和蘭のダニエル・ホイブレンク Daniel Hoibrenk の講義を聽いた。歸朝後、その講義を譯して「農業三事」を出した。友人中村敬宇は同書に序して「吾が友津田仙君、農學を嗜むこと飢渴の飲食に於けるが如し」と云つてゐる。明治十三年訓育院を興した。これが東京盲啞學校の前身である。明治八年メソディスト派の洗禮を受け、東京に於けるメソディスト信者の始であるといはれてゐる。初子夫人は三田綱町の田安家に仕へた人で、夫と共に洗禮を受け、明治四十一年夫の歿後、明治四十二年歿してゐる。

梅子は生れた時床の間の梅が二三輪綻びてゐたので、むめと名づけられ、後梅子と改名した。性質も梅花の馥郁たる趣きがあつた。米國では多くの人に可愛がられた。ランメンは女史を Sun-beam と呼んだりした。ジョージタウンのランメン宅の町の Collegiate Institute といふ小學校に六年通つた。Miss Stephenson が校長なので Stephenson Seminary ともいつた。それから Archer Institute といふ女學校で四年の課程を終へた。捨松は Vassar College を卒業した。この學校には最近まで多くの日本女子が學んだ。繁子は Vassar College の音樂科を出た。

私が津田梅子にお會ひしたのは、麴町五番町の校舍であつたが、女史の日本語が英語見たいで、シといふ音などは完全に“shi”と發音されてゐて、私といふのを watashi と發音するのを聞いた。rhythm が英語のリズムであつたことを記憶してゐる。その時の用は、頭本元貞氏の出してゐられた英語雜誌(ジヤパン・タイムス少年號增刊英語熟達法)に女史の渡米の時の思出を書いて頂かうと思つて訪問したのであつた。女史は四五日すると英文原稿と昔の寫眞まで添へて送つて下すつた。女史が渡米した時は英語の單語は二つか三つ位ゐしか知つてゐなかつた。(When I started for America as a little child of seven years, I only knew two or three words of English. “Thank you,” “Yes” and “No” were about all my vocabulary. 前掲ジヤパン・タイムス少年號、Vol. III, No. 2)「渡米後間もなく日本語を忘れてしま

つた。歸朝したとき母や弟妹に會うても挨拶が出來ず、父や姉の琴子(海岸女學校出身)の通譯で、辛うじて用を辨ずる有様であつた」(「津田英學塾四十年史」32 頁)。歸朝の後、明治十六年伊藤博文(參議)に招かれて同家の家庭敎師となり、伊藤家の團欒に朝夕加はつたが、伊藤は女史を評して「日本の婦人は少し、ものが出來ると、すぐさま鼻にかけたがるが、ミス・ツダは學識あることを知らぬものゝやうだ」と言つたといはれてゐる。(「津田英學塾四十年史」、32 頁)。「當時先生の日本語は本當の片ことで穴とワナ、柳とウナギなどの間違ひもお愛嬌でした。下田女史に書翰文を習つてゐられて、候といふ字の意義や用法を、根掘り葉掘り質問して、羅馬字で手帳に書きとめてゐられたのを側で見たことがあります」(婦女新聞 昭和四年九月一日、辻村靖子談) といふほどであつた。

Miss Tsuda は一生嫁がず、終始我國の女子敎育に專心した。明治十八年華族女學校(今日の女子學習院の前身) が創立されると、女史もこゝで英語を敎へることになつた。當時は歐化熱の盛んな時で、卒業式の謝辭は英語で述べるといふ有様であつた。女史は明治廿二年 (1889)、在職のまゝ Bryn-Mawr College ブリンマー・カレヂの奬學金で再び米國留學の途に上り、生物學を研究した。Prof. Morgan と共に蛙の卵の發生を研究し、Orientation of the Frog's Egg と題する論文を書いた。この論文は英國の The Quarterly Journal of Microscopical Science Vol. 35, 1894 に載つてゐる。(「津田英學塾四十年史」)

女史が最初ランメンの世話になつてゐた時分、女史は詩人 Longfellow にも可愛がられた。千八百七十三年の夏、ランメン夫妻は女史を伴ひマサチユーセッツ州の Indian Hill の親戚 Ben Perley Poore の宅で數週間を過したが、ある日ポーアは政治家 Charles Sumner と Longfellow を招待して午餐を共にした。「子供好きのロングフエローは傍に居た小さい女史をその膝に乘せて、見事な黑髪を撫でながら、女史に色々の話を聞かせた」(古川利一:「津田梅子」)。ランメンはロングフエローについて "One of the most charming traits in Mr. Longfellow's character was his love for children" と書いてゐる。そしてロングフエローからランメンに宛てた手紙の一つに、"With kind regards to Mrs. Lanman, not forgetting a word and a kiss to your little Japanese ward, I am, My Dear Sir,—Yours truly, Henry W. Longfellow" と書いてある。your little Japanese ward とあるのは津田梅子のことである。ward といふのは、a person under the care of a guardian といふことで、"your little Japanese ward" はあなたが世話してゐる日本の少女といふことである。

明治卅一年コロラド州 Denver で開かれた萬國婦人聯合大會に女史は出席した。その時の文相は外山正一であつた。滯米中、英國の名流婦人から招待を受け、駐英大使加藤高明を通じて招待狀が送られるといふわけで、十一月五日ニユーヨークを立つて英國に赴いた。英國滯在中、當時八十歳の高齡で來客を謝絕してゐる Miss Florence Nightingale に面會してゐる。その日はうすら寒い日で、雪さへちらついてゐた。「こんな惡い天氣にようこそ」といつて純白の床の上に斜に半身をもたせかけて近世看護法の先覺者赤十字運動の動機を作つた彼女は微笑を以て女史を迎へた。

津田英學塾を創立される時、「何故校名を英學校としないで塾と稱せられるのか」と尋ねたに對し、女史は「少數の生徒と寢食を共にして導きたい考へだからと答へた」といふことから女史の敎育家としての眞面目な態度を知ることが出來る。

明治卅四年十一月「英學新報」"The English Student" が新渡戸稻造顧問櫻井鷗村編輯で創刊され、卅六年それは英文新誌と改題された。女史がその背後にあつた。女史がこの雜誌に寄稿したものから「國文英譯花がたみ」"Leaves from Japanese Literature" 等の著述がある。津田英學塾での女史の敎授は嚴格を極め、「辭書をいゝ加減にひき、あとは先生におたづねするといふやうな態度は好まれませんでした。自分で辭書の隅から隅まで探し、適譯を見つけて敎室へ出ることを

要求されました」（第一回卒業隈元政枝）といふ風であつた。女史の讀んだ Scott の Ivanhoe は「一回の授業にはどんなに量が多くても一章は必ず進む、飛ばした場所は皆熟讀をさせられる、濟んだ所は直ぐアウトラインを書かねばならず」（第三回卒業荒畑元子）といふ方法であつた。「言葉の感覺が鋭敏で……ネキスト、ネキストと同じ所を次々と何人にもやらせ、御自分では心持は分つてゐても適切な譯語が出てこないもどかしさに、それが先生の癖だつた」（第十回山川菊榮）。

津田女史と瓜生繁子や大山捨松などゝの交友は一生濃かであつた。英學塾にも式の時など列席したりした。捨松夫人は會津藩の郡奉行主役山川尙江の末女で、東京帝大の總長をした山川健次郎は女史の兄である。捨松が Vassar College を卒業する時「日本に對する英國の政略」といふ一場の演說を試みて英國の政策を難じた。「我が日本輸出入の不平均より全く英國の條約改正を拒む心術に論及せしに、喝采の聲場中を震動し」（明治十五年七月二十九日東京朝日）といふ有樣であつた。

瓜生繁子は文久元年江戶本鄕猿飴橫町で佐渡奉行屬役益田孝義の第四女として生れ、五歲の時幕府の軍醫永井玄榮の養女となつた。明治元年德川家達公が宗家を繼いで駿河へ移封された時、當時八歲の繁子は父に隨つて沼津に移つた。近頃歿した實業家益田孝の妹である。益田孝は少年の頃タウンセンド・ハリスの身邊にゐて英語を學び、後三井の總帥となつた人だ。長く小田原に茶室を營んで晚年を過され、亡くなつたのは一二年前である。益田孝が、しきりに永井を說いて妹を米國留學に應ぜしめたのである。女史も日本に歸つて來た時は、日本語は全く忘れて、猫といふ一語だけ覺えてゐたさうである。明治十五年海軍中尉瓜生外吉と結婚した。瓜生は加賀大聖寺藩士瓜生吟彌の二男で、海軍兵學寮に入り、明治八年海軍省の留學生として米國に派遣され、米國海軍兵學校を出たが、繁子がワシントンの Fair Haven の Rev. John S. C. Abbott に引取られ、その娘の Miss Ellen が面倒を見てくれたが、青年士官瓜生も當時アボット家附近に假寓し、Miss Ellen と懇意であつたところから、瓜生との結婚はミス・エレンの肝煎であつた。瓜生は日露戰爭で仁川沖の海戰で偉勳を立て男爵を授けられ、海軍大將となつた。昭和三年夫人が六十八歲で歿し、瓜生男爵は昭和十二年逝去した。

この五人の少女の米國留學が日本に於ける女子敎育に大いなる刺戟を與へた。その橫濱を出發したのが明治四年十一月であつたが、同年五月にはヘボンが橫濱居留地三十九番館に婦人女子學校を創立し、明治五年には文部省で東京女學校を設立した。「東京新繁昌記」に「女學校」の項目あり、「文化の國は必ず女學校を建て、洽ねく女子をして學に就かしめ、稚兒の敎育を以て專ら母親の手に任す、果してそれかくの如くんば、その子不善人とならんと欲すと雖も得ん乎」など書いてある。そしてこの五女子が我國に於ける英語硏究を刺戟したことの大なることも特記しなければならぬことである。近代日本の今日の國力はかくして養はれたのである。

CATS STOLEN FOR FUR

Holland and Belgium were the main sources of cat skins before the war. Now small dealers have to fall back on any available home supply.

Skins from black cats, with the exception of the rare Persian, fetch the best prices. It is noticeable that black cats are those most frequently lost.

Advertisements in local newspapers offering rewards for the return of household pets are increasing. One small London suburban newspaper carried a dozen in one issue.

—From The Daily Mail.

★ ローマ字論と國際的發展 ★

[明治英學史 VIII]

花園兼定

政治的變化と國語又は國字改良とは不可分のものであるが、明治維新後明治二年五月、南部義籌が大學頭山内容堂に建白した『修國語論』が、我國ローマ字論の皮切りとなつた。その中に「洋字を假りて國語を修むるに如くはなし。然りと雖も、世人因習になづみ、則ち必ず將に用ふべからずと謂はんとす」と記してゐる。明治四年八月に再び之を文部省に建言し、明治五年四月に「文字を改換する議」を文部省に建議してゐる。南部の說は、明治十二年十一月に、「以羅馬字、寫國語、並盛正則漢學論」が「洋々社談」に發表。南部のいふところによれば、文字は音聲の符識であるから音聲にもつとも適當した左文字を擇ばなければならない。音には母韻と子韻との區別があるから、それを代表する文字にもその區別がなければならない。然るに假字は子母合一したものであるから羅馬字の方がはるかに優つてゐる。綴字法は假字より羅馬字の方が便利である(假字は結合の工合が甚だよろしくない。そして羅馬字は世界的である點が、はるかに假字に優つてゐる。羅馬字を學べば外國語に入り易く知識を世界に求めるに易い)といふのである。「今日羅馬字採用を主張する人々の根據も大抵こゝに歸着するのである。」(保科孝一：國語學史。早稻田大學出版部)

明治六年に文學博士黑川眞頼の木版で作つた「橫文字百人一首」YOKOMOZI HYAKUNIN ISSYU が出版された(文淵堂より)。そして明治六年二月發行、明六雜誌第一號に西周の「洋字を以て國語を書するの論」が出た。西周のローマ字綴り方は omosiroi とか kore nite yosi とかいふやうな書方で、西周の綴り方も黑川眞頼の綴り方も、後の所謂日本式ローマ字の綴り方になつてゐることは面白い。下は黑川眞頼のローマ字書き小野小町の一首である。

Wono no Komati.

Hana no iro ha
uturi nikeri na
itadurani
Waga mi yo ni huru
nagame se si ma ni

この綴り方については「一層日本的な、同時に世界的な綴り方で、即ち英米人にのみ偏した樣式でなく、日本語の性質に適合し、且つローマをよみ得る世界各國人に共通の發音を暗示する」(土岐善麿：「柚子の種」)といふ見方を日本式ローマ字を主張する人は云つてゐる。

このローマ字運動に次いで起つた國字改良運動として「かなのくわい」が起つた。明治十四年に假名書きを主張する「かなのとも」といふ會が起つたが、明治十六年に「いろは會」「いろは文會」「いづらの友」などの假名書き運動の會が出來、それらが結局同一の趣旨なので、遂にそれらが合併して、明治十六年七月に「かなのくわい」となつたのである。(保科孝一：「國語學史」)。更に假名書き運動は分裂して、大正九年に山下芳太郎を中心にしたカナモジ協會が創立、これが後のカナモジカイの前身で片カナの主張となつた。

この假名の會に對して「羅馬字會」が出來た。明治十七年十二月二日、東京帝國大學の理學部の講義室で、羅馬字會の發會式が盛大に行はれた。それより前、明治十七年七月外山正一、「東洋學藝雜誌」に、「羅馬字ヲ主張スル者ニ告グ」を發表。ローマ字論者の團結

を提唱した。同時に國字改良と共に國文體の改正も唱へられ、最も早いところでは渡邊修次郎氏が明治八年に國文を簡便にすべきことを文部卿に建白、明治十七年八月三宅米吉「かなのしるべ」に言文一致の必要、方言對標準語の關係を說き、同十七年十一月神田孝平「學士會院雜誌」に言文一致論を發表、明治廿一年山田美妙の言文一致體の小說集「夏木立」が出た。「羅馬字會」は明治十八年一月に、第一例會を開き、同年四月に「羅馬字にて日本語の書き方」を發表した。尙同年六月に矢田部良吉の「羅馬字早學び」が羅馬字會から刊行され、羅馬字會の機關誌として“Rômaji Zasshi”が創刊された。この雜誌は明治二十五年十二月まで發行された。

矢田部良吉の「羅馬字早學び」は「羅馬字會の書き方取調委員が議定したる書き方を基礎」(同書緖言)としたものである。取調委員會は明治十八年の一月に設置されてゐる。

第一　假名の用ひ方に據らずして發音に從ふこと

第二　尋常の敎育を受けたる東京人の間に行はるゝ發音を以て成るべきだけ標準とすること

第三　羅馬字を用ふるには其子音は英吉利語にて通常用ふる音を取り其母字は伊太利亞語の音(卽ち獨逸語又は拉丁語の音)を採用すること

この三原則に據つてゐるので、第一項について、「キョーと發音する語にては、キヤウ、キヨウ、ケウ、ケフを區別」するとなると、「實に煩勞に堪へざる事」(同上)のため、第二の項目については、「東京は數百年來各地方人民の輻湊して成りたる都府なれば其語音は各地の語音混同し全國語音の平均ともなるべきものに近くして諸方の人に通じ易く且つ大政府の在る處學士紳士の集合する處なれば政治上智力上社會上の勢力之に比すべき地他になし。故に向後汽船汽車印刷等の便愈々開くるに從がひ東京の語音は愈々廣く全國に行はるゝに至らんこと辨を俟たず」(同上)と述べ、「普通の敎育を受けたる東京人の發音は他の地方の人に比し誤謬多きに非ざるが如し」と云ひ、或る地方では敎育ある人と雖もツとチ、ヅとヂ、シとス、ジとズとを混じ、イとユには特異の音を附し、或る地方ではリとイ、ロとド、リヨとジヨとを混ず。「東京人も亦ジとヂとを混じズとヅとを混ずれども、是は東京に限らず、殆ど全國皆然り、余が知る所にては其區別をなす地方は僅々柳河、佐賀、久留米、高知なるのみ」と云つてゐる。第三の項目については、「何故に第三の箇條を遵守せしやと云ふに子字の用法は歐洲諸國にて一定せず。例へば c, ch, j, s, v, w, z 等は英吉利語の音と獨逸語の音と異り ch, h, j, qu, r 等は佛蘭西語の音と英吉利語の音と異るが如し。故に歐洲中一箇國の子字用法に據るを便なりとす。諸國の子字用法を取捨し或は子字に新規の音を付して一種の用法を定むるは却て大に不便なるべし。然るに英吉利語の子字用法は日本語を書くに用ひて不都合なく加之東洋に於ては從來英語を用ふること多く殊に先般文部省より小學にて英語を教授することを許すとの布告出でし以來本邦小學に於て漸々英語を敎授するの傾向あれば向後英語は益々本邦に行はるゝに至るなるべし。故に羅馬字を以て邦語を綴るには英語の子字用法に據るを便なりとす。且又慶應三年に橫濱の平文先生が和英辭書を著はされし以來羅馬字にて邦語を綴る者は內外人を問はず、多くは英語の子字用法に從ひ、……英語の子字用法に據るの便利なること明かなり。偖又母字に至りては日本のアイウエオは其音一定して伊太利亞、獨逸等の a, i, u, e, o の如くなれども英語の母字は發音甚種々にして到底之に從ふこと能はざるが故に英語の音をば勿論採用せず。」と述べてゐる。

この羅馬字綴方は、所謂ヘボン式といふもので、名優田之助の治療で有名となつた米國の醫師 Hepburn がその「和英語林集成」第二版(慶應三年第一版、明治五年第二版)に用ゐた綴り方なので、これが普通今日まで用ゐられ來つたローマ字の綴り方なので、別に紹介する必要はない。ヘボンの初版と第二版との間に出來た綴り方の相異は大したものではなく、初版で tsz, dz, sz としたものを、第二版で tsu, dzu, su としただけである。たゞヘボンの百を hiyaku といふやうにしてゐるのは、後來 hyaku といふやうに改められてゐる。

この羅馬字會の綴り方に反對して起つたのが、田中館愛橘博士等の日本式ローマ字運動で、羅馬字會と袂を分つて、羅馬字會の“Rômazi Zasshi”に對抗して、“Romazi Sinsi”を刊行した。そして羅馬字會の綴り方を「英語色に塗られたローマ字論」(菊澤季生:「ローマ字運動」)とした。

この日本式の綴り方について、矢田部良吉は「羅馬字早學び」の緒言でかう言及してゐる。「日本人曰く、タチツテトは ta, ti, tu, te, to と書くべし。チを chi と書きツを tsu と書くは五十音の理に適はずと。外國人之に答へて曰く、チ、ツは全然 chi, tsu の音にて ti, tu の音に非ず。君が申さるゝ如くすれば羅馬字に付するに新規の音或は歐洲にて稀に付する所の音を以てするなり。……外國人曰く去は kiyo と書き、略は riyaku と書き、百は hiyaku と書き、雹は hiyō と書くべし。是等の音をKyo, ryaku, hiyō と書くは母音に富める日本語の性質に反すと。日本人答へて曰く君が申さる如くすれば去は淸と混じ、略は利益と混じ、百は非役と混じ、雹は費用と混ず……恐くは君は日本語の拗音の性質を御承知なきか、又は平文先生の辭書に御拘泥なさるゝが如し」

サ行、タ行、ハ行を sa, si, su, se, so; ta, ti, tu, te, to ; ha, hi, hu, he, ho とした方が變化がはつきりして、日本語を外國人に敎へるには呑み込みが樂だといはれてゐるが、これは日本式ローマ字運動が出來てからの發明ではなく、前掲西周の使用法にも見え、桂潭島一德校「童蒙英學初步」(明治四年)、島次三郞著「英字いろは、二體之部」(明治六年)〔但しこの書はシを shi とす〕、青木輔淸「横文字獨學、獨逍學之部」(明治五年)、「英文いろは、四體之部、迂謙居士輯」(明治六年)〔これもシを shi とす〕等の著が日本式と同じく ta, ti, tu, si 等を用ゐてゐる。予の所藏本慶應三年の阿部友之進の「英學捷徑七ツいろは」はシを shi としたところもあり、si としたところもあるが、當時學んだ人が朱筆で、ta, tsi, tsu, te, to の s を二箇所とも棒を引いて訂正してゐるのがあるが、當時一部の人の主張を窺ふことが出來る。

日露戰爭前後から日本が益々國際の舞臺に乘り出すと、自然ローマ字運動も盛んになつて來た。そして「ローマ字論者」といふ名稱まで生じ、その人たちは日本語をローマ字にして了はうといふ意氣込みまで持つやうになつた。羅馬字を用ゐることは從來の弊風を破つて天地の公道に基けといふ大政維新の「御誓文の御精神に叶ふものである」(大隈侯爵、「文字の維新革命」明治卅五年)。日本の少年少女が難かしい漢字など敎へられる間にもつと科學敎育をつんで、日本の進步を計らねばならぬといふのである。明治三十八年、西園寺公を會長にした「ローマ字ひろめ會」が出來た。この會は初めあらゆる「ローマ字論者」を含んだのであるが、次第に英語式綴方を主張するものと、日本式綴方を主張するものとに分裂し、日本式ローマ字の主張者たちはその會を脫退して、後に「日本ローマ字會」を作つたのである。

大正の初め頃まで「ローマ字ひろめ會」の方が盛んであつたが、次第に「日本ローマ字會」の運動の方が活潑となり、西園寺公が「ひろめ會」の會長を辭してからは、「ひろめ會」は衰態しはじめた。それでも名刺を作つたり、英字新聞の使用等では矢張り、ヘボン式の方がひろく用ゐられてゐた。ひろめ會の會長でありながら西園寺公が第一次大戰後のヴエルサイユ會議で日本ローマ字式で署名したといふ有名な話がある。この日本式とヘボン式との爭はなほ今にまで續いてゐるが、外交官故珍田捨巳の例が屢々引かれ、これを Tinda としてはチンダとは讀めないといつて、英語の音を土臺にして考へる人たちが日本式を攻擊するのに對して、Chinda と記しても、フランス人はシンダとしか發音しないではないかと日本式の方では逆襲するのである。この二つの樣式の間に優劣を感ぜず、今までの習慣でヘボン式を用ゐてゐる人の數は甚だ多いが、それぞれの樣式を主張する人たちは、ヘボン式には英語敎師、或は英國文化を重く見る人、在來の慣習を保存したい人たちが多く、日本式には歐洲大陸派、科學者、一部の日本改造論者等が含まれてゐるやうである。在來の慣習を保存しやうといふ人は、よく富士はやはり Fuji でありたく、日本式の Huzi はいやだといふのである。尤も實際

には今日でこそ、英國流の Fuji が一般に廣く行はれてゐるが、A Narrative of A Journey to the Capitals of Japan and China, by Robert Fortune (London : John Murray, 1863) の如きは Views of Fusi-yama (Chapt. VI.), Views of Mount Fusi (Chapt X.) の如き綴りも英國人の著述にさへ、明治以前にはある。日本語をローマ字であらはすとなれば、どうせ無理があることを知つてゐての爭論に過ぎない。日本の富士山のフが fu でも hu でもないことは明らかなことである。シにしても、sh とすれば、"sh is pronounced like *sh* in *shall, ship, shop*"(和英語林集成序文)とあるるが實は日本語のシではなく、日本式の si としても、日本語のシと si とでは音の部位がちがふのである。

だんだん國際聯盟其他により各國間の知的協力が促され、氣象、天文、醫學其他の報告を外國文で刊行する必要が起つて來ると、ローマ字綴り方の統一が必要となつて來た。一時はローマ字勢力が現狀打破に動くのを見て、そのローマ字勢力が二つの爭ふところの陣營に分裂したことを喜んでゐた人たちも、一方は Fuji と書き、他方は Husi と書いたのでは、外國では同一の山とは見ないかも知れないので、綴り方の統一が必要となつて來た。昭和五年末となり、文部大臣を會長とする「臨時ローマ字調査會」が出來、愼重審議の結果、「明治時代に於ては、標準式(ヘボン式)が盛んであつたが、日本式は近來に至つて盛んに赴きつゝあるものと認む」といふ結論を發表し、第三次主査委員會により、綴り方統一の原案を作成せしめ、二回に亘る總會で討議の後、大多數で原案可決、ローマ字調査會の使命は終つたものとして、昭和十一年六月末日その官制は廢止され、同十二年九月廿一日の近衞首相の下の如き訓令となつた。

國語ノローマ字綴方ハ從來區々ニシテ、其ノ統一ヲ缺キ、使用上不便尠カラズ、之ヲ統一スルコトハ、敎育上、學術上、將又國際關係其ノ他ヨリ見テ、極メテ必要ナルコトヲ信ズ。仍テ自今左ノ通、ローマ字綴方ヲ統一セントス。各官廳ニ於テハ漸次之ガ實行ヲ期スベシ。

かくして發表された樣式は、所謂日本式の線に添ふものであつた。サ行、sa, si, su, se, so ; タ行、ta, ti, tu, te, to ; ハ行、ha, hi, hu, he, ho ; ヤ行、ya, i, yu, e, yo ; ワ行、wa, i, u, e, o ; ザ行、za, zi, zu, ze, zo ; ダ行、da, zi, zu, de, do (日本式では da, di, du, de, do) ; kya, kyu, kyo ; sya, syu, syo ; tya, tyu, tyo ; nya, nyu, nyo ; hya, hyu, hyo ; mya, myu, myo ; rya, ryu, ryo ; gya, gyu, gyo ; zya, zyu, zyo ; bya, byu, byo ; pya, pyu, pyo 等の外は、ヘボン式の音表と異らない。日本式が名詞を大文字で書くことも採り入れられた。併し、これが必ずしも直に實行を見ず、外務省内でも、暫らくは條約局は日本式(日本式は調査會式と稱せられるやうになつた)、情報部はヘボン式(標準式と稱せられるやうになつた)を用ゐてゐた。今日では官廳筋のものは凡て、皆な調査會式となつた。ローマ字問題はまだこの程度の段階にあり、ローマ字による新聞の發行なども出來てゐない。此の點では明治六年に前島密の「まいにちひらがなしんぶん」が創刊されたやうな革新的の氣運はない。假名書の方はタイプライターが出來たりして、實行的の姿を見せてゐる。漢字排斥の運動は、カナモジカイが熱心に主張し來れるもので、「唐紙(たうし)・唐紙(からかみ)カナで書け。醫者と石屋は文字で書け」といふ俗諺があるが、唐紙など漢字で書いたのでは、どちらか分らず、神戸といふ名は、コーベ、カンベ、ゴード等幾種かあり、新聞がルビ付活字を作つた時に「生」といふ字には、生花のイケ、生佛のイキ、彌生のヨヒ、生絲のキ、芝生のフ、落花生のマメ、誕生のジョー、生家のセイ、一生のショー、生肉のナマ、生むのウ、生るのナ、生えるのハ、生立のオイ等、多くの變化があつて、困つたやうなこともあり、漢字の不便が感ぜられるやうになり、それが漢字制限運動となり、或は漢字廢止論となり、實用漢字表(大正十二年五月、臨時國語調査會發表、總數千九百六十二字、内略字百五十四字)の發表となつた。更に大東亞戰爭となり、大東亞圈内の公式語、共通語の問題が起り、漢字を使用する場合には使用漢字表が必要だといふことになつた。また更に一歩進めて大東亞共榮圏の新文字創造の說も唱へらるゝに至つてゐる。

海將荒井郁之助と開拓使辭書

[明治英學史 IX]

花　園　兼　定

昭和十八年六月廿三日の朝日新聞に、「敵船に横付け斬込む、幕末已に發揮したわが海軍魂、荒井翁を偲ぶ會生る」の記事がある。わが海軍の先覺者で幕末海軍指導者としてその名を逸することの出來ない海軍奉行故荒井郁之助氏は、維新後、內務省地理局測量課長、中央氣象台初代台長に任じ、地理學氣象學方面にも巨歩を印したのであるがその事蹟の世に知られてゐないのを遺憾として“荒井郁之助を語る會”の開催の報道である。朝日の報道は、「荒井郁之助は榎本武揚と一緒に活躍しながら海將としてより政治家として知られてゐるが、荒井については知られるところが少い。明治元年閏八月十九日の夜、荒井郁之助坐乘の開陽丸以下七隻の幕府軍艦は品川灣を脫走して函館五稜郭を占領、大鳥圭介等の脫走陸軍と協力して北海道南部を占據した。官軍から征討の艦隊が遣されたが奥州宮古港に碇泊中の官軍軍艦甲鐵を奪取せんと、回天が攻擊に向つたのが明治二年三月二十五日の宮古海戰であつた。その戰法は佛人教官の指揮によりアボルダージユ〔abordage〕と稱し、敵艦に横付けにし、これに乘移つて奪取するといふ方法で、荒井以下猛烈に戰つたが、この戰は失敗に終つた。五月十一日には荒井艦隊としては大詰の函館海戰が行はれたが、この戰爭では脫走艦隊の蟠龍が官軍の朝陽を擊沈、これが日本で砲擊で敵艦を沈めた最初であつた。五稜郭陷ちて荒井は官軍に降つた時から海軍軍人としての劍を捨てる決心をした。平定後開拓使出仕、工業新報社を興して社長兼主筆等をやつたが間もなく內務省地理局測量課長となつた。明治八年陸地測量部が出來て測量のことが內務から陸軍に移り測量課が氣象台に變つて台長となり同四十二年七十四歲で歿した。海將として荒井が示した肉を切らせて骨を切る鬪志と、我國科學の搖籃期にこれを盛立てた功とは忘るべからざるものがある。」

この記事には荒井が明治五年開拓使出仕、開拓使農學校女學校の校長となり、其必要上編纂した荒井郁編「英和對譯辭書」(開拓使辭書といはれる)が明治五年(1872)出版されたことを逸してゐる。我國で最初の英語辭書として本木正榮の「諳厄利亞〔アンゲリヤ〕語林大成」(文化十一年 1814)が出てから、文久二年(1862)洋書調所の教官堀達之助、西周助(後の西周)、千村五郎、竹原勇五郎、箕作貞一郎(麟祥)等の編纂に成る「英和對譯袖珍辭書」の出るまでは辭書らしい英和辭書は一つも出なかつた。明治二年の「和譯英辭書」(薩摩辭書いはれる)が前記の堀等の所謂開成所辭書を底本として鹿兒島藩士高橋新吉が前田獻吉と共に作り上海版で出て、發行者は單に日本薩摩學生としてある。出版の印刷所は American Presbyterian Mission Press 美華書館である。これも開成所辭書の重版といふべきほどのものである。この再版は明治四年に出で、「官許大正增補和譯英辭林」といふ本の名で、序文には、日本薩摩學生前田正穀高橋良昭とあり、「前本ニハ英語ノ傍ニ片假名ヲ以テ口調ヲ施スト雖モ音聲ノ高下及ビ字綴ヲ明辨スル能ハス故ニ今片假名ヲ省キ、ウエブストル氏ノ辭書ニ據テ是ニ易ルニ音符(エキセント)並ニ字綴(シレブル)ヲ以テス」とある。そして荒井郁之助編はこの薩摩辭書の再訂版の如きものである。

豊田實氏「日本英學史の研究」に、「編著の荒井郁は荒井郁之助を支那流に三字名に書いたものである」とある。この日本英學史には

荒井の辭書編纂のことだけ記し、武將としてのロマンチツクな荒井の前半生には全然觸れてゐない。荒井は既に劍を棄てたのだから、それは荒井の欲するところであるかも知れない。「荒井郁之助を語る會」の發起人の中に德川家正公があつたわけは、荒井郁之助が幕臣であり、「幕府海軍の創設育成に最も力を致されたる一方の雄」（福永恭助著「海將荒井郁之助」の德川家正公序文）であつたからで、「翁が其晩年、隨時千駄ケ谷の家で父〔家達公〕の催しの集まりに何回か來られて色々昔話などもされた其時の記憶尙ほ新なるものがある」と家正公が同序文に書いてゐる。

荒井がもと蘭學をやつたことは荒井の書いた「回天丸の話」の中に、回天丸の艦長をして宮古海戰で戰死した甲賀源吉のことにつき、かう書いてゐることから明らかである。

> 甲賀氏ハモト掛川藩士ニシテ兄ヲ甲賀源之進ト云ヒ、氏ハ其弟ナリ。小壯ニシテ擊劍ヲ學ビ、江戶ニ來リテ當時ノ蘭學者木村軍太郎ニ就キテ蘭學ヲ學ビ得タリ。後海軍ニ志シテ、余ガ伯父ナル矢田堀氏〔荒井郁之助は奧州桑折十萬石の殿樣荒井淸兵衞の長男、矢田堀は名を鴻といひ荒井淸兵衞の弟で、鴻の妹が故理學博士坪井正五郎の母。慶應四年勝安房が陸軍總裁となり、矢田堀は海軍總裁矢田堀讃岐守となり、榎本武揚が海軍副總裁、荒井が海軍奉行となる〕ノ塾ニ來リテ航海ノ術ヲ學ビタリ。コノ頃海軍ノ傳習ハ蘭人ヨリ得タルヲ以テ、蘭書ヲ讀ミ得ルコト尤モ必用ナリ。甲賀氏ハ蘭書ヲ讀ミ得タルヲ以テ航海ノ術ヲ修ムルコトモ速カナリシ。其後余ガ家塾ニ居ルコト三年、共ニ高等幾何、高等代數、微分積分等ノ蘭書ニ就キテ講究セリ。コノ頃ハ海軍ノ敎授モ高等數學ニ到テハ其敎科ナク又誰レモ其術ヲ修ムルモノナキヲ以テ、原書ニ就キテ自修スルヨリ外ナカリシナリ、其學ノ淺キヲ想像スベシ。又甲賀氏ト共ニ蘭書ニ就キ艦隊操練ノ書ヲ譯シタルコトモアリシ

荒井郁之助は明治になつてから開拓使出仕となり、明治六七年の頃開拓使農學校女學校の校長となり、それから初代の中央氣象臺長となり、外國人に交友多く、「また外國人の方からも、英雄崇拜的に、更にまた新知識の持主として、敬愛してゐたのである。地震學のミルン（英人 J. Milne)、數學のペレー（英人Perry)、造船學のダイバス (英人Edward Divers)、大阪の造幣廠のゴーランド（英人William Gowland) 等は親密な交友であつた。これ等の人々は工部大學や東京大學に敎師として明治初期に來朝したのである。自分がつれてきた、中央氣象臺の雇獨逸人のクニツピイング (Knipping) は殊に親しく世話をしてやつたので、おやじを非常に尊敬してゐた。彼れには私位の子供がゐて、家族的に子供同志もつき合つてゐた。中央氣象臺の或る技師の著書日本氣象史とか云ふのに、クニツピイングは日本に來た時に、英語が解せなかつて云々と、かいてあるが、飛んでもない間違ひ、彼れは極めてよく英語をはなしたのである。」（洋畫家　荒井陸男記）

この荒井畫伯のクニツピイングについての話から想像するに、畫伯の父荒井郁之助は英語が達者であつたことゝ思はれる。だから開拓使辭書の編者として、たとへそれが諸元素名稱及其略稱表譯 (Table on the Chemical Elements with their Symbols) が附錄の一つとして加はつてゐるだけで、「その他の點では明治四年版の薩摩辭書と同一」（豊田實：「日本英學史の研究」）であつたけれども、決して資格のない編者ではなかつたのである。大體薩摩辭書といへども堀達之助等の「英和對譯袖珍辭書」を踏襲してゐるのである。その例言に、「舍密礦山ノ語ハ敎師アンテセルニ質シ其緊要ナル者ヲ輯メテ之ヲ挿入シ以テ附錄ト爲ス」とあるは、開拓使假學校の敎頭兼化學地質學敎師米國人 Thomas Antisell である。尙ほ「各國度量權衡ノ表ヲ付シ且ツ方今ノ制ニ從ヒ分量ノ名目ヲ改メ之ヲ卷末ニ載ス」とある。これも薩摩辭書にもあることだが、開拓使辭書は各國貨幣度量衡表 (Table on Money, Weight, and Measure of the Different Countries) をつけてゐる。そして薩摩辭書（明治４年版）では１shilling＝12 pence が十錢八分九厘になつてゐるのが、開拓使辭書(明治五年)では１shilling＝12 pence が二十四錢二厘〇四となつてゐる等換算率が改まつてゐることは注意すべきこと

で、相當標準とすべき辭書となつてゐることが分る。それ以後我國で出る多くの英和辭典には必ず各國度量衡表が附いてゐる。その例言に「英華辭典ウエブストル氏辭書等ヲ校シテ之ヲ梓行ス」とあり。Webster の辭典は福澤諭吉が萬延元年(1860)、廿七歳の時、咸臨丸を幕府がアメリカに送つた時、艦長木村攝津守に請うて新見豊前守に隨つて米國に赴いたが、その歸る時、ウエブスター辭典を購うて歸つた。この時が日本に純英語字典が齎らされた最初だといはれてゐる。英華字典は The Rev. W. Lobscheid の「英華字典」でこれは我國の學者の參考となつたもので、これを基礎とした字典として、「英華和譯字典」(中村敬字校正、津田仙、柳澤信大、大井鎌吉同譯、明治十二年出版)、「英華字典」(羅布存德 Lobscheid 著、井上哲次郎訂增、明治十六、十七年出版)が出てゐる。開拓使辭書が英華字典を校したとあるが、もう此の時代には、相當日本の譯語もきまつてゐるし、それに蘭和辭典も前からあることだし、たとへば醫藥のことにしても、漢方に、それにあてはまる語があるので、英華辭典でたしかめたといふ程度で、これから譯語を借りるといふことは、想像以外にすくないのである。たとへば pharmacopaeia に、藥方書とある。これは英華字典 (English and Chinese Dictionary, By the Rev. W. Lobscheid) には「製藥譜」とある。philanthropy が開拓使辭書では「慈悲心」とあり、英華字典では「仁者」とある。開拓使辭書では philology「語學」とあり、英華字典では「話的」とある。philosophy が、兩者とも「理學」となつてゐる。これは支那から借りたもので堀達之助等の「英和對譯袖珍辭書」にも理學とある。philosophy の「理學」といふ譯語は柴田昌吉、子安峻仝著の「英和字彙」(文學社發行、明治十八年)にも、「和譯英辭林」(小栗栖香平校訂、傍木哲二郎纂譯、明治十八年發行)にも、明治十九年長谷川辰二郎纂譯和譯英辭書にもそれが用ゐられてゐて、「哲學」の譯語はない。佛和字典では明治廿六年の中江篤介(兆民)、野村泰亨共譯の「佛和字彙」にやはり philosophie「理學」となつてゐる。明治廿一年出版の「和譯英字彙」(アーサー・ロイド氏序、杉浦重剛、松下丈吉校閲、嶋田豐譯)に「哲學」の譯があるけれども「理學、哲學」の順序になつてゐる。哲學といふ語が旣に明治七年西周の「百一新論」によつて初めて世に現はれ、西周が「初めて哲學といふ語を制定し實證的哲學の精神を導入した功績」(桑木嚴翼博士「書物と世間」、昭和十八年)は大きい。ついで明治十四年一月井上哲次郎、和田垣謙三、國府寺新作、有賀長雄共著の「哲學字彙」が出てゐる。西周の「哲學」は桑木博士に從へば希求哲知の意味で、西周は更に「希哲學といふ語をフイロソフィーの譯語として用ゐた」(前揭桑木博士隨筆)のである。明治十七年には有賀長雄譯「近世哲學」があり、明治二十年濱田健次郎「言語哲學」がある。この「哲學」の語が一般化されたのは、明治廿年代に入つてからであると思ふ。明治二十年には「洒落哲學」や「處世哲學」などの本も出てゐる。明の天啓年代の「西學凡序」に「一爲理科、謂之斐錄所費亞」とあり。かくの如く十七世紀初期の漢譯が「理科」であり、我國蘭語辭彙「譯鍵」(藤林普山著文化七年 1810)にも「理學」とある。村上英俊の「佛語明要」(元治元年 1864, 我國に於ける最初の佛和辭書)には、philosophie「天道ノ說」とある。一つの譯語が一つの定譯に落着くまでは長い年代を經るものである。

明治政府が北海道開拓に着手せんとして、明治三年五月黑田淸隆、東久世長官の下に開拓次官に任ぜられ、明治三年十一月黑田洋行を命ぜられ、翌四年米國に出發。其の際開拓使留學生として山川健次郎外二名を伴ふ。山川は年十九才、工學を、他の二名は孰れも十六歳、鑛山學を修めしむ。黑田次官は滯米中精しく彼地の拓殖狀況を視察して潑剌たる生氣の漲るを看取し、大いに得る所あり。明治四年六月米國農務局長ホーレス・ケプロン Horace Capron 外米國人三名を聘し、同時に作物種子、動物、農用機械等を携へて歸朝す。ケプロンは爾來開拓使顧問として北海道の拓殖産業及び敎育の上に貢献する所頗る多し。」(「創基五十年紀念北海道帝國大學沿革史」)。當時の米國は南北戰爭(1861-5)後、奴隷制度は廢止となり、政治抗爭も一と先づ解決され、

大陸横斷の鐵道も 1868（明治元年）に完成、太西洋と太平洋とが結びつき、アメリカ西部の大草原が開拓の時期に入り、加州の黄金の發見（1848年）、更に gold rush で人々は野を越え山を越えて、西へ、西への運動は起され、所謂 frontier movement 或は pioneer movement が盛んになり、アメリカ新文化の建設時代に入つたのである。デモクラシーの詩人、國民の詩人 Whitman (1819-1892) の詩はまさに此の時代を反映してゐる。南北戰爭の時は野戰病院で勤めたホイツトマンの有名な詩 Pioneers! O Pioneers! の廿六節の中にかういふ一節がある。

All the pulses of the world,
Falling in, they beat for us, with the western movement beat;
Holding single or together, steady moving, to the front, all for us,
Pioneers! O Pioneers!

世界中の脈といふ脈が落ち合つて、吾この爲めに鼓動する、
西の方へと動きながら、
單獨でか或は合動してか着くと前に進む、
みんな吾々の爲めに
先驅者！ オー先驅者！
（日高只一氏著「アメリカ文學概論」）

此の先驅者精神を説く思想家は樂天的で理想主義者であつたが、米國の世の中は低俗な腐敗した大きな流れに押されてゐる。日本に米國から來た學者たちは puritan 的な理想家であつたのである。かくして當時の米國のパイオニア精神が北海道開拓に結びついた事を見ることは興味がある。ケプロン外同行の米人は明治五年八月吹上離宮に召して謁を賜つた、「汝能く朕か意を體し合議協力以て開拓の成功を奏せしめよ」との勅を賜はり、ケプロン恭しく拜答してゐる。明治五年ケプロン農學校を設くるの策を献策し、かくして同年三月開拓使假學校が芝増上寺內に設けられた。又同年一月鮫島武之助等十七名を選拔して米佛露三國に留學せしめ、農工鑛山の學を修めしむ。留學先として米國最も多し。假學校に初めて入學したものの中には、元田肇、中川謙二郎、安川敬一郎、神鞭知常、江木千之等がゐた。そして荒井郁之助は實に校長として學校を管理したのである。荒井は明治六年學校の組織改正と共に三月校長の職を退いた。そして明治八年になつて開拓使假學校は東京から札幌に移り、札幌農學校の基礎は成り、明治九年マサチユーセツツ農科大學長 William Smith Clark が非常な抱負を以て着任した。クラークは教頭として校規を制定した。必要學科の中に演説法、英語討論があるのはクラークの意見に依るものであることが明らかだ。三年級の第二學期には英文學史もあつた。新渡戸稲造先生は、「後年札幌在學時代を回顧して札幌での四ケ年間に學習した學科の中で一番役に立つたものは英文學であつた……と語つてをられる」（重久篤太郎：「日本近世英學史」）。更に「米國アマスト〔Amherst〕の農科大學に倣ひ、一週二時間の練兵を課せり。これ實に我國の學校に於て兵式體操を採用せる始とす。彼の森有禮が內閣制施行後初代の文部大臣として學制の大改革を斷行したる際、師範學校に始めて兵式體操を入れたるはその後十年を距つ」。（「北海道帝國大學沿革史」）。

米國の學問には獨逸的のところが多く學者で獨逸に留學するものが多いが、このクラークも 1848 年アマスト大學を卒業し、ついで獨逸ゲツチンゲン大學に鑛物學及び化學を學んだ。「隕石の化學的成分」といふ論文で、ゲツチンゲン大學の學位を受けた。杉浦重剛が英國で化學を學んだ時の教授もドイツ系の學者であるし、札幌に招聘したクラークもドイツ系の學問を追求した人であつた。その後日本の科學がその留學の主流を英米からドイツに移したのは意味のないことではない。開拓使學校の校長であつた荒井郁之助が初代中央氣象臺長となるや自分がつれて來たのがやはりドイツ人であつた。併し今日では日本の科學が振興されると同時に、ドイツを主流とした時代となり、世界各國の研究に等しく注意する現狀となつた。日本の學問がこゝまで來るには、わざわざ開拓使假學校のために本文五百四十六頁の英和對譯辭書（開拓使辭書）まで刊行するほどの熱心があつたからで、この點今日の方が却つて恥づるところありといはなければならない。そして荒井翁はローマ字論者でもあつたのである。

明治新聞記者と英學

[明治英學史 X]

花園兼定

「毎日新聞」が日本の新聞先驅者の傳を出した時、その書物を「十大先覺記者傳」とした。この書物の中の材料の一部は、私が提供したもので思出の深い書物である。その十大記者とは、岸田吟香、柳河春三、福地櫻痴、栗本鋤雲、成島柳北、藤田茂吉、末廣鐵腸、沼間守一、福澤諭吉、ブラックである。この中、ブラックは“Young Japan”の著者で、ヘラルドやガゼツトの主筆をしたJ.R.Blackで、日本字新聞としては「日新眞事誌」を出して、日本のジヤーナリズムに大きな影響を與へてゐる。栗本鋤雲は幕末の外國奉行で、下關砲擊事件の賠償金の延期等につき彼の交渉效を奏し「幕府第一の外交家」と稱された。慶應三年一月德川慶喜の弟淸水民部昭武が佛國に赴くにあたり澁澤榮一等その隨行となつた。後同三年二月栗本は急いで佛國に向つて出發した。蓋し昭武の旅行の目的が急にその近侍等により英國留學に變ぜられたので、佛國政府の感情を害したので、栗本が選ばれて急遽昭武一行に會ひ、ロンドン行を中止せしめたのである。當時、英國とフランスとはその對日政策に於て互に反對で、英國は我國の西方を援け、フランスは幕府に同情してゐたが、栗本が幕府の使節としてパリ滯在中、ナポレオン三世は頻りに、幕府のために兵器の援助を申出でたのであつたが、栗本は之を飽くまでも受容れなかつた。栗本がフランスから歸つたのは慶應四年の五月で、恰も上野戰爭の際であつた。その後、彼は家祿を返上して本所小石川村に歸農し、その隱棲を借紅園と稱した。五六百坪の地に芍藥を植ゑ、その花時の風趣を愛した。彼はこゝに餘生を送るつもりでゐたところ、明治六年五十二歲の時、郵便報知新聞(後の報知新聞)の編輯主任として入社した。彼は勝海舟に對して一歩も假借せざらんと秋霜烈日の態度を執つたが、社内の人々には常に溫容を示し何れも彼に悦服した。島崎藤村は屢々此の借紅園に彼を訪れてゐる。この栗本がかうした學者であつた他は、岸田、柳河、福地、成島、藤田、沼間(ヌマ)、福澤、ことごとく英學者であつた。日本の近代ジヤーナリズムが英學と深い關係があることは、興味あることである。そしてその新聞先覺者は幕府の方に關係が深かつたが、フランス學者としては、柳河春三が英佛蘭に通じたのと、栗本鋤雲のフランス知識とを擧げ得るのみで、餘は凡て英學畑であつた。英學畑といつても英學の敎養があつたといふばかりでなく、岸田吟香はヘボンと「和英語林集成」(慶應三年 1867) を出版し、柳河は著譯するところ洋書一百餘卷の多きに及んでゐる中には、「洋學指針、英學部」の如き英語の啓蒙書を書いてゐるし、福地は下谷二長町に英語佛語の塾を開き、成島は淺草本願寺で英學を敎授しクワッケンボスの英文典などを敎へ、沼間も日本橋瀨戶物町に英學塾を開いたりした。福澤が應慶義塾を起して、上野彰義隊の戰爭の中でも、彼は平然として經濟の英書を講義してゐたことは有名な話である。

此の十人の中最も學者的であつたのは何といつても柳河春三であつた。成島柳北は、彼について、「先生文才天授、夙に漢籍に深く、博覽强記、兼て蘭學を修め、後又英佛の書に通ず、而してその最も長ずる所は國學にあり、和歌和文に至りては、實に時輩の爲に推さる」といつてゐる。蘭學は尾張の砲術家上田帶刀、及び同藩の、本草學の大家であつた伊藤圭介について學んだ。元治元年召されて幕府の開成所敎授職となり、慶應四年三月その頭取に任ぜられた。慶應三年十月、我國最初の雜誌「西洋雜誌」を發行し、慶應四年二月廿四日に「中外新聞」を發行した。「西洋文を飜譯せしもの二三種既に出づ……近頃京都にては太政官日誌と云ふ書版行ありて世に行はる………民間に行はるゝ日本新聞紙の濫觴は、この中外新聞なりと云はんも、亦適當には非ざるべき歟」(中外新聞第九號)。維新後、「大阪における明治假政府は、當時の新知識として、彼と福澤諭吉、神田孝平〔神田乃武の父〕の三人を召したのであるが、神田のみ

は召に應じて大阪に到り、福澤は病と稱して出でず、彼また大阪に移住するを好まず、箕作禎一郎〔後、麟祥〕をして代らしめた。然るに召に應じた神田、箕作共に累進して男爵に列し、應ぜざり福澤は大平民として福翁の名實を全うし、彼のみ獨り不遇の間に夭折」(大阪毎日新聞社「十大先覺記者傳」) した。彼は明治三年歿享年三十九。淺草本願寺寺中願龍寺にその墓がある。

英語の讀書力からいへば、何といつても幾度か外遊した福地櫻痴、福澤諭吉が第一であつたと思はれる。福地は長崎の生れで父は博學能文の士であつた福地苟庵、醫を業とした。賴山陽が長崎に遊んだ際苟庵山陽に向つて曰く、卅一文字の濫觴は論語に發す、『司馬牛憂へて曰く人々は皆兄弟なれどわれ獨り亡し』(論語顏淵第五章) を以てしたるに、山陽發句の始めは何時であるかと問ひ、山陽『夏五月鄭伯段に鄢に勝つ』といふ春秋の句を以てしたとの話がある。(この話は犬養木堂談、塚原澁柿園談何れも多少の相違あり) 梵語の南條文雄博士がロンドン留學中日本學生會で博士が賴山陽について語つたところ、末松謙澄が以上の逸話をしたといふことである。(南條文雄著「懷舊錄」)。櫻痴は十六歳で和蘭大通辭名村八右衞門について蘭學を學び、十七歳で和蘭稽古通辭となつた。その頃年々來舶度に和蘭人から風語書と名づけたものを出して海外の事情を長崎奉行に報告し幕府は之を和蘭の忠節の一と唱へたが「名村先生は右書面を和蘭甲比丹(カピタン)より請取りて和解(飜譯)を成せるに臨み常に余をして筆を採て其筆記を爲さしめたりき。此風說書は甲比丹が如何なる方法にて出島に居ながら斯は知得るものにやと尋ねしに先生去ばなり西洋諸國には新聞紙(ニーウエス)と唱へ毎日刊行して自國は勿論他の外國の時事を知らしむる紙あり。甲比丹は其新聞紙(ニーウエス)を讀で專ら其中より重立たる事柄をば斯は書き記して奉行所へ言上いたすなりと告げ其座右にありける和蘭新聞紙の反古を出して余に與へられたりき。此反古はアムストルダム刊行の新聞なりけるが、余は是を賜はりて頻りに字典と首引して讀まんと試みたりしが其の文章の讀み易からざると事情の解し難きとにて力及ばずして之を斷念したり。是余が初めてニーウエス〔新聞紙〕の語を聞きて書物を見たる始なりき」 櫻痴居士:「新聞紙實歷」、明治廿七年)。 安政六年横濱開港の時から職を外國方に奉じて通辨飜譯に從事し、「英米の公使領事に就て新聞の讀餘を借受て再び讀試みたれども是また英文の讀み難きに困難して殘念ながら放擲したりき。其後(萬延元年)幕使が初めて米國に赴きたるに際し右の使節一行または米國公使より新聞紙を添て使節は現在斯の如き待遇を受て米國の諸所を巡回中なりと報じ來り其飜譯を命ぜられたるに付き公使館の書記官に就き其文意を質問して漸く是を譯するを得たりき。」(同上)。 かくして新聞といふものに興味を感じ、文久二年幕使に從つて歐洲に赴いた時は「倫敦に到りては益々新聞紙を讀む事の面白く成りて或は見物の序に新聞社を訪ひ或は新聞記者にも面會して問もし尋もして其組織の概略を聽得て欣羨の情を起したりき」(同上)。慶應二年再び幕使に隨つて英佛二國に駐在すること十ヶ月、「輿論を左右するものは即ち新聞の力なり」と聞いて、新聞記者となつて「時事を痛快に論ぜん」と決心したのであつた。かくして櫻痴は「戊辰の變に際し余は非恭順論者の一人」であつた。そして明治元年「江湖新聞」を起し、「時として余自から板下を書き」、新聞は非常に賣れた。大政返上についても「反對の意見を存せざりしが」、紙上に揭げた薩長論のために下獄したが、廿餘日で放免され、「江湖新聞發兌不相成」となつた。 その後、「政府は外國の事情に通じ外國語を能くする士を求めてゐたので、彼は澁澤榮一の紹介で初めて大藏省少輔伊藤博文の知遇を得るに至り……明治三年……伊藤使節に隨行して渡米の途に上り、貨幣及び銀行の制度等を硏究して翌四年五月八日歸朝した。續いて同年末岩倉公を大使とする各省官吏七十名より成る一行に、彼は一等書記官として加はり歐米に派遣せらるゝことゝなつた。この行の目的は條約改正の準備を兼ねて交際刑法裁判(一種の國際裁判)の實地を見聞するにあつた。六年二月彼は巴里で一行と分れ、單身希臘、都兒格(トルコ)、阨日多(エジプト)に遊歷し日本最初のゼルサレム參詣者となり七月一行に先だち

歸朝した」(十大先覺記者傳」)。

福地櫻痴を「明治初葉第一の才人とせば、福澤諭吉はまさに明治年代を通ずる第一の巨人である」(「十大先覺記者傳」)といはるゝ福澤は豐前中津奧平藩士福澤百助の末子で、天保五年大阪の同藩の倉屋敷で生れた。安政二年廿二歳で長崎に學び、砲術家として知られた小出町の山本物次郎の食客となり、風呂を焚いたり家事を手傳ひながら、和蘭通辭から蘭學を學んだが、大阪に戻り緒方洪庵の門に入り、後には塾長となつた。安政五年廿五歳の時、江戸に上り奧平邸の蘭學塾で子弟の敎育に從事した。翌安政六年五國條約が成ると、横濱居留地の見物に行つたところ、看板が皆な彼には讀めない字で書かれて居て、外人も多く英語を用ゐてゐるので、直に英語の勉强にかゝつた。「今まで數年の間、死物狂ひになつて和蘭の書を讀むことを勉强した。その勉强したものが、今は何にもならない」(「福翁自傳」)といつて、福澤の住んでゐた鐵砲洲から、長崎の通辭であつた森山多吉郎が幕府に仕へてゐるので、その家をさがしに小石川水道町へ幾度か足を運んだ。大概玄關で追拂はれて會つてくれない。しまひに森山は發音を少し知つた外何にも知りはしない。「森山といふ先生も、何も英語を大層知つて居る人ではない。漸く少し發音を心得てゐると云ふ位、迚も是れは仕方がないと餘儀なく斷念(「福翁自傳」)。これから福澤は蘭英對譯の辭書を奧平藩に買つて貰つて皆の寢しづまるのを待つて寫すといふことをして、さあもうこれでよろしい。この字引さへあれば、もう先生はいらないと、自力研究の念をかたくしてたゞその字引と首つ引で、毎日毎夜ひとり勉强(「福翁自傳」)。この福澤の森山多吉郎についての見方は、福澤が森山の態度に憤にさわつたためでもあつた。森山について、福地櫻痴は、「懷往事談」の中で、「是より先余は鄕里なる長崎を出で江戸に來り諸方に寄宿したる末にこの春〔「安政六年四月、森山多吉郎之塾に寓す」、仕途日記〕より小石川金剛寺坂上なる森山先生の塾に寄宿したり(先生は通稱多吉郎とて長崎和蘭通詞の出身、數年前より徵されて江戸に來り常に江戸下田の間を往復して專ら條約の事に關り、當時は外國奉行支配調役並格にて外交の通辯を任じ、幕府外交の事に就ては尤も勤勞を盡したる人なりき。其事は猶追つて述ぶべし。此時に際し江戸にて英語を解し、英書を讀たる人は此森山先生と中濱萬次郎氏との兩人のみなりければ、余は此先生について學びたるなり。既に福澤諭吉氏も先生の宅に來りて益を請ひたる事などありて、津田仙彌、現に農學者の津田仙、須藤時一郎、現に東京市參事員、富永市造、現に大審院判事富永冬樹、沼間愼一郎、故沼間守一、の諸氏も先生の門に出入せられたりき)」と書いてゐるところでは森山は相當英語が出來たらしく、ペルリの日本遠征(United States Japan Expedition)の報告にも森山が活動してゐることが見える。嘉永元年(1848)、鯨船に乘つて來て日本海に入り、蝦夷宗谷から約二十五哩の利尻島に上陸し、その後松前から長崎に移されたRonald MacDonald (1824–1894)が、當時の譯官森山榮之助(後の多吉郎)、堀達之助、本木昌左衞門等十四人に英語を敎へ「マクドナルドの自叙傳にはその門下十四人の中森山のみが特筆されてゐる……森山はマクドナルドの門下生の中でも斷然頭角を現はし、和蘭語英語の外には佛語とラテン語を學んだが、特に彼の和蘭語は出島蘭館の和蘭人よりも巧みであつたと云はれてゐる。」(重久篤太郎:「日本近世英學史」)。

福澤も萬延元年正月新見豐前守の渡米に隨行、文久元年竹内下野守一行に加はつて渡歐、慶應三年、軍艦購入の要務で勘定吟味役小野友五郎の渡米に隨ひ、三回海外に赴いてゐる。慶應二年から明治二年に亘つて出版された福澤の「西洋事情」が我國憲法思想の發達に大いなる貢献をしてゐるが、福澤の最初の著述が「華英通語」(萬延元年出版)と稱する英語會話書であることは興味あることである。「華英通語」の凡例に「庚申之春余從某君航海至桑方西斯哥港、適得淸人子卿所著華英通語一篇于在港淸商、仲夏歸馹之後乃欲上梓以公諸同志……語中無和譯者或有本邦全無名、物者或𣴎適行、類似者以穩當未詳故不妄下譯」とある。發音は Heaven 天ヒーヴヌとか、Earth 地イアルス、Ocean 洋ヲーシーヌ等、をかしなのが多いが、當時としては

止むを得ない。日本譯のないのは凡例にあるやうに日本に物がないからで、その中には table cloth, butter cup, policeman, custard, jelly, beer, champaigne, dessert bowl, easy chair, などがある。字類の中には Is breakfast ready? アサメシハデケタカ、I am in excellent health. ワタクシハコトノホカタツシヤデアル、等が收められてゐる。何れも支那時文はそのまゝ保存され、その傍に和譯をつけたのである。此の華英通語に v にヴを用ゐ、凡例に「ウワ附濁點者ブバ與ウワ之間音也」と福澤は書いてゐるが、福澤全集に「原書の Vの字を正音に近からしめんと欲し試みにウの假名に濁音を附けてヴと記した事は當時思付の新案と云ふ可きのみ」と先生は書いてゐる。福澤先生が慶應義塾を起し（名は慶應なれど實は安政五年）、それが大隈重信侯の早稻田大學（明治十五年創立東京專門學校と稱す）と共に興隆し、先生が起した「時事新報」(明治十五年) は遂に昭和十一年廢刊となり東京日日と合併といふことになつて了つたことは惜むべきことである。先生は全く身心を此の新聞に傾倒し、一切他を顧みることをしなかつたほどであつた。

明治六年中村正直(敬宇)が開いた同人社が慶應義塾と並び稱せられたのに、いつかつぶれて了つて小石川江戸川大曲りのほとりにその舊邸のみが殘つてゐる。敬宇も亦漢英辭書を全部筆寫して强勉したといはれてゐる。

☆　　　☆　　　☆

Loose-Leaf Note Book

Lynch

口を開けば人道正義を唱へるアメリカ人も、一皮剝げば極惡の鬼である。黑人に對する彼等の非道ぶりはまさに言語を絕する。Lynch (私刑) の記事が頻々として新聞に現れ、今や黑人の問題は米國の深刻な社會問題の一つである。

Lynch の語源は 1493 年愛蘭 Galway の市長 James Fitz-Stephen Lynch といふ人が、自分の息子を死刑に處したことから、私刑の意味に用ひられるに至つたとの說もあるが、一般には、此語は Virginia の耕作者 Charles Lynch (1736–96) から來たものだとされてゐる。此人は、亞米利加獨立戰爭の際、自分の周圍の革命派を援助するため資金を募つた。そして二人の友人 R. Atkinson と T. Callaway と一緒になつて非公式の裁判所を設け、政府黨の者で醵金に應じないものは禁錮或は放逐に處したり、王黨員を此の裁判所に引張つて來て、“Liberty for ever” といふまでは母指だけで吊上げて置いたりした。これが Lynch の起りであるが、尤も當初は死刑などにはしなかつたらしく、Webster Dictionary にも次の如き說明がついてゐる。

At first, victims of lynch law were generally flogged, but in recent years mob murder, esp. of negroes, has been frequent.

亞細亞は一つなり

［明治英學史　XI］

花　園　兼　定

我國で英文著述をして海外に知られた人としては岡倉覺三、新渡戸稲造等を第一とする。岡倉覺三の Asia is one の言葉が今東亞の天地に脚光を浴びて居る。天心岡倉覺三は東京大學を出てから美術學校設立の事務を執ることを命ぜられ、初代校長は濱尾新、天心は幹事となつた。勿論後には校長となつた。東京美術學校の創立は明治二十二年二月、憲法發布に先立つ數日前であつた。明治二十二年の一月に入學試驗が行はれ、既に大學に進まうとして豫備門に在籍した横山大觀もこの入學試驗に應じたのである。二月十一日文相森有禮が刺客の手にかかり急逝したので、天心は非常に驚いたが、それよりも丸の內への行進中、美術學校の生徒と第一高等中學校(今の一高)の生徒との間に起つた衝突の方に心を惱ました。

大東亞戰爭が起ると、亞細亞の結束は叫ばれ、天心の Asia is one と云つた言葉が屢々我國で引用された。昭和十八年十月卅日、日華同盟條約調印せらるるや「アジアは一なりとは我が先覺岡倉天心の云ふところ」(東京新聞論說）と人は再び天心を追想した。「天心先生の時代は今やつひに來たのである」(淸見陸郎著「先覺者岡倉覺三」昭和十七年二月序文)。

この "Asia is one" の句は、明治卅六年(1903）にロンドンの John Murray から出版になつた The Ideals of the East (東洋の理想）の中の一句で、introduction があつて、開卷第一の章 The Range of Ideals の起首の句である。天心はこの「東洋の理想」を書き終つて、印度への最初の訪問に旅立つた。この渡印中の天心について、詩聖 Sir Rabindranath Tagore の令甥スレンダラナート・タゴールが書いてゐるものが、天心の長男岡倉一雄の「父天心」の中に譯されてゐる。「彼の容貌は日本人と言はんよりは、寧ろ支那人型であつた」といふやうなことや、「岡倉はボツリボツリとした調子で、英語を話してゐた。時々正しい言葉に氣迷ひを生じたやうであつたが、斷えずそれを苦勞して見出してゐた。すると彼は突如として『君は自分の國をどうする氣なんだね』と思ひがけなき第一問を浴せかけたのであつた」といふやうなことを書いてゐる。なほ、「カルカッタの私の近所の家……そこに岡倉は滯在して、次の書物『東洋の覺醒』を書くのに慌しかつたとも記してゐる。天心が「その間、印度の革命の謀議をすゝめてゐたのは事實と見られる。……『東洋の理想』が……發刊されたのもその時分のことで、その劈頭の一句『アジアは一つなり』の語が、天心を繞る印度革命青年の間に合言葉の如くに傳へられてゐた」(岡倉一雄：父天心、219 頁)。

天心は印度に在るの日は、「佛教大辭典」の著述を殘して亡くなつた織田得能（當時は生田）と共に滯在し、歸朝の後、共に東亞佛教大會を企てゝ失敗し、天心は飛田周山の鄉里茨城の大津町の東方八町ばかりの丘を隔てた海岸に斗出した北浦の地に地を相し、觀浦樓を買ひ取つた。後、日本美術院を常陸の浦に移し、横山大觀、下村觀山、菱田春草、木村武山等天心に隨ひ同地に移住す。(岡倉天心全集、天心年譜)。

天心の英文著述は The Ideals of the East, 1903; The Awakening of Japan, 1905; The Book of Tea, 1906 の順で出版された。

天心は文久二年横濱本町一丁目の自宅で生れ、十歲の時、ヘボンの塾でジョン・バラーにつき初めて英語を學び、十二才の時父に隨つて東京に移住し、十五才南宗の女流畫家奧原晴湖に畫を學び、十六才東京大學に入り、米人フエノローサについて哲學を學ぶ。同窓には井上哲次郎、木場貞長、故和田垣謙三、故有賀長雄がゐた。十九才（明治十三年）東京大學を卒業した。廿五才(明治十九年)フエノローサと共に官命で美術視察のため歐洲に出張、廿六才歸朝、廿八才(明治廿二年)東京美術學校開校、翌年同校校長拜命、爾來東洋美術のために一生を捧げた。四十三才の時ボストン美術博物館顧問として渡米、その後幾度か日本と米國との間を往復。大正二年五十

二才、米國より歸朝、病を北浦に養ひ、九月二日赤倉の山莊に逝く。

「東洋の理想」の表題は The Ideals of the East であるが、title page は下のやうになつてゐる。

The Ideals of the East with Special Reference to the Art of Japan. London: John Murray, Albemarle Street, 1903.

そして第一章が The Range of Ideals (理想の限界) となつてゐる。

Asia is one. The Himalayas divide, only to accentuate, two mighty civilisations, the Chinese with its communism of Confucius, and the Indian with its individualism of the Vedas. But not even the snowy barriers can interrupt for one moment that broad expanse of love for the Ultimate and Universal, which every Asiatic race, enabling them to produce all the great religions of the world, and distinguishing them from those maritime peoples of the Mediterranean and the Baltic, who love to dwell on the Particular, and to search out the means, not the end, of life, のやうな堂々たる文體で、「亞細亞は一つなり」といふ天心の有名な句で初まつてゐる。ヒマラヤの峰が二つの大文明を分つてゐるといふ雄大な書き方で續いてゐる。一つは孔子の communism, 一つは印度吠陀の教典で代表する、individualism である。天心の文章は實に絢爛を極め天穹の如き雄大さをもつてゐる。彼の師フエノローサと常に旅行したりしその感化を著しく受けた彼ではあるが、彼の文はフエノローサの文と比べて一層壯麗である。

For if Asia be one, it is also true that the Asiatic races form a single mighty web. (p. 3)

「亞細亞は一つなり」といふことからして、天心の思想は上のやうな發展を示してゐる。「若し亞細亞が一つならば、亞細亞諸民族は單一の偉大なる組織を形成することも亦眞實である」といふあたり、今日の大東亞共榮圏の理想を當時既に道破してゐたのである。この web といふ言葉は、沙翁に "The web of our life is of a mingled yarn, good and ill together"—All's Well That Ends Well「人間の一生は善と惡を絢交(より)の絲で編んだ網」(坪内博士譯) とある。

It is in Japan alone that the historic wealth of Asiatic culture can be consecutively studied through its treasured specimens. The Imperial collection, the Shinto temples, and the opened dolmens, reveal the subtle curves of Hâng workmanship. The temples of Nara are rich in representations of Tâng culture, and of that Indian art, then in its splendour, which so much influenced the creations of this classic period—natural heirlooms of a nation which has preserved the music, pronunciation, ceremony, and costumes, not to speak of the religious rites and philosophy, of so remarkable an age, intact. (p. 7)

「亞細亞文化の歷史的の富を、その保存された貴重なる標本を通して年代的に研究され得るのは日本に於てのみである」と述べてゐる。

更に The dolmens を語り、易即ち The Eki or Book of Change, を語り、更に Confucius (孔子)、Laotse (老子)、を語り、轉じて書道について The sacredness of caligraphy, which attains to great heights for the first time in this Laoist period, is the worship of the line, pure and simple と述べてゐる。「書道は線を崇めることだ」といふやうな短い含蓄のある句を用ゐることが天心の文章を著しく美しいものにしてゐる。

鎌倉時代の武士階級の心構へとしての「もののあはれ」について、"To know the sadness of things" was the motto of the time, so bringing to birth the great ideal of the Samurai, whose *raison d'être* was to suffer for the sake of others. (p. 155) と書いてゐる。新渡戸博士も日本文學の一つの特質が「もののあはれ」にあることを書き、「もののあはれ」の英文表現に苦んでゐられたことを私は今思ひ出すのである。

次に天心が書いたのが「日本の覺醒」であ

る。

The Awakening of Japan. London: John Murray, Albemarle Street. 1905.

さきのスレンダラナート・タゴールの文章に「東洋の覺醒」とあるのは間違ひではない。この「日本の覺醒」は「印度滯留の砌り稿を起したもので、その初稿は『東洋の覺醒』としてあつた。（岡倉一雄、「父天心」）

この本の第一章は The Night of Asia で、次の如く筆を起してゐる。

The sudden development of Japan has been more or less of an enigma to foreign observers. She is the country of flowers and ironclads, of dashing heroism and delicate tea-cups,—the strange borderland where quaint shadows cross each other in the twilight of the New and the Old World. Until recently the West has never taken Japan seriously. It is amusing to find nowadays that such success as we have achieved in our efforts to take a place among the family of nations appears in the eyes of many as a menace to Christendom. In the mysterious nothing is improbable. Exaggeration is the courtesy which fancy pays to the unknown. What sweeping condemnation, what absurd praise has not the world on lavished New Japan? We are both the cherished child of modern progress and a dread resurrection of heathendom—the Yellow Peril itself!

上の引用にも Yellow Peril（黃禍）と日本が云はれてゐることを述べてゐるが、恰も日露戰爭（1904-5）當時で、天心は米國セントルイスの萬國博覽會で「繪畫に於て近代的諸問題」について紋付羽織袴で講演をつゞけてゐた。日本からは特派使節金子伯がワシントンを訪問してゐた。伏見大宮殿下も御訪米中であつた。

When will wars cease? In the West international morality remains far below the standard to which individual morality has attained. Aggressive nations have no conscience, and all chivalry is forgotten in the persecution of weaker races. He who has not the courage and the strength to defend himself is bound to be enslaved. It is sad for us to contemplate that our truest friend is still the sword. What mean these strange combinations which Europe displays,—the hospital and the torpedo, the Christian missionary and imperialism, the maintenance of vast armaments as a guarantee of peace?

此の天心の喝破したことは、今日かれらのひとしく強く感ずるところである。歐洲が示すものは何か。病院と水雷、キリスト教の宣教師と帝國主義、平和維持としての大軍備。何たる矛盾ぞや。

つゞいて天心は下の如く述べて此の一卷を終つてゐる。

Such contradictions did not exist in the ancient civilization of the East. Such were not the ideals of the Japanese Restoration, such is not the goal of her reformation. The night of the Orient, which had hidden us in its folds, has been lifted, but we find the world still in the dusk of humanity. Europe has taught us war; when shall we learn the blessings of peace?

天心の著述の中、所と時代とを離れて長く殘ると思はれるものは、彼の The Book of Tea（茶の書）であると思ふ。この本ほど私たちの心に永遠の命を與へてくれるものはない。尤も私たちに永遠の命を與へてくれるものは、實はこの本の中に說いてゐる陸羽の「茶經」であるかも知れない。併しそれにしても、天心の英文は實によく茶經を說き、茶道を說き、茶室に於ける花を說いてゐる。一たびこの茶の書が現はれると、アメリカに於て爭つて讀まれ、結局日本の茶の對米輸出を大いに助けたのである。

The Book of Tea,
Fox Duffield & Co. N. Y., 1906

The Book of Tea. A Japanese Harmony of Art Culture and the Simple Life, by Okakura-Kakuzo.

天心の茶道を說くところ、人をして幽玄の

境に遊ばしむる。

Teaism is a cult founded on the adoration of the beautiful among the sordid facts of everyday existence.

茶道は日常生活のげびた、もろもろの事實の中にあつて美の稱讃に基礎をおいた一つの禮拜である。

In our common parlance we speak of the man "with no tea" in him, when he is insusceptible to the serio-comic interests of the personal drama. Again we stigmatize the untamed æsthete who, regardless of the mundane tragedy, runs riot in the springtide of emancipated emotions, as one "with too much tea" in him.

人間の平生は一つの芝居でもあり、その個人的芝居の一面眞面目で一面滑稽である興味に無覺感であると、我等の日常の言葉で、あの人は「茶氣がない」といふ。また我々は浮世の悲劇を頓着せず、解放された情緒の春に浮かれる心の馭し難い耽美者たちを、彼は「餘り茶氣があり過ぎる」と烙印を押して了ふ。

The "Chaking" consists of three volumes and ten chapters. In the first chapter Luwuh treats of the nature of the teaplant, in the second of the implements for gathering the leaves, in the third of the selection of the leaves. According to him the best quality of the leaves must have "creases like the leathern boot of Tartar horsemen, curl like the dewlap of a mighty bullock, unfold like a mist rising out of a ravine, gleam like a lake touched by a zephyr, and be wet and soft like fine earth newly swept by rain."

茶經は三卷十章から成る。第一章に於て陸羽は茶の木の特質を取扱ひ、第二章に於て茶の葉を集める道具のことを、第三章に於て、どういふ茶の葉がいいかといふ撰擇について說いてゐる。陸羽の說くところによれば、茶の葉の最上の性質は次の如くだといふ。「如胡人鞾者蹙縮然。犁牛臆者廉襜然。浮雲出水者輪菌然。輕飈拂水者涵澹然。又如新治地者遇暴風雨流潦之所經」。

There are three stages of boiling: the first boil is when the little bubbles like the eye of fishes swim on the surface; the second boil is when the bubbles are like crystal beads rolling in fountain; the third boil is when the billows surge wildly in the kettle.

煮沸には三つの段階がある。第一の段階は魚の目のやうな小さい泡沫が表面に游ぎまはる時であり、第二の段階は泡沫が噴水の中をころがる水晶の聯珠の如くである時、第三の段階は釜の中で大波が荒々しく立ち騷ぐ時である。

In the tea-room the fear of repetition is a constant presence. The various objects for the decoration of a room should be so selected that no colour or design shall be repeated. If you have a living flower, a painting of flowers is not allowable. If you are using a round kettle, the water pitcher should be angular. A cup with a black glaze should not be associated with a tea-caddy of black lacquer. In placing a vase or an incense burner on the tokonoma, care should be taken not to put it in the exact centre, lest it divide the space into equal halves. The pillar of the tokonoma should be of a different kind of wood from the other pillars, in order to break any suggestion of monotomy in the room.

茶室は重複を恐れる。茶室內のものが同じ色や同じ意匠が重なるのを嫌ふのである。生花が活けてあれば、花の色繪は用ゐない。丸い茶釜が用ゐてあれば水差は角ばつたものを使ふ。黑釉の茶碗の時は黑塗の茶入を用ゐないやうに。床の間に花瓶や香爐をおく時はきちんと眞中におかないやうに（空間が均分して二分されるのは重複になるからだ）。床の間の床柱は他の柱とはちがつたものを選ぶ。それも茶室の單調を破りたいからである。

天心は高田早苗先生と共に日本で最初に英文小說を耽讀した人であり、當時帝大文科に

は米人エルネスト・フエノローサと、續いて來朝した英人ウヰリアム・ホルトンとがゐて、フエノローサはヘーゲル一派の理想的哲學を唱道し、佛教の哲理にも大いなる關心をもつてゐた。フエノローサは當時衰へかけてゐた日本美術の優秀なことを發見し、盛んに蒐集を行つたが、當時狩野芳崖及び橋本雅邦の二巨匠が、國畫復興の先鋒となり、天心はフエロノーサの講演の通譯をなしつつも、他日日本美術の爲めに一身を捧ぐべき修養をしたのである。卒業論文として用意した「國家論」(英文)は、彼の若妻によりて痴話喧嘩の結果火中に投ぜられて了ひ、いそいで二週間で書き上げたものは「美術論」であつた。天心の行く道は「美術論」で方向は定められたが、彼の著述も事業も常に國家興隆のための國畫であり、東洋の復興をめざしての美術であつた。「亞細亞は一つなり」といふのが、彼の美術論の全體でもあつたのである。

天心は福井藩士であり、後兩刀を捨て、橫濱に出て羽二重生糸を取扱つた石川屋勘右衞門の子で文久二年生れた最初角藏と云ひ後覺三と改めた。ラジオでお馴染みの故岡倉由三郎は天心のすぐの弟である。同じ兄弟ながら岡倉由三郎の方はその學問に天才的の閃きが乏しかつたと見る人もあるが、兄覺三の書いたものには、中々鋭い天才的の眼光がある。私が感心してゐる一つは天心が印度から歸つて史學會の需めに應じ東京帝國大學でした講演の中に次のやうな一節のあることである。

「インド・ユーロピアン語と云ひ、インド・アリアン種と云ひ、インドと歐洲との關係の親密なるを説くことの盛んなるは、英政府が政治上インド人をして、外國人の支配下に立てりとの觀念を生ぜざらしめんがための方便たること少きにあらず。インドを説明するにつき、先天的にインド・アリアンの親密なる關係を腦中に包持することは、かへつて有害なる結果を生ずべし」(清見陸郞:「先覺者岡倉覺三」150頁)。

ソヴエト同盟學士會員 Marr (1935年死)がインド・ヨーロツパ學派に反對し、全人類の言語を包含する言語發展系統圖を建設せんとし Japheticism を主張し、インド・ヨーロツパ學說はサンスクリツトの研究から出發してゐるが、生きた言語の研究に努力すべきだと云ひ、「インド・ヨーロツパ說は骨の髓まで死にかけてゐるブルヂヨア社會のものだ」と云つたのは、或る意味に於て英國言語學に對する強い攻擊である。天心のインド・ユーロピアン學說に對する批評は記錄されておくべきだと思ふ。

天心の恩師であつたフエノローサは晚年窮迫し天心との關係はよくなかつた。Fenollosa の東洋美術に關する尨大な二卷の述作は Epochs of Chinese and Japanese Art (有賀長雄譯本「東亞美術史綱」) と名づけられてゐる。この書の Preface に Fenollosa の小傳がフエローサの妻 (二度目の) Mary Fenollosa によりて書かれてゐる。彼の父はスペイン系で、マサチユーセツツの Salem の音樂師であつた。父の full baptismal name は Manuel Francisco Ciriaco Fenollosa del Pino del Gil del Alvarez といふのであつた。父の屬した汽船のバンドが失職し父はそのバンドと共にアメリカに渡り、中々成功して、父は the pet of the band となつた。フエノローサは Harvard に學び、哲學に興味をもち、特に the influence of Hegel の著しきものがあつた。日本に來たのは同じくサレムの the influence of Profesor Morse, of Salem, を通して東京大學に 1878 年に招聘されたのである。そして 1908 (明治四十一年) 九月ロンドンで客死した。

A man's manners are a mirror, in which he shows his likeness to the intelligent observer.
—*Goethe.*

The law of the pleasure in having done anything for another is, that the one almost immediately forgets having given, and the other remembers eternally having received.
—*Seneca.*

明治初年の英學生

［明治英學史 XII］

花園兼定

幕末に和蘭語の研究が盛んであり宇多川家、桂川家、大槻家のやうな蘭學の家まで出來た。安永三年(1774)杉田玄白、前野良澤のターフエル・アナトミアの飜譯完成以來、宇田川玄隨の「内科撰要」、宇田川榕庵の「植物啓原」、榕庵の「舍密開宗」、緒方洪庵の「病學通論」等が出て、日本の學問の進歩に貢献したが、戊辰正月伏見鳥羽の戰に英人 Willis が京都薩藩の病院にて治療に從ひ、ついで奥羽戰爭に從軍、後大學東校教師となる。かくて日本に於て學問の上から英學研究が眞面目に起さるゝに至つた。蘭學を學んだ人々は轉じて英語を學ぶやうになつた。福澤諭吉はその代表的人物である。大隈重信もその一人である。大隈侯は早稻田の學生に對する講義の中に屢々英語を交へたのは、青年時代大庭雪齋の蘭學からフルベツキの英學に轉じて勉強したことを示してゐる。

明治初年に英語を勉強した人で現存の長老學者といへば、田中館愛橘先生はその一人である。そして明治初年に英語を教へた人の中には、二・二六事件の犧牲となつた藏相高橋是清がゐたし、明治廿年代には後の文相岡田良平がゐた。英語の研究に正則と變則とがあつたが、當時の書生はやたらに英語をふりまはしたもので、布團のことをスワルトバートルといふやうな洒落まで長く行はれ、坪内逍山の「書生氣質」を見ても、「ちつとヘルプ(手助)すればよかつた」など盛んに言つたものである。

ローマ字論のために必ず貴族院で氣焰を擧げることと、飛行機の發達のために老軀を挺しての活動と、屢々國際會議出席のため歐洲に赴いた田中館愛橘先生は、ひろい意味での明治英學史に列記せらるべき科學者である。田中館愛橘先生は東京大學の物理學科を專攻せられ、明治十五年に卒業されたのだから、明治初期に英語を學んだ書生の一人といつてよい。先生は盛岡藩の修文所で初め和漢の學を修めた。此處に東京で英學を學んで來た中原雅節といふ先生がゐて、藩の學制を洋學中心に改革した。そのうち維新の嵐が吹きまくり、盛岡は佐幕に傾いたが、先生の生れた(安政三年)福岡は之に反抗して成らず、結局大勢非にして藩主以下謹愼の嚴命を受け、父は家財を片付けて東京に移住し、「商人になつて、船で八ノ戸を廻つて來て家族を連れて上京した」(中村清二：「田中館愛橘先生」)。先生一家は父に伴れられ、「盛岡から北上川を川船で石巻に下り、それから仙臺に出、陸行して喜連川から鬼怒川を下り、關宿に至り、夜船で行徳に行き、それから川船で兩國橋の下まで來た」(同上)。かくして先生は明治五年九月慶應義塾に入學して英語を ABC から習ひ始めた。「當時の慶應義塾の英語は所謂變則というて發音は全く駄目で諳誦して意味を解しさへすればよいといふのである。」石坂といふ先生が Primary Reader といふのを教へてゐたが、Ape (猿) をアツペ猿といふやうに教へ、それを一々手帳に片假名で書留めさせるといふ教へ方であつた。明治初年に慶應が多くの英語教師を世の中に送つたことは想像以上である。

その後田中館先生は虎の門にあつた工部大學に入らうとして、その準備としてその頃芝の山内に住んでゐた海軍軍樂教師 John William Fenton の妻君が英語を教へるといふので、明治六年十一月に慶應義塾を退學して二ケ月ばかりフエントン夫人のところへ通つた。John William Fenton は君が代の國歌の樂譜に關係した人である。「君が代」の歌は古今和歌集賀歌讀人知らずに「我が君は千代に八千代にさざれ石のいはほとなりて苔のむすまで」の歌があり、それを和漢朗詠集に入れる時「君が代は」と改められたもので、古來目出度い歌として唱謠され、謠曲中にもその歌詞が引用されてゐた。「君が代」の曲譜を最初作つた人は Fenton で、「明治二、三年の頃薩藩の兵隊が横濱で洋式調練練習中、軍樂教師フエントンが、歌の意味は分らず、唯三十一文字を土臺として作曲したりしが、純西洋調にして本邦人の口唱に適當せ

ず、……後海陸軍及宮内の三省より委員を任命し、雅樂寮の伶人林廣守をして作曲せしめ、更に獨逸人エツケルトが補正を加へ、全然西洋樂とは旋律を異にして、平淡にして而も悠揚迫らず、わが國民性に適合せる曲詞のものを得た」（石井研堂：「明治事物起原」）。林廣守は雅樂の旋律で作曲し明治十三年十一月三日の天長節に宮中で始めてこの國歌が奏された。（田邊尙） このフエントンは明治九年式部寮雅樂課で西洋樂を教へ、同年十一月三日天長節に雅樂師等歐洲樂を奏した。これが宮中御宴に洋樂が用ひられた始である。（石井研堂）

田中館先生は工部大學校へ行く志を變へて大學南校へと志した。大學南校は明治六年開成學校と改稱され（野田義夫：明治教育史 p. 400）、その中から外國語學校が獨立した。先生は明治七年外國語學校の英語科に入られた。同年十二月に英語科だけが分離して東京英語學校となつた。この時の同窓には土方寧、阪谷芳郎、佐藤昌介や現に元氣でゐられる渡邊修次郎翁などがゐて、日本人の英語の教師には後の日本銀行の鮫島武之助がゐた。後で知事になつた服部一三が幹事をしてゐた。英語學校では算術も地理も歷史も皆な英語で習つたのである。その時の外人教師は宣教師やら種々雜多の人たちであつた。

「英語學校は在學中に夏休に教師と旅をして歩きました。明治八年の夏休には甲州から富士に登り會津から新潟に廻りズツと歩いて盛に蝶を蒐めた。それで英語は大に進んだ。」（中村淸二：「田中館先生」）

明治九年に田中館先生は入學試驗を受けて開成學校へ入つたが、一部のものは、開拓使の勸誘に應じて札幌の農學校へ行つた。其の勸誘に應募した者は……新渡戸稻造（當時太田）、內村鑑三、佐久間信恭、岩崎行親、宮部金吾等（宮部金吾、昭和九年札幌同窓會第五十五回報告）であつた。

田中館先生が東京大學の理學部に入學したのが明治十一年で、前年米國から物理學教師メンデンホール（Thomas Corwin Mendenhall)、英國から機械工學教師ユーキング（Sir James Alfred Ewing）が來任し、田中館先生は明治十三年メンデンホール指導の下に東京の重力測定、翌年富士山頂の重力測定。明治十五年理學部卒業。明治十六年に英國より物理學者ノツト（Cargill Gilston Knott）が來任した。同年十二月に先生は東京大學助教授となつた。明治廿一年に英國へ留學。明治廿四年歸朝、帝國大學（先生留學中、明治十九年三月東京大學廢せられ、帝國大學となる）理科大學教授となつた。

先生のローマ字運動の熱心なことは後貴族院議員として每議會必ず一度はローマ字についての建議をされたものである。そして昭和五年文部省臨時ローマ字調査會委員となつた。昭和六年、ゼネバ、昭和八年ローマの言語學國際會議 International Congress of Linguists に出席、同七年アムステルダム、同十年ロンドンの國際音聲學會議 International Congress of Phonetic Sciences に出席された。先生はイエスペルゼンなどとも交歡をもたれた。1920年にロンドンの Japan Society の講演でもローマ字論を述べ、“What is now wanted is a Shakespeare or a Scott in Romanized Japanese who will attract readers from all sides”（Transactions of Japan Society）と結んでゐられる。

先生は國際會議では「國際人といふ考が濃厚に働いてゐる……冗談を言つても外國へ使してゐるときは日本を背負つてゐるといふ氣持がある」（中村淸二：「田中館愛橘先生」）。そして「先生が外國の學者と應酬してゐるのを傍で見るのは實に微笑ましい。ドイツ語でもフランス語でも卓上演說など誠に調子がよい。イギリス語は勿論堪能である」（今村明恒談）。そして先生は物理學者として先生の弟子であり、同時に文學者として夏目漱石の門弟であつた寺田寅彥が、「先生のドイツ語は少しの淀みもなくスラスラとして居ますが、der, die, das は全く御構ひなしですね」と評したら、先生は、そんな事に拘泥して居てはしやべれるものではない。文法などに構つて居る必要がない、先方と話してゐる時、何か言はなければならない、言はなければ殺されるとしたら文法などに構つてゐられないじやないかと言はれたさうである。先生は沈默してゐては日本の不利益だと思ひ日本を背負つ

て使ひをしてゐるといふ感じでゐられるのだ。田中館先生が初めて 1888 年に渡歐され巴里の「アカデミイの例會に行つて傍聽して居たら……英國のグリンヒル (Greenhill) 教授が居て、『菊池(大麓)君を知つてゐるか』と聞くから『私の先生です』と答へた。すると……天文學のデランドル (Deslandres) 氏が名刺……に Do you can come my breakfast to-morrow?……と鉛筆で書いて手渡しされた……其れがフランスの學者に接近した初めで……氏の英語で胴膽を強めたので、外人は他國語が不充分でもかまはないと思つて」(田中館愛橘:「渡佛雜感」、日佛文化第八輯) 先生の言語哲學が出來上つた。

明治初年の學生が一番骨を折つたのは英語と數學とであつた。殊に英語の點がよくなければ高等學校には入れなかつたので、英語は一生懸命に勉强した。だから大學で哲學をやつたものが、後に英語の先生になつたり、芳澤謙吉氏のやうに外交官になつたりしても、語學の力は充分持つてゐた。哲學出身ばかりでなく、理科、法科、史學出身も英語教授に入つて行つた。

俳人正岡子規の傳記に、明治六年松山から上京して來ると、共立學校で、後の藏相高橋是清にバーレーの萬國史を教はつたことが書かれてゐる。高橋是清は (1854-1936) 安政元年江戸芝露月町で生れ父は幕府の御用繪師川村庄右衞門であつたが生後間もなく仙臺藩士高橋是忠の養子となり愛宕下の仙臺屋敷で成長した、十二歳の時横濱で外人のボーイとなつて英語を學び、慶應三年藩の留學生となつて渡米し、欺かれて奴隷に賣られた話はあまりにも有名だ。翌年歸朝、大學南校で英語を教へたが、二年の後唐津藩の英語學校で英語の教員となり、明治五年上京、大藏省出仕となり、翌年文部省に轉じた。當時大學豫備門の學生に英語を教へたりした。共立學校で高橋是清に英語を教へられた人はすくなからずある。大學豫備門で高橋是清の教を受けた人の中には昭和十八年物故された英學の耆宿頭本元貞翁あり、穗積重遠博士の父、穗積陳重先生あり。高橋は米國で苦勞して勉强して來た英語の知識が大いに用ゐられた。子規の「墨汁一滴」の中に當時の回想があるが、子規と菊池謙二郎とは明治十七年に大學豫備門の試驗に及第してゐる。居士は英語の力が足りないので、駄目だらうと思つてゐたら及第したといふことを書いてゐる。

「活版摺の問題が配られたので恐る々々それを取つて一見すると五問程ある英文の中で自分の讀めるのは殆ど無い。第一に知らない字が多いのだから考へやうもこじつけやうも無い。此時余の同級生は皆片隅の机に並んで座つて居たが (これは始より互に氣脈を通ずる約束があつた爲めだ) 余の隣の方から問題中のむづかしい字の譯を傳へて來てくれるので、それで少しは目鼻が明いたやうな心持がして善い加減に答へて置いた。其時或字が分らぬので困つて居ると隣の男はそれを『幇間』と教へてくれた。もつとも隣の男も英語不案内の方で二三人隣の方から順に傳へて來たのだ。併しどう考へても幇間では其文の意味がさつぱり分らぬので此の譯は疑はしかつたけれど自分の知らぬ字だから別に仕方もないので幇間と譯して置いた。今になつて考へて見るとそれは『法官』であつたのであらう。それを口傳へに『ホーカン』といふのが『幇間』と間違れたので、法官と幇間の誤などは非常な大滑稽であつた」

さういふわけで大學豫備門に入學はしたが「英語の力が乏しいので……十七年の夏休みの間は本郷町の進文學舍とかいふ處へ英語を習ひに往つた。本はユニオン讀本の第四で先生は坪内(雄藏)先生であつた。先生の講義は落語家の話のやうで面白いから聞く時は夢中で聞いて居る。其の代り余等のやうな初學な者には英語修業の助けにはならなんだ。(これは書生氣質が出るより一年前の事だ)」(墨汁一滴)

子規は「英語だけは少し勉强した」といひ、「英語を一語々々覺えるのが第一の必要だといふので、洋紙の小片に一つ宛英語を書いてそれを繰返し々々見ては諳記する迄やる」ほどの勉强をしたが、「毎日の下讀などは殆どして往かない」ので學校の授業に「追つ付いて行くわけには往かぬ」、ところが「ある時何かの試驗の時に余の隣に居た人は答案を英文で書いて居たのを見た。勿論英文なんかで書かなくても善いのを其人は自分の勝手です

らすらと書いて居るのだから余は驚いた。この樣子では余の英語の力は他の同級生とどれだけ違ふか分らぬのでいよいよ心細くなつた」。此人こそは言文一致の主唱者の一人後の作家山田美妙であつた。

子規は明治二十四年學年試驗の準備に大宮公園の萬松樓といふ宿屋を借りたが、試驗の準備などはしないで發句ばかり考へてゐる。「松林を徘徊したり、野逕を逍遙したり」靜かで涼しい處でうまいものは食べるし、萩の盛りといふので、夏目漱石を呼んで漱石も一二泊したことなども書いてゐる。

日本の英學はかういふ官學の外に、私學としては、慶應、早稻田、中村敬宇の同人社や宗教學校として京都の同志社などが、日本近代文化の建設に大いなる貢献をした。今では所謂ミッション・スクールに特色はなくなつたが、明治初年は著しい特色をもつてゐた。同志社の例を取れば、外人教師の外、日本教師も英語を以て教授するのが原則で、安部磯雄先生が同志社の「四年生及び五年生であつた時下村孝太郎先生は物理學を、森田久萬人先生は心理學を英語で講義した。私共が又英語で質問したことは改めて言ふまでもない。斯くの如く英語といふ立場からのみ見れば、同志社は全く米國大學の出店といふ觀があつた。……一の不思議……は同志社の創立から明治廿二三年頃迄の卒業生が……變妙な英語の發音……第一期の卒業生……熊本バンド……が……怪しげな發音……これが傳傳して遂に同志社英語……を生ずるに至つた。宣教師の目的は基督教の宣傳であつて、英語の教授ではない」(「改造」昭和十二年三月號、安部磯雄氏:「私の同志社在學時代」)

擬聲辭 (*Onomatopoeia*)

物の音響又は鳥獸の鳴聲などを言表はすに、國によつて殆んど相同じきものあり、又甚しく相違せるもあり。英語に於ける猫の mew 獨逸語に於ける雀の twitcher 佛蘭西語に於ける烏の croasser の如きは卽ち前者の適例にして、我が日本に於けると相近し。其外漢語の犬、希臘語の Kien, 羅典語の Kanis, 英語の Kennel (犬小屋又は犬群)、佛語の Chien, 又漢語の郭公、英語の Cuckoo など、皆其音相似たり。然るに汽車が發車する時の音は佛國にては Zut! Zut! Zut! といひ、獨逸にては Etsch! Etsch! Etsch! といふ。如何に佛と獨とは其の國風、民俗、言語に於て、殆ど正反對的に異なる點多しとはいへ、汽車の響までが一方にては Zut (ジユ) と響き、一方には Etsch (エッチユ) と響くとは受取り難き話なり。然るに右の如く似もつかぬ程異なる語を用ふるは汽車の音は相同きも、之を聞く耳に差あるにや。

明治初年文部省にて小學讀本を編纂せし時、鷄の鳴聲につき編纂委員の或る者は之を「コケッコー」とし、又或る者は「ケケッコー」と云ひ張り、又他の或る者は「コケッコーでもケケッコーでもなく、「トテッポー」といふ可きなり」と頑然主張して一歩も讓らず、討論の末終に腕力沙汰に及び、三つ巴の組打を始め、トテッポーが一轉して無鐵砲となりきといふ。是に依て之を觀れば、同一國民にても同一の聲が種々異なりて聞ゆることありと見ゆ。

——和田垣謙三「兎糞錄」

學　問　の　獨　立

〔明治英學史　XIII〕

花　園　兼　定

學問を學問的に築き上げるためには、いゝ意味での學問の獨立が必要なことはいふまでもない。本邦天文學の發達には高橋至時、間重義、伊能忠敬のやうな烈々たる科學精神があつたからである。かくして「我が天文暦學を外國から獨立した立場に躋らした……學問の獨立といふ事が今日程やかましく云はれる事はない」（渡邊敏夫著「天文暦學史上に於ける間重富とその一家」、昭和十八年十月）。その學問精神が日本の英學に入り、その一つの尖端を森有禮に見出した。森有禮の國語革新論から、森が米國にゐた時、その下にゐた外山正一、矢田部良吉のローマ字論、森の科學に關する興味を受けて杉浦重剛の化學研究のための英國留學、外山正一の講義を聞いた高田早苗、坪内逍遙、岡倉覺三、また森の意見も手傳つて津田梅子等の米國留學、外山正一に日米の bridge になるといつて外山から激勵された新渡戸稲造等が根幹の一を爲してゐる。別に福澤から出發して慶應の根幹が枝を交へ、更に大隈重信、小野梓、高田早苗により早稲田の森が聳へ之を牛門と稱し後稲門と稱した。大學豫備門に入る準備の東京英語學校在學中札幌農學校の募集が行はれ、「同級中の優秀の連中が大方其の方に行つた」（高田早苗「半峰昔ばなし」）。新渡戸稲造、內村鑑三、岩崎行親、佐久間信恭、宮部金吾、頭本元貞、武信由太郎が札幌から出た。

日本の學問の獨立について明治初年を顧ると、明治十二三年頃の東京大學では法學部には日本人で教授たる人は一人もゐなかつた。是より先、外山正一就職の頃よりして井上良一が法學部の教授であつたが、明治十二三年頃にはゐない。文學部には明治十年來朝のホートン（William A. Houghton）が英文學を擔任し、明治十一年來朝したフエノロサ（Ernest F. Fenollosa）は政治理財等を受持つてゐたが、その間に外山は「唯一人の日本人教授として介在し、心理學及び英語を教へて居らるゝ。故中村正直、故横山由清、故黒川眞頼、故島田重禮、三島毅、信夫粲等の諸君は講師として和漢文學を講じて居らるゝ。理學部にはさすがに日本人の教授が多く、外國人十人に對して、菊地、矢田部、山川、今井（巖）の四教授が居らるゝ。されば是等、所謂洋行歸りの日本人教授の名聲高く、一言一行人々の注目する所となり、評判する所となつた。」（三上參次：「外山正一先生小傳」明治四十一年）。「是より後七八年の間に先生（外山）が大學文學部に於て、その英語英文若くは哲學に關する學科を如何に講ぜられて居つたかを簡單に述べて見やう。……先生は法理文三學部の第一年生には毎週二時間づゝ英語英文を授けらるゝことであるからその教科書としてはマコーレーの『ミルトン』、同じく『ハラムス、コンスチチユーシヨナル・ヒストリー』デクインシーの『チヤールズ・ラム』、スペンサーの『フィロソフィー・オブ・スタイル』、同じく『レプレゼンタチーヴ・ガバーメント』、チンダルの『ベルフアスト・アドレス』、同じく『ゼ・コンスチチューシヨン・オブ・ネーチュアー』などを主として用ひられ、……教場內にての言語は專ら英語を用ひて學生にも已むを得ざる場合の外は日本語を許されなかつたのである。明治十三年四年の交に先生が總理〔大學の總長〕に報告せられて居ることがある。その中に曰く、予は明治九年以來英語を教へて居る。然るに近年の學生の英語の力は數年前の學生の力に及ばざること遠し。……是れ全く生出來の正則學生多きの致す所である。その國に行かずしてその國の語を學ぶには、最初は變則にて進み、十分解釋力を養成し、さて上達するに從うて、正則に轉ずるを得策とする。英人の佛語を學び、佛人の英語を學ぶも、最初はこの法に依る。我邦もまた之に鑑みるべしと云はれて居るようなこともある。」（三上參次）

外山正一はその頃文學部の哲學科及び理學部にも出講して、シエーキスピアのシーザー、ハムレット、エマーソンの文集、マコーレーのフレデリック・ゼ・グレート、等を讀んだ。また文學部の心理學をも擔任し、社會

學の講座をも擔任し、スペンサーの社會學原理によつて講義した。外山の教授振りは、ベルが鳴ると直ちにテキストの講讀を止め、次の時間には and からでも on からでも初めるといふ格勤振りであつた。

文學部で英文學を擔任した英人ホートン(1852–1917) は明治十年三月來朝した人で、東京開成學校（後の東京大學）の英文學教師として、月俸三百圓であつた。この人は中々熱心な人で、當時大學所藏の英文學の圖書の種類極めて少なく、「東大の圖書館も其頃のは甚だ貧弱で、シエークスピヤの註釋は、ロルフとやつと出はじめてゐたクラレンドン版ぐらゐのもの、小說もヂユーマ、スコツト、リツトン、ヂツケンスなどが主位であり、單行本の文學論や、美術論は英書では皆無」(坪內博士) であつたので、ホートンは「授業ノ傍ラ大ニ力ヲ該書ノ購入整備ニ盡シ爲ニ講學參考ノ圖書稍々整理ヲ告ゲ爾來本邦ニ於ケル英文學煥然面目ヲ改メ」(東京帝國大學文書。重久篤太郎氏「日本近世英學史」所揭)、かくて我國に於ける英文學の研究は、しつかりした基礎をもつに至つた。ホートンの講義を聞いた學生は、和田垣謙三、井上哲次郎、岡倉覺三、千頭淸臣、都築馨六、坪井九馬三、嘉納治五郞、高田早苗、坪內雄藏(逍遙)、天野爲之、市島謙吉、梅若誠太郞、三宅雪嶺等であつた。十年以上前沙翁祭が早稻田で行はれた時、高田早苗先生はホートンのことを語り、今でも當時諳誦させられた沙翁の作品中の一部を記憶してゐるといつて謠で有名な朗々たる聲で一節を立派な調子で諳誦されたには一座いづれも感心した。坪內博士の沙翁完譯の訂正版は博士の歿した直前に完成されたが、その最初の譯 Julius Caesar 即「該撒奇談自由太刀余波鋭鋒」(じいうのたちなごりのきれあぢ) は明治十七年の出版である。そして坪內博士が早稻田で沙翁の劇曲の講義を初める前、高田早苗先生が明治十五年 Macbeth を講義をされてゐて、坪內博士は Bageot の英國憲法論を譯讀されてゐる。高田博士は東京大學の學生時代本鄕の進文學社で英語を敎へられたがそれはホートンに敎へられた知識を基礎にしたものであつた。坪內博士はホートンについて「講義振は純然たる學究だつた上に、眠たい、低い調子でポツリポツリ而も私にはやつと六七分通りしか解らない英語で講じたのだから、課目には同情を持ちながら、なまけ者の私なぞは餘り裨益する所がなかつた」といはれてゐるが、博士がホートンの講義を一生思ひ出草にしたことは、博士の著述に明らかである。

ホートンについて、市島謙吉氏はかういつてゐる。「品格のよい相貌の人で、何でも貴族の系統だといつたが如何にも溫厚な紳士であつた。この人が英文學のクラシツクを集めた文集や、シエクスピアの物を講じたのである。氏は頗る眞面目で、なかなか教授振も懇切で、その態度は常に嚴肅莊重、笑ふことも怒ることもなかつたので、學生は深くこの人に尊敬を拂つたのである」(「漫談明治初年」)

このホートンと米人フエノローサとが當時の文科を背負つて立つてゐた。當時の大學の先生は雇ひ外人が多かつたが、中々いゝ先生も多く、動物學者としては Edward S. Morse があり。多少の例外もあつたが、「大體に於て當時日本に傭はれて來た學者は立派な人が多かつた」(市島謙吉)。モールスは日本に進化論を入れた米國人であるが、このモールスの學問に對し、觀念的な學問の方面を深めたのがフエノローサであつた。ホルトンの弟子からは、liberal education を主張し、Bryce の The American Commonwealth を譯し、「病氣になられる少し前の某夜友人兩三名と某所で食事をとられてゐた先生は、折柄ラジオが異常な聲で鳴り出したので、あれは何かと聞かれたさうだが、女中がヒツトラー總統のドイツからの放送ですと答へると、先生は氣むづかしくさうかと言はれると同時に坐りなほして、朗々と得意の謠曲をうたひ出してラジオの止むまでこれと對抗されたといふ」(原田實氏：「閑窓記」) 高田先生と、一生沙翁の飜譯と講義から離れなかつた坪內博士が出で、ホートンと同時にフエノローサの影響を非常に受けたのが天心岡倉覺三であつた。「天心達が親しく薰陶を受けたのは、その入學の翌年、即ち明治十一年、渡來した米國人エルネスト・フエノロサと、續いて來朝した英人ウヰリアム・ホルトンの二人であつた。フエノロサはヘーゲル一派の理想的哲學を唱

道し、東洋哲學、殊に佛教の哲理に淺からぬ關心を有してゐた。從つて天心も哲學の系統から見れば、ヘーゲリアンの一人といふことが出來る。フエノロサは別に美學に於いても一見識を有し、斯學の講述を怠つてゐなかつた。當時の學生中、最もフエノロサに親しまれてゐたのは、常に通譯の勞をとつてゐた有賀長雄と天心との二少年であつた。從つて二人は、最も多く彼の影響を蒙つてゐたと見るべきである。ウヰリアム・ホルトンは、中世紀の英文學に深遠なる造詣を有し、その方面でよく若き學徒を指導してゐた。(「父天心」、岡倉一雄)

當時大學の教室內では「日本語禁制と言つてもよい狀態であつた」(「半峰昔ばなし」、高田早苗述) ことにつき高田先生は次のやうに述べてゐられる。

「私が大學に入つて後は專門學科が異ふ爲に、右の中〔外山正一、矢田部良吉、山川健次郎〕外山先生のみの教を受けた次第である。尙ほ豫備門時代には矢田部、山川兩先生から教を受けた學科目は、矢田部先生からは植物學、山川先生からは物理學初步の教を受けたのであつた。是等日本人諸先生、其他大學へ行つてから教を受けた鳩山和夫先生、又教は受けないが、其前後に大學の先生となられた菊池大麓先生、穗積陳重先生など、何れも英語の原書を教科書として、御自分達も英語を遣つて教へられた。漢學、國學は別であるが、其他の學科は教師の內外人たるを問はず、凡て英語の教科書で英語を使用して教へたもので、教場內に在つては日本語禁制と言つてもよい狀態であつた」(「半峰昔ばなし」)

早稻田大學の前身東京專門學校が出來た時、創立の相談で、大隈伯、小野梓、高田早苗等の一致した意見は、今まで大學では英語で講義し、英語で學問をしてゐるが、日本語で講義して筆記をさせることにしたいといふことで、これを「學問の獨立」と稱し、これを早稻田の教旨の一に加へたのである。勿論學問の獨立といふ言葉に世の中では研究の自由といふ意味が含まれてゐたことはいふまでもない。

高田先生は日本文よりも寧ろ英文の方が得意で、日本で西洋小說を初めて讀んだのが高田先生と、高田先生の同期の大學生であつた丹乙馬、岡倉覺三等で、この丹乙馬について、高田先生は、「此人は結局大學を卒業せずに退學して或る仕事に關係し、間もなく死んだのであつたが、併し英語には頗る熟達し、讀書力に於ては同期生中無比の人であつた。私も英語の方面には相當自信があつたのであるけれども、此の丹君には一籌を輸すると考へて、半分ばかり兜を脫いだ事も數々ばあつた。此の丹君は、私の知る限りでは日本に於て西洋小說といふものを初めて讀んだ一人であると思ふ。丹君は初めて西洋小說——其書は何であつたかは忘れた——を自分で讀み、其事を私に物語つて、非常に面白いものであるから是非私にも一讀せよと勸めた。私も其氣になり、二三册西洋小說を讀み出した。すると一日、散步に出たをり、古本屋でウエバレー・ノヴエルスと題した金緣の立派な本を見付けて、ノヴエルは小說と心得て居る處から、廉く値切つてそれを買つて歸つて耽讀した」(「半峰昔ばなし」) と述べてゐられる。ある日、小川町邊の牛肉屋へ登つて飯を食つて居ると、隣席に岡倉覺三、福富孝季の二人がゐて、此の二人は先生より二學年の先輩であつたが、談偶々西洋小說のことに及ぶと、岡倉覺三は Victor Hugo の Les Miserables の話をする。福富は Dumas の Monte Cristo の話をする。「私も負けぬ氣で、スコツトのアイヴアンホーの略筋を語り、互に頗る興味を感じた」(「半峰昔ばなし」)。この岡倉、福富が、「二人とも、佛語の原著を英文の飜譯で讀んでゐるのは不思議な暗合であり、なかなか面白く感ぜられる。」(岡倉一雄:「父天心」)。外國文學は當時は、フランスのもののみならず、ロシア物でも、ドイツ物でも、イタリーのものでも、多くは英譯から讀んだもので、他の外國文學の飜譯が、英語の重譯に依らず、原文からの飜譯でなければならないやうになつたのは、比較的新しいことである。

高田早苗先生のやうに英文學に興味をもち、當時 Scott の Ivanhoe のやうな小說をその場の坐興で、略筋を語り得たといふことは、余程の英語の素養がなければ出來ないことである。市島謙吉氏は高田半峰について

から述べてゐる。「君の英文の才は天品にも依るであらうが、西洋小說を耽讀したことも亦原因をなしてをるやうに思ふ。丹にしても亦同じ原因からであらう。〔丹乙馬も英文に長じてゐた〕。若し君〔高田早苗〕が英文を書く立場に終始したら、例へば外字新聞の記者などになつたとしたら、必ず有名な英文作家となつたであらうと、私は折に觸れてそれを思ふことがある。君はあたら材能を發揮する境地に立たなかつた爲めに其材能を鈍らせ、人も多く君に此の材能のあることを知らないのは遺憾である。私は兩三度君の得意の長篇を讀んでひどく感服し、自分が、邦文で書いた富士紀行を英譯してもらひたいと賴んだことがある。君は諾しながら終に果さなかつたことを今思ひ起すのである。君の演說に長じてゐることは誰れも知る所であるが、英文を常に書く習慣があつたらば、恐らく演說よりも長所として認められたであらう」(「半峰昔ばなし」の中の「市島曰く」)

高田早苗先生が讀賣新聞の主筆として入社した時の回顧談に、「當時の私といふものは假名交りの日本文さへ殆んど書いた經驗のない人間であつた。今では忘れて了つたが、其頃の私はむしろ英文の方が少し達者な位で、手紙でも論文でも英文でならどうか斯うか書ける自信があつて、日本文を書くよりも英文を書く方が遙かに樂であつた」とある。高田先生の英文學についての敎養は、遂に讀賣に、紅葉露伴を迎へ、島村抱月を社會部編輯主任にするといふやうに、讀賣を文學新聞にすることに成功させた。

高田早苗博士が大學を卒業したのが、明治十五年、學問の獨立を叫んで早稻田大學の前身東京專門學校の創立が同十五年十月二十日であつた。東京大學は明治十九年公布になつた帝國大學令により、帝國大學となつた。かくして「學問の外國依存からの獨立とその日本化」(大久保利謙「日本の大學」)が實現の緖につき、「敎官も東京大學時代までは外國人敎師がその首位を占め、數に於いても日本人敎官を壓倒し、大學の敎育は全く彼等に依存して居つた。これも亦帝國大學となつてから急激に日本人の手に移つた」(同上)

學問の獨立の叫びは日本學制改革の大きな問題であつた。明治二十四年、伊澤修二は、「維新後ニ興ツタ所ノ大學ハ、其學科ハ全ク西洋ノ學術ヲ主トシ、其他スベテ西洋ニ則リ、專ラ外國語ヲ以テ敎ヘタモノデアリマス」と云つて、小學校から大學に至る學校系統の統一を要求してゐる。高田早苗博士等が學問の獨立を提唱したのは、維新後我國が外國の壓力から政治的にも學問的にも獨立したいといふ念願のあらはれであつた。

英國民の慘虐性

ビルマ戰線に陸軍報道班員として活躍した倉島竹二郞氏は英國軍の慘虐性について次のやうに云つてゐる。

“英國人は常に自由平等博愛の假面に隱れ、紳士面をしてゐるがその實こんな野蠻な非人道的な民族はない。私はビルマ作戰中、宣傳資料蒐集のため方々の部落を廻つたので、英軍の暴逆振りは數限りなく見聞してゐる。それは下劣、野蠻といふ語につきる。頑是ない幼兒を慘殺したり、僧侶の衣を剝いだり、聖堂を破壞したり、住民の命の綱である井戶へ馬糞を投げ込んだり、その他ありとあらゆる狼藉をやつてゐる。”

“ビルマに於ける焦土戰術は一般に重慶軍がやつたものと信ぜられてゐるが、實は英國軍の方がそれに輪をかけた亂暴を働いてゐる。しかもそれが、昨日までは主從の關係にあつた被支配國ビルマの住民に對して行れたのである。”云々。

愛國的英文著述の先驅

〔明治英學史　XIV〕

花　園　兼　定

明治初年からかけて明治中期にわたり、日本は歐米文物の吸收に忙しく、そのため我國の識者で日本文のあまり書けなかつた學者政治家なども輩出した。文學者馬場孤蝶の兄で、長命であつたら日本の實際政治を擔當する一人となつたかも知れなかつた馬場辰猪(1850–1888) もその一人であつた。「氏は日本文に不熟なりし」(安永梧郎:「馬場辰猪」)と云はれた。馬場は數多の英文圖書を著し、日本文化の昂揚につとめた。それまでの日本英學は大體英和辭書の編纂、初歩英文典の編纂、啓蒙書の著述に止つたが、馬場辰猪に及んで、初めて英文を以て廣く世界に呼びかけるに至つたのである。明治三年政府留學生としてロンドンに留學、日本語文典を著し、明治八年再度渡英、The English in Japan や The Treaty between Japan and England 等を草した。日本人の英文著者としては其後岡倉天心、新渡戸稲造、頭本元貞、野口米次郎等があるが、此等は明治中期以後に屬する。明治初期の英文著者として馬場辰猪と小野梓をここに擧げておく必要がある。

馬場辰猪は英國に留學すること二回、明治廿年又去つて米國に赴き居ること一年大いに將來成すあらんとしたが、遂に病の爲めに倒れた。明治廿一年十一月一日、年齒僅かに三十九。君の病の看護にあたつた岩崎久彌に托した一片のノートが君の絶筆となつた。それは、「何時にても小生死去致候節は Memorial Hall Fairmont Park West Philadelphia に有之候小生所有之具足等賣却被下度候也」といふのであつた。Memorial Hall は前年の博覽會の紀念として永く美術品を陳列する處で、嚮きに氏が "The Arms and Armors of Ancient Japan" (日本古代之武器) の題下に威容嚴肅に羽織袴で演說した時、聽衆に示した弓矢刀劍の類を此處に托してあつたのである。この演說で馬場は支那人が商賣人根性なるに日本人は武士氣質なることを力說した。

馬場は嘉永三年土佐の高知中島町に生れた。米艦が嘉永六年浦賀に來た三年前である。慶應二年に藩費生となつて江戸に留學し福澤塾に入り、明治元年長崎に遊學、同年長崎を出で岩崎彌太郎に隨ひ大阪を經て再び東京に遊學、慶應義塾に學ぶ。明治三年七月英國留學、明治四年三月 grammar school に入り、八月ロンドンの University College の理科に入り、明治六年羅馬法及び不動産法を研究 Japanese Grammar (日本文法) を著して Houghton ホートン (英國社會學協會會頭) に獻じた。この年五月英國の碩儒 John Stuart Mill 歿す。明治七年十二月歸朝。明治八年三月再び英國に遊學。明治九年一月古事記英譯成り英國人類學協會で講演。明治九年九月 The Treaty between Japan and England (日英條約改正論) を完稿、十月之を英國政治家の間におくる。明治十一年五月歸朝。當時自由民權論擡頭して國會開設の必要がしきりに唱へられたが、民衆知識の開發を急務とし、馬場は小野梓、金子堅太郎等と共存同衆を興した。明治十四年自由黨成るや幹部として各地を講演したが、明治十五年十一月自由黨總理板垣退助洋行、馬場は自由黨を脫黨し、「天賦人權論」成る。明治十八年七月「雄辯法」を著はし、十月箱根にて英文自傳を草す。明治十八年十一月爆發物買入注文嫌疑のため下獄、明治十九年六月無罪出獄。同月米國に向ふ。日本監獄論、日本の政治等の題下に各所で講演又は執筆、新聞寄稿、十一月一日フイラデルフィア大學病院で病死。年卅九。馬場は「風采極めてよく、背は高くなかつたけれども、稍々ナポレオン三世に似てをつた」(丁酉倫理會倫理講演集、昭和十八年十月、得能文「馬場辰猪のこと」)。これについて容貌魁偉、軀幹長大であつた岸田吟香につき入澤達吉博士が其著「伽羅山莊隨筆」に、「銀座樂善堂の店頭で、予は彼のギヨッツ・フオン・ベリヒンゲンの如き風貌を見たことをまだ覺えてゐる」と書いて居るのなども思ひ出した。明治初年の人物

の中にはそういふ風貌が傳へられる。

馬場には英文著述があるばかりでなく、英語の講演をもしたほどの才學の人であつた。日本語の演說についても稀有の雄辯家といはれてゐたけれども、「氏は日本文に不熟なりし故自記の草稿なく」（安永梧郎：「馬場辰猪」）といふことから、馬場の英學修養の方面をも窺ふことが出來る。

馬場が江戸に初めて來て奧平邸內の福澤塾をたづねたが一向に分らず、さてはと「然らば蘭學所とは當邸內に在らずやと言ひて始めて分明せり。當時の蘭學所こそ則今の慶應義塾の發端なれ」（安永梧郎）。奧に入つて舍長小幡氏に面會した。それから福澤先生に紹介された。福澤先生は三十、「血氣の壯年にして樓下の小室にて洋書を繙き居たり。先生顧みて年を問ふ。答へて曰く十七歲。……初に開成學校出版木の葉文典とて木の葉の如き片々たる一冊の英文典を學び、次ぎに博物地理書等を讀み歷史政治書の如きは各々手寫して講讀に供せり。……往々水のみ多くして米少き粥を啜りながらに西洋文明を消化し……夜は破れ机を積みて疊の上に二層樓を構へ其上下に重なり合ふて寢こそすれ、其心事は天晴れ末頼母しき士君子にして、期する所は一枚の卒業證書ならで治國平天下なり。辰猪小幡舍長に博物地理等の書を學び爲に學力著しく進みしといふ。居ること一年餘にしてカツケンボス氏合衆國史を讀み得るに至る。此書は之より先き福澤先生が米國より購ひ歸りしものなりとぞ」（安永梧郎：「馬場辰猪」）

長崎ではフルベツキ（Rev. G. E. Verbeck）について學んだ。この人は蘭人だが英語教授に從ひ、大隈、伊藤、井上等皆なその門下生である。居ること九ケ月で長崎を去り、江戸に出て慶應義塾に入つて、ウエーランドの經濟學などを學んだ。

明治三年英國に留學、森有禮が日本の國語變改說を發表した翌明治六年 Japanese Grammar を著はし、ロンドンとニューヨークで出版した。これは森有禮の日本國語變改說を反駁するための著述で、百二十ページばかりの小册子であるけれども、前置詞の說明詳細で一つの貴い文獻に屬する。序文に、著述の目的は二つ、一つは日本語が不完全だから變改すべしと說く或る邦人に對する反駁、他は現用日本語の一般知識の提供である。この書を送られてホートン公は下の手紙を馬場に送つてゐる。

Dear Sir,

I have to return my best thanks for the beautiful present you have made me, and the honour you have done to my name in associating it with the great intellectual alliance of East and West. If at any time your travels bring you to Yorkshire, I hope you will do me the pleasure of paying me a visit.

I remain,

Yours sincerely and oblige,

Houghton

當時英京に留學する日本人百に上つたが、互に冷淡で、「殊に薩人と土人との軋轢」（安永梧郎）尤も甚しかつたので、馬場は遂に融和のため日本學生會を創立し、翌年會員小野梓等が日本に歸つて「共存同衆」を組織したが、源は之に發したといはれてゐる。

明治八年再度英國に留學、當時駐日英國公使パークスは我國に對して抑壓威嚇を以て臨み諸外人亦我國人を蔑視し正義博愛を高言して陰に不正私利を計るを見て憤慨の情に堪へず、遂に馬場は "The English in Japan" を著して、日本に於ける英人の行動を痛罵した。そして治外法權の非理を論じて、「若しも歐洲人にして自身の利益の爲に他の國に赴く譯ならば彼等は又自身を或る犧牲と爲さざる可らず。卽利益を與ふる所の國家の法律に從はざる可らざるは理の當然ならずや」と叫んだ。而して最後に、「日本は獨立せる一箇の帝國なり。予輩は一箇の獨立せる國民として恥しからぬ地位を保たざる可らざるのみならず、予輩は我帝國の威信名譽の爲に揮つて予輩の命運を犧牲に供せんとの覺悟あることを、日本に在る英人をして知らしめんと欲す」と固い覺悟を示した。

明治十八年十一月馬場が爆發物取締規則を犯して橫濱の英國商人 James P. Morrison に赴きダイナマイトの價格等につき問合せたとの廉で獄に投ぜられ、結局無罪となつたが、六旬にわたる獄中生活は馬場の健康をい

たく損じた。明治十九年六月二日出獄の後、七日の英文日記に次の如くある。

Got up half past five and went for a walk with Sogo〔草鄕〕. Everything looks fresh and cheerful.

また八日の日記には、

Went to buy books. Mr. Kume came here. I am rather tired and feel rather sleepy.

同十九年六月十二日知友に送られて惆悵として米國へ去つた。六月十八日の太平洋上の日記。

Cold and rather foggy. I felt rather tired after lunch and slept three hours. Walked on the deck but being wet we cannot have a pleasant walk. The passengers are amusing themselves with playing cards. Oishi〔大石正巳〕appears rather weary and tired. I have been talking to Mrs. Eastlake about the solid condition of the Japanese women. She thinks the future of the Japanese women is very hopeful; I hope it will be realized. To-day I have drawn a picture of Botan and shown it to the passengers who think it very pretty.

當時日本の思想界、政治界は全く旋風時代で西園寺公望は明治三年フランスに留學、明治十三年歸朝、東洋自由新聞を發兌す。「革命的思想を帶びて居る、今日の言葉で云へば危險思想を帶びて居ると云つたやうな新聞の社長となつた。それで政府並に宮中を震駭さした。」（馬場孤蝶：「明治文壇の人々」）その間馬場辰猪は薩長政府の反對に立つて內外の政策を論評難詰し自由黨組織の大會にあたつて選ばれて副議長となつた。自由黨は幾多の變遷の後政友會の中にその系譜をうづめ、改進黨は憲政會、民政黨と變遷した。

同じ時代の進歩的な他の一方の人物を求めるならば、早稻田大學の前身東京專門學校の開設につくした小野梓が思ひ出される。小野梓は自由黨に對する改進黨の結成に大いに努力した人でこの結成は明治十五年三月で、無論結成者は大隈侯であるが、其の準備工作をしたものは主として小野梓であつた。（西村眞次：「小野梓傳」）。自由黨が地方有力者を糾合したのに對して、改進黨は都會的知識層の優秀を網羅した觀があつた。（伊藤正德「新聞五十年史」）小野は努力勤勉であり、學問に忠實で、眞面目で、且つ病身ではあつたが凌霄の意氣を持つてゐた。馬場は屢々小野を訪れて、自由黨に入れとすゝめてゐる。馬場も小野も同じく土佐人である。明治十四年十一月一日の日記に馬場が來訪して「勸余以爲自由政黨」とある。犬養木堂の「木堂清話」に「實は當時のハイカラー流の才子であつた。神經質の喧嘩好きの馬場辰猪君が、嫌いな人と云へば小野君を擧げたのでも其人が想像せらるゝであらう」と書いてある。併しこの二人は當時の思想家として、政論家として、それぞれ一方を代表してゐたともいへる。

小野梓は嘉永五年土佐國幡多(ハタ)郡宿毛(スクモ)村に生る。馬場はその二年前土佐で生れてゐる。小野は明治二年東京に出で昌平黌に入り、明治三年支那旅行、明治四年米國遊學の途に上り、明治五年（廿一歲）大藏省留學生として英國ロンドンに到る。明治七年歸朝。共存同衆を組織。これは小野梓や馬場辰猪がロンドン留學中作つた日本學生會の再興と見られる。（吉野作造）。明治十六年英文日本歷史の刊行を企て、明治十九年卅九才にて歿す。小野は馬場ほど長く英國に居なかつたけれども、馬場が英文著述を殘してゐるやうに、History of Japan の草稿二章十九葉の外、第三章の概要目次が殘つてゐる。小野の文書に、「小生此度忠を天子國家に盡すの精神を振ひ、英獨佛の三語を以て、日本の歷史を編し、之を普く訂約諸國に擴げ、我が日本の今日ある、決して偶然に非らず、實に三千年一統の天子を戴き、二千年來外國に攻め取られず、絕島ながら內に自から其智力を培養したるに因る所以を明にし、之を海外の人に示し度と決心仕候」等の文句ある長い手紙が殘つてゐる。その出版費用を篤志家に仰がんとしたものである。英文は文法の間違はあるがすらすらとした文體で才筆である。彼の History of Japan の Chapter III は Manners and Customs in Divine Age に當てこの章に於て They Reached to the Iron

Age—Their Implements; Their House and Mode of Its Building—Cave; Their Food, Garments, Hair Dressing and Ornaments; Different Degrees of Relationship—Wedding; Their Education—They were Ignorant of Writing を書かうとしてゐた。この構成に彼の才學を見ることが出來る。この著述のプランは明治十六年で、愛國的意圖から書かうとしたのである。恰も馬場が Japanese Grammar 等を著はしたと動機を同じうしてゐる。

馬場が英文で日記をつけたのに對し、小野は漢文で日記をつけてゐるけれども、所々英文を挿んでゐる。明治十六年七月一日の日記に "Renew loan from Jingo〔壬午銀行〕Bank" とある。小野が東洋館（今の冨山房の前身）を開業した當時のことである。明治十八年五月十六日の日記に「此日投書川八〔川崎銀行頭取川崎八右衛門〕Repay 100 yen with interest」とある。小野の東洋館では出版の外に海外から主として英書を取寄せて賣つたりした。我國に於ける沙翁飜譯のうち最も早くして最も貴重なる文獻である坪内博士の Julius Caesar の譯「自由太刀餘波鋭鋒、じゆうのたちなごりのきれあぢ」、一名「該撒奇談」（明治十六年十二月出版）の發行も、小野梓の東洋館であつた。小野の學風は當時我國を風靡した Bentham の Utilitarianism で、小野の著述「利學入門」は彼がベンザムのユーチリタリヤニズムの影響を受けてゐたことを物語つてゐる。「そのベンザムのユーチリタリヤニズムを小野君が振り廻す上に於て此ユーチリタリヤニズムといふ言葉を如何に飜譯するか、これまで福澤諭吉とか中村敬宇とかいふ人が飜譯して居らるゝけれども、小野君はどうも滿足せぬ。どうしても利の字を使はなければならぬが、斯の利の字だ。日本で平素使つて居る利の字はベンザムの心ではない。……孟子の利義の辨といふのがある。……利を欲する者は義を知らない。どうも善い方に使はれて居らぬ。……何ぞ良い字はないか知らぬと私に言つたのが、明治七年の多から八年に渉る頃であつた。……私が云ふには、君はその利益といふ字をリエキと讀むからいかぬ、我々〔佛教者〕の方ではリヤクと讀む。……大無量壽經の中に、佛が一切衆生に所謂利益を施すと云ふことを說き明した言葉は『惠むに眞實の利を以てす』といふのがある。……又或る所には無上大利といふ言葉があります。……苟も俗に言ふ利の字とは違ふと言ふたらば小野君は非常に喜ばれ、其の後利學入門と云ふ書物を著述されたのである。それから後に西周と云ふ、小野君の友人と云はうよりは先輩の方だが、此の人が利學〔ミルの功利主義の譯〕と云ふ表題で書物を書いた。またそれから後であつたらうと思ふが陸奥宗光君が利學〔ベンザム著利學正宗明治十六年〕の書物を書いて居る。けれども其のベンザムのユーチリタリアニズムを利と云ふ一字を以て言現はしたのはたしかに小野君が嚆矢であらうと思ふ」（大内青巒、「小野梓君と佛教」早稻田大學佛教々友會編『小野梓』所載）

所謂開成所辭書には utility 要用、利益とあり開拓使辭書にも utility 要用利益とあり、utilitarianism はなく、明治十八九年の英和辭書には utilitarianism に「利人の道」、「利學」、「實利主義」とある。今日では utilitarianism は「功利主義」に一致してゐるけれども、明治廿六年頃の辭書でもまだ利學が用ゐられてゐる。大内青巒の談話により一つの譯語をきめるにしても、小野が極めて細心に物を考へる人であつたことを證據立てる。

★ Never fasten silverware with rubber bands nor keep rubber articles near it, as this tends to darken silverware.

★ In many cases, a file can be cleaned quickly with adhesive tape. The tape is merely pressed firmly on the file tacky side down, and then stripped off, repeating the operation with clean tape if necessary.

★ There are three and one-half pounds of salt in 100 pounds of sea water.

教育上の英語文化

［明治英學史　XV］

花　園　兼　定

明治英學史の上から、教育方面に於て英語が明治維新後急に占め來れる不當の位置を見ることが必要である。明治元年三月政府は京都に學習院を再興し、先づ公卿教育の途を開き、四月學習院を改めて大學寮代とした。六月江戸の昌平黌醫學所開成所を復興した。明治二年京都府は小學校を設け明治三年東京府が小學校、中學を設けた。明治三年大阪府に洋學校、京都府に中學が出來た。明治四年東京府及び兵庫の洋學校が出來た。各地方にありては各藩の藩學が依然勢力を有し、明治二年三年にわたり洋學校を起した藩のうち、大藩にありては外國教師を招聘したものもすくなくなかつた。福井藩校に於ける William Elliot Griffis グリフイス博士、熊本洋學校に於ける Captain L. L. Janes, 所謂四十餘名の信仰告白者による熊本バンドを生んだ米人ジエーンズの如きは最も有名である。

幕末に起つた洋學を教授した私塾としては福澤諭吉の慶應義塾（慶應とあれども安政五年の創立）、近藤眞琴の攻玉塾（文久三年創立）、村上英俊が佛蘭西語を教授した家塾達理堂(明治元年創立)、尺振八の共立學舍（明治三年）、箕作秋坪の三叉學舍（明治五年）、中村正直の同人社(明治五年)等があつた。主として科學文化に於て泰西に後れて居た日本が急速に科學文化に依る國力を培養する必要から洋學を奬勵したので、明治元年皇學所(「皇學は國學と言ふに同じ」、(野田義夫氏：「明治教育史」十六頁)、及漢學所を置かれた時の其の規則に、「一、國體を辨明し名分を正すべき事。一、漢土西洋の學共に皇道の羽翼たるべき事。抑中世以來武門大權を執りて名分取違候者許多に付向後屹度可心得事。一、虛文空論を禁じ着實に修業し文武一致に教諭可致事。一、皇學漢學互に是非を爭ひ固我の偏執不可有之之事」(同上十頁）とあり、西洋の學を以て「皇道の羽翼」の一と稱してゐる。各藩の學校にも皇學、漢學の外に、醫學（たとへば鳥取の尚德館)、或は法科、理科、醫學(松江藩の修道館)等を設けた。如何に日本が科學の振興の上に新日本を築かうとしたかを知ることが出來る。

幕末に於ては洋學といへば蘭學でなく英學であつたことはいふまでもなく、明治五年東京師範學校(東京高等師範學校の前身)創立のため米國からスコツト Marion M. Scott を聘し新教育の方法を學んだ。明治八年には文部省官吏三名を米國に送つて師範科を學ばしめ、また同時に各專門學の留學生を米國に送つた。我國の教育に於て、外國語といへば主として英語で、その教科書は米國出版のものであつた。そして「明治初年に藩立學校、官立學校、府縣の公立學校其他の私立學校で英語をその學科中に加へるにつき、又學校創立經過につき慶應義塾に力を借るといふ次第であつた。」(鎌田榮吉：「教育家としての福澤諭吉」)。明治九年東京師範學校の中に併設された中學師範科の創設にあたつて慶應義塾が之に與へた援助につき其の攝理箕作秋坪の「下には慶應義塾から小幡篤次郎先生が來て教頭の職務を取られ……校長補小澤圭二郎先生が……明治十年の半ば頃退任せられて秋山恒太郎先生が校長となられた。秋山先生も亦慶應義塾の出身であるから創始當時にあつては殆ど慶應義塾の一分校たりと云ふが如くであつた。初めて入學した六十名の生徒中約三分の二が慶應義塾の卒業生又は在學生であつたのを見ても知ることが出來る。(町田則文「明治國民教育史」)。この中學師範科設立にあたつては、田中文部大臣は「福澤諭吉、西周、津田眞道、箕作秋坪、中村正直の五人を若溪昌平館に招聘し中學規則を示し之を討議せしめた。大輔自ら文部官員九鬼隆一、辻新次、秋山恒太郎三人を率ゐて列席し、慶應義塾員藤野善藏亦來會した。……學界及び教育界の巨頭會同し、代表的私學の粹をも集めて、我が中學師範科開設の第一步を步み出したことは、日本教育史上注目さるべき現象である」(東京文理科大學編著「創立六十年」)。

當時我國の小學校の讀本はウイルソンのリ

ーダーの飜譯、掛圖の類も米國のものを飜譯したものを用ゐ、修身地理歴史理科等の教科も参考書も米國書の飜譯又はそれを基礎として編纂したもので、「其狀恰も米國人の和服を着したるが如し」(野田義夫「明治教育史」)。

我國に於て教科書として用ゐられたる外國のリーダー類は Wilson が明治初めから明治十七八年までつゞき、それから New National Readers が明治時代を通して廣く行はれた。その間に Charles W. Sanders の Union Reader も行はれた。そして明治初年の我國の小學校の讀本は Wilson のリーダーを飜譯したもので、坪内博士が日本の小學讀本を英譯した「英文小學讀本卷之一」(明治十八年出版）緒言に「小學讀本といふものを見るにこは是れウヰルソンの第一讀本を大方抄譯せしものと思しく首尾ところどころ改刪したりと雖も左樣に異なりたる點をも見ださず更に英譯する必要もなしとて二度三たびまで辭し」たけれども多少の裨益もあらうかと書肆に乞はるゝまゝ英譯したとあることからも分る。

小學校の讀本ばかりでなく、日本語の初歩の兒童用の種々の著述が出てゐるが、その形式がまた恐らくは米國本を模倣したものと思はれるものが多い。

古川正雄「ちゑのいとぐち」(明治四年)を見ると、最初にいろはを掲げ、

わたくし、われ
あなた、おまへ
これ、それ、かれ、あれ、あのひと、あのをむな、あのかた、あのおかた
わたくしが、わたくしは
あなたが、あなたは、おまへが、おまへは

の類から、「ます」、「ました」、「ましよう」、「ゐる」、「あり」で終る語類を掲げてゐる。

明治五年の文部省の「單語篇」はやはり最初にいろは、次に數、方、形、色等に分類して漢字表を掲げてゐる。たとへば數、一二三四五六七八九十百千萬億、方は東西南北乾坤巽艮、形は角、丸、三角、菱、長、短、高、低、曲、直、薄、厚、縦、横、色は青、黄、黒、白、赤、紫、綠、鼠色、萠黄、花色、茶色、柿色、紺、淺黄、鳶色、桃色の如き組織はたしかに外國的である。

明治七年八月改正文部省の「單語圖」はイ、絲、犬、錨、キ、井、豕、蠑螈などとあり、小學校で假名遣をやかましくしたことが分る。同じく「色圖」には赤系統が玫瑰色、赤、緋、朱、淡紅になつてゐる。柑色の中の鮭色は yellowish-pink の意味の salmon-colour であり、綠の部の橄欖色 (olive colour) や、紫の中の菫花色 (violet colour) や、櫻色の中の栗色 (chestnut colour) や、灰色 (gray) が飜譯であることはいふまでもない。栗色につき栗毛が「馬ノ毛色ノ、身、赭赤ニシテ鬣ノ黒キモノ」(言海) とあり、英語では chestnut-colour は deep reddish-brown で、同時に horse of this colour とあるが、「栗毛」の語の發生の年代が明かになれば興味があるが、文部省の「色圖」の栗色は飜譯かも知れない。灰色も英語の説明では grey, gray は coloured like ashes or lead とあり、それがこの灰色の起源だと思ふ。普通日本語では鼠色である。「改正小學教授本」(藤井惟勉編輯、明治十年)に依れば、「綠ト紫ヲ合スレバ橄欖色トナル」等、色の混合について述べてゐる。初等教育に色の要素を入れたことはたしかに外來文化の影響である。

明治五年八月政府は大政官の布告を以て「學制」を全國に頒布した。「邑に不學の戸なく家に不學の人なからしめん事を期す」といふ大規模のものであつた。大學東校は東京醫學校となり、南校は明治六年東京開成學校となり、更に明治十年兩校が合併されて東京大學となり、法學、理學、醫學、文學の四學部が置かれた。明治七年愛知、廣島、新潟、宮城に官立外國語學校が設けられ、此等の學校は外國教師の指導によつたのである。

明治五年九月公布した小學教則には修身は口授とし最初二年間とし、その標準として示した書は多くは西洋修身書の譯書であつた。これより前、政府は維新後始めて小學校を設けたが、さしあたり昔の寺小屋の風で、佛教寺院を以て學舍にあて、僧侶で教鞭を執るものもすくなくなかつた。寺院は建物が大きいので、英語やフランス語教授の塾としても屢々用ゐられた。

明治五年東京師範學校が創立されたが、當時日本に入れられた教育上の理論と實際とは米國の影響が大きかつた。當時文部省で飜譯

刊行した教育上の書物は次の如きものであつた。

學校通論、米國人キツケルシヤム著、1870年版。

箕作麟祥譯（明治七年五月出版）

教育史、米國人ヒロビブリアス著、1869 年版。

西村茂樹譯（明治八年十一月出版）

米國教育年表エヂユケーショナル・イヤーブツク

小林正雄譯（明治九年一月出版）

學室要論、米國人ハート著、1872 年版。

和蘭人フアン・カステール譯（明治九年七月出版）。

教師必讀、米國人ノルゼント著、1873 年版。

和蘭人フアン・カステール譯（明治九年八月出版）。

彼日氏教授論、米國人ページ著、1870 年版。

和蘭人フアン・カステール譯（明治十年一月出版）。

那然氏小學教育論、米國人ノルゼント著、1867 年版。

小泉信吉、四屋純三郎譯（明治十年三月出版）。

底我指數。米國人カルギン著、1871 年版。

黑澤壽任譯（明治十年六月出版）。

かういふやうに米國の影響が大であつた一方英國の書物も盛んに日本に入つて來た、英國の教育書も翻譯された。

須氏教育論、英國人スペンサー著。

尺振八譯（明治十三年出版）。

倍因氏教育學、英國人ベイン著。

添田壽一譯（明治十六年出版）。

後の財政學者添田壽一がベインの教育學の本を譯したり、ベインの倫理學(明治廿一年)を譯したりしてゐるのは面白い。

小學校の授業は毎週日曜日を除き一日五時間一週三十時間とし、文部省が明治五年九月小學教則を布達し、教科書を示して程度を明にしたが、その教科書の中には次の如きものがある。

童蒙必讀單語篇
筆算訓蒙
童蒙教草（福澤諭吉著）
世界商賣往來（橋爪貫一著）
學問のすゝめ（福澤諭吉著）
勸善訓蒙（箕作麟祥著）
西洋夜話（石川彝著）
物理訓蒙（吉田賢輔著）
天變地異（小幡篤次郎）
氣海觀瀾廣義（川本幸民著）
輿地誌略（内田正雄著）
萬國史略（大槻文彥）
化學訓蒙（石黒忠悳著）

我國で中學の名の出來たのは、明治三年二月大學並に中小學規則が出來てからで、「學制中には又中學の書籍器械未だ備らず、此際在來の書により之を教ふるもの或は學業の順序を踏まずして洋語を教へ又は醫學を教ふるものを通じて變則中學とするの制を立て、中學の教員は學齡二十五歳以上にして大學免狀を有するものに限ると規定せらる」（野田義夫：「明治教育史」）。

そして當時の學則を見ると、「佛國の學制を模倣しその痕跡歷々として之を見ることを得」（野田義夫：前掲書」とあるけれども、實際上には米國の影響は益々增大して行つた。勿論明治五年十一月中學の教科中に國體學の一科が加へられたことから見ても、日本精神を教育の中心に置くことには不斷の努力が爲されたのである。

明治五年學制の公布と同時に「外國教師にて教授する中學教則」が公布せられ、小學を卒業した年齡十四歳のものに英佛獨語の一を以て一箇年の豫科、更に上下二等各六級三箇年の課程を履ましめ、此の外國語を以て中學課程を修了したものをして專門大學に入ることを得しめたのである。

中學教科書中、英語課程の分を記すと下の如くである。別に佛語又は獨逸語の課程のものがあるので、當時諸學すべて外國語の教科書を用ゐたのである。

△豫　科

英　語

ハーレンス氏板十二段習字本又は南校板習字本

ウエーブストル氏綴字書（The Elementary Spelling-Book）

サンデル氏ユニオン第一讀本

ベルリンジ氏會話篇南校飜刻 (New Guide to Modern Conversation in French and English)
クアツケンボス小文典 (First Book in English Grammar)
デービス氏算術書(Practical Arithmetic)

△下等中學

英 語

サンデル氏讀本 (Union Reader)
デービス算術書
ギュヨ氏普通地理書 (Geographical Series Common School)
ウエーランド氏修身學教授本 (Moral Science)
圖畫階梯南校板
デービス氏幾何學書 (Elementary Geometry and Trigonometry)
デービス氏代數書 (New Elementary Algebra)
パーレー氏萬國史 (Universal History)

△上等中學

英 語

クアツケンボス氏文典
ゴールドスミス氏地理書 (Grammar of Geography)
ウイルソン氏萬國史(Outline of History)
デービス氏幾何學書 (Elementary Geometry and Triogonometry)
デービス氏代數書 (New Elementary Algebra)
ウオルセン氏器械書 (First Lesson in Mechanic)
ヘーブン氏修身學 (Moral Philosophy)
ホーエード氏理論書(Element of Logic)
ウエーランド氏經濟書 (Elementary of Political Economy)
ウイルソン氏人種學
テンネー氏動物學
クアツケンボス氏物理書 (Natural Philosophy)
パーカ氏化學書 (Chemistry)
ラムセー氏鑛山學
グレー氏植物學
ウヰルソン氏地體創造學
セントジョン氏地質學
第六世キングイドワルド羅甸文典 (First Latin Book)

明治五年東京女學校が出來、當時用ゐたる教科書の中には「世界國盡」、「學問のすゝめ」、「輿地誌略」、「西國立志篇」、「勸善訓蒙」、「地學事始」、「童蒙教草」、「ウヰルソン・リーダー」、「ユニオン・リーダー」、「フレース・ブツク」、「クアツケンボス文法書」、「コルネル小地理書」、「ウヰルソン・スペルリング」、「ヘルス・アリスメチツク」、「英和字彙」、「英和辭書」、「ヘボン氏辭書」等があり、明治六年には教官七人の內、一人は米國人、生徒三十八名、七年には生徒七十八名となつた。

明治文化の出發と共に明治五年小學教則が布達され教科書を示してその程度を示した中には福澤諭吉の「童蒙教草」、「學問のすゝめ」があり、女學校で當時用ゐた教科書中にも、福澤の「世界國盡」と「童蒙教草」とが入つてゐる。當時日本の啓蒙運動に於て福澤が占めた位置は實に大なるものがある。

福澤諭吉の「童蒙教草」は「英人チヤンブル氏所著のモラルカラツスブツク」(Chamber's Educational Course: The Moral Class-Book) の譯で、その譯しぶりは實に巧妙である。たとへば Conduct towards Animals. There are many harmless little animals, as flies, snails, worms, and frogs, which some people torture and kill whenever they see them. We ought not do so, because it is wrong to cause unnecessary pain to any creature. を「動物を扱ふ心得の事、世の中に、かえる、でゝむし、はい、いもむし、などいふ虫あり、罪もなきものなるに心なき人は見付次第にこれを苦しめこれを殺すことあれども以ての外の事なり。假令ひ如何なる虫にても無益にこれを痛めるは宜しからず」と譯してあるごとき、實によく日本文にこなしてある。

福澤諭吉の「世界國盡」(明治二年)の序文に米人「ワルブランク氏ノ文章ヲ翻譯シテ序文ニ代ル」とし、人民教育の重要なることを力說してゐる。「此書は世間にある翻譯書の風に異なれども、其實は皆英吉利亜米利加にて開版したる地理書歷史類を取集め、その內より肝要の處だけ通俗に譯したるもの」(凡

例)なのである。「世界は廣し萬國はおほしといへど」に初まり、習字手本の如く美事な筆蹟で書いてある。頁の上部に詳しい說明がある。地名について「古の獨逸を今は日耳曼といふが如き……近來は英書流行ゆへ英の唱に從ふのみ」(凡例)とある。

福澤諭吉、小幡篤次郎共著の「學問ノスヽメ」は「天ハ人ノ上ニ人ヲ造ラズ、人ノ下ニ人ヲ造ラズト云ヘリ」といふ有名な書き出しで、「賢人ト愚人トノ別ハ學ブト學バザルトニ由テ出來ルモノナリ」といふ考へ方で學問をすゝめ自主獨立を說いてゐる。この思想が慶應義塾建學の主旨、獨立自尊なのである。小幡篤次郎は福澤先生逝去にあたり、その「弔詞」に「蓋し先生の言行理想は獨立自尊の主義より出で始終一貫、身を終ふるに至る迄曾て渝らず」(慶應義塾學報臨時增刊「福澤先生哀悼錄」)と云つてゐる。

「捀《サ》抬《ム》捀《ハ》括《ラ》」考

「サムハラ」といふ文句は、工場では怪我除けの護札として揭げられたり、工員たちには肌護りとして持たれてゐる。入營者の日の丸旗又は兵卒の帽子等にもこの文句の記され、敵彈除け、又は武運長久の護り句と信ぜられてゐる。日淸日露戰爭當時からこの文句が多くの將兵を守護してゐる洵に有難き文句であると一般に信ぜられてゐるのである。又この文句は加藤淸正公が、その鎗の柄に刻してあつた護り句であるとのことである。その文句の戶籍調べをしてあるものがないので、筆者は最近これを調べて大體のことが分つたので報告し、諸賢の御示教を乞ふ次第である。

この文句は勿論支那語ではないことは明瞭になつたので、梵語の音寫であらうと思ひ、Macdonell の梵英字典を調べると、(A) Śam-bara (男) name of a demon vanquished by Indra (帝釋天). War. (中) Magic. とある。

尙ほ佛教大辭典には次の如く記されてゐる。(B) サンバラ (三跋羅, 三婆罷, 三縛羅) (Sam-vara)〔註〕Macdonell によると「Sam-vara は Śam-bara の不正確なる形である。」この譯として禁戒又擁護、護とある。禁戒は人を護りて三塗に墮せしめないことを云ふのである。

(C) Macdonell 及び Apte 等の梵語字典を調べても (B) の如き意味は出て來ないのである。古書中にも、これを「護」と譯しあるは、「學者未だ詳ならざる爲めなり」とあるを見るも明かである。併し (A) 中 Magic の義があるから、如何樣にも應用可能と思はれるのである。尙ほ梵語の音寫は種々樣々になされるから、これが正しいと云ふものもなく、要するにその原音を寫し得ば足れりといふのが通則である。從つて活字にもない護り句らしい六づかしい文字を造り昔から兎も角サムハラと讀ませ、多くの人に武運長久とか怪我除けの護り文句と信ぜられ、奇蹟的なる御利益を演じて來てゐることは確かである。筆者はこの文句の論議によつて御利益を削かんとするものではない。たゞよくこの文字の讀み方や意味を問はれるので、何語であり如何なる意味を持つものであるかを調査したまでゞある、日の丸によく揮毫したり、お護り札を製つて出征者に配布してゐる人又は所謂物識りの人等に問合せしことがあるが、但だ有難い文句として論議などする閑人もないで、そのまゝになつてゐた。以上の解說も充分なる解譯とは考へられないが、どうも梵語の音寫だけは確實なようである。この程の音寫文句で不明のまゝに有難く使用されてゐるものが他にもあらうと思ふが、今回はこのサムハラについての愚說を擧げて參考に提し、何か他によりよき解說があれば御教示を乞ふ次第である。〔村尾生〕

明治初年の啓蒙時代

〔明治英學史　XVI〕

花　園　兼　定

明治元年に土佐海援隊の「和英通韻以呂波便覽」、寧靜學人の「西洋夜話」、渡部一郎(溫)の「英蘭會話譯語」、小幡篤次郎、同甚三郎兄弟纂輯の「英文熟語集」(慶應義塾藏版)が出た。それから明治六七年まで、英語啓蒙書が夥しく出た。尙ほ福澤諭吉の「世界國盡し」や「西洋事情」二編(「西洋事情初編」は慶應二年)が明治二年に出た。此の二書は明治維新思想發展の上から最も重要な啓蒙的文献である。啓蒙英語書の中にも小幡篤次郎兄弟の「英文熟語集」のやうな、しつかりしたものがあり、又堀達之助の「英和對譯袖珍辭書」(洋書調所、文久二年、慶應二年、三年、明治二年等の版)に次いで、所謂薩摩辭書(明治二年、四年、上海で印刷)や、荒井郁(郁之助)編「英和對譯辭書」、所謂開拓使辭書(明治五年)のやうな立派な出版もあつたのであるが、大體から見て明治初年を啓蒙時代といふことが出來る。啓蒙手引書の中にはその序文に、「近年は、西洋の學問をなすもの甚多し。如斯にては不遠國中皆西洋の字を用ふる樣になるべし」(靑木輔淸著「横文字獨學」明治四年、忍藩洋學校藏版)といふやうなことを書いたものもある。明治維新時代を政治史的に見る上からも、この英語啓蒙時代を無視し得ないのである。小幡篤次郎兄弟の「英文熟語集」のやうな眞面目な著述でも、「初學の君子」の一覽を求めてゐて、著述の態度そのものが啓蒙的であつた。

小幡篤次郎は福澤諭吉を助けて慶應義塾の基礎を作つた人である。この「英文熟語集」は和紙八十六枚であるが、明治元年(慶應四年三月)に兎も角もこれだけの熟語集を出したことは注目すべきことである。「above all, 畢竟、殊に、第一に、就中」等の如きフレーズから、「to serve one the same sauce 人ト共ニ仇ヲ報ユル」のやうな難句も含まれてゐる。

幕末に既に近代科學、近代洋學が我國に入つてゐたのではあるが、一般庶民教育の上から明治になつて困つたのは適當な教科書の乏しいことであつた。そこでさしあたり教育當局は若干の書籍を初學の教科書として推薦した。

その中には福澤諭吉、小幡篤次郎共著の「學問ノズヽメ」(明治五年二月より同九年十一月に至る)も含まれてゐた。「天ハ人ノ上ニ人ヲ造ラズ、人ノ下ニ人ヲ造ラズ」といふ有名な句で初まつてゐる。

當時教科書となれるものの中に下の如き地理書がある。「天變地變」(小幡篤次郎著)は雷避の柱の事や地震や虹等の說明をしたもので、フランクリンが「千七百五十二年我延享元年六月に至り雷雨の起るのを待ち紙鳶を空中に放ちたるに雲間のエレキトル糸に傳はり」といふやうな書き方で通俗的で簡明、中中要領を得てゐる。

內田正雄纂輯「輿地誌略」は廣く讀まれた地理書で今日讀んでも有益である。試にペルシアの部分を見ると「比耳西亞又伊蘭ト名ク、殊ニ國人ハ伊蘭ト稱ス」とある。爪哇について「內地ハ皆高山屛列シテ川流ニ乏シカラズ、草木叢密シ禾果百穀蕃生ス、殊ニ山水ノ秀美ナルコト此島ヲ以テ印度洋ノ第一ト稱ス」などゝある。この書はマツケー及びゴールドスミスの地理書及び和蘭地理書等より抄譯したものである。

「コルネル小地理書」も推薦されてゐる。その原本は Cornell's Primary Geography で、これは幕末に我國で翻刻までされてゐる。この地理書の日本の部分に The Japanese bear some resemblance to the Chinese, and are supposed to belong to the Mongolian race. Their religion is Paganism. They are noted for their works in iron, copper, and steel, and their skill in the art of japaning. Agriculture is carried to a high degree of perfection とある。「地學事始」も教科書目の中にあり、これは松山棟庵の譯述で、米國合衆國について、「合衆國は北亞米利加の中部に於る大國にて三十

七州……殖民國の數漸く多く千七百七十五年には……十三州……皆英國の支配なりしが……不羈獨立を唱へ……千七百七十六年より七年の間和新頓と云人を總大將と爲し英國數萬の寄手を引受攻戰ひしが英軍遂に利なくして合衆國の獨立を免すに至れり」の如き極めて簡明な譯し振りである。松山棟庵は紀州の醫師の子で初め蘭學を學び、後英語を學び醫者となつた人である。

渡邊一郎譯「コルネル地學初步直譯」（明治四年）も大いに行はれた。「コルネル小地理書」は普通地學初步で通つてゐた。柳河春三の「洋學指針」に「英吉利及ビ米利堅ノ書ヲ讀マント欲セバ、先ヅ此書ノ卷首ナル廿六字ノ書體ヲ諳ンジ、次ニ字音ヲ諳記シ、數字及ビ點記符號ヲ識リテ、而シテ後師ニ就テ授讀ヲ受ルトキハ、學ビ易ク、入リ易クシテ、師弟共ニ勞少ク、功速ナルベシ。其讀ムベキノ書ハ、單語、會話、地學初步、智環啓蒙、文典等皆刻本アリテ、何方ニテモ購求シ得ベシ。」（柳河春三、洋學指針、英學部、慶應三年）とあるのでも分るやうに、英文復刻の地學初步は英語研究のために多く讀まれたのである。

「世界商賣往來」（橋爪貫一著、加藤晴洲畫）も小學校教科書の中に入れられてゐるが、これには續、續々、補遺がある。在來ある商賣往來の形、たとへば「凡商賣持扱文字員數取遣之日記證文注文請取」といふやうな商賣に必要な文字を教へたものに似せて、英語の單語を欄外に入れたもので、發音には誤謬もある。mechanics のメチヤニスや chemistry のチミストリーは笑はせる。gaiters が今ならゲートルだが、キヤハンになつてゐる。今日と單語を異にするもの、algebra 點算、philosophy 窮理書、botany 本草、butter 牛油ボートル、等で、satin のシユスや、calico のカナキヌなどが見える。

明治五年頃中學校の教科書の中に入れられたクァツケンボスの文法書は幕末から我國には廣く行はれたもので、このG. P. Quackenbos は英語文法、作文書、地理書、歷史書等の著者である。彼の First Book in Grammar (1864) が日本に來たのである。その Lesson I は下のやうになつてゐる。

Weeds grow rapidly.

Repeat the above words. What do they form?

A Sentence.

Why do we use this sentence?

To express a thought.

Of what is the sentence made up?

Of three words, each the sign of an idea.

What do these words tell us?

Weeds tells us what is spoken about.

Grow tells us what the weeds do.

Rapidly tells us how the weeds grow.

What do we use, then, to express our thoughts?

Sentences.

Of what are sentences made up?

Of words, which are the signs of ideas.

明治三年出版の「格賢勃斯英文典直譯」（大學南校開版）に用ゐられてゐる文法上の譯語は名詞、代名詞、形容詞、働詞、副詞、前置詞、接續詞、間投詞等今日と大差ないが、主格、領格（所有格のこと）、物體格（目的格のこと）の如き譯名も用ゐてゐる。この例として、「犬ガ、犬ノ、犬ヲ」をそれぞれ與へてゐる。この格の名稱については和蘭文法の翻譯（たとへば大庭雪齋の『譯和蘭文語』、安政三年、1856年）には「第一格、此ガ、第二格、此ノ、第三格、此ニ、第四格、此ヲ」としてゐる。この「格賢勃斯英文典直譯」にgas（瓦斯）、focus（燒點）、radius（半徑）等の譯語が既に見える。

Quackenbos の First Book in Grammar (1864) は凡てが問答體になつて居る。今日見ても中々いゝ文法書だと思ふ。これは當時 Pinneo's Primary Grammar of the English Language と共に大いに行はれた。共に和譯も出た。クアツケンボスの文法書は初步的のものであるが、

Besides possession, origin, and fitness, a modifying noun may denote,

1. Time; as, "He went last *week*."
2. Direction; as, "He went *west*."
3. Extent; as, "An *inch* wide."
4. Quantity; as, "It measured a

bushel."

5. Value; as, "It cost me a *dollar.*"
のやうな說明は一寸面白い。

明治二年に「慶應義塾讀本ピネヲ氏原板英文典」が出てゐる。この文典には the word *noun* means *name*; the word *pronoun* means *instead of a noun*, or *for a noun*; the word *adjective* means, *that can add to*; the word *adverb* means *to a verb* といふやうな說明をしてゐる。更に Proper Noun は a name peculiar to an individual; Common Noun の common means general のやうな說明が加へられてゐる。僅かに和紙卅七葉だが、よくまとまつてゐると思ふ。

かういふやうに初步の語學書の翻刻が盛んに行はれた中に「ガラタマ先生閱、英吉利會話、明治四年」がある。これは Van Der Pyl の會話書の拔萃で初版は慶應三年。明治四年 Numadz で出てゐる。

1. Good day.
2. Good evening.
3. Good night.
4. Good morning.
5. Give me.
6. Lend me.
7. Bring him.
8. Send us.

のやうな短い會話句で充ちてゐる。ガラタマ先生といふのは慶應二年に招聘されて來朝した蘭人 Koenraad Wolter Gratama のことで、化學者である。大阪に出來た舍密局で化學を講じ明治四年歸國した。

明治初年の中學教科書目中のパーレーの萬國史はその後も久しく教科書として行はれ、しきりには英語の教科書として用ゐられるやうになり、多くの註釋書まで出た。中學の英語教科書として翻刻本も澤山に出た。同じ書目中のウエーランドの經濟書は福澤諭吉が慶應三年十二月彼の住居した鐵砲洲の奧平邸が外人居留地となつたので、芝新錢座の有馬邸の中座敷を買受け翌四年四月こゝに移つて英米から購入して歸つた地理、歷史、法律、經濟、數學等の原書を生徒に持たせて教授したが、翌五月上野彰義隊の戰爭があり、その後も小銃火の各所で繰返される中にあつて福澤は塾生のためにウエーランドの經濟書を講義したのであつた。福澤の塾生の中には官兵もあれば賊兵も居るといふ有樣であつた。

啓蒙書の中には英語とフランス語とを並べたものもあり、英語の壓力に對しフランス語の力も若干はあつたことが察せられる。その一つは、「英佛單語圖解」(近山章一譯中村宗廣書、明治五年)で、The table ゼ・テーブル、La table ラ・タープルから初めて、the bench, le banc, the pen, la plume の如く圖解したものである。當時の日本の生活が急に西洋の文物を取り入れたため、今日では必要のないと思はれる說明が加へられてゐる。たとへば; the leaf; une feuille に「一枚、我ノ一枚ハ彼ノ二枚ナリ、彼ノ一枚ハ我ノ半枚ト知ルベシ」とあり、the page; une page に「半枚、我一枚ノ四分ノ一ナリ」などの說明がついてゐる。

當時日本の社會生活は、明治維新があつても幕末と異るところはなく、商賣盡を見ても職業などに大した異變はない。併し西洋文物がその中に割込んで來てゐることはいふまでもない。

「英語橫文字商賣盡」(東京文江堂)にはローマ字だけで、今日の少年には緣遠い、金米糖屋、慶庵、燒芋屋、十露盤屋、竹ノ皮屋、有平屋、元結屋、赤蛙屋、艾屋モグサヤ、水引屋等の職業がある。これを「英語箋」(萬延元年)と比べれば、英語箋には、armourer グソクニンや arrow-maker 矢人ヤシなどがあり、封建時代の生活がいきいきとあらはれてゐる。

「通俗英吉利單語篇」(明治四年)には、sausage (腸詰) が出てゐる。omlet は「玉子燒」、jelly (砂糖漬)、stockings (莫大小足袋メリヤスタビ)、philosopher (性理學者) などがある。島村抱月先生が腸詰を食べるだけでも、もう一度ヨーロッパへ行きたいと云つて居られたが、戰前我國でも立派なソーセージが出來るやうになつてゐた。今では腸詰の譯語よりもソーセージの原語が用ゐられて居る。

「英佛二語便覽」(浮田練要、川原一石, 西村周助編輯、明治四年)に nightingale に

「鶯」とあり。明治四年の本でもまだ armourer (具足師) があり。post office に「飛脚屋」とある。lead-pencil「石筆」とある。石筆も鉛筆も石筆といつた。

「西洋畫引節用集」(長谷川貞信畫、井上廉平輯、大阪大野木市兵衛發兌、明治五年)。これは英語の單語を圖解したもので、明治四年に東京で出てゐる「袖珍英和節用」と內容は殆んど同一である。兩書とも pilchard (鯡の一種) を鰯にあてゝゐる。

「袖珍英和節用」(吉田庸德著、明治四年) は伊呂波で分類し、伊の部に池 pond といふやうに單語を集めたもので、この中で今日と單語を異にしてゐるものを拾つて見ると、beer 麥酒バクシユ、milk 乳汁ニウジウ、チチ、organ 風琴オルゴル、cheese 乾酪カンラク等がある。

“The Modern Conversation, by Matsumoto, 6th year of Meiji” に philosophy に rigaku; banker に riogai-nin, trunk に kawa-bako; lamp に andon など。哲學を理學としてゐるのは明治廿年頃までゝ、西周の哲學といふ譯語はひろく行はれなかつた。中江兆民が明治十八年に「法國理學ノ敎官アルフレツド・フーイエー氏ノ著」であるイストアル・ド・ラ・フイロゾフィーを譯して理學沿革史と題してゐる。

「英學蒙求」(德堂、關思明譯、明治四年) に「原書有圖、先生換以國畫」と序文にある如く、中は多く日本の畫に換へてあり、cup を「水吞」とし、hat を「笠」としてある。cap だけは「帽子」としてある。

「和英通語」(松岡章編輯、明治五年) に、Chinese goods,「唐物、支那物」とある。この唐物がその後舶來物のことゝなり、大體歐米から輸入された雜貨をいふやうになつた。

「和英通語捷徑」(島田胤則、頴川泰清纂輯 Shanghai: American Presbyterian Mission Press. 1872) に muslin (金巾)、spy (間者)、umbrella (傘)、match (附木)、nightingale (鶯)、tea kettle (藥罐)、to open a post to trade (開港する)、post-office (飛脚屋)、soap (石鹼) 等の譯語が面白い。石鹼の語が出てゐる。この本が上海で印刷されて居ることは、宣教師で醫者であり、名優田之助の療治で有名となつたヘボンが岸田吟香をつれて上海に行つて印刷した「和英語林集成」(慶應三年 1867) と共に上海での日本書籍印刷史の上からも注目される。(沖田一:「日本と上海」。nightingale は a small reddish-brown bird of Europe. The male sings sweetly at night as well as in the daytime で羽が鳶色で夜啼くのだが、これを鶯としてゐるのは萬延に出た「英語箋」にも鶯としてゐる。明治六年の「英語箋」の再刻にも鶯とあり、この譯語は今日に及んでゐる。

日本にも來てゐた「英字指南」(陽湖楊勳少坪輯譯、光緒五年 1879, 全六册) の飛禽の中に nightingale 鶯とあり、nightingale を鶯としてゐるのは、支那傳來の譯なのである。支那にゐた米國宣教師 S. Wells Williams の「英華字彙」にも nightingale 鶯とある。近頃は「夜啼鳥」(研究社新英和大辭典) とした辭典もあるが、聲の美しいのを賞美するので矢張鶯の譯語はいゝと思ふ。

「英字訓蒙圖解」(明治四年) には「くつしたたび」(bag of foot) の如くわざわざ足袋を直譯した例もある。

「小學英學入門」(安部信恭編輯、明治十八年) の巾着 (purse) はいゝが、團扇 round fan は漢字の直譯。

「英學階梯」(明治四年)。poormans (貧人)、workmans (職人) は勿論 poor men, workmen とあるべきを、s を勝手につけて複數にしたものである。かういふ誤は當時の啓蒙語學書の何れの書にもすくなくない。

「英語傍訓實語敎」(明治六年) には、山高故不貴 mountain, high, as, not, cost といふやうに、實語敎の文句に一々英語をあてはめたものである。以有木爲貴 by, is tree, make, cost, とか玉不磨無光 jewel, not, whetted, has-no, bright などゝある。whet は to whet a knife のやうな場合で、玉を磨くのは polish である。貴しを cost としていゝと思つてゐる程度の英語の力しかないのだ。

當時の啓蒙英語本の一番困つたことは發音で、まだ一定のあらはし方が我國にはなかつたので、ham をヘムとし、hat をヘツトと

したり、try や dry をタライ、ダライとしたもの（「通俗英學入門」、寧靜齋藏版、明治四年）などもあり、sixteen にシキスティーンのやうにティとイを小さくした（「插譯英吉利會話篇」島桂潭、明治五年）ものなども見える。ham や hat は、ヘム、ヘツトが却つて英音に近いかも知れないが、このあらはし方は一定してゐない。「當用英語集」（安田爲政、明治二年）は「英人常ニ言拔フ言ヲ其儘ニ記スユヘ通スルコト安シ」と序文に記して、全部假名だけで記して居るが、月ムーン、雲クラード、大風ハルドウインド、春スプレン、夏ソム、秋オートン、冬ウインターなどあり、「善朝オハヤウ、グルモーネン」、「善夜オヤスミ、グルナイト」などゝある。

英語啓蒙書の流行と同時に、「筆算摘要」（米國魯紙孫氏著、沼津神津道太郎譯、明治八年）、「葡萄樹栽培新方（橫瀨文彥閱、河出良二譯、米國ジツケルメン氏、ビユール氏著述、明治八年）、「養豚說略」（米國ハリス原本、譯述寫本、明治五年）、「西洋水利新說」、（若山儀一譯述明治四年）、「舍密局開講之說」（ガラタマ講說、明治二年）、「增訂化學訓蒙」、（石黑忠悳譯、明治三年）、「物理階梯」（片山淳吉譯、明治九年）の如き譯述書がどしどし刊行されて、我國の科學道を開いて行つた。此等の譯述書の間にも、全く大衆的啓蒙書として、「西洋度量早見」（吉田庸德譯、明治四年、木板）の如き、一マイル、日本五百二十八丈、一パイントは二合八勺一二五、一ガロンは二升二合五勺等の表を示したものや、「西洋料理指南」（明治五年、敬學堂主人著）の如く、西洋料理の食器類の說明で、「夏ハ牛酪ノ上ヘ氷片ヲ載セテ膳ニ上スベシ」といふやうな注意をしてゐるやうな書物も交つて刊行された。明治五年太陽曆の發布、明治六年徵兵令の發布、ついで斷髮の風起り、「斷髮のはじめは洋學者、洋兵者」（藤澤衞彥著「明治風俗史」）であつた。

═ Quisling ═

Roosevelt の第一回爐邊談話の中に Quisling といふ名詞があつて、それを教室で讀んだ時國際情勢に昏い自分には當時のどんな辭典を見ても出てゐないので冑を脫がざるを得なかつたが、その後 *Daily Mail Year Book*, 1941 を見てゐたら Phrases in the Press といふ頁に次のやうに出てゐたのでこれある哉と思つた。

Quisling: The puppet head of government appointed by the Germans in Norway, Major Quisling, gave rise to the phrase "quisling" indicating treachery to one's country. （ノルウェイの獨逸傀儡政權の首領 Quisling 少佐から始まつた語で、自國への僞瞞的行爲をいふ。）

ところが最近北星堂から出た久野教授編の「一九四二年版ウェブスター新語辭典」が屆いたので、早速試みに Quisling を見ると、次のやうに一そう詳しく出てゐる。

quisling [ˈkwizliŋ; *Norw.* ˈkvis-], *n.* Also **quis'ler** [ˈkwizlə]. A traitor; after Major Viskum Quisling, head of the Norwegian Nazi party, who on German invasion of Norway (April, 1940) accepted chief place in a Nazi-sponsored government. （又 quisler ともいふ。叛逆者、裏切り者。千九百四〇年獨逸のノルウェイ侵入の際ナチスの尻押し、政府首領の位置を受けたノルウェイのナチス黨首の名より。）

つまり上の二つの definition は多少喰ひ違ふが、要するに裏切り行爲にも裏切り者にもいふ語で、後者の意味の時には quisler ともいふらしい。つまり本朝で言へばさしづめ「筒井順慶」とでもいふところ、Nazis に內應したからであらうが Roosevelt でも憎々しげにこの語を使つてゐたやうに思ふ。こちらの立場から言へば Quisling よりも寧ろ Badoglio といふ語を新語に加へたいところだ。

[H. W.]

福澤の勤勞精神

［明治英學史　XVII］

花 園 兼 定

幕末に外國方の通譯に從ひ、共に幕使の歐米に赴くに隨行し、「爾來戊辰之變に至るまで倶に外國方に奉職し」（福地源一郎、福澤先生哀悼錄、慶應義塾）、何れも新文明の鼓吹につとめ、新聞を經營し、文筆に從ひ、英文の書物をよく熟讀し、政治經濟等の敎養を兼ねた點で、福澤は福地源一郎櫻痴に比べられ、慶應義塾を起し子弟の敎育につとめた福澤は、早稻田大學の創設の大隈侯爵と比較される。小幡篤次郎は「先生は人を書物にして居られた」と云つたさうだが、「平生さう書見して居られぬ樣だが‥‥樣々の人が來て」（松山棟菴談）といふ點も互に似てゐる。漢學の敎養をもつた學者として、飜譯家としては、福澤に對して、スマイルスのセルフ・ヘルプの譯「西國立志篇」（明治四年刊）の譯者中村正直（敬宇）がある。「この書が普及したことは福澤の『西洋事情』にも讓らなかつた」（吉武好孝：「飜譯文學發達史」）。福澤は平假名で書き、敬宇は片假名で書いた。福澤の慶應義塾に對し敬宇は同人社を開いた。福澤も敬宇も、その文體は後の飜譯家に大きな影響を與へてゐる。憲政思想の發達についても、福澤と中村とが民間の有望者であつた。西村茂樹は「大日本會議上院創立案」を持ち廻り、「此時民間にて福澤諭吉、中村敬宇の二家、私塾を開き、其門人何れも數百名に及び、倶に民間の有望者なり、余依て是を福澤中村二氏に謀る」（泊翁全集第二集）。米國から歸朝の時、共にウエブスター辭書を日本へ初めて持來り、英語文化の普及に於ても、共に思ひ出されるのは、土佐の漂民中濱萬次郎である。共に明治卅一年歿してゐる。緒方洪庵の適々塾で蘭學を學んだ人の中、福澤は「福翁自傳」（明治三十一年）、「福翁百話」（明治三十年）、「福翁百餘話」（明治三十四年）を書き、醫制、衞生制度の制定に盡し、醫博長與又郎、作家長與善郎の父であつた長與專齋は「松香私志」を書いてゐる。福澤は北里博士のため自ら資を投じ斡旋是努め、長與專齋をして「祭福澤先生文」に「我が醫界の先生に負ふ所尠少ならざるに於て痛惜の情更らに切なる」を述べしめた。明治洋學文化に關係の深い緒方洪庵の塾の生活について、何れも貴い記錄を殘してゐる。福澤がスピーチを「演說」、コピー・ライトを「版權」とし、スチームの蒸氣を汽一字に縮め、今日の「汽車と云ひ汽船問屋と云ひ誠に普通の言葉なれども」（福澤全集緒言）、そのもとは福澤に出で、多くの譯語を作つた點で、「哲學」等多くの術語を作り尙今日に傳はる西周（共に幕府に關係があつた）に似てゐる。我國立憲思想の發達について福澤の「西洋事情に次いで、忘るべからざるは加藤誠之（弘之博士）の『立憲政體略』である」（尾佐竹猛：「維新前後に於ける立憲思想」）とされる。「福澤氏の事、村學究多く之を加藤氏に比す‥‥寧ろ大隈氏に比するの似るの多くして異なるの少きに勝れるに若かず」（「日本」、雪嶺）との說もある。福澤の逝去に對し、「明治の敎育史に於て二個の偉大なる哲人を見たり。一は新島先生にして、一は福澤先生なり」とした見方もある。（奈良市「新大和」）。幕府の軍艦奉行であつた木村芥舟によれば「先生は白皙長身一見して皆其偉人たるを知る」。（「福澤先生哀悼錄」）。福澤諭吉はかういふ人物である。明治文化を開いた人の中には斯くの如き人物がすくなくないが、各方面に亘つて文化の育成に努めた點で福澤は傑出してゐる。福澤の著譯五十部百五册に上りその中には簿記の書物まである。さうした點では柳河春三が思ひ出される。柳河は開成所頭取として數學の書や算用術についての書物まで書き、明治政府の求めに應じなかつた福澤と柳河とは其の態度に不屈のところがある。

「余が著譯中最も面倒にして最も筆を勞したるものは帳合之法なり。‥‥日本人に新に九字の西洋文字を用ひしむるは中々の困難なり。‥‥折柄先年余が米國在留中特に懇意にしたるチャース・ウォールコット・ブルックスと云ふ商人が‥‥我國に渡來し‥‥‥右數字の飜譯法を相談せしに‥‥日本の數字を用ふる

に若かずとの說にて、乃ち其說に從ひ‥‥百二十三圓四十五錢を一二三、四五と記するが如き體裁に決定したり。」（福澤全集緖言)。帳合と譯したることにつき「ブックキーピングを帳合と譯して簿記の字を用ひざりしは餘り俗に過ぎたる故か」（同上）とある。簿記は bookkeeping の音譯である。日本の官廳簿記の始は明治十一年大藏省用度課が用ゐたのが始めだといはる。音譯の例には club に對する倶樂部等がある。

今日「勤勞」の語が盛んに用ゐられるが、福澤も「勤勞」の字を用ゐてゐる。「力を勤勞して從て生ずる所の功は其勤勞の多寡に從つて大小ある」（「西洋事情外編卷之三」）を述べてゐる。

福澤はまた「盡忠報國」の語を用ゐてゐる。「盡忠報國以て人の誠心を養ひ其社會の氣風を成して榮辱を判斷し、以て益道德心の品格を高尙ならしむべし」（時事新報、明治十六年十一月二十八日）等。福澤はまた報國盡忠とも用ゐてゐる。明治初期に於て報國を說いた一戰士であつた。

福澤が江戸に來て初めて出版したのが、英語の會話の本であつたことは興味がある。恐らく日本文化史上の人物が初めて會話の本を出版したといふことは他に例がない。

「安政五年余が江戸に來りて初めて出版したるは華英通語なり。是れは飜譯と言ふ可き程のものにも非ず。原書の横文字に假名を附けたるまでにして、事固より易し。唯原書のVの字を正音に近からしめんと欲し、試にウワの假名に濁點を附けてヴヷと記したるは當時思付の新案と云ふ可きのみ」（福澤全集緖言）

v の音にヴを以て記したことだけでも、明治英學史に於ける福澤の業蹟は大したものである。福澤が多くの譯語を作つてゐる有名な例は speech を「演說」と譯したことであるが、またその實行者でもあつた。「森有禮の如きは‥‥西洋流のスピーチュは西洋語に非ざれば叶はず、日本語は唯談話應對に適するのみ‥‥など反對するゆゑ‥‥余は一策を按じて何氣なき風に發言し‥‥今僕の辯じたるは‥‥演說に非ずして何ぞや‥‥とて分れたり」（福澤全集緖言）といふ時代であつた。

公衆に對して意見等を述べることを福澤は重要視したのである。

「社友小泉信吉氏が英版原書の小册子を携へて拙宅に來り‥‥この册子はスピーチュの大概を記したるものなり。此の新法を日本國中に知らせては如何との話に‥‥數日中に抄譯成りしものは即ち『會議辨』なり。扨その飜譯に當り第一番に原語のスピーチュに當る可き譯字を得ず。此とき不圖思付きたるは余が舊藩中津にて藩士が藩廳に對して一身上に付き‥‥書面を呈出する此書面を演舌書と云ふ。‥‥夫れより‥‥同音の說の字に改めんとて演說の二字を得てスピーチュの原語を譯したり。‥‥其他デベートは討論と譯し‥‥原書中にセカンドの字を見て之を賛成と譯することを知らずして頗る窮したるは今に記憶する所なり」（福澤全集緖言）

「自由」の語についても福澤が早く此の語を用ゐたといはれる。支那では自主、自由、自專、任意等の譯があり、加藤弘之、津田眞道は「自在」の文字を用ゐたが、「福澤諭吉氏西洋事情を著すに當り、初めて自由の文字を使用して大に自由思想の說明及び鼓吹に力められたり」（穗積陳重：「法律政治に關する學語の由來」)。と云はれてゐる。堀達之助編纂の英和對譯袖珍辭書（文久二年 1862）に既に freedom, liberty に自由の譯が附せられてゐるけれども、福澤が此の譯語を初めて用ゐたことは記しておかなければならない。中村敬宇のミルの「自由之理」の初版本が出たのは明治四年で西洋事情初編慶應二年、外編慶應三年の出版より後である。福澤は西洋事情卷一に「自主自由、任意、此三字、英語ニ之ヲフリードム又ハ、リベルチ、ト云フ、未ダ的當ノ譯字アラズ」と述べてゐる。

福澤が常に啓蒙的態度を失はなかつたことは下の言葉によりて示されてゐる。

「窮理圖解」の飜譯につき、「物の柔軟なるを表するに恰もボートル（英語バタ）に似たりと直に原字のまゝに飜譯するが如き譯し得て眞を誤らざれども、生來ボートルの何物たるを知らざる日本人は之を見て解するを得ず、依て余は‥‥味噌の文字を用ふることに立案」（福澤全集緖言）

福澤が「童蒙をしへ草」の中にあるイソツ

プの「蛙の王様」の話に「こうのとり」が出て來るが、福澤はこれを鷺と譯してゐるなども、福澤の啓蒙的態度からだ。stork は heron (靑鷺) に近い鳥なのである。當時の英語の本には既に「こうづる」などの譯もあるのに、福澤はわざと早分りのする鷺としたのだ。

緒方洪庵の「其持論に曰く 飜譯は原書を讀み得ぬ人の爲にする業なり。然るに譯書中無用の難文字を臚列して一讀再讀尙ほ意味を解するに難きものあり。畢竟原書に拘泥して無理に漢文字を用ひんとするの罪にして、其極、譯書と原書と對照せざれば解す可らざるに至る、笑ふ可きの甚だしきものなり云々とは吾々門下生の毎に聞く所にして、其持論の事實に現はれたる一例を言はんに、或時門生の一人坪井信良と云ふ者が遠方にて何か飜譯したりとて先生の許に草稿を送りて校閲を乞ひけるに、先生は朱筆を把りて頻りに之を添削しつゝあり。其時余〔福澤〕は先生の傍らに居合せ親しく樣子を窺ふに先生の机上には原書なくして唯飜譯草稿を添削するのみ」(福澤全集緖言)

この洪庵の飜譯論を受繼いだのが福澤諭吉である。

西郷隆盛が其後進の大山巖 (後の大山元帥、當時は大山彌助 といふ) に送つた手紙に、「福澤著述の書難有御禮申上候。篤と拜讀仕候處、實に目を覺し申候。先年より諸賢の海防策過分に御座候へ共、福澤の右に出づるもの有之間敷と奉存候」。この書物は恐らくは「學問のすゝめ」で、「日本國の獨立を全うするには、國を開いて西洋文明を取入れなければならぬと云ふ持論が、何れの著作にも强く主張せられて」(「福澤先生の國家及び社會觀」——小泉信三。「福澤諭吉と思想」、岩波書店、福澤先生研究會編。昭和十五年) ゐたことに西郷が傾聽したのであらう。

「學問のすゝめ」は「初編の眞僞版本を合して二十二萬册」(「合本學問之勸序」)、「十七編合して三百四萬册は國中に流布したる筈」(福澤全集緖言) であり、明治五年二月第一編が出て、明治九年十一月第十七編を以て終り、それまで「西洋事情」「世界國盡」等、いづれも西洋に關する新知識の紹介であつたが、この「學問のすゝめ」で、「先生獨自の持論を初めて公開したものであると申すものゝ、此書を成すに際し、先生が若干の西洋書を參照し、其論旨を採つて、立論の趣向中に加へられたことは、先生自身の公言してゐる所である。如何なる西洋書を參照されたかは、先生自身の外知るものはないが、少なくとも Francis Wayland の Moral Science が最もよく利用されてゐることだけは明白である」(板倉卓造:「學問のすゝめと Wayland's Moral Science」)。このウエーランドのモラル・サイヤンスは、「明治元年の事と覺ゆ、或日、小幡篤次郎氏が散歩の途中、書物屋の店頭に一册の古本を得たりとて、塾に持歸りて之を見れば、米國出版ウエーランド編纂のモラル・サイヤンスと題したる原書にして、‥‥甚だ面白く、‥‥橫濱の洋書店丸屋〔今の丸善〕に託して、同本六十部ばかりを取寄せ、‥‥遂に之を修身論と譯して直に塾の敎場に用ひたり。‥‥ウエーランドの外に諸種の修身敎科書を得ることも甚だ易くして、明治四五年の頃に至り童子敎とも云ふ可き物語りの原書を飜譯したるものは童蒙敎草五册なり」(福澤全集緖言)

「學問ノスヽメ」八編に亞米利加ノ『エイランド』ナル人ノ著シタル『モラルサイヤンス』ト云フ書ニ人ノ身心ノ自由ヲ論ジタルコトアリ」など明白に引用したところもある。

Wayland は 1796 年にニューヨークに生れ、ロード・アイランド州プロヴイデンスの Brown University の總長となり、この Elements of Moral Science は 1835 初版以來「十九世紀の米國敎育界に於ては少くとも修身敎科書として名著の一であつた」(板倉卓造)

「學問ノスヽメ」で、福澤は實學をすゝめてゐる。そして「年少ニシテ文才アル者ヘハ橫文字ヲモ讀マセ一科一學モ實事ヲ押ヘ其事ニ就キ其物ニ從ヒ物事ノ道理ヲ求テ今日ノ用ヲ達スベキナリ、右ハ人間普通ノ實學ニテ人タル者ハ貴賤上下ノ區別ナク皆悉クタシナムベキ心得ナレバ此心得アリテ後ニ士農工商各其分ヲ盡シ銘々ノ家業ヲ營ミ身モ獨立シ家モ獨立シ天下國家モ獨立スベキナリ」と云ひ、

「一國ノ暴政ハ必ズシモ暴君暴吏ノ所爲ノミニ非ズ、其實ハ人民ノ無智ヲ以テ自ラ招ク禍ナリ」と云つてゐる。こゝに「學問ノスヽメ」の趣意がある。

歐米の書物を讀む態度について福澤の告白は貴いものである。今日の戰爭は base の戰爭だといはれる位ゐ一般に知られてゐる基地、根據地の觀念が福澤當時の英學者にはてんで分らなかつた。そしてさういふ語學者を福澤は「文法・辭書の學者」と呼んでゐる。

福澤は大阪緒方洪庵の塾で蘭學を學んだ時分「塾中にある醫書にても物理書にても之を解すること甚だ易く」(福澤全集緒言)、「江戸に來りて英書讀むことに志し、特に教師とてもなく專ら蘭英對譯の辭書を相手に辛苦二三年にして略英文を解することに爲りしかども、蘭書なり英書なり之を讀むは唯文法を本にし、辭書に訴るのみにして其外に便る可きものなきが故に、彼國の普通の語にして誰れにも知れ渡り、殆んど辭書に註解するほどの必要なきものは正しく吾々日本人の最も解釋に苦しむ文字にして一文字の不審なるが爲めに全文の始末に當惑したるは毎々のことなり。現に余が苦しみたる文字の一二を云はんに、大阪に居るとき何か兵書を見てバシスと云ふ蘭語あり（英語にベースと云ふ、今日は根據地とでも譯することならん）幾度讀んでも分らず、蘭辭書を引出し見ればバシスは本なり、例へばアルカリがバシスにて硝酸はシユールなりなどありて化學の事のみ、兵事に少しも緣なし。迚も分らぬことと斷念して其後江戸に來り誰れか兵書に明なる洋學者はなきやと諸方を尋ね、下谷住居の石川平太郎先生は勢州津藩の爲めに、專ら兵書を讀み當時唯一の先生なりと聞き、乃ち其門を叩て質問したれ共、石川先生も矢張り文法辭書の學者にて質問者の分らぬ處は丁度先生にも分らず。又英書中にダイレクト・タキス、インダイレクト・タキス(直接稅、間接稅の事なり)の語を見て少しも分らず」(福澤全集緒言、明治卅年)

明治二十四年八月二日慶應義塾卒業生に告ぐる「獨立の大義」と題する演說中に獨立の大義は、「第一知見を廣くすること要用なり‥‥第二は有形の物に就て他人の助力を仰がざることなり」とした。この獨立の大義についての福澤の思想は不拔であつた。眞の知見を重んずることが國家隆昌の根本であるといふのである。

文久元年十二月二十三日英艦オーヂン號は幕府正使竹內下野守、副使松平石見守一行三十數名を乘せて品川を出帆した。福澤は之に隨從した。同艦が香港碇泊中の出來事を回想し、福澤は明治十五年次のやうなことを「壓制も亦た愉快なる哉」の一文の中に記してゐる。「英人‥‥の輩が東洋諸國を橫行するは無人の里に在るが如し。‥‥心中定めて愉快なることならん。我帝國日本にも幾億萬圓の貿易を行ふて幾百千艘の軍艦を備へ、日本の旌旗を支那印度の海面に飜へして、遠くは西洋諸港にも出入し、大に國威を耀かすの勢を得たらんには、支那人などを御すること彼の英人の擧動に等しきのみならず、現に其英人をも奴隸の如くに壓制して其手足を束縛せんものをと、血氣の獸心自から禁ずること能はざりき」(福澤全集第八卷)

これで見ても、當時の洋學者が、單なる歐米心醉者でなかつたことが分る。「今に見ろ」といふ氣持であつたのである。

福澤は萬延元年正月幕府の軍艦咸臨丸（艦長芥舟木村攝津守）に投じてアメリカに赴き五月歸着、文久元年春幕使に隨ひ歐洲に赴き翌年冬歸着、慶應三年復たアメリカに行く。「明治維新に至るまでの五ケ年間は、攘夷論が最も猖獗を極め」(小林澄兄:「福澤諭吉」)た。福澤は歐米にて見聞を深め、その「百花を日本に移植する」の急務を痛感したのである。

☆ I hate to see things done by halves. If it be right, do it boldly; if it be wrong, leave it undone. —*Gilpin.*

☆ The life of a woman may be divided into three epochs; in the first she dreams of love, in the second she makes love, in the third she regrets it. —*St. Prosper.*

內地雜居と英語

[明治英學史 XVIII]

花園 兼

明治英學史の上で、一つの上昇線は、明治二十二年の條約改正であつた。「明治十八年頃、井上伯が外相のとき、條約改正の案が完成される模樣があり、英語研究熱が大に昻つた。それが二十年、二十一年の頃に談判無期延期で、一時衰へ、二十二年頃大隈案が成立して勃興したが、二十三年以降漸次に下向線を辿り」（勝俣銓吉郎：「日本英學小史」、研究社、昭和十一年）、また「二十七年になつて、日英條約改正となり、玆に英語研究は拍車をかけられ、その熱がまた昻まつて來た」（同上）。たしかに條約改正の問題と日本に於ける英學の消長との間には大いなる關係があつた。この大隈案は結局失敗したが、その中の重要點の一つは「內地雜居」といふことであつた。內地雜居といふので、自分の家の隣りに白人が來て住むといふ感じを東京市民は抱いて、英語研究熱が著しく勃興した。內地雜居に反對した意見の中には、日本人の居住する地域がわづかに日本一國のみで世界に橫行するだけになつて居ないから、內地雜居でどしどし白人勢力が侵入して來たら日本は立ち行かなくなるといふことであり、今日から見て今昔の感に堪へない。そして內地雜居といふことまでして日本の關稅自主權を得たいための條約改正をめぐり、一つの gesture として英語會運動といふものさへ生れるに至つたのである。關稅自由權なくして何の獨立國ぞや。日本が其後支那の關稅自由權問題に對し常に同情的態度を失はなかつたのは、我國自身苦惱の歷史をもつからである。

「內地雜居」といふことは、外國人に對して居住の制限を撤廢し、我が國土の如何なるところにも居住し得る自由、即ち內地雜居の自由を外國人に與ふべしとの一主張で、條約改正問題と關聯して我國朝野で大いに論爭された問題である。明治廿一年二月改進黨（後に憲政會、民政黨の流れとなる）の首領大隈重信が外務大臣となるや、條約改正に努力し、まづ手始めとして米國と交涉を始めた。「改正の事項は固より外交の機密にして、今日之を知る可からず」（明治廿二年六月十七日時事新報）とされたが、「明治廿二年四月九日ロンドン・タイムス紙上に日米新條約の要旨といふものが發表された。即ち內地雜居を許し、『相當年限の後居留地を廢止する外、『十年間相當の外國法官幾人かを日本の高等裁判所に任命し、又外國法官數は外國人に關する訴訟を裁判する時に限り多數を占むる』といふ條項を發表し、內外新聞に轉載されたので」（朝日新聞社編「明治大正史、言論篇」）、これを機會として內地雜居についての可否が猛烈に論ぜられた。條約中外國人が被告となりたる場合に限り、訴訟を審理する爲め、日本大審院に外國判事四名を置く事とした點は殊に國內の反對多く、大隈重信は「歸化外人」と訂正して解決しやうとしたが、明治廿二年十月八日大隈は爆彈を受けて隻脚を失ひ、條約改正は一時中止となつた。時事新報は「我輩は國會の準備よりも條約改正の準備を重んずるものなり」と云ひ、「內地雜居可なり、宜しく外人を誘致して財貨を日本に散布せしむべし」とも云つた。其他「現實に關稅自由權の確立が國運の進步に及ぼす好影響をも充分に認識」（伊藤正德：「新聞五十年史」）したのであるが、多くは政府黨に屬した新聞が贊成した。內地雜居はその後明治三十二年七月山縣內閣に至つて初めて實現した。この時の川柳に、「下駄箱旣に雜居の沓と下駄」といふやうなのがある。ビアホールも、此の時初めて出來たもので、日本麥酒株式會社の廣告に「今般歐米の風に傚ひ、七月四日改正條約實施の吉辰をトし」新橋際にビアホールを開店するとある。居留地は撤去されて、それぞれ所在の市區に編入された。

內地雜居に夙に反對したのが井上哲次郞博士で、「內地雜居論」（明治廿二年、哲學書院）の著がある。「日本の安危に關することを傍觀坐視するに忍びざるを以て即日草稿を起し」伯林に於て書を成すに至つたのである。井上哲次郞博士の當時の意見では「日本人の全世界に於て居住生活する場所は唯僅に日本一國あるのみ……日本人が進步して强大の國

民となり世界に横行、海外に移住し得べき樣な變化は現今の情勢にては中々容易に希望すべからざる事なり……然るに……歐米各國の人內地に入つて我日本の土地を占有せん」といふにあつた。そして博士はスペンサー(Herbert Spencer 1820-1903)が「哲學大本の末に日本の情狀を論じて云く、現に政體壞破の方に傾向せん。後來或は政治改革のあるべきも、外部より引起したる變動は即ち敗頽せんとする變動なり云々。First Principles, 4th edition. pp 520-521. スペンセル氏が此に云へるは我邦革命の時あるべけれども、外部の激動は今日に至て益々甚しく日本社會上に破壞的の變動決して之なしとせず。初めのうちは西洋人も內地に入て日本國の臣民となり、服從の態を表はすべきも、漸々日本人同樣の資格を有し、政治上に於て日本人と競爭し始めば、一層重大なる變動を生ずべし」

以上の箇所はスペンサー First Principles の最後の章 Dissolution の一部である。

"On the way in which such disintegrations are set up in a society that has evolved to the limit of its type, and reached a state of moving equilibrium, a good illustration is furnished by Japan. The finished fabric into which its people had organized themselves, maintained an almost constant state so long as it was preserved from fresh external forces. But as soon as it received an impact from European civilization, partly by the influence of ideas, this fabric began to fall to pieces. There is now in progress a political dissolution.* Probably a political reorganization will follow; but, be this as it may, the change thus far produced by an outer action is a change towards dissolution—a change from integrated motions to disintegrated motions."

* This was written in 1867.

かくの如き分散作用がその形態の限度まで進化し、一つの動的平衡の狀態に達せる社會のなかに成立する方法については、日本がその好個の例證を提供してゐる。

その人民が自體を組織してゐるところの完成的組立では、新らしい外的の力から防守されてゐた間は、殆んど恒久的の狀態を維持してゐたのであつた。しかるに日本が、一部は武裝的侵略により、一部は商業的衝動により、一部は思想の影響によつてヨーロッパ文明との衝突を受くるや否や、この組立は粉碎に歸し始めたのである。そこには現下政治的解體作用が進行しつつある。(原註)

(原註) これは一八六七年に書かれたものである。

おそらく政治的改組織が繼起するであらう。それはともあれ、これまでのところ、外部作用によつて發生した變化は、本體に向つての變化─集中運動より分散運動へ向つての變化なのである。

(世界大思想全集、春秋社版)

博士の引用した First Principles の第四版は 1880 の出版で、初版は 1862 である。內地雜居に對しては博士は反對論を强調して曰く「獨逸の碩學ハルトマン氏も曾て吾輩に內地雜居の日本に有害なることを言へり」といひ、百方自說を固執してゐる。そして更に「ロッチエ氏 [Lotze] も國の國たる所以は啻に土地と歷史を有するのみにあらずして、又同一の心性、同一の言語、同一の口碑を有するにあることを論斷せり」と云つてゐる。「內地雜居」が、民族論的考察を必要としたことが明らかである。一方日本民族の人種改良論が一部に起り、英語會運動まで起つた。今日まで中學から大學まで英語會といふ學生の團體があり、English Speaking Society と呼ばれたる所以は、歷史的回顧を必要とする。English Speaking といふ文字を(恐らくは英米人から敎へられた句だと考へられるが)使用し慣れて、今日まで怪むことをしなかつたのは寧ろ不思議と云はなければならぬ。我等の知るところでは、English speaking nations とか、English Speaking Union といふ意味の English speaking が聯想として頭に浮ぶのである。ところが、今日では此等の運動は、全く當時の文學を通さなくては正當に理解出來ないのである。井上哲次郎博士の「內地雜居論」の思想的論據が單に進步保守の爭以上のもののあることを感ずるのであ

る。

内地雜居について坪內逍遙先生が當時の輿論の一斑を「內地雜居未來の夢」の中に描き出してゐる。先生が政治論をかくの如く取扱つてゐるのは、後年の先生の文學的傾向からいへば不思議にも思はれるが、先生は最初早稻田に於て英國の Badgeot (1826–1877) の English Constitution を講じ、高田早苗博士が寧ろ沙翁を講じたことからもうなづかれる。

「春のやおぼろ先生戯著內地雜居未來の夢」(明治十九年) 卷首の附言に作者は「本書はもと純粹の小說とは異なり。能ベル (novel) といはむよりは、寧ろ亞ルレゴリイ (allegory 寓意小說) といふべきものなり」と言つて、更に緒言に「社會は劇場なり、輿論は人氣なり。人氣よく劇場の趣を換へ、輿論よく社會の局面を變ず」と書いてゐる。「社會は劇場なり」は有名な All the world's a stage, And all the men and women merely players. (As You Like It, Act II, Scene VII) の句を思ひ出させ、沙翁研究家としての逍遙先生の常に用ゐられた句である。

「海關稅權の回復と、治外法權撤去の大事は、夙に愛國家が思を焦して、飽くまで痛論せし事にてありしが、十分思ふ程の出來榮にはいたらず。外交官の非常の盡力と、時の內閣のおん骨折にて、まづまづ稅權は我手に復しぬ。(Hurrah!) 法權回復の事につきては、餘程談判もむづかしかりしが、(Might is right!) 輕罪違警罪は日本の裁判所にて之を糺し、重罪の審糺(しらべ)の如きは、(Alas!) 矢張從前の慣例の如く、彼れの裁判所の所轄となりぬ。されば我政府も之に應じて、多少彼方よりの要求をこばみぬ。たとへば雜居地の區域を限りて、三府七港と定められたり。蓋し七港とは更に新港を開かれしによるなり。下ノ關の港敦賀の港すなはち是なり。尤も雜居地の外といへども、旅行通商は許されたりしが、通商券といふ制限いできぬ。扨又雜居地の外に於ては、日本の不動產を買ふことを許されず。居留も無論ながら (De jure not de facto.) 許されざるなり。但し雜居地の內に在ては、永住も勝手たるべく財產をも有し得べし。」

坪內先生のこの作品によりて內地雜居が如何なるものであつたかはよく知ることが出來る。先生が Hurrah! などいふ interjections を入れて居ることも面白い。當時はまだ萬歲! といふ言葉の慣はしもなかつたからではあるが、Hurrah! や、Alas! などを入れて居るところは、先生がいつも controvercial な問題になると、贊否をこめて論じてゐる癖が出てゐるのである。「萬歲」について三上參次博士は次のやうに記してゐる。

「明治廿二年憲法の發布せられんとする時、我が大學にてはこの曠古の大典を祝すべき適當なる方法を協議したのである。その時先生〔外山〕は萬歲を三唱することを提言せられ、教官の集會に於て、之を練習せられた事がある。やがて發布の當日となり、祝賀式の席上で、法文科大學の玄關の階段の上に立つて、『萬歲、萬歲、萬歲』と三唱することの音頭を取られたのである。この萬歲といふ字はもとより古いけれども今日一般に用ひらるゝ如き意味と場合に於て、この活潑にして嚴肅壯快にして沈痛なる賀頌の辭の、汎く用ひらるゝやうになつた始めは恐らくは我が外山先生であらうと思ふ」(三上參次、「外山正一小傳」)

萬歲を明治廿二年に帝大が初めて三唱したことにつき、石井研堂は「明治事物起源」に、「近年萬歲を高唱することは、明治二十二年二月十一日に始る。この日帝國憲法發布の盛典あり。主上觀兵の式を行はせらる。時に大學生、鹵簿を拜して『萬歲』を歡呼せしに始る」と記してゐる。これは萬歲の歡呼が外山先生に起つた證據にもなる。併し「榮華物語」に「けふはばんせいせんしうをぞいふべきなどの給ふもあり」などあり、萬歲が古くからあつたことはいふまでもない。

「外資次第に入りて資力大に增し、鐵道むかしに似ずズツト長くなりぬ。……工業增加すれば勞力の需用生じ勞力の需用多ければ賃銀したがつて騰貴す。賃銀騰貴すれば勞力者利を得。這は是財學家の定論なるに、何故我國の勞力者流は、依然みすぼらしき有樣ぞと問ふに、蓋し競爭者が多いゆゑなり。群然むらがりて內地に入たる一種の大敵を四方に引受、一上一下虛々實々、チヤンチヤン發市と

戰ふが故なり。……要するに雜居の結果善とも惡しとも確言し難し。……更に統括（ひつくる）めていふときには、內地雜居は社會の有樣。どうやら何事もシヤボン臭くなりぬ。」

當時我國に歐米の生活習慣がどしどし取り入れられたので、坪內博士は「何事もシヤボン臭くなりぬ」といつてゐる。今日でいへば「バタ臭い」といふところであらう。長與善郎は胃潰瘍で永く惱んでゐた時分大好きな餅にバタをつけて食べてゐた。そのバタが「殆ど味噌醬油に次ぐ必需食料品の域にまで割込んで……バタ臭いといふ非難の言葉を……昨今ではあまり耳にしなくなつた」（昭和十二年七月二十日東京日日、「バタ臭いと云ふこと」—長與善郎）といつてゐる。言葉の變遷は面白い。

「汽車中一人の日本人が「手帳とペンシル（鉛筆）とを取いだして」書いてゐたのが小說家菱野で、乘つて來た田所鼎が語りいづる物語の辯舌爽かで、「蓋し演說の熟練よりして得たりし辯舌ぞと思ひながら菱野は肚中に歎賞して……此處はバルク（英の辯士）の記事體に似たり。こゝはシエリダン（英の辯士）の口氣に類せり。之をこのまゝ英語に寫さば、甚だマコウレイに似たらんかし」

こゝに言及した Burke は orator and philosophic writer といはれる Edmund Burke で、彼が印度初代總督 Warren Hastings の彈劾を支持した演說は有名で、彼はまたフランス革命に反對した。「佛蘭西革命論」(Reflections on the French Revolution) の著がある。Sheridan は劇曲家として知られて居るが、彼も his great speech (1787) impeaching Hastings で一流 orators の中に置かれるやうになつた。明治時代を通して、日本の事物を歐米に比べることが行はれ、Osaka, the Manchester of Japan といつたり、Chikamatsu, the Japanese Shakespeare といつたり、馬琴を英國の great romancer である Walter Scott に比べたりしたものである。

田所が物語れるは渥美恭輔のことで、恭輔は「英國が本尊視せる金巾製造を奪ふこと是なり。英國の金巾を製造するや、遙かに其綿をば印度に仰げり。……一大製造所を我國に設置し、直に印度綿を御國に輸入し、盛に金巾をば製出して、之を支那其他へ輸出せん歟。海路近き故に運輸に便なり。よし製造費は廉ならざるとも、日を經て英國を壓し得べし。」との意見を持つてゐる。

今日までの cotton war に英國を壓するに至つた日本の產業の發展は當時既に其の方向が定められたのである。

「意外の營勞をなす事あり。見たまへ。英語會と羅馬字會を。目下のありさまを打見れば、雙方相異なる所なきが如く共に羅馬字を應用して、皇國の言の葉を綴るにあらずや。それでも英語會と羅馬字會とは、其の期する所同じからず。前者は日本語を廢せむと期し、後者は日本字を廢せむと期す。故に其手段に多少の別あり。前者は可成丈原語を用ひて、語法を改むるに汲々たり。後者は只管に文字のみを改め、文辭を平易にせん事をこそ望むめれ。優劣は果して孰れにある歟。余はもと愛國の半狂人なり。寧ろ羅馬字の味方なりと雖も。」

英語會の歷史にはかくの如き經緯があるのである。そしてかくの如き運動が條約改正を一つの目的として起つてゐることは明らかで、森有禮の英語國語論も明治五年の條約改正の爲の對米交涉と關係がないわけではなかつたと思ふ。

坪內博士の「內地雜居未來の夢」には多くの英語が挿入されてゐる。たとへば下の如し。當時の英學生が日常このやうに英語を日本語の中に入れて話してゐたのである。

Cake（菓子）、pocket（カクシ）、hospital（病院）、clerk（書記）、mind-reading（讀心）、hero-worship（英雄崇拜）、defensive（受太刀）、offensive（打太刀）、night（夜）、pardon（ごめん）、so much（それだけ）、moral standard（德義の標準）

更に當時の日本の歐化熱を知る上に坪內博士の「京わらんべ」を見る必要がある。「內地雜居未來の夢」と同じく明治十九年の出版である。

中津國彥：「恰ど大隈氏へ參つた時に、今日は日曜の事ですから諸省の官員が參りあはせて、段々時事論がありましたが、竟に英語の事に及んで、斯樣に世の中が進步をなして

は、到底英語や佛蘭西語が日本の國言葉となるもしれん。然れば今からして英語を學んで、内地雑居に相成らん以前に、……多少洋人と談話をなすべき、準備がしたいといふ議案がでたので、其處に居合せたが、僕の不幸さ。直に其教授を申しつかつて、來る週間から毎週二度。會話の教師とは情ない譯で。イエ、あんまり名譽にもなりませんョ。……エ。羅馬字の會ですト。然樣さ。あれなんざァ馬鹿氣たものです。はじめ矢田部〔矢田部良吉〕なぞが羅馬字說を唱へて、僕に賛成をせよといつて、屢々面談にも來ましたがネ。僕ァはねつけてやりましたのさ。日本も今日程進んだからには、斷然大げさに奮發して、いつそ日本語を丸ッ切やめて、悉皆英語國にするがいいです。……假名の會。ありやァいよいよ論外です。」

當時にあつては英語會と羅馬字會とは並立し、更に第三勢力として假名の會があつたのである。日本を英語國にしやうといふ考は實際政治からの議論ではなく、一つの跳躍した詩的空想でもあり、條約改正に對し、英米を誘ふ政略でもあつた。これほど我國の進路を英米が常にふさいで居たのである。一方英語の研究は「内地雑居」の刺激を受けて盛んになり、一進一退の後、第一次歐洲大戰當時にあつては、英語が「我が國に於ても殆んど第二の國語たらんとする勢である」(村田祐治:「英文直讀直解法」序文、大正四年)といふを咎めないまでに至つたのである。

明治十九年に坪内博士の「内地雑居未來の夢」や「京わらんべ」が出たが、「明治十九年に入つて飜譯文學は俄然その數が數倍に」(柳田泉「明治初期の飜譯文學」)、その理由の一つとして「日本がこの頃ではやゝ、國際的に進出したので西洋列國との接近の度も以前より進んだ」(同上書)といふことが擧げられる。

この明治十九年には第一次伊藤博文内閣の外務大臣、井上馨が條約改正の事業をやり遂げやうとして十二ケ國の代表者に對して、談判を始めたが、各國代表者を一堂に集め、聯合會議を催して、集合的に新條約を納得させやうとした爲め纏りがつかない。「頻りに鹿鳴館邊りで假裝舞踏會を催して、外人の御機嫌を取つて見たが、うまく行かない。……遂に失敗に終つた。……大隈の入閣は二十一年二月一日で、それは伊藤内閣に入つたのである。その伊藤は同年の四月二十八日に内閣を黑田に讓つた。從つて大隈は……黑田内閣の外相に轉じた譯であるが、……大隈は愈ゝその目的である條約改正の事業に取り掛つた」。(五來素川:「人間大隈重信」)。そして、大隈も條約改正を爲し遂げ得なかつたが、井上の條約改正内容について非難された諸點のうちには、「法廷の用語は日本語及び英語の二種とする事」(同上書)の一項があつたので、大隈は「法廷の用語は日本語とす」と改めた。日本國語史から見ても重大な時代であつた。明治二十年頃まで我が外交觀念の殆ど全部が我國の獨立の維持といふことであつたのである。(小村壽太郎談話)

☆　☆　☆

A COMMA THAT SAVED A HUMAN LIFE

Maria Feodorewna accidentally caught sight of the following note appended to the bottom of a death warrant. It was in the handwriting of her husband, Alexander III. It read as follows:

"Pardon impossible, to be sent Siberia."

Maria transposed the comma so that it read:

"Pardon, impossible to be sent to Siberia."

"Pardon, impossible to be sent to Siberia." Whereupon the convict was released a free man.

諸學英獨二派

[明治英學史　XIX]

花園兼定

明治初期に於て日本が近代文化を築き上げるにあたり，外國から導入した文化としては，英米文化と獨逸文化とフランス文化の三つの系統があつたが，英米文化とフランス文化とは幕末に於て其の發芽を見た。獨逸文化は幕末に我國に入つてはゐるが明治になつて一番後れて盛んになつたものである。勿論此等の三系統に先立つたものは和蘭學であり，兵學，本草學，天文學，醫學，物理，化學等にわたり，幕府は凡て和蘭文化を取り入れた。和蘭語を初め學んで後に英語に轉じたものは福澤諭吉，大隈重信等其數すくなくない。和蘭語から獨逸語を學び獨逸學の第一人者となつたのはポンペの弟子として有名な醫家司馬凌海(佐渡の人)がある。長崎でポンペの講義の筆記の出來たのは長與專齊の「松香私志」に依れば松本良順と司馬凌海だけであつた。司馬は明治十二年四十一歲で歿してゐる，「明治初年獨逸學の第一人者司馬凌海」(山岸光宣：「幕末洋學者歐文集解說」) は語學の才に秀で最も獨英蘭語に堪能であつた。司馬はポンペから獨逸語を習つたのである。東京で私塾春風社を開いてドイツ語を教へ多くの入門者があつた。この塾から出た獨逸語の初步語學書は廣く世に行はれた。司馬の前に獨逸學者としては市川齊宮がゐた。「幕末獨逸學の第一人者であつた市川齊宮イツキ（後の兼恭カネノリ）」(山岸光宣：「幕末洋學者歐文集解說」) は明治三十二年に八十二歲で歿してゐる。市川兼恭は獨逸學學習の命を蕃書調所の頭取古賀謹一郎から受けた。「動機は實にかのプロシヤ使節オイレンブルグ伯が條約締結の目的を持て，……神奈川に來航した事にある」(原平三：「市川兼恭」)

加藤弘之の「獨逸學の由來」(明治卅二年獨逸語學雜誌) の中に，次のやうな部分がある。「普魯士國から條約を結ぶ事に就て，使節を江戶に差越した事がある。其時に普魯士國王からして，幕府に電信器械を贈られた。それで幕府の內閣から蕃書調所に電信の術を傳習することの命令を下した。で，市川君と私とが蕃書調所の教授であつたから，蕃書調所から選ばれて，電信を傳習することの命を受けた。……向ふの普魯士人は英語を話して，さうして通事がそれを日本語で此方に傳へて吳れる。此方は英語を話すことが出來ないから，さう云ふ譯にして傳習をうけた。それが緣になつて，そこで二人で相談して獨逸學を始めることになつた。……晝間は教授が急がしいから，夜中の業にして，吾輩二人の外にまだ一二人同志の人があつて，それ等と共に和蘭文と對譯した獨逸の文法書や其外の書物を大分研究したのです」。

加藤弘之は十九歲にして蘭學を初めて學び「今日の學生から見ると，頗る晚學であるから甚だ骨が折れた。……今日の如く學習の順序も整はず……先づ初めから文典にかかるといふやうな次第で……」(「加藤弘之自叙傳」)。それから獨逸語の學習を始めたのだが，「シーボルト氏が二度目に日本に來た時に，初めて同氏に逢つて，旣に其時分に」(同上) 獨逸語學習のことを考へてゐた。「先生は本邦に於ける國家學の開祖なり。先生夙に宇內の形勢を達觀し，舊幕時代攘夷鎖國の論方に盛んなるの時に當りて蘭學を修め，次で率先して獨逸語を學び」(穗積陳重：「加藤弘之先生に對する告別の辭」大正五年)，我國國家學に於けると共に獨逸語學の先覺者となつた。加藤弘之の息が侍醫加藤照麿で喜劇の古川ロッパは加藤照麿博士の子で，加藤弘之の孫にあたる。

英米文化が最初近代日本の門をおとづれたが其後の明治日本は佛蘭西思想を入れ，獨逸思想を入れた。西園寺公望，光明寺三郎，中江篤介［兆民］一派が前者を代表し，加藤弘之が後者を代表した。「前者はルソーやモンテスキュー，特にルソーに影響を受けて自由主義，……の傾向を唱道した。かくて政治界に現はれた現象は英國の議會政治を政治理想とするもの（改進黨）と佛國の政治思想を主張とするもの（自由黨）とがあつたに對し，伊藤博

文等は獨逸の國法學者フオン・シユタインやグナイストの教をうけて憲法制定に努力した」(新居格：「明治時代に於ける社會思想」)。

伊藤博文は明治十五年伊東巳代治，西園寺公望，平田東助を率ゐて歐米巡遊の途に上り，獨逸國權派の教へを受けて憲法制定に努力したことは世に明らかなことであるが，伊藤は文久二年横濱の英商ジヤーゼン・マゼソンが船室を都合して井上馨と共にロンドン行を決行し，(工學博士石橋絢彥談）着英するや，長州藩が英米佛蘭の聯合艦隊を敵として開戰せんとするの報に接し，伊藤は井上馨と急遽歸國した。明治の元老中，常に能く英書を繙き，又ロンドンタイムスを精讀してゐたものは伊藤公の他にはすくないと，伊藤公の秘書官であつた頭本元貞先生は話してゐられた。

ミル，スペンサーに風靡された我國の哲學研究は，ドイツ思想を受け入れるに至り，帝大でミル，スペンサーを講ずると同時にカント，ヘーゲルをも講じたのが米人フエノローサであつたが，ブツセ（Ludwig Busse）が明治二十年に獨逸から來任してから，ドイツ哲學が盛んになつた。明治三十年頃は理想主義の全盛期で，英文學ではカーライルのロマンチシズムやエマーソンの理想主義が歡迎されはじめた。元來日本の哲學者は井上哲次郎，大西祝，金子馬治，藤井健次郎，桑木嚴翼等ドイツに留學ドイツ哲學を重んずるが，教養としては英獨佛に及んでゐる。

明治元年（1868）に出版された「ガラタマ先生口授渡部無盡藏主人藏版英蘭會話譯語」のガラタマ又ハラタマ (Dr. Koenraad Wolter Gratama) は慶應二年 (1866) 精得館に附屬した長崎の分析窮理所の教師として來てから，慶應三年に江戸に迎へられて開成所の理化の教師となり，明治元年大阪に舎密局が出來たので，大阪に赴いた。この舎密局は理學所と改稱され，ガラタマは辭職して獨逸人のヘルマン・リツテル (Hermann Ritter) が聘せられた。ガラタマが長崎に渡來したのは有名なポンペ（Dr. Pompe van Meerdervoort）の後任として長崎に着任した蘭醫ボードイン（Dr. A. F. Bauduin）の勸誘に依れるものである。(古賀十二郎著：「西洋醫術傳來史」)。ボードインの後任として長崎に來任したのが蘭醫ヴアン・マンスフエルト (Dr. C. G. van Mansvelt) で，恰も精得館醫師頭取になつた長與專齋はヴアン・マンスフエルトと謀り，學制の改革を實行した。

醫學に於て明治維新となつてから當時我國醫學に貢献した外人は，奥羽の戰爭に從軍した英國の醫者 William Willis や，名優田之助の療治で有名であつた米人ヘボン (Hepburn) や大隈重信等が就いて英語を學んだフルベツキ (G. K. Verbeck)，横濱に梅毒病院を設立した英醫ニユートン (Dr. George Bruce Newton) 等であつた。フルベツキは「和譯英辭書」，所謂薩摩辭書 (明治二年刊) が開成所辭書を底本として作らるゝ際，それを援助するなど，我國英語研究史に足跡を殘してゐるが，此の人は元來は和蘭人であるが二十二歳で米國に渡り，「米國の Dutch Reformed Church から派遣されて安政六年に長崎に來たもので」(豐田實：「日本英學史の研究」)，「米國に歸化しないうちに日本へ渡航したから，國籍は和蘭にも無ければ米國にも無かつた」(比屋根安定「宗教史」)。 隨つて自由な見方を持ち，「現今の世界中醫學の最も進歩したものは獨逸であると明言し，之を日本政府に說いた。一方副島種臣が國體上の關係から，米國の如き共和國の學風を排し……獨逸醫學輸入說に贊成した結果，遂に明治三年二月に至つて政府は愈々獨逸から醫學者を大學東校に招聘することに決定した。」(「明治科學史」，醫學篇，廖溫仁)

明治四年に獨逸の陸軍々醫正ミユルレル (Leopold Müller) と，海軍々醫ホフマン (Hoffmann) とが來朝した。此の二人を大學東校の教頭となし石黑忠悳と長谷川泰とが生徒監となつた。ミユルレルこそは「本邦醫學制度の創定者」である。(入澤達吉：中外醫事新報 昭和八年)。明治三年我國から十二名の留學生を普魯西國（獨逸）に送つて醫學を研究せしめた。日本人を娶り日本の風俗を理解し，温泉へ行くとその分析表と共にその名を今も掲げられてゐるベルツ (Erwin Baelz, 1849–1913) が來たのが明治八年で，初めは生理學の講義，後に內科及び產婦人科を擔當した。「明治八年五月，始めて醫學通學生道場を開き，邦語を以て醫學を教授し」(「東京大

學醫學部沿革略史」）明治十三年スクリツパ（Julius Scriba）が獨逸から來任して外科を擔當し，二十年間に亘つて在職し，明治卅八年東京に歿した。我國近代外科學の基礎を築いた人である。

ウイリス歸國の後海軍々醫學校では英國の醫師アンダーソンが居てその學生を英國及び米國に派遣した。明治八年鹿兒島醫學校に於けるウイリス門下高木兼寬が英國に留學し，その經營に成る慈惠病院醫學校（今日の慈惠醫大の前身）では英國醫學の唯一の敎育機關であつたが，最近ではその特色は失はれた。「大正九年校長高木兼寬の逝去する迄は兎に角獨逸流の醫學と對峙してゐた。」（廖溫仁）。隨つて慈惠醫大出身の醫師が英語が出來たので英米の客の多い外國航路船には慈惠出の醫師が多かつた。

日本の醫學をドイツ流にするためにウイリスを鹿兒島にかゝへて顏を立てるやう西鄕隆盛が骨を折つたりしてゐる。西鄕はウイリスのこれまでの大學での月給七百圓を一千圓にして鹿兒島の醫學校長兼病院長にした。

初め大學は東校と南校とに分れてゐて，「東校は和泉橋にあつて醫者の學校となり，先づ英國，和蘭，米國等の敎師が入つた。これは政府からドイツに向つて敎師をよこして貰ふ樣にと賴んだところ，丁度ドイツは普佛戰爭の時であつたので，この依賴に應じられず，やむなく英蘭，米等より敎師を迎へたわけである。……自分〔三宅〕が東京へ出た時分〔明治三年〕醫術といふものが滿足なものに至らぬ頃にあつては，醫學をドイツ派のものにしようとしていろいろ努めたものであつた。……ドイツ人が始めて聘せられて來るにあたり，彼等は自國のいろいろの機械等を持つて來たのであつたが，然し機械一殊に鋼鐵などに於ては，英佛等の優れてゐたものがそれ以前に日本に來てゐたので，得意で來たドイツ人は案外であつたことだらうと思ふ」（三宅秀：維新當時の醫學界—大日本文明協會「明治文化發祥記念誌」）。日本の醫學をドイツ流にすることの困難の一つは，「福澤諭吉が大の米國崇拜家で，文敎はすべて米にといふ持論で，この一般文敎は米にといふ中で，醫學ばかりを獨逸にといふは，後進を惱ますものだと盛んに唱へました」（石黑忠悳。「漫談明治初年」）。それでも長崎で蘭醫學を修めた岩佐純，相良知安の二人は我國で讀まれてゐた和蘭醫書は皆な獨逸醫書の蘭譯であることも一つの理由，獨逸醫學が世界に冠絕してゐることから獨逸醫學の輸入の必要を叫んだ。且又英米の學者が獨逸に更に留學して硏究するものの多いこともだんだんに知れて來た。

たゞ齒科については米國に學ぶもの夥しく，その傾向は大東亞戰爭までつゞいた。その間に米國に於ける高峰讓吉のアドレナリンの發表，野口英世の黃熱病（yellow-fever）についての硏究は一世を驚倒した。野口英世は傳染病硏究所の助手をしてゐた時，アメリカから當時ジョンス・ホプキンス（Johns Hopkins）大學の病理學の敎授サイモン・フレキスナーが參觀に來た。「所內で英語に通じてゐた英世が選ばれて，その案內役を命ぜられた」。（小泉丹：「野口英世」）。帝大は既にドイツ流の醫學硏究中心になつてゐたので，帝大醫科出身のものの多くは英語は話せなかつた。野口は苦學して醫師の試驗に合格した人で，はじめ會津若松で醫院を開いてゐた加州大學のドクトルであつた豫備の軍醫，渡部鼎のところで勉强したのである。そして野口はフレキスナーの力添へと，血脇守之助の援助で渡米留學することになつたのである。後年世界の野口となり，東京帝大の敎授たらんことを自から望んだけれども，米國醫界で名を揚げた野口のため，それは實現しなかつた。

東京大學の理學部には「五つの學術學科があつて，數學，物理學，星學の三學科を集めたのが一つ，地質，採鑛學科を纒めたのが今一つ，此他に化學，生物學，工學の三學科があつた」（中村淸二：「田中館愛橘先生」）。大學の物理大實驗室の「突當りは主任敎授山川先生の室があり，左折して西側の廊下で隣りに田中館先生の室がある。……更に南側の廊下を行くと尙物理に屬する二室があつて東側の廊下に出る。此側では第一に數學科の硏究室があつて，之が菊池大麓，藤澤利喜太郎兩敎授の居室」（同上）。山川健次郎は米國大學の卒業。明治初年各藩から競つて外國へ留學生を送り，米國へも便船每に十人，二十人と到着する有樣で，中には勉强しないで遊んで

ゐる連中もあり，日本政府は一時歸還を命じたが，山川もその卷き添へで歸還命令を受けたが，或る米國富豪の夫人の同情でその給費で目出度く學位をシエフイールドの理科大學から得て明治八年に歸朝した。（男爵山川先生傳）。田中館先生は山川さんの弟子で，米國から來た物理學者メンデンホール（Thomas Corwin Mendenhall），英國から來た機械工學のユーキング（James Alfred Ewing）に學び，明治廿一年英國へ留學，グラスゴー大學でタムソンに師事す。「留學中 田中館さんはタムソン先生に師事せられたのであるが，その感化は餘程大きかつたやうに思はれる。何か學問上の問題があると，田中館さんは，今日でも殆ど常に之に關するタムソンの意見は斯く斯くであつたと述べられる」（中村清二：「田中館先生」）。菊池大麓が年少英國に留學し，英語の大家であつたことは有名である。英獨に留學した藤澤利喜太郎が 1922 年に米國 Williamstown 大學に交換教授に來たこともあり，英語を語ることは極めて自然で自由で雄辯であつたことも思ひ出される。

理科方面では地質學で日本の地質調査事業を開いた米人教師ライマンの次に來た獨逸人ナウマン門下として秀で獨逸に留學した小藤文次郎が，英語も自由であつた。ナウマン以後帝大地質學教室に聘せられたものは凡て獨逸の學者であつた。

植物學では始めて東京大學でアメリカ流の植物學を講じた矢田部良吉は初め中濱萬次郎や大鳥圭介について英語を學んだ人で渡米，コーネル大學で植物學を研鑽した。矢田部は英語の中等教員資格試驗の委員ともなつた。矢田部の助手となつた松村任三は獨逸に留學した。「明治廿一年八月に松村任三が獨逸國から歸朝するに及んで始めて獨逸流の植物解剖學組織學が傳へられることになつた」（上野益三）。明治廿八年には三好學が獨逸留學から歸朝した。

日本の動物學を開いた學者はモース（Edward Sylvester Morse）と其の後任ホキツトマン（Charles Otis Whitman）で，この二人とも米人學者であつた。ホイツトマンは獨逸のライプチツヒ大學で研究した人だ。箕作佳吉は米英に學んだ。飯嶋魁，石川千代松が獨逸留學。石川は有名なワイスマンについて學んだが，石川はモールスの感化で英語は日本語とかはらないほどよく話した。札幌農學校を出て東京大學で箕作佳吉に學び，更に渡米ジョンズ・ホプキンス大學で研鑽した渡瀨庄三郎は螢の研究で有名だ。ジョンズ・ホプキンス大學には新渡戸稻造先生も三年間學び，更に札幌農學校から農政學研究のため獨逸留學を命ぜられたのである。

教育に於ては日本は明治の初め米國を模倣した。「本邦始めて師範學校を置くや，當時の文部長官大木喬任，特に招聘したる米國人スコツトに此學校を託し『お前の國でやつて居る通りにやつてくれ，少しも日本の國情など斟酌せず，亞米利加の通りに教育を施してくれと言はれたりしとは，辻新次の所言なり」（石井研堂：「明治事物起原」）。その內だんだん英國やフランス，ドイツに留學した人たちも歸つて來た，單に米國ばかりを手本とすることが次第に無くなつた。一方教育思想上から見ると，福澤の說も，箕作麟祥の「教導說」（明治六年）も英國的で，其の後英吉利に基礎を持つて居るスペンサー主義が勢力を占めて來た。然るに一方明治十七年頃から獨逸の影響が顯著になつて來た。「明治二十年に大學に獨逸のハウスクネヒト（Dr. Emil Hausknecht）といふ人が來て，教育學を講じた。而してそれは專らヘルバルトの學說を傳へた。それより我國に於ける教育學界は十餘年間といふものヘルバルト派の獨占といつても宜しい有樣である。（吉田熊次：「文化史上より見たる明治年間の教育」）。

史學に於ても英米派の原書に親んだ田口卯吉等の後に箕作元八のドイツ留學（トライチユケ，ランケ等について學ぶ）等によつてドイツ派に傾いて行つた。獨逸からルドウイツヒ・リース（Ludwig Riess）が，明治十九年東京帝國大學の講師として招聘されて以來，獨逸史學の方法がわが史學界に取入れられ，その後日本から多く獨逸に留學した人々が一層かゝる學風を導き入れた。リースの「世界史」は坂口昂の紹介がある。「史學雜誌大正九年）。……リース以前の西洋史研究は，主として譯書によつて行はれたが，「その中でバツクルの『英國文明史』，ギゾーの「歐羅巴文明

史」，ミニエーの『佛國革命史』等は廣く讀まれて大きな影響を及ぼした。これらがいづれも英佛史學派に屬するものであることは，いふまでもないことであらう。『日本開化小史』等の田口卯吉が立ち上つたのは，この史潮の中からであつた」(伊豆公夫：「日本史學史」)。「津田眞道と西周の和蘭留學に始る」(高橋誠一郎：「王城山莊隨筆」)西洋經濟學直輸入が，國民主義に立脚した福澤諭吉を經て，講義や讀書よりも重きを獨逸人との交際に置くほど獨逸的なるものに心醉した金井延に及び，更に幾多の秀才が獨逸に留學した。

法學に於ても，英佛の影響が次第にうすくなり，「舊民法に修正を加ふる當時我國に於けるドイツ法學の影響は盛で，ドイツ以外に法學なしと云ふ勢を呈し，是と同時にイギリス及びフランス法學の我國に於ける勢力影響は漸時凋落して行つた。」(遊佐慶夫：「明治時代の法律史觀」)。

最初は，たとへば法律學校の歴史に見て分るやうに，英法，佛法，獨法等それぞれの研究を目的とした學校が設立されてゐて，明治後期に於けるやうに我國の法律研究が獨法全盛といふわけではなかつた。明治大學はフランスで法律を研究した岸本辰雄が最初の校長で明治十四年開校，明治法律學校と稱した。法政大學は明治十二年設立の東京法學社にはじまり，明治十四年東京法學校と改稱，明治二十二年更に和佛法律學校と改めた。中央大學は明治十八年創立，英吉利法律學校と稱し，穗積陳重，奥田義人等創立者は，英學を學んだ人々であつた。穗積先生は英獨に留學されたが最初明治九年ロンドンに赴き Middle Temple に入り，Victorian age の最盛期の the English jurisprudence を學ばれた人で，その學問は Darwin や Herbert Spencer の進化學説の影響を受け，後年の法律進化論となつたのである。(穗積重遠博士：穗積陳重著 Ancestor-Worship and Japanese Law 第四版跋)。當時穗積陳重先生のいふところに依れば，大學に於ける講義は，「私の受持つた學科も，法學通論を除く外は，盡く英語の教科書に依るか，又は英語を以て口述したものであつた。從つて其試驗答案も英語であつた。然るに其中で邦語を以て講義を試みた其初めの一つは海上法であつたが，其試驗には例の通り，江木〔衷〕，奥田〔義人〕，石渡〔敏一〕の三君の答案の成績が非常に優秀であつた」(穗積陳重故「故奥田義人博士追憶錄」，大正六年十月「法學新報」)。

我國の法律學は明治三年以來大學南校が，「法學志望者に對してイギリス法律の教授を開始することゝせり。是れ實に本邦に於て法律學を教習するの起原なり」(穗積陳重遺文集第四册，「本邦に於ける海法」)。明治の法律研究は英學から出發してゐる。

日本の農學も英米の流れと，ドイツの流れとが二つの流れとして入つてゐる。明治九年明治政府は明治七年から新宿に開いた農事脩學所に，キンチ(農藝化學)，カスタンス(農學)等五人の教師を英國から招聘して，明治十年授業を始めた。これが，後に駒場農學校(今日の東京帝大農學部の前身)となつたのである。明治九年開校の北海道の札幌農學校へは米國マサチユーセツツ州農業大學長クラーク其他米人の教師を招いた。これは「日本内地は人口が多く相當開けて居るから英國式農業が適當であり，北海道は其の當時迄は未開地であつたので米國式がよからうとしたものと考へられる」(「日本農業發達史」中，日本高等農林學校長小出滿二：「日本農學史序説」)。

明治十三年頃東京駒場で英國人の教師が殆んど全部歸國して，今度はドイツから先生が來た。

この間に一人津田仙が歐米の農學を研究して大いなる貢獻をしてゐる。津田は初め手塚律藏にオランダ語を學んだが，後森山多吉郎から英語を學んだ。慶應三年勘定吟味小野友五郎に隨つて米國に赴いて通譯をつとめたらしい。明治六年オーストリアのウヰンの萬國博覽會に派遣され墺國農學者ホーイブレンク(Daniel Hooibrenk) の講義を聞いて歸朝し，「荷衣伯連氏法農業三事」Daniel Hooibrenk's Method of Cultivation, Explained by Three Different Processes, by S. Tsuda) を著した。この英文表題から見て講義は英語でまとめられて居たのかも知れない。その三大法といふのは畑に細き溝を鑿り氣筒を埋めること，樹枝を百十二度五十分に偃曲すると

幹がよく成長すること，人工交媒の三つである。津田は在歐中ホーイブレンクの紹介で獨逸のコツク博士に接したところ「花粉を媒助するの一法は元來日本農家の法にしてホーイグレンク氏の嘗て知友より傳聞せし所なり」といふので歸朝の後この話をしても誰れも知らなかつたが，「或人云ふ，嘗て月池桂川氏說あり，信濃の或農家にて溪間の田に穡稼せしに苗はよく生長したれども，米の收納は甚だ少かりしが，或年鳴子を設け，數回震盪せしに，鳴子の繩の觸るゝ所，能く豐穰せり。是全く繩にて花を媒せしなりと。仙この話を參考するに，桂川氏はシーボルト氏と屢々往來せしと聞けば，恐らくは，同氏鳴子の說を桂川氏より得て之をホーイブレンク氏に傳へしに，ホーイブレンク氏更に推考して花粉の交媾を媒妁するの理彌委しくせしもの歟」(農業三事」）とある。

陸海軍も，明治軍制が「先づ外國軍制の模倣に第一歩を踏み出したことは遺憾ながら之を是認せざるを得ない」(山縣有朋「陸軍省沿革史」，解題松下芳男）。「薩州ハ英ニ依リ，紀州ハ獨ニ由リ，會津ノ如キハ尙ホ長沼流ヲ用キ，他ハ大概蘭式ヲ用キ」てゐたが，「姑ク幕府ノ舊制ニ從ヒ佛式ヲ採用」した。即ち「陸軍ハ佛蘭西式，海軍ハ英吉利式ヲ採用シ」，(山縣有朋，「陸軍省沿革史」)，陸軍では明治十年代に至つて模範を獨逸にとることに方針が變つて來た。陸軍大學御雇教師として着京した普魯西參謀少佐メツケルを大に活用して軍制の改革を圖つた。勿論今日では陸海軍とも日本獨特の軍制の上に立つてゐる。

かういふ風に大體に於て明治の初期から中期にかけて日本の學問は西洋の學問から獨立してゐなかつた。帝大始めての學位授與式(明治十二年）は，米國グラント將軍臨席で行はれた。高田早苗先生が「學問の獨立」を叫んだのは大いに意味のあることであつた。初め幕末に蘭醫ポンペが長崎で敎授した時は通譯がついたがしまひには通譯がなくとも大體分るやうになつた。(長與專齋：「松香私志」)。英米人の敎師が迎へられた時には，英語の研究がさきに進んでゐたので，分らないなりにも多少その內容が分つたが，ドイツの學者が來るやうになつた時は醫科の外には，ドイツ人も初めは英語を多く用ゐたのであつた。田中館愛橘先生のいふところに依れば，當時大學では「先生方といつても日本人は山川〔健次郎〕先生に外山〔正一〕先生位，後は殆んど亞米利加人に少し斗り英獨の人が交つて居たので，凡てが英語で諳誦式であつた」(田中館愛橘：「蔦の根」)。そしてドイツ醫學を中心にした帝大から明治三十四年スクリツパやベルツが去り，その他法科にしても，理工科系統にしても，ドイツ的學問が再轉して，日本中心の研究となり來つたのである。かくして英語研究は純粹の英語の研究，英文學の研究，英米外交經濟政治法制軍事の研究に限られるやうになつたが，ドイツのナチス勃興以來アインシユタイン等のユダヤ系學者が米國にうつつて以來，再び英米科學に注意することが一層必要となり，且つ米英植民地研究が緊要となり，英語研究は今までのやうに難句の研究や，冠詞の研究等を卒業し，今では英語研究は新らしい方向に向つて進んでゐる。

Cautious Verdi

One day the famous Italian composer received a tall, powerfully-built young man, who after playing a difficult score very indifferently asked Verdi for his opinion. The latter answered:

"My dear friend, please spare me the risk of uttering an opinion, as you are so much bigger and stronger than I am!"

Gratitude

The will of a jilted bachelor left a handsome legacy to a lady who had, twenty years before, refused to marry him, in order to express his gratitude to her for her forbearance, and his admiration of her sagacity in leaving him to a happy bachelor's life of independence and freedom.

マツクス・ミユラーと其弟子

［明治英學史　XX］

花 園 兼 定

十九世紀に入つてから言語學は非常な活潑な新しい動きを見せ初めた。お伽噺で世界的に親しみのあるグリム兄弟の兄ヤコブ・グリム (Jacob Grimm) の「獨逸文典」の著述 (1818年から1837年にわたつて刊行) 及びその中に音韻變化に關する所謂 Grimm's Law (グリムの法則)の發表で學界を驚かした。グリムに影響を與へたフオン・フンボルト(Wilhelm Humboldt) やフランツ・ボツプ (Franz Bopp) が共に十九世紀の言語學の建設に大いなる力を與へた。フンボルトは獨逸の大政治家でもあり、また南方言語の研究で知られ、比較言語學に貢獻した。ボツプはサンスクリツトとヨーロツパ語との比較研究から不朽の名著「コンジユガチオンス・ジステーム」及び「サンスクリツト、ゼンド (Zend)、ギリシア語、ラテン語、リトアニア語、ゴシツク、ドイツ、スラヴ諸語の比較文典」を刊行した。大體十九世紀の言語學はサンスクリツトとヨーロツパ語との比較研究から出發した。次いでマツクス・ミユラー (Max Müller, 1823–1900)がサンスクリツトの研究から比較言語學、比較宗教學に大きな足跡を印するに至つた。當時アメリカにありては森有禮が教を乞ふたホイツトニー (William Dwight Whitney, 1827–94) が同じサンスクリツトの研究から言語學上の名著を殘した。當時サンスクリツトの研究と言語學とは切り離されない關係があつた。我國では勿論國語學者の方で盛んに言語學的研究は行はれたが、歐米の言語學の關する限り、ホイツトニーに接觸したのが森有禮であり、マツクス・ミユラーに師事したのが南條文雄であり、後に高楠順次郎であつた。南條こそはマツクス・ミユラーの秘藏弟子であり、その南條について、同じく東大谷派出身の故藤岡勝二博士が獨逸に留學し廿八年間に亘り東京帝大の言語學教授であつた。恰もキリスト教に於て、新島襄が米國にキリスト教神學を學び、海外留學十年の後明治七年橫濱に歸著、キリスト教主義の教育を說いて同志社を設立したと同じやうに、南條は眞宗大谷派から梵語學研究のために英國に留學を命ぜられ、滯英十年の後・明治十七年歸朝、終始一貫佛教のために一生を捧げた。南條博士の坐右銘は、法の爲めにし、身の爲めにせずといふ「爲法不爲身」の五字であつた。新島は江戶と關係の深かつた上州安中の藩士の子であり、報國の一念から米國に脫出し、南條は大垣の生れで、明治維新には「德川家浮沈の場合に相成り」といふ文句で本山の命で、すんでに僧兵の一人として出動するところであつたが、本願寺が勤王の旗をかゝげ、南條はその事なく、南條はマツクス・ミユラーにその履歷をしたゝめ、僧兵の經驗あることを記したので、マツクス・ミユラーは非常に興味を感じたといふことである。

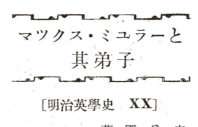

キリスト教と佛教との信仰上の爭は明治初年の大いなる社會的波紋であつた。東京帝國大學では井上哲次郎が明治十七年から約七年間歐洲に留學し、歸つて日本に盛んに佛教研究を起した。明治十八年に帝大文科を出た井上圓了はキリスト教排斥の急先鋒となつた。一方佛教界そのものの中から島地默雷のやうな傑物が出て衰態に傾いた佛教振起の運動を起したが、學界に於て村上專精の「佛教統一論」の著や、南條文雄の梵語學の興隆などが佛教家の當時の社會的位置を高めるに貢獻した。

南條文雄、笠原研壽の二人は明治九年 (1876) 東本願寺の留學生として英國に送られた。南條文雄は一生を梵文教典、佛教の研究と、求道と傳道と宗門教育にさゝげた。大正十二年の四月肺炎を患ひ靜養中「八月卅一日余は腦貧血に罹りて卒倒せり。九月一日大震災に遭ひ二日夜類燒の難に遭ひ家屋も倉庫も烏有に歸せり」(南條文雄自叙傳)」。昭和二年十一月七十九歲で歿した。南條は一生の間常に笠原研壽の才學を追憶してゐたが、笠原はロンドン留學中病を得て歸朝し明治十六年

(1883) 永眠した。

南條博士といへば、すぐ「世界の東洋學者、印度學者、梵文學者、印度佛教、支那佛教、日本佛教の研究者は、誰一人もあなたの大著述たる『大明三藏聖教目錄』を手にしないものはありますまい」(昭和二年十一月十三日淺草本願寺に於ける南條博士葬儀にあたりて高楠順次郎博士の弔辭) と云はれるほど有名な「大明三藏聖經目錄」の外、「梵文無量壽經、阿彌陀經」(明治十六年オックスフォード大學發行、マックス・ミュラーと共同校訂)、「梵文尊勝陀羅尼及心經原文」(明治十七年オックスフォード大學發行、マックス・ミュラーと共同校訂) 等、其他幾多の梵文經典を校訂刊行された。「梵語とは支那日本でのみ呼ぶ名稱で正しくはサンスクリタ (完成されたもの) と云ふべく、即ち歐洲人のサンスクリットと呼ぶものである。これは印度古代の文學上の言語でパーニニ (Panini) なる學匠の規定するところである。…… サンスクリットは音韻學上大體…… Veda 吠陀の言語と同一である……支那で梵語と呼ぶやうになつたのは何時ごろからのことか詳かでないが、餘程古い時代からこの名稱が用ひられてゐる。」(泉芳璟著「入門サンスクリット」)。

南條博士が梵語學研究のため留學を命ぜられたが、「外國語といふものは一とつも知らない」(南條文雄著「懷舊錄」)。博士自づから「三藏目錄」の序にかう書いて居られる。“In the same month (viz. June) 〔1876〕, I left Japan for England, where I arrived in August of the same year. At that time I did not know English at all.” ロンドンに着くと、「翌日私達〔笠原、南條〕は、大倉組の出張員として長らく此地に在住してゐる橫山孫一郎君を訪問し、それから暫らくこの人に就いて……ABC から教へられた」(懷舊錄)「二人はロンドンで英語を學びながら數年間を過した後、日本公使〔上野景範〕と前ウエストミンスター寺の教長〔スタンレー〕の紹介をもつてオックスフォード……へ來た。そして梵語と佛教聖典に用ひられてゐる特殊梵語及びその色々の方言を勉強したいと言ふ二人の希望を申し述べた」(Max Müller, マックス・ミュラー全集第六卷、P. 183–P. 189)。

當時マックス・ミュラー博士はオックスフォード大學で比較宗教學や言語學を講じて居て多忙であつたので、まだ同大學の學生であつたマクドネル氏 (後オックスフォード大學梵語教授) に從つて梵語研究を始めた。オックスフォード大學には四書五經の英譯で有名なレッグ博士もゐた。その後南條、笠原の二人はマックス・ミュラーの弟子となつた。「先生が明治十七年に御歸朝になつてから始めて正式の梵語梵文學の研究が我邦に移植されましたのである」(松本文三郎、昭和二年十一月大谷大學新聞)。

マックス・ミュラーは東洋駐在の英國人宣教師エドキンスから日本で刊行された梵漢小語彙を手に入れたので、日本に梵文の古寫本のあることを知り、恰も南條笠原の留學するや日本の此等梵文寫本の探索を依頼したので、南條は當時大谷派本願寺の育英教校で梵語を教授してゐた栗原重多にその旨を傳へたところ栗原は早速大和及び河內等の古寺を尋ねて、梵文の諸經を發見したので、それを筆寫又は撮影して南條へ送つた。それは「安永二年の刊本梵文阿彌陀經、高貴寺所藏の貝葉金剛般若經、如願寺所藏の貝葉普賢行願讃、法藏寺所藏の貝葉般若心經並に佛頂尊勝陀羅尼等」(羽溪了諦) であつた。

明治十二年の十二月下旬、マックス・ミュラー博士から南條宛書信が來て、「かねて君の切望してゐる極樂莊嚴經 (無量壽經) の梵文の寫本をロンドンの亞細亞協會から借り出したから直ぐ來い」といふ書信なので、南條博士は喜んで大切に携へて宿に歸り、辭書と首つ引きで、とに角一般を窺ひ得たが、不思議にも、この梵文には眞宗の教義中最も大切な點とされてゐる第十八願成就の文中、至心廻向の一句に相當する文の無いことを發見し、數日間殆んど寢食を忘れて之を謄寫した。

マックス・ミュラー博士は明治十三年 (1880) 一月以後この無量壽經の梵文と、前年日本から屆いた梵文の經文の中、阿彌陀經と、金剛經の梵文とを南條笠原のために講讀した。此等はその後マックス・ミュラーと南條の協同出版となつて學界にあらはれた。

南條博士のロンドン滯在中、日本地震學者として最初の人であつた關谷清景が留學してゐた。數學の菊池大麓もゐた。穗積陳重（當時入江）博士も法律を學んでゐた。杉浦重剛や櫻井錠二も科學を學んでゐた。英語の方では和英辭典で有名な井上十吉も明治六年十二歲で英國に留學。南條博士が筆者に語るところによれば、井上十吉は英國の子供と一所に遊んでゐたといふ。井上十吉は明治十五年歸朝。末松謙澄は明治十二年ケムブリツヂ大學に入學。在學中源氏物語を英譯したりした。ロンドンには星亨も居たし馬場辰猪もゐた。今老を養ひつゝある增島六一郎はオツクスフォードに來て南條博士の下宿のすぐ向ひに間借りしてゐた。

南條博士の「大明三藏聖教目錄」（明治十六年）は、岩倉具視が英國の印度事務省へ黃檗版の一切經を寄贈したのが、八千卷あつて、何人もこの大藏經に手をつけることが出來ない。寄贈前に日本の外務省に置いてあつた時に、外務省の役人が勝手に拔き出したりした爲めに、書册の順序が恐ろしく亂されてゐた。それを支那語學者で佛教研究者の(Samuel Beal) がそのまゝビール書目を作つたが、その目錄は感心出來ないものであつた。そこでマツクス・ミユラー博士は南條博士を激勵して、更に精確な漢譯藏經解題の編纂に着手せしめたのである。これが、「爾來一切經研究と言へば南條目錄、南條目錄と言へば一切經研究と、結んで不可分性を有して一切經の研究には寸時も手を離すことが出來ない」（高楠順次郎博士）南條博士の「大明三藏聖經目錄」が完成したのである。それは Nanjo Catalogue として世界的に知られてゐる。駐日英國大使であつた Sir Charles Eliot の "Japanese Buddhism" を見ても Nanjo Catalogue No. 1 の如く隨處に參考されてゐる。何人といへども南條の "A Catalogue of The Chinese Translation of the Buddhist Tripitaka" を見たものは、本文の外、廿三頁にわたる Introduction の綿密な記述、Indian authors（馬鳴、龍樹等）の list, 漢譯藏經の譯者（迦葉摩騰や竺法蘭等）の略傳、支那僧（法顯、玄奘等）の list 等を揭げ全く刻苦勉勵の著述であることが分る。私はこの三藏目錄の中に用ゐられてゐる活字に見覺えがあるやうに思つたがこの三藏目錄の漢字の活字はジエームス・レツグ (James Legge) が四書五經 (nine Chinese classics) の英譯をマツクス・ミユラー編輯の東方聖書に收める時用ひたものなのである。レツグは三十三年間の滯支生活からオツクスフォード大學の支那語學の教授となり (1877)、彼の死 (1899) までその職をつゞけた。(James Legge, Missionary and Scholar. by Helen Edith Legge)。南條博士は目錄の漢字の文選を多少手傳つたさうである。かくて完成するや、博士は刊本十部と原稿料一百磅がおくられた。

上野公使の次に來たのが森有禮であつた。上野景範は森の少年時代の英語の先生であつた。博士は「森氏は一見頗る剛直な質で、舌鋒亦辛辣と云ふ風であつたが、一面學生を愛する事赤子の如くであつた」と云つてゐる。或る時森公使の質問を受け、博士は無量壽經の內容を語つたところ、公使は非常な興味で「是非一本を貸して貰ひたい」といふので、一本を貸したところ、公使は、まだ「讀了しないから、もう少し貸して貰ひたい、からいふ本はしづかに味つて讀まなければならないので、每日便所の中で讀むことにしてゐる」と云つたさうである。博士は「所謂氣虹蜺を成すとは實に公使の眞面目であつたと思ふ」（南條文雄著「懷舊錄」）と云つてゐる。三省堂のイーストレーキ、棚橋一郎共譯のウエブスター氏新刊大辭典「和譯字彙」の增補版に文學博士マストル・オブ・アーツ南條文雄博士增訂としてある。この辭典は廣く行はれ、一時これが我國に於ける英語辭典として大辭典であつた。

南條博士についでマツクス・ミユラーの弟子となつた高楠順次郎博士は、明治二十三年英國に留學、マツクス・ミユラーについて梵語及び印度文學を學んだ。明治二十七年獨逸へ赴き、ライプチヒ大學等に學び、三十年に歸朝した。高楠博士は明治二十七年英國で漢譯觀無量壽經を英譯し、明治二十九年に義淨の「南海寄歸傳」を英文で完譯した。歸朝の後長く東京帝大で梵語及び梵文學を講義すると共に大藏經の國譯を大成した。大東亞戰爭

勃發前一年間にわたり布哇大學で、日本佛教及び梵語梵文經典について講義し、同大學の學生は勿論若い米人の哲學教授も、博士の講義を多大の興味をもつて迎へた。筆者は頭本元貞先生のお伴をして博士の歸朝談を東京倶樂部で伺つた。マックス・ミユラーは、「サンスクリットは比較言語學の唯一の健全な基礎を形成してゐる故に、サンスクリットは言語學上の凡ゆる複雜したものゝ中を通じて、たゞ一つの安全な案内者となるのである。かくの如くサンスクリットは貴重な言語であるからこれに對して何等の知識のない文獻學者は恰も數學の知識のない天文學者のやうなものである」(Inaugural Addresses, 1868) といふ考で、ギリシヤ、ラテンの古典の研究に沒頭してゐた文獻學派に對して挑戰した。彼の有名な Century Dictionary の總監修であつたホイットニー (William Dwight Whitney) は明治初年森有禮が日本國語變改論について意見を求めたことのある言語學者であるが、この人もアメリカの Sanskrit scholar であつた。彼はイエール大學及びベルリン大學、チユービンゲン大學で梵語を學び、1854 年 Yale 大學の professor of Sanskrit となつてゐる。彼には Sanskrit Grammar, including both the classical language, and the older dialects of Veda and Brahmana (Leipzig, 1896) の著があり、なほ Life and Growth of Language を 1875 年に紐育で出版、その後 1899 年に Language and the Study of Language を出版。今日でも言語學書の參考文獻として揭げられる名著である。Henry Sweet も Vandryes も參考書の中に之を揭げてゐる。

「梵英辭典」の編纂者として、獨逸諸大學の教授たりしエルンスト・ロイマンの自叙傳に次の如き一節がある。

> オックスフォードに於る吾が境涯は、南條文雄のそれに似たりといふを得んか。吾等は兩人ながら各一個の星に伴へる衞星の如きものなりき。卽ち南條氏はマックス・ミユラーと名くる大星に、吾はモニエル・キリアムスと名くる小星に隨ひぬ。かくて各その衞れる星の著書の扉のうへに、われらが名は光を放てるにあらずや。(新村出著「東方言語史叢考」)

このモニエル・キリアムス (Monier Williams) には Practical Grammar of the Sanskrit Language (Oxford, 1887) の著述がある。

筆者は南條博士に屢々お目にかゝりそのお話を承はり、又佛教古典をロンドンで出版するため東京帝大の Arthur Lloyd 博士と英譯した時、親しく御添削を願つた。博士は加筆せらるるに、赤インクでなく朱筆を用ゐられ極めて一二筆を加へらるゝといふ謙遜さを示されたが、それがまことに適切な語に書きかへられた。曉烏敏は南條博士が校長となつた京都の眞宗第一中學寮で博士から英語の教授を受けたことがあり、英語教授よりも、留學當時の話を聞く方が樂しかつたと回想してゐるが、博士は所謂英語教師ではなかつたのである。博士はギリシアのプルタークの英雄傳を讀まれたが、「英語の先生としては餘り上手な先生ではなかつた」(曉烏敏) とある。英語の先生らしい先生でなかつたことが我國學界のためには非常な幸であつた。清澤滿之が先生を評して「先生は例へば洪鐘の如きか、これを叩くこと大なればその音大なり。これを叩くこと愈々大なれば、その音愈々大なり」と云つてゐる。

南條博士は梵文經典の方面からのみ見られてゐるが、博士の若い時分には、言語學的方面の執筆も中々多い。たとへば、

印度語の沿革及び發達 (東洋哲學、一の一、二、五、明治廿七年三月—七月)

基督教徒の梵語學問 (印度文學雜誌第二、明治十八年五月、六月)

サンスクリットの文法起原 (教學論集四十、明治二十年四月)

博言學上梵語の功用 (哲學雜誌四の三十九明治廿三年五月)

サンスクリットと希臘語との關係及フレデリックシユレーゲルの修學、並著書 (教學論集三五、三七、三九、明治十九年十一月—明治二十年三月)

梵語名詞の八格 (哲學會雜誌五の五三明治二十四年七月)

歐洲梵語學 (教學論集十九、明治十八年七月)

博士は老來益々健康で常に佛教の講筵に招かれ多忙であつたが、明治四十五年に露都ペトログラード(今のレニングラード)で和蘭人ケルンと博士との校訂に成る梵文法華經の刊本が完成した。これは明治四十一年第一巻が出で五年を費して完成を見た。博士とケルンとは學問的に古くからの關係で、南條博士の嘗て校訂した法華經出版のことを明治卅八年ロンドン留學中の高楠博士からケルンに計つたところ、ネポールでその後發見された同經の紙片を參照して南條博士と共同事業として刊行したいといふ希望が達せられたのである。

マックス・ミユラー (Friedrich Max Müller) は父は獨逸の詩人であつた。マックス・ミユラーは Dessau で生れ、英國に來て、East India Company に雇はれ、Rigveda の編輯に從つた。1854 年に Oxford 大學の professor of modern languages となり、1866 年に professor of comparative philology となつた。1823 年の生れで、死んだのは日露戰爭前 1900 であつた。彼の言語科學についての講義は 1861 年から 1864 までつゞき學界を裨益するところ大であつた。この講義は Lectures on the Science of Language, delivered at the Royal Institution of Great Britain in April, May & June, 1861 として 1861 年に初版が出た。この著述は初め用意した原稿の中、講義では省いた部分をも含めたものである。併し事實は "several courses delivered from time to time in Oxford" の "a short abstract" (Preface to the First Edition)であるわけだ。この第一版の序文にかういふことを書いてゐる。

> My object, however, will have been attained, if I should succeed in attracting the attention, not only of the scholar, but of the philosopher, the historian, and the theologian, to a science which concerns them all; and which, though it professes to treat of words only, teaches us that there is more in words than is dreamt of in our philosophy. I quote from Bacon: 'Men believe that their reason is lord over their words, but it happens, too, that words exercise a reciprocal and reactionaray power over our intellect.' 'Words, as a Tartar's bow, shoot back upon the understanding of the wisest, and mightily entangle and pervert the judgment.'

この序文で見ても分るやうに、言語科學の研究は哲學者、史學者、神學者にも關係のあるもので、言語科學といふものは、言葉の中には、我々の哲學に於て夢想されてゐるよりも以上のものがあることを我々に教へてくれるといふのである。

マックス・ミユラーは二十八歳で夫に死別して二人の子供をかかへて途方に暮れた母親の手に育ち、ユダヤ人が澤山住んだ Dessau に生れ、ユダヤ人の先生からフランス語や少しの英語を學んだ。此の先生はマックス・ミユラーの父も祖父も教へた人であつた。この先生には非常に強いユダヤ人風の發音の癖があつて、その教はつた生徒は皆なそれを受けついだ (He certainly spoke French and English fluently, but with the strongest Jewish accent, and this was inherited by all his pupils at Dassau.——"My Autobiography")。マックス・ミユラーはユダヤ人に對しては幼少より同情をもつて居た。後印度を研究するに及んで彼の興味は佛教へと傾いて行つた。

南條笠原がロンドンに赴いたのは明治九年(1876)であつたから、マックス・ミユラーの名聲嘖々たる時であつた。マックス・ミユラーは初め modern languages の教授であつたが、彼の The Science of Language が 1861 年に初版が出で、1866 年に第五版が出た年に比較言語學の教授となつた。余の前に今あるマックス・ミユラーの著書 Lectures on the Science of Language は Tatui Baba, 13th July 1874 の署名のあるもので、馬場辰猪留學中、馬場が明治六年 (1873)、ロンドンで Japanese Grammar を著述出版したが、マックス・ミユラーの此の名著をも其の後讀んでゐることは馬場の學問に對する平生の興味を知ることが出來る。

マックス・ミユラーは獨逸人であつたが英國の大學の教授となつた。南條の後にマックス・ミユラーに就いた高楠は獨逸へ移りライ

ブチヒ大學その他に學び、明治三十年歸朝、次いで荻原雲來、渡邊海旭は明治三十二年、明治三十三年それぞれ共に淨土宗の留學生として獨逸に留學、ストラスブルグ大學に入りロイマンの下に學ぶ。荻原は明治三十八年、渡邊は明治四十三年に歸朝した。荻原はケムブリッヂ大學圖書館に梵文「瑜伽論菩薩地」を發見し、漢譯と對校して出版。渡邊は先きに南條と共に英國に學び早く世を去つた笠原研壽が著手してそのまゝに殘された梵本「普賢行願讃」を研究刊行した。荻原渡邊兩師も近年亡くなられた。そして荻原渡邊の師事したロイマンは英國に留學した人だ。悠久な梵語の世界には Anglo-German の文化がある。南條の殘した唯一人の梵語學の弟子大谷大學教授泉芳環は英國に留學する前に印度に留學した。この傾向は梵語學の關する限り一つの正しい方向といはねばならぬ。併し印度の寶を英國が所有してゐる間は、梵語梵文學の研究が英國を無視することは出來ない。

文化工作と言語

倉光俊夫氏は「文學報國」紙上に「戰ふ兵隊こそ文化の戰士」と題する興味ある現地報告を發表し、その中の一節に

『知識層に屬するインドネシヤたちであつたが日本のある中尉の名前を擧げて『その中尉はいまどうしてゐるか』と何べんも聞かれて返事に困つたことがあつた、どんなにこの一人の中尉が慕はれてゐるかと云ふことがそれで僕にもよく分つたのだが、これもY君の説明によると、この中尉は陸軍の人で、マライ語の演説をよくしそれを聞くインドネシヤ人たちはみな涙を流して感動したものださうである、どういふ內容の演説かは知ることは出來なかつたが、日本人がマライ語で演説をし、インドネシヤたちを泣かせることの出來たのはあとにも先にもこの中尉の人だけだとY君はつけ加へた』と記してゐる。

大東亞戰爭勃發以來南方に於ける現地の文化工作は我々の見逃してはならない重大問題となつて現はれた。米英の浮薄な物質文明によつて今迄東洋人的自覺を痲痺させられて來た彼等現地人に東洋文化、日本文化の眞精神を傳へることが如何に困難な仕事であるかは新聞や雜誌に表れる現地報告を讀んでもその一斑が知れる。彼等に眞に日本を理解せしめる上に於て最も手取早く而も effective な方法は彼等の mother tongue に依ることである。この意味に於て、マライ語を自由に驅使し得たかの「中尉」は思ふ存分の働きが出來たことであらう。尤も理想としては日本語をもつて話し且充分理解出來るに至るのが一番よいのであるが、これは或程度の長い時日と彼我の倦まざる努力とに俟つて始めて到達し得る境地であり、一朝一夕には成り難い。

この點から考へると現地に居つて現地の人々に對する日本語教育に携つて文字通り寢食を忘れて努力してゐられる人々の働きは東洋文化の融合の上に於て偉大なる礎石である。勿論現地人の日本語に對する燃えるやうな學習慾と日本語教師の血の出るやうな精進によつて日本語教育は大體順調でその効果は目に見えて顯れて來たことは現地を視て來た人々が口を揃へていつてゐる所である。然し何しろ日本語の知識としては殆ど白紙に近い彼等に曲りなりにでも日本語の片言でも話せるやうに教育する迄の苦心は察するに餘りある。極あたりまへな事がどうしても彼等に納得が行かなかつたり、內地では別に掘り下げて考へても見なかつた樣なことを質問されて困ることもある。やはり或程度の説明はしてやらないと、たゞ「から言ふのが正しい」といふだけではどうしても腑に落ちないらしい。

田中克己氏は南方にて現地人に「オハヤウゴザイマス」は「オハヤウ」の丁寧な言ひ方だと説明したら早速「それではコンバンワゴザイマスといつた方がよいのでせうね」と聞かれて困つたといふ挿話を「日本語」誌上に發表されてゐる。

然しこれらの多少の問題があるにも拘らず、彼我の共同の努力によつて大東亞の各地に於て新しい文化建設が力強く日に月に進捗してゐることは誰の報告を讀んでも直ちに感ずることである。〔E.I.〕

The Current of the World

VOL. XXII
No. 1

JAN. 1,
1945

CONTENTS

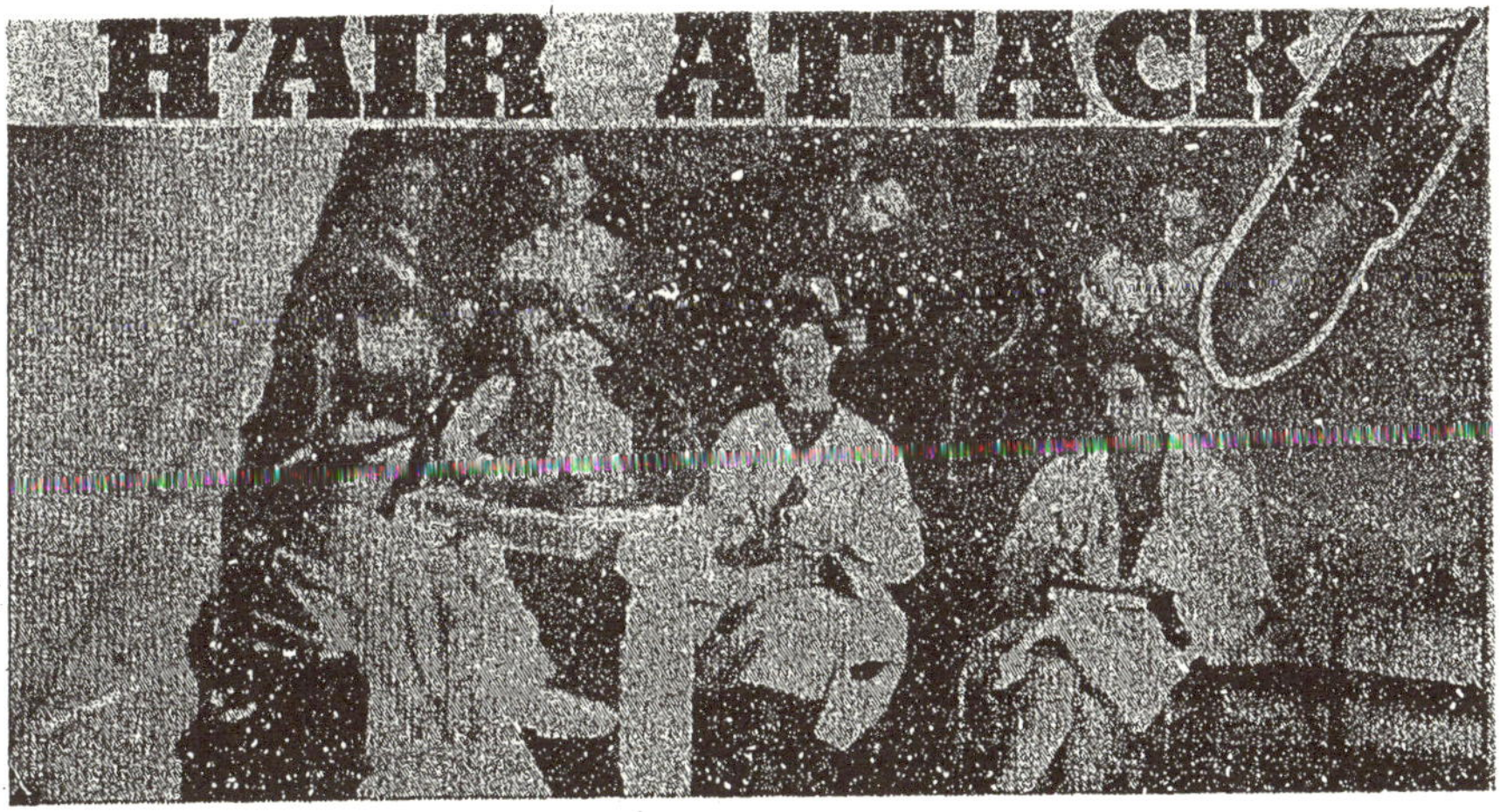

獨空軍の猛烈な空襲に堪えかねて倫敦の地下に設けた美容院。祖國の運命はどうならうと髪さへ綺麗にすればよいと思つてゐる彼女等の顔に表れた一種の白痴的な表情は敗戰國の末路を語るかのよう。H'air Attack とは air を cockney 風に發音して hair-dressing の hair にかけたもの。

基督教と英學(遺稿)

[明治英學史　XXI]

花　園　兼　定

日米條約が成立し、ついで英蘭佛露の諸國と條約が締結され、神奈川、函館、長崎、新潟の四港を開くや、新教各派の基督教宣教師は相ついで我國に渡來した。そのうち、明治初期の日本に英語文化を流し込んだキリスト教宣教師としては、例の「ヘボンさんでも草津の湯でも」といふ歌が流行した位ゐ有名なヘボン (James Curtis Hepburn) がある。安政六年十月に來朝し、翌十一月にはブラウン (S. R. Brown) が來朝して、二人は共に神奈川の成佛寺に住んだ。大隈侯などが就いて英語を學んだフルベッキが米國の和蘭改革派教會から日本に來ることになつたについては紐育でブラウンに會つてからで、來朝はブラウンと同船で安政六年の十一月である。安政六年十一月一日ブラウンが神奈川に着くと、彼を迎へたが、それより十六年前にシンガポールで知り合つたヘボン夫妻であつた。フルベッキの推擧で熊本藩主細川侯の洋學校に米國陸軍大尉ジェーンズ (Capt. L. L. Janes) が來た。この人たちの步いた道は今日のアメリカの道とは全然異つてゐた。ジェーンズが洋學校の生徒のうちにキリスト教的情熱を注ぎ込み、三十五名の學生が寒風吹きすさぶ熊本城外の花岡山に上り、半腹の老松の影に集つて、キリスト教の信仰の誓を立てた。これが所謂熊本バンドで、この中には宮川經輝、金森通倫、横井時雄、家永豐吉、海老名彈正、原田助、小崎弘道、藏原維郭、浮田和民、市原盛宏、德富猪一郎がゐた。この中多くのものは新島襄が基督教主義の同志社を京都に創立するや前後して之に入學し、出でゝ傳道界に身を投じた。

大體熊本は維新に際し立ちおくれをし、中央の勢力は薩長土肥に占められた。極めて保守的で電信線の下を通る時は扇子をかざしていそいだほどであるにも拘らず、「負け嫌ひな熊本人は憤慨して、有志は泰西の文物輸入と時代に應ずる人材の養成を藩主細川公に建議した。かくて明治四年八月、熊本洋學校が創立され、九年十月まで續いた。他方には病院と醫學校が建てられた。何れも藩立の學校である。その熊本洋學校に花岡山事件が起つた」(海老名彈正、朝日新聞社「その頃を語る」)

當時熊本には——それは熊本ばかりではなかつたが——二つの思想が對立してゐた。一つは尊王攘夷論で、一つは尊王開國論であつた。尊王開國論の中心人物の一人は横井小楠で、「その系統から基督教の一派が出た。花岡山事件はこの一味であつた。」(海老名彈正。) 熊本洋學校の同志は當時の熊本の風紀の亂れたのを慨し、かつ尊王開國の熱烈な信仰を抱いてゐた。横井小楠が二甥を米國に留學させる送別の辭は「明堯舜孔子之道、盡西洋機械之術、何止富國、何止强兵、布大義于四海而已」であつたが、これが洋學校の同志の標語であつた。小楠は肥後藩士奉行職横井太平の二子であるが、越前福井藩主松平慶永の招きに應じ福井藩の賓客となつた。小楠は幕末時勢の救濟は一つに公議政體確立にありと主張した。

ヂエーンズは南北戰爭に從軍した砲兵大尉で、在職五年間、たつた一日、夫人のお産にヂエーンズが產婆をするので休課した外は無缺勤で「學科は朝八時から午後四時まで、讀本、數學、地理、歷史、物理、化學、地質、天文で、みなヂエーンズ氏が教へた……自宅では聖書の講義や讃美歌を教へて神の道を說いた。眞劍なクリスチヤンで、その感化は非常なものだつた」(海老名彈正)。「ヂエーンズは始めの間は生徒に對して一言も基督教の事を語らなかつた。三年を經て生徒が稍英語を解し得る頃、一日理科の時間殊に天文學を教授する際、宇宙の洪大無邊なる事や秩序整然たる事を說き示して、此天地は偶然に斯く成立した物であらうか、何者か之を主宰する者があるのではあらうかと云ふ如き質問を起し、天地の神秘を以て有神の信仰の自然なる事を語り、又或時は歷史や英文學を教ふるに當り、歐米文明の基礎は基督教の信念にある

事を述べて聖書を理解するの必要」（小崎弘道：自叙傳）を説いた。

このヂエーンズも新島襄もピユーリタン的精神をもち、獨立の思想と新進の氣鋭く、勤勉勤直の人であつた。新島は上州安中の藩士で、「江戸に生れ〔天保十四年、1843〕、江戸に學び、江戸に成長した。實を云へば先生は上州兒と云はんよりも、寧ろ江戸兒に庶い」（德富蘇峰：「日本精神と新島精神」）。

新島は十四歳の時藩主から選ばれた三人の青年の中の一人となり、藩主は蘭學に熟達した某學者を招聘して就いて蘭語を學ばしめた。當時は志士四方に起り風雲慘憺、蘭語の研究が漸く新島の心を落ち着かした。偶々和譯「ロビンソン漂流記」を讀み海外の志湧き、ついで支那譯聖書を讀んで「天父」の語を知つて、キリスト教を學ぶために渡米せんとし、まづ函館に渡り、米船ベルリン號で日本を脱出したのが、新島二十一歳、元治元年（1864）の六月であつた。印度洋を過ぎ、喜望峰を廻り、大西洋を横ぎつて、米國ボストンに着いた。かくして苦學の後明治三年（1870）アマスト大學を卒業、更にアンドバー神學校に入學した。恰も明治五年（1872）二月岩倉大使一行が米國首府ワシントンに到着した。新島は森有禮公使から一行のため案内役を仰せつかり、遂に一行と共に歐洲に赴き、更にアンドバーに明治六年（1873）戻つて、同年アンドバー神學校を卒業、明治七年十一月横濱に上陸した。日本を去つて以來、まさに十年であつた。新島襄はかねての念願であつた基督教主義の學校設立を京都府廳に乞ふたが、中々許可にならず、やつと明治八年十一月に許可せられ、同志社英學校は開校となつた。生徒の數わづかに八名、この中後の中島力造博士や元良勇次郎博士がゐた。明治九年に熊本バンドの青年が來り投じた。彼等は荒縄を帶として一巻の聖書を携へた。まさにピユーリタニズムの使徒であつた。蘆花德富健次郎の作「黒い目と茶色の目」の「敬二〔健次郎〕は滿二年の京都生活〔同志社在學中〕に關する多くの記憶を新鮮に有つて居た。其中心には幼い敬二が狹い眼界で仰ぎ見る最高峰の中の最高峰と何時しか見馴れた協志社々長飯島先生〔同志社々長新島襄先生〕の雄々しい濃眉の下に、金輪際動かぬ泰山の力と共に底ひなき大悲の淵を湛へた一双の黒い目があつた」とある黒い目は新島襄である。新島は明治十七年四月神戸を出帆しイタリーに着し、更に米國に渡り、教育視察の後、明治十八年十二月京都に歸つた。そして留守中同志社の建物が出來上つた。蘆花が再度同志社に學んだのは明治十九年である。明治廿一年新島は時々昏倒するやうな健康と鬪ひながら、井上伯、大隈伯の同情ある激勵を受けつゝ、同志社大學設立に奔走し、明治二十二年十月旅中病んで大磯に靜養、遂に明治二十三年一月廿三日逝去した。蘇峰德富猪一郎は國民新聞發刊披露の宴に赴かんとするところ急電に接し、そのまゝ大磯に向ひ、「殆んどフロツクコートの着詰めにて徹夜の看護をしたが先生は遂に逝かれたのである。」（德富蘇峰）

サミユエル・ロリンス・ブラウン（Samuel Rollins Brown）と、ギドウ・エフ・ヴアーベツク（Guido Fridolin Verbeck, 日本では自づからフルベツキと云つた）と米人醫師ジエームス・カーチス・ヘボン（James Curtis Hepburn）の三人は、初期宣教師として、いろいろ業蹟のあつた人たちだ。ブラウンは1810年米國ニユー・イングランドの田舎に生れ、1838年東洋に向ひ、1839年マカオに着いて支那人に傳道し一度歸米して、1859（安政六年）米國の Dutch Reformed Church から日本に來朝、横濱に住んだ。同じ教會に屬し、ブラウンと一緒に來て、大隈侯などの先生となつたフルベツキ、それから米國 Presbyterian に屬したヘボンの三人は、安政六年にはブラウンは五十歳、ヘボンは四十五歳、フルベツキは三十歳であつた。ブラウンは日本に來る宣教師は世界で最善の傳道者でなければならぬと云つて、彼の求めに從つて1861年に來朝したのが、ジエームス・バラー（James Ballagh）であつた。バラーはブラウンと同じく Dutch Reformed Church に屬した。

明治維新となり、ブラウンは一度歸國したが、明治二年再び來朝、新潟に赴き、三年横濱にもどつた。縣立の修文館で六年間英語を教へた。ブラウンの弟子の中には後の北海道

大學總長佐藤昌介男、外交官となつた都築馨六、早稲田大學創立者の一人小野梓、早稲田の理工科を今日あらしめた淺野應輔がゐた。修文館で六年の期が滿ちた時、元桑名藩主松平定敎の乞ひに應じて横濱山手にブラウン私塾を開き同時に聖書の飜譯事業に從事した。ブラウンの日本文法は良書として認められた。(John R. Black: Young Japan)。ブラウン塾で敎を受けたものの中には、押川方義(冒險小說家押川春浪、早稲田の野球部の創立者の一人で最近歿した押川淸の父)、植村正久、山本秀煌、島田三郎、本多庸一、井深梶之助等がゐた。ヘボンは岸田吟香とすぐれた和英辭典「和英語林集成」を慶應三年に出版し、聖書和譯に非常な努力をし、明治二十五年、三十三年の滯日生活を終つて歸米した。ヘボンは宣敎師であり、醫師であり、非常な評判であつた、ヘボン夫人は家塾を開いて英語を敎授した。その時の弟子の中には、高橋是淸、林董、服部綾雄等がゐた。明治三年に婦人宣敎師のキッダーが來て、ヘボン家塾の生徒のうち女生徒はキッダーの洋學塾にうつり、これが後のフェーリス女學校となつた。男生徒の方は明治九年にジョン・バラーの敎ふるところとなり、ヘボン塾はバラー學校とも呼ばれた。明治十三年築地に移り、英和學校と稱せられ、明治學院の濫觴となつた。ヘボンは明治二十二年に明治學院總理となつたが老齡の爲め明治二十四年辭任した。明治四十四年九月二十一日明治學院のヘボン館が燒失したが、不思議にも同じ日にヘボンはニュージヤーシーのイースト・オレンヂの寓居で歿した。年九十七歳であつた。ヘボンに學んだ人には沼間守一、醫博三宅秀、三井の益田孝等がゐた。

ヘボンは 1831 年にプリンストン大學に入學したが、その頃盛んになりかけた化學の研究のため古典の時間を減じよといふ主張をしたが、總長から古典の知識なくして學問の根本に達することは出來ない、化學を始め學名はラテン語ではないかと云はれて、ヘボンはそれから一生懸命になつてホーマーの研究等に骨を折つたが、彼の作つた和英辭典「語林集成」の編纂には古典研究から得るところが多かつたとヘボンは云つてゐた。「語林集成」は今日の和英辭典が大體日本學生の英作文指導を目的にしたものとは異り全く純粹の和英辭典で、その點では支那語研究のための R. Morrison の A Dictionary of the Chinese Language (1822) や W. H. Medhurst の English and Chinese Dictionary (1847) や W. Lobscheid の英華字典 (1866) の系統に屬する。

ヘボンの「信仰は全然カルビン的であつて其の罪惡觀は非常に深刻である」(「新日本の開拓者、ゼー・ジー・ヘボン博士」、山本秀煌著)。ブラウンの「母フイベはピュウリタンの血統及び信仰を傳へた非凡の婦人にして、『わづらはしき世を、しばしのがれ、たそがれしづかに、ひとりいのらん』(現行讃美歌第二九七番)は、彼女の作を譯したものである。」(比屋根安定著、「現代日本文明史十六篇宗敎史」)。

フルベッキは和蘭人で、米國の Dutch Reformed Church から派遣されて安政六年長崎に來た。彼は後に開成學校に聘せられ(明治二年)、ついで敎頭となり、大學敎育に盡した。この Reformed Churches といはるゝものには和蘭、フランス、スウヰス、ポーランド、アメリカ、スコツトランド等のいづれの系統も皆なフランスのヂョン・カルヴィン (John Calvin, 1509-1564) の唱へたカルヴィン主義に屬した。英國の Puritans はローマ法王に反抗し腐敗した宗敎界に革新を唱へた一派で the soul (靈魂) と its saviour (救ひ主) との間に human agency をを入るゝ敎義に反對であつた。Puritans はカルヴィンの影響を受けてゐた。そして米國建國の Pilgrim Father はカルヴィン主義の信仰で、米國に a Puritan state を建てやうとして、Mayflower に乘り宗敎上の迫害を避けて來た人たちであつた。そして 1620 年にマサチユーセッツのプリマス (Plymouth) に上陸した。英國に於ける宗敎上の迫害は Queen Mary が舊敎信者であつたため殊に甚しかつた。プリマス上陸の 1620 年は、我國の歴史では家康の時の三浦安針 (William Adams) が死んだ年である。アメリカに於ける英語の歴史を Pilgrim Fathers のプリマス上陸に初まるとするならば、我國に於ける

英語接觸の歷史も同時代であつたことは興味あることであり、それが英勢力の東洋侵入史でもあるわけである。日本が西洋文明を取り入れるにあたり、西洋文明とは基督敎文明であるとなし、德川時代末までのキリシタン禁制は取り除かれ、信敎の自由の基礎に立つて、基督敎の宣布は自由となつた。基督敎の中でも「カトリツク敎會は禮奠を重んじ傳道は目立たないが、プロテスタント敎會は說敎を重んじ、且つ新來した日が淺いので自ら米國風に宣傳的ならざるを得なかつた」（比屋根安定著：「現代日本文明史叢書、宗敎史」）。カトリツク以外のキリスト敎諸派はプロテスタント (Protestant) である。米人フルベツキ、ブラウン、ヘボン、バラー等の活動は目ざましかつた。明治十六年に所謂 Revival (信仰復興)が起り、大阪、神戶、中國、四國、東京、上州、仙臺地方が殊に盛んであつた。そして明治初期を通じて日本の基督敎は、神學的主張に缺くるところがあり、只管開拓者精神を以て實踐躬行するといふ風で、聖書は神の默止に基いてゐるから一點一劃も誤りがないといひその點聖書を以て唯一の標準とする Calvinism の流れであり、Calvinism の流れを汲む Puritanism の傳統に糸を引いてゐる。ニューイングランドの四州は英國から來た淸敎徒に依つて作られた。カルヴインの根本思想は「神の意志を此の世に行ふこと即ち奉仕 (service) に依つて救ひの神に對する義務を果さなくてはならない。家業をはげみ、社會を淸め、國家を向上せしめなくてはならない」（日高只一：「アメリカ文學槪論」）といふのである。かくして Puritanism は永くアメリカ文化の底を流れてゐる。この Puritanism が我國の明治初期の基調を爲し、米人宣敎師は恰も自分の國土を踏むが如くに、傳道に、敎育に、開拓に從事した。

明治初年の基督敎徒は禁酒禁煙の人が多く、其の行を殊更倫理的にしたところがあつた。そして基督敎に入つた人々の中には、幕府方の人が相當多かつた。新島襄は上州安中の藩士の子として「江戶に生れ、江戶に學び、江戶に成長した」（德富蘇峰：「日本精神と新島精神」）明治五年バラから受洗した本田庸一は津輕藩の出身で、津輕部隊の一人として薩兵と戰つてゐる。（岡田哲藏：「本多庸一傳」）。同じくバラから明治六年受洗した植村正久の「父は德川幕府に於ては身分の高い武士（旗本）であつたが、王政復古と共に幕府が滅亡したので赤貧無一物となつた。家運挽回の大望心に燃えつゝ、私は十五歲の時、橫濱にあつたジエイムズ・バラー（後の博士）私塾に入つた。……一八七八〔明治十一〕年私は S. K. ブラウン博士創立の英學校に入學した。月謝十圓、今〔1923〕の五十圓に當る。」（齋藤勇編「植村正久文集」、岩波文庫。自敍傳。原文英文）島田三郞は靜岡縣士族鈴木智英の三男で、夙に昌平黌に入り漢學を修め、又靜岡藩沼津兵學校及大學南校、大藏省附屬英學校等で英學を學び、更に後橫濱每日新聞に入社してからも「午前は押川方義君等と共に宣敎師のブラオン師に就て語學を修め、午後からは社へ出て外字新聞の飜譯に從事した」（島田三郞追憶談——每日新聞：「廿一大先覺記者傳」）。札幌農學校のクラークの感化を受け明治七年ハリスから受洗した新渡戶稻造博士は南部藩の出身、「明治維新の際藩主が其の方向を過まつて朝敵となり、官軍に對して悲慘な敗北をとげた……稻造は兄と一つ駕籠に乘つた……明治四年盛岡市から東京へ……駕籠に乘つて十一日かゝつた」（石井滿：「新渡戶稻造傳」）。江原素六は靜岡藩。中村敬宇は死んだ時は神道の葬式であつたが、明治七年メソヂスト敎會宣敎師カツクランから洗禮を受けた。敬宇は江戶に生れ、慶應二年幕府が少年十二人を選んで英國に留學せしめ、中村敬宇を監督たらしめた。英國留學中基督敎に歸依す。「農業三事」の著述で我國農學史の第一頁に上る人物であり、津田梅子の父であり、「津田仙、柳澤信大、大井鎌吉同譯英華和譯字典」（明治十二年）の譯者の一人である津田仙は明治八年美以敎會敎師ソオパルから洗禮を受け、傳道と共に禁酒禁煙運動に活動した。津田仙は佐倉藩士小島氏に出で、後、田安家臣津田氏を嗣いだ人である。

☆　☆　☆

編輯餘錄

△再び決戰下の新年を迎へ讀者各位と共に皇軍の武威の彌榮に大東亞の天地に瀰漫するを見て慶賀に堪へぬ、この決戰下語學雜誌カレントの使命はいづこに見出し得べきか總力戰の今日に於ては吾等の語學研究の態度は時局と共に變り革めねばならぬ事申す迄もない。況して吾等の學習しつゝある語學は、敵國のそれである。短見者流に非ずと雖もその與へられる戰時下に於て敵國の言語を學習し研究するの要いづれに在りやと一度は言はざるを得ない。しかし乍ら事は皮肉にも、吾等の建設しつゝある大東亞共榮圏内の教養ある階級との意思の交換に於て吾等が過去に於て學び來つた敵國語の媒介を便とする場合が多い。

△吾等の語學研究態度を時局便乘的なりと嗤はば嗤へ、吾人は甘んじて便乘の非難を浴びてもこの戰局の推移に——吾等の語學力を以て協力し貢獻し得たならばしたいと思ふの外、念がない。カレント誌は爰に時局に對し顧み、吾等の語學力を驅使して大東亞共榮圏内の教養階級に呼びかけ、又更らに進んで敵國米英をして吾等の膝下に跪かしむる迄に協力し奉仕したいと希ふのである。この意味を以てカレント誌編輯の方針に一大改革を加へ讀者各位に見參する次第である。大東亞共榮圏の民族のリーダとして、吾等今日當分の間便宜上驅使し得る語學力を殘る所なく發揮したい。さうした線に沿ふてカレントの編輯方針を立てた次第である。

△と申せばとて吾等はカレントの改革初號の編輯方針に滿足し誇らげに之を讀者に披露すると言ふわけでは毛頭無いのである。編輯改革後日猶甚だ淺いのもこの一因である。編輯改革斷行後人的又物的に種々の故障に出遭ふのも更らにその一因である。或は又反面からこれを見れば吾人の勉强努力の足らなかつた事その重大な原因であらう。トニカク新編輯方針の下に出た最初の第一號は頗る吾等の意に滿たぬものである。從つて吾人は今後共絕えざる努力の下にヨリよき、ヨリ意義ある雜誌として發行したい念願である事を申上げ改革初號の不始末をお詫びして置く次第である。

△記者にとりて雜誌編輯は一つの pleasure である。先輩によりて教へられた愉悅感に浸りつゝカレント誌の編輯に從事すること、昔も今も渝りはなかつたのである。瓶敷に山家集ある冬籠りと違ひ記者は疎開先で甚だ prosaic な堪寒生活をして居る。ポツカリと陽の射し込む南窓の下に一日の半分でもカレント編輯の愉快に浸る事を得るのは一に讀者各位の厚意によるものと新年と共に諸君の御多福を祈る次第である。

『ザ・カレント・オヴ・ザ・ワールド』
昭和十九年十二月二十五日 印刷納本
昭和二十年一月一日 發行

發行日 毎月一回一日發行

定價 一部（税共）七十三錢 送料貳錢
半ケ年 四圓五十錢（税送料共）
一ケ年 九圓（税送料共）
☞一部註文、半年、一年の何れの場合も外に振替手數料拾錢加算されたし。

註文 御註文は書店と豫約するか、直接本社へ申込の事。本社への御註文は一切前金拂の事。

編輯者 世界時潮研究會 代表者 今井信之
發行者 今井精一 東京都本郷區西片町十番地
印刷者 安達信雄（東京1）
印刷所 大日本印刷株式會社 東京都牛込區市谷加賀町一ノ十二
配給元 日本出版配給株式會社 東京都神田區淡路町二ノ九

發行所 東京都本郷區西片町十番地 日本出版會々員番號一〇四・〇〇六
英語通信社
電話小石川(85)〇〇二三番
振替東京六六六六八番

ザ・カレント・オヴ・ザ・ワールド

(昭和二十年一月一日發行 第二十二卷第一號 每月一回一日發行) 賣價(税込)七十三錢 郵税二錢 (昭和四年十月一日第三種郵便物認可)

THE CURRENT OF THE WORLD

EDITED BY
NOBUYUKI IMAI

VOL. XXII, NO. 1
JANUARY 1, 1945

THE EIGO TSUSHINSHA

本巻の解題においては、研究史的な流れがわかるよう刊行年代順に述べたい。なお、英学史とは、英語を媒介として欧米の先進文化・科学技術等を摂取した幕末から明治中期頃までを主な対象としている。これに対して英語教育史とは、学校の教科としての英語教育が普及し始めた明治中期以降を主な対象としている。本巻の論考には英学史的な記述も含まれている。

櫻井鷗村「日本に於ける英語史」一九〇七（明治四〇）年

櫻井鷗村（さくらい・おうそん　一八七二〜一九二九）の「日本に於ける英語史」は、雑誌『英文新誌（The Student）』第四巻第七・八合併号、一九〇七（明治四〇）年一月一日、英文新誌社発行に掲載された。

全五ページの小品ながら、『日本英学小史』（一九三六）を著した勝俣銓吉郎（一八七二〜一九五九）は、「この種の記録（英学史研究）としては最初のものであったと思ふ」（勝俣一九三六、ⅲページ）と、鷗村の先駆性を高く評価し、「僕が英語史に興味を持ったのは櫻井氏からインスピレーションを得た」と告白している。

このように、鷗村の「日本に於ける英語史」は、日本英学史・英語教育史研究の記念すべき第一号と位置づけられる論考である。

「日本に於ける英語史」の概要

「日本に於ける英語史」は、「弘化（一八四四〜四七年）の頃から、明治の二十一、二年頃に及ぶまでの英語の歴史の概略」を述べたものである。もちろん、ここで言う「英語史」とは言語としての英語の進化・発展史ではなく、英語の日本への移入・普及史、つまり英学史・英語教育史である。

この論文には著者名が明記されていないが、勝俣（一九三六、iiiページ）が「この記事は『英文新誌』の記者櫻井鷗村氏の筆に成ったものと察する」と述べているように、鷗村に間違いないであろう。すでに鷗村は『英文新誌(The Student)』の第二巻第七～一一号（一九〇四年）にオランダ語移入史である「欧州文化の曙光」を五回連載しており、「日本に於ける英語史」はこの続編であると考えられる。

さらに遡ると、『英文新誌』第一巻第二・三・四号（一九〇三年）には、津田仙（一八三七～一九〇八）が一九〇三（明治三六）年五月二五日に自由英学会発会式で行った講演の要旨「洋学の伝来」が三回連載され、その三回目では簡略ながら英学の歴史に触れている。その最後には（鷗村）と署名のある短い解説が付けられており、この記事をまとめたのも櫻井鷗村であることがわかる。

「日本に於ける英語史」の前半では、文化史・教育史の視点から、幕末以降の英語の研究と教育の歴史を、本木栄之助、中濱萬次郎、福沢諭吉、ヘボン、神田乃武《ないぶ》、中村敬宇（正直）、新島襄らの業績を交えて簡潔に記述している。

後半は英文学移入史的な記述で、まず外山正一《とやままさかず》らの『新体詩抄』（一八八二）の中から一部を抜粋し、英文との対訳で示している。続いて、明治中期までの自由民権運動と欧化主義時代における政治小説を中心とする翻訳小説を列挙し、近代日本文化への「英文学の感化」を論じている。

最後に「日本に於ける英語史は実に興味のある問題であって、好学の士が、之を研究して、一大著述を示されんことを希望するものである」と締めくくっている。いかにも日本英学史・英語教育史の開拓者である鷗村にふさわしい後進への課題提起である。前述のように、勝俣銓吉郎はこの論考に触発されて日本英学史研究に踏み込んだのである。

櫻井鷗村について

櫻井鷗村（一八七二〜一九二九）は愛媛県に生まれ、本名は彦一郎。明治学院を卒業し、一八九九（明治三二）年には女子教育を視察するため渡米。翌年に津田梅子に協力して女子英学塾（津田塾大学の前身）の創設に尽力し、幹事および教員となった。

女子英学塾創立の翌年（一九〇一年）には鷗村を主幹として英学新報社を立ち上げ、『英学新報（The English Student）』を三六号まで刊行した。一九〇三（明治三六）年六月には『英文新誌（The Student）』と改題し、新渡戸稲造が顧問兼編集者として加わった。同誌は一九〇八（明治四一）年三月の第五巻第一二号（通巻一一二号）まで続いた。

鷗村は英文学にも造詣が深く、なかでも英詩を愛した。一九一四（大正三）年には、英米詩鑑賞の手引きとして『英詩評釈』（丁未出版）を刊行した。英米を中心に四九人の名詩一〇〇篇を厳選し、懇切丁寧な註釈と解説を加えた秀逸な作品である。鷗村は序文で、「考へるための英語を知る傾向へ、学生を導くには、英詩に対する趣味を養ふことが、大切なる一条件である」と自らの信念を述べている。こうした鷗村の問題意識から、「日本に於ける英語史」の後半は、英文学、特に英詩の移入史となっているのである。

鷗村はまた、新渡戸稲造の *Bushido: The Soul of Japan*（一九〇〇）を翻訳し、『武士道』と題して一九〇八（明治四一）年に出版するなど多数の翻訳を手がけ、自身も児童文学などの作品を執筆した。

鷗村と英学との関係については、手塚竜麿が「桜井鷗村と英学」（『英学史研究』第一一号、一九七八）を発表している。ただし、残念ながら「日本に於ける英語史」に関する記述はない。

今回の復刻によって、日本英学史・英語教育史研究における鷗村の先駆的な業績が再認識され、研究されることを期待したい。

竹村覚「日本英学史」一九三五（昭和一〇）年

竹村覚（たけむら・さとる　一九〇三～一九七〇）の「日本英学史」は、英語英文学刊行会編・発行の「英語英文学講座」（全一六巻九五冊、一九三三～三四年）の第一五巻（全七冊）の一冊として、野上豊一郎「英訳された謡曲」（二〇ページ）と一体で一九三五（昭和一〇）年七月二五日に刊行された。

菊判四四ページの小品ながら、日本英学史研究における初の通史として、一九三〇年代における英学史・英語教育史研究の本格的確立期にあって異彩を放っている。

「日本英学史」の内容

「日本英学史」は、一六〇〇年に始まる英国人との接触から明治初期までの約四〇〇年間の英学の歴史を四期に分け、以下の五つの章で概説している。

（一）日英交渉の発端

慶長五年（一六〇〇）年に日本に漂着した英国人William Adams（三浦按針）の足跡に焦点を当てている。

（二）英学暗黒時代

いわゆる「鎖国」政策下で日英交流が途絶し、他方でオランダとの交易を基盤とする蘭学の時代へと移行した流れを描いている。

（三）英学創始期

英国船フェートン号事件（一八〇八）を契機とする英語学習・研究の開始から、ペリー艦隊の来訪による開国前後までの英学の草創期を扱っている。

（四）英学隆興期

開国を契機とした幕府の英学奨励や、米国宣教師の貢献などによる英学隆興を活写しており、全体の半分近い二〇ページを割いての充実した記述となっている。

（五）英学私塾全盛期

明治初期における英語学習の隆盛の様子を、福沢諭吉の慶應義塾などの私塾に焦点をあてて活写している。

この「日本英学史」が出た一九三〇年代は、日本において英学史・英語教育史の研究が本格化した時期だった。わずか一〇年ほどの間に、以下の一三冊が単行本として刊行されたのである。

荒木伊兵衛『日本英語学書志』創元社、一九三一年四月

竹村覚『日本英学発達史』研究社、一九三三年九月

柳田泉『明治初期の翻訳文学』春秋社、一九三五年二月

竹村覚「日本英学史」英語英文学刊行会、一九三五年七月

岩崎克己『柴田昌吉伝』私家版、一九三五年九月

片山寛『我国に於ける英語教授法の沿革』研究社、一九三五年一二月

勝俣銓吉郎『日本英学小史』研究社、一九三六年一月

櫻井役《まもる》『日本英語教育史稿』敞文館、一九三六年三月

中濱東一郎『中濱萬次郎伝』冨山房、一九三六年四月

定宗数松『日本英学物語』三省堂、一九三七年五月

赤祖父茂徳『英語教授法書誌』英語教授研究所、一九三八年一二月

豊田實『日本英学史の研究』岩波書店、一九三九年二月

重久篤太郎『日本近世英学史』教育図書、一九四一年一〇月

　このうち「日本英学史」『柴田昌吉伝』『我国に於ける英語教授法の沿革』『中濱萬次郎伝』以外の九冊は戦後に復刻されているから、当時の研究の質の高さが窺える。こうして、一九三〇年代には英語教育体系の一分野として英学史・英語教育史が確立したと言えよう（江利川二〇一五）。

　竹村の「日本英学史」（一九三五）は、こうした英学史・英語教育史の本格的確立期における通史的な研究としては最初のものである。しかし同書は、「英語英文学講座」の中の小冊子として刊行され、また、その二年前の一九三三年には竹村自身による大著『日本英学発達史』の刊行、一九三六年には竹村の恩師とも言える勝俣銓吉

郎の『日本英学小史』や、櫻井役『日本英語教育史稿』が相次いで刊行された。そのため、それらの陰に隠れて、「日本英学史」は従来ほとんど顧みられることがなかった。

竹村は「日本英学史」の末尾で、「拙著『日本英学発達史』の抜抄に終らざるを得なかった」と書いている。しかし、『日本英学発達史』の構成は「解釈篇」「発音篇」「文典篇」「文学篇」「沙翁篇」「雑録篇」とテーマ別になっており、通史的な展開ではない。詳細に検討してみると、「日本英学史」の素材は『日本英学発達史』の特に「解釈篇」「発音篇」から多く取られているが、時代の流れに沿って再構成され、追補された部分も見られる。

竹村は先の引用に続く箇所で、「私としては簡単な、あまり専門的にわたらない英学史を書いて、一般の研究者にも一通りの概念を与へたいとかねがね思っていた」と記している。このように、「日本英学史」は、『日本英学発達史』の素材を用いつつも、平易な読み物として書き起こした日本最初の英学通史として、独自の価値を持つ著作と言えよう。

竹村覚について

竹村覚（一九〇三～一九七〇）は高知県に生まれ、一九二七（昭和二）年に早稲田大学文学部英文学専攻科を卒業。在学中より、早稲田大学教授だった勝俣銓吉郎の英学史資料に触発されて英学史研究に興味を抱くようになった。つまり、日本英学史研究の学統は、櫻井鷗村→勝俣銓吉郎→竹村覚へと引き継がれたのである。さらに早稲田は、この後で述べる「明治英学史」の著者・花園兼定（一八八六～一九四四）や、日本英語教育史学会の初代会長で『日本英語教育史考』（一九九四）などを著した出来成訓（でき・しげくに　一九三六～二〇一七）などを輩出している。

英学史研究に目覚めた竹村は、静岡県立見付中学校教諭だった一九三三（昭和八）年に、弱冠三〇歳で菊判三八

○ページの大著『日本英学発達史』を研究社より刊行し、この功績により翌年に岡倉賞を受賞した（同書は一九八二年に名著普及会が復刻）。勝俣銓吉郎は、「竹村氏は昭和八年に『日本英学発達史』を刊行して日本英学史家の草分たるの栄冠を獲得された」（勝俣一九三六、iii）と早稲田の後進を賞賛している。

竹村は一九三九（昭和一四）年に福岡県立明善中学校に異動し、一九四六年からは久留米医科大学予科（現・久留米大学）の教授として英語を教える傍ら、九州のキリシタン遺物を研究し、その成果は『キリシタン遺物の研究』（開文社、一九六四）に結実した。一九六九（昭和四四）年に同大学を退職、客員教授および名誉教授となったが、翌年に逝去した。なお、「竹村覚教授履歴書」（著者名記載なし）が『英学史研究』第二号（一九七〇）に掲載されている。

櫻井役『英語教育に関する文部法規』一九三五（昭和一〇）年

櫻井役（さくらい・まもる　一八八九〜一九五七）の『英語教育に関する文部法規』は、研究社の英語教育叢書の一冊として一九三五（昭和一〇）年一一月二〇日に発行された。菊判三七ページの冊子ながら、文部省法規を中心に明治以降の中等学校における英語教育政策を歴史的に考察した最初の本で、その後もこの種の本は出ていない。しかも考察は中学校にとどまらず、高等女学校、師範学校、実業学校、さらには教員の資格・検定・養成・講習、教科書の検定・採定、視学機関にまで及んでいる。戦前の英語教育政策を振り返り、今後のあり方を考える上での基本文献である。

内容は実に緻密で、各学校種別の外国語教授要旨、設置目的、外国語の種類、外国語授業時数、教授要目などが要領よく盛り込まれ、英語教育政策史ハンドブックといった様相である。文部省督学官だった櫻井役だからできた仕事だと言えよう。

こうした正確な事実認識に基づく教育政策の歴史的検証はきわめて重要で、それが次の政策の礎となる。ところが戦後は、文部省関係者を含めて、こうした仕事を誰も行っていない。教育政策が混迷するのは、それが一因かもしれない。

著者の櫻井役については第四巻の解題を参照されたい。

定宗数松「日本に於ける英語教授法の変遷」「日本に於ける英語教授法史（明治二十年より四十五年まで）」一九三八（昭和一三）年

広島高等師範学校教授だった定宗数松（さだむね・かずまつ　一八九七〜一九三九）が、それまでの英学史・英語教育史研究をふまえた練達の筆で書き上げた珠玉の二篇。それが、共に一九三八（昭和一三）年に発表された「日本に於ける英語教授法の変遷」と「日本に於ける英語教授法史（明治二十年より四十五年まで）」である。前者の論考は主に江戸時代から明治中期まで、後者は明治後期を扱っているから、両者を通覧することで幕末から明治末期までの英語教授法史を通史的に理解することができる。その意味で、両論文は定宗の『日本英学物語』（一九三七）に続くものと言えよう。

「日本に於ける英語教授法の変遷」は文部省編『文部時報』第六四一号（一九三八年一二月二一日、二四〜三四ページ）に掲載され、「日本に於ける英語教授法史（明治二十年より四十五年まで）」は広島文理科大学英語英文学研究室編『英語英文学論文集』第一輯（一九三八年六月一日発行、二一七〜二三四ページ）に掲載された。

両論文が発表された一九三八（昭和一三）年には、「昭和一三年度文部省中等学校英語教員夏期講習会」が八月一日から一〇日まで広島高等師範学校で開催されており、定宗は講師として「日本英語教授法の変遷」（五時間）を講じている。その講義原稿をもとにしたために、二つの論文が同時期に活字になったと思われる

前者が縦組み、後者が横組みのため、この復刻版では分離せざるを得なかったが、本来は一体の論考であると考えられるので、解題は両者を一括して行いたい。

（一）「日本に於ける英語教授法の変遷」

この論考は全一一ページで、冒頭で「極めて簡単に我が国の英語教育の由って来る所、英語研究の目的、教科としての英語科の位置、その教授方法の変遷を明かにするを目標とし、明治二十年までの事実を述べることとした」と記している。

内容は「一　徳川時代の英語研究」、「二　明治時代」（昭和期まで含む）、「三　英語教授法夜明け前」（明治二〇年頃まで）の三部構成である。

徳川時代の英語研究に関しては、「三浦按針を機縁として結ばれた日本と英国との関係は、これを英学発達史の方面からは、『夜明け前』とでも見るべきもので、ブロムホッフが始めて長崎の蘭通詞に英語を教授した文化六年（一八〇九年）以降明治五年の学制布告までをその『黎明期』」（二八ページ）と規定している。

明治以降に関しては、英語教授法の観点から以下のように時代区分している。

（一）第一期は維新から明治二十年頃までで、英語教授法からは夜明け前で所謂《いわゆる》混沌時代である。

（二）第二期は明治二十年から明治末年までで、英語教授法の黎明期である。

（三）第三期は大正から昭和に亘る時期である。

このうち、本論文の守備範囲は（一）の明治前半期までである。その主な内容は、オルデン（ママ）ドルフ（Ollendorff）のGrammar-translation Methodの流れを汲む方法、プレンダガスト（Prendergast）のMastery System、発音を軽視する変則教授法についてである。

最後の部分で、定宗は「一方に於て極端な変則流の英語教授が行はれると同時に、他方英米人による似て非なる"Direct Method"が行はれていたのが、此の期の英語教授の概略である」（二四ページ）と総括している。

（二）「日本に於ける英語教授法史（明治二十年より四十五年まで）」

この論考は全一八ページで、対象とする時期は上記の「日本に於ける英語教授法の変遷」にそのままつながる。その趣旨を、定宗は冒頭で次のように述べている。

本篇に於ては重に我が国に英語教授法が問題になり、欧州に起った外国語教授法の革新運動の断片が輸入され始めた時代、英語教授法から言へばその黎明期とも云ふべき明治二十年代から是等輸入された英語教授法が、全国の大多数の学校の実際の授業に於ては兎も角も、進歩した学校に於ては実際の授業に採用され、相当以上の効果をおさめるやうになった明治の末年までの、英語教授法に関する文献史的な考察をして見たいと思ふ。

「文献史的な考察」と記しているように、内容は「外山正一、神田乃武、岡倉由《よし》三郎、重野健造、松島剛、内村鑑三、岸本能武太、高橋五郎などの所説を忠実に、要所を引用し、手堅く押さえながら英語教育発達史を辿っている」（松村二〇一二、二四二ページ）。

論文の最後で、定宗は岡倉由三郎が提唱した「Reform Method の大方針とも云ふべき次の八ヶ条」を列挙している（二三二〜二三三ページ）。

（一）最初の間は耳によりてのみ教授すべきこと。

（二）全課程を通じて出来得る限り外国語を用ひること。

（三）自国語を外国語に翻訳することは上級の外は全く除くか、又は幾分か除くべきこと。

（四）外国語を自国語に翻訳することは成るべく減縮すること。

（五）教授の初期には広く絵画を用ひ具体的に示すべきこと。

（六）Realien（風物教授）即《すなわち》外国の生活風俗制度地理歴史文学等を広く教ふべきこと。

（七）読本を基礎とし絶えず会話を行ふべきこと。

（八）文法は読本より帰納的に教ふべきこと。

その上で、「東西両高師の附属中学校の英語教授が大体之等《これら》のPrinciplesによった事も事実である」としている。そのことは、本復刻シリーズ第四巻「英語教授法三」に掲載した東京と広島の両高等師範学校附属中学校の教授要目や教授方針などを見れば明らかであろう。パーマー来日（一九二二）以前の明治末期に岡倉らによって確立された革新的な教授法の方針は、昭和期にまで強い影響を与えていたのである。

その岡倉は、一九一一（明治四四）年に集大成というべき『英語教育』（博文館）を刊行する。これによって、明治「二十年代から三十年代にかけて新しく紹介された所謂新教授法が取るべきは取られ、棄てらるべきは棄てられて、英語教授の方向が決定されたとも見る事が出来る。大正以後昭和にかけての英語教授が活発な活動をしたその基礎をなしたとも云へる」（二三四ページ）と定宗は総括している。

論文の末尾で定宗は、「大正以後の英語教授法の変遷に就いては稿を改めることにする」と書いている。しかし残念なことに、この計画は翌年の早すぎる死去によって果たすことができなかった。彼の死は、日本の英語教育史研究にとって大きすぎる痛手だった。

定宗数松について

定宗数松は福岡県で生まれ、一九一七（大正六）年三月に福岡県立小倉師範学校第一部を卒業し、小学校の訓導（現在の教諭）となった。一九一八（大正七）年四月には広島高等師範学校文科第二部（英語）に入学し、一九二二（大正一一）年三月の卒業後は研究科に進むとともに、広島高師附属中学校の英語講師となった。同校の

定宗数松（1897〜1939）
『趣味余談』（1940）より

英語科主任は櫻井役で、高師の同期だった飯野至誠（後に広島大学教授）も同時に附属中に赴任した（松村一九九九）。一九二九（昭和四）年三月には附属中を退職し、同年に誕生した広島文理科大学文学科英語英文学部に入学。一九三二（昭和七）年三月に卒業すると、母校広島高等師範学校の講師（英語学）となり、同年一二月には教授に昇格した。一九三四（昭和九）年四月からは広島文理科大学の講師を兼任し、英語教授法と日本英語教育史・日本英学発達史を講じた。戦前に日本英学史や日本英語教育史が講じられていた記録が残るのは、他に九州帝国大学での豊田實（『日本英学史の研究』の著者）の例があるのみである。

定宗は、一九三九（昭和一四）年度に文部省教学局が組織した興亜学生勤労報国隊の学生を引率して「満州」と中国に派遣された際に発病し、帰国後の同年一〇月に死去した。四二歳の短すぎる生涯だった。

若き日の定宗は、広島高師の先輩である枩田與惣之助《まつだよそのすけ》の『英語教授法集成』（私家版、一九二八：本復刻シリーズ第三巻）を手にしたときに「異常の興奮」を示したという（永原一九四〇、五八ページ）。そうした刺激を受けながら、定宗はやがて英学史・英語教育史の研究に邁進したのである。その分野での主な著作としては以下のものがある。

「明治中期の英語教育瞥見」広島文理科大学内英語英文学論叢編輯『英語英文学論叢』第五号（第三巻第一号）、丸善、一九三四年一月

『英語教授法概論』（英語教育叢書の一冊）研究社、一九三六年三月。＊第二章は「英語教授法史」

「岡倉由三郎氏と英語教育」広島文理科大学内英語英文学研究室編輯『英語教育』第一巻第五号、英進社、一九三七年一月

『日本英学物語』（「英語教育研究」English Teachers' Library の一冊）三省堂、一九三七年五月。（一九七九年に文化評論出版

より復刻）

「英学黎明期の人々」遺稿・追悼論文集『趣味余談』帝国書院発行（非売品）、一九四〇年九月。＊執筆年月日を一九三五年一〇月二五日と付記

「日本の英学に貢献した人々（Ⅰ）外山正一博士」『英語教育』第二巻第九月号、英進社、一九三七年九月。

「日本の英学に貢献した人々（Ⅱ）渋川六蔵」『英語教育』第二巻第一〇月号、英進社、一九三七年一〇月。

ただし、定宗の活動は歴史的研究に限定されたものではなかった。松村（一九九九）は定宗の多面的な活動を以下のように評価している（一二ページ）。

> 定宗は教育史家としてだけではなく、ひろく英語教育の全般に関心を持ち細かく目配りのできる人物であり（中略）、研究誌を創刊・編集したり、英語教育研究所を創設し運営する力量の持ち主であったから、言うなれば、今日考えられている英語教育学、英語教授・学習という、教育と研究の分野・構造のなかで英語教育史を構想していたと考えている。

定宗が蒔いた種は母校に根付き、広島大学では今日に至るまで英語教育史に関する授業が開講され続けている。

花園兼定「明治英学史」一九四三〜四五（昭和一八〜二〇）年

花園兼定（はなぞの・かねさだ　一八八六〜一九四四）の「明治英学史」は、英米を敵にまわした太平洋戦争の末期に、雑誌 *The Current of the World*（世界時潮研究会編輯・今井信之代表、英語通信社発行）の第二〇巻第五号（一九四三年五月号）から第二二巻第一号（一九四五年一月号）まで二一回連載された。戦時下での知られざる日本英学史研究である。

当時は敵国語とされた英語に対する風当たりが強く、たとえば内閣情報局発行の『写真週報』第二五七号（一九四三年二月三日号）では「看板から米英色を抹殺しよう」「米英レコードをたたき出そう」といったキャンペーンを展開していた。そうした戦時下にあって、英学史に関する研究が続けられ、活字化されていた事実は評価されるべきであろう。

「明治英学史」は、入手困難な戦時下の雑誌に掲載され、時局柄「英米撃滅」「大東亜共栄圏」などの文字を一部に含んでおり、何よりも著者の心臓麻痺による急逝によって中断を余儀なくされたために、単行本として刊行されることもなく、忘れ去られた「幻の英学史研究」となった。

「明治英学史」の内容

「明治英学史」は、月刊雑誌 *The Current of the World* に毎回三〜六ページずつ中断されることなく連載され、最後の第二一回が「遺稿」となった。総計は八九ページだが、二段組みで稠密なため、単行本にした場合には二倍ほどのページ数になったと思われる。

最終回（遺稿）が掲載された第二二巻第一号（一九四五年一月号）には、四〇年来の知己であった小室秀雄による「花園兼定君の面影」と、版元の英語通信社代表だった今井信之の「花園兼定氏を惜む」が掲載されている。

「明治英学史」の連載各回のタイトルは以下の通りである。

一、文明開化から英米撃滅へ
二、変則英語と富国強兵
三、科学教育と英語
四、理学宗の提唱と国家の興隆
五、森有礼の国語論
六、森有礼の時代
七、最初の女子留学生
八、ローマ字論と国際的発展
九、海将荒井郁之助と開拓使辞書
一〇、明治新聞記者と英学
一一、亜細亜は一つなり〔岡倉天心論〕
一二、明治初年の英学生〔田中館愛橘論〕
一三、学問の独立

一四、愛国的英文著述の先駆
一五、教育上の英語文化
一六、明治初年の啓蒙時代
一七、福沢の勤労精神
一八、内地雑居と英語
一九、諸学英独二派
二〇、マックス・ミュラーと其弟子
二一、基督教と英学（遺稿）

以上のように、毎号が年代順ではなくテーマ別に描かれている。全体を通読すると、明治期の一大英語文化絵巻といった趣がある。花園は敏腕ジャーナリストだけあって、該博な知識と豊富な資料をもとに人物・書誌情報を提供し、様々なエピソードを散りばめ、縦横に走る筆づかいが読者を飽きさせない。要所要所で引用されている英語の原文も貴重である。

「明治英学史」の連載が中断された一九四五（昭和二〇）年に日本は敗戦・占領という激動期を迎え、いつしか花園兼定も「明治英学史」も忘れ去られてしまった。わずかに、日本英学史学会会長を務めた速川和男（立正大学名誉教授）が花園兼定に関する短い論考を発表し、「ジャーナリズムから学界に移った学者の先輩として異才を放った彼について知る人のすでに少ないのは寂しく、見直されてしかるべきである」（速川一九八九、一五ページ）と述べている。その通りであろう。ただし、残念ながら、同論考にも「明治英学史」のことは書かれていない。今回の復刻を機会に、ぜひ本格的な研究が望まれる。

花園兼定について

花園兼定（一八八六～一九四四）は東京浅草生まれ。号は緑人。英語が得意で、中学卒業後にはポーの短編集やツルゲーネフの翻訳を行っている。早稲田大学英文科で坪内逍遥らの薫陶を受け、一九一〇（明治四三）年に卒業。ジャーナリストとなり、ジャパンタイムズの記者、*The Herald of Asia* の編集、「中外新論」の主宰を経て、東京日日新聞社（毎日新聞の前身）に入社し、ニューヨーク特派員を務め、欧州も視察。帰国後は「英文毎日」の編集に携わった。

花園は教師としても活躍した。一九二八（昭和三）年には早稲田大学第一・第二早稲田高等学院で英語を教え、次いで専門部法律科、高等師範部（教育学部の前身）の講師から教授となり、一九四三（昭和一八）年からは文学部文学科教授として、英語学、発音学、英文演習などを担当した。

訳業としては、アドルフ・ヒットラーの『わが闘争』や、ラフカディオ・ハーン、ジャック・ロンドンなどの作品がある他、以下のような日本語と英語の著書を残した。

『新式講義　英文法の先生』北星堂、一九一六（花園緑人名義）
『新式講義　英作文の先生』北星堂、一九一七（花園緑人名義）
『英字新聞の研究』北星堂、一九一九
『英文法の輪廓』北星堂、一九二四

『英語会話と随筆』北星堂、一九二五

Journalism in Japan and Its Early Pioneers. Osaka Mainichi, 1926

『総合的研究　英作文の根底から』北星堂、一九二八

English Composition. Hokuseido Press, 1930

『洋学百花』ヘラルド雑誌社、一九三三

『新聞英語』英語英文学刊行会、一九三四（英語英文学講座）

『異人の言葉』四條書房、一九三四

The Development of Japanese Journalism. Tokyo Nichi-Nichi : Osaka Mainichi, 1934

『南進論の先駆者菅沼貞風』日本放送出版協会、一九四二

このように、花園は達意の英語を駆使した活動を行い、特に英語の文化史的な側面に関心を寄せていた。洋学史や英学史に関する論考も多く、特に『洋学百花』（一九三三）に収められた「日本洋学歴史」は、主にキリスト教伝来以降の洋学（スペイン・ポルトガル・オランダ）の推移を描いており、「明治英学史」の前史をなすものである。小室秀雄によれば、花園は死の直前に『続洋学百花』を出版すべく準備を進めていた。原稿は丹念に整理されており、目次の中には「柳河春三の事」「外国語問題と戦争」「福沢先生の言語思想」「幕末の翻訳論」「小泉八雲のこと」「王堂（チェンバレン）先生の手紙」などの英学史論考も含まれていたという（小室一九四五）。連載中だった「明治英学史」も同書に収めるつもりだったのかもしれない。五九歳という早すぎる死によって、未刊に終わったことが惜しまれる。

長崎英語教育百年史刊行委員会編『長崎における英語教育百年史』一九五九（昭和三四）年

長崎は江戸時代における外国文化の玄関口であり、英語教育発祥の地でもあった。それを象徴するかのように、戦後初期の本格的な英語教育史研究書の一冊として刊行されたのが、長崎英語教育百年史刊行委員会編『長崎における英語教育百年史』（一九五九）である。七〇ページの小冊子ながら、古賀十二郎（一八七九～一九五四）によって開拓された長崎学の学統が受け継がれている。

『長崎における英語教育百年史』刊行の経緯

『長崎における英語教育百年史』は英語教育発祥百年記念事業委員会・長崎英語教育百年史刊行委員会出版の非売品で、一九五九（昭和三四）年一二月一〇日印刷、出版者は「長崎市住吉町二四三（長崎外国語短期大学気付）長崎英語教育百年史刊行委員会　代表者　青山武雄」、A5判七〇ページである。

安政五年（一八五八年）に長崎に設置された「英語伝習所」の創設百年を記念して、長崎に英語教育発祥百年記念事業委員会（委員長　古屋野宏平、副委員長　小松直行・佐々木梅三郎・青山武雄）が組織された。同委員会は以下のような一連の事業を実施した。

（一）記念式典並に記念講演（昭和三三年一二月二日、長崎国際文化会館）
（二）資料展示会　（同右）

（三）記念碑建立　（立山の元伝習所跡）

（四）長崎における英語教育百年史刊行

こうした事業の一環として『長崎における英語教育百年史』が企画された。執筆を委嘱されたのは奥村孝亮《たかあき》と林潤一である。奥村は歴史学者で、長崎ウエスレヤン短期大学を一九九三（平成五）年に退職した際に『実学について』（退官記念講義）：私自身の歴史学研究と歴史の回顧を兼ねて」『長崎ウエスレヤン短期大学紀要　一七』（一九九四）を残している。著書には『歴史学への道』（私家版、一九九六）がある。

長崎英語教育百年史刊行委員会の代表者である青山武雄については、長崎外国語大学のウェブサイトに掲載されている「建学の精神と沿革」が次のように述べている。

> 当時長崎馬町教会の牧師であった青山武雄は、原爆により廃墟となった長崎の地で、新しい時代の日本を担う人材育成を決意した。
>
> 青山をはじめとする学院創立者たちがこの時教育の基本に据えた理念は、プロテスタント・キリスト教主義であった。（中略）加えて、古くから海外との交易で栄え、江戸時代には海外文化移入の一大拠点となり、維新前すでにわが国最初の外国語学校が開設されて日本各地から有為の青年たちがはせ集い、近代日本の揺籃となった長崎、そしていまなお国際的雰囲気を色濃くとどめる長崎は、外国語教育の新たな理想の実現に最適の地でもあった。

このような信念のもと、敗戦後早くも一九四五年一二月一日に青山たちは長崎キリスト教青年会（長崎ＹＭＣＡ）

を再建し、夢の実現に着手した。そしてこれを母体として一九四七年に長崎外国語学校、一九五〇年には長崎外国語短期大学を設立し、語学教育を通してのキリスト教全人教育に専心してきた。

このように、青山らは原爆による甚大な被害を受けた長崎が戦後復興を果たすために、キリスト教の精神と国際的な視野を持った人間の育成を目指して外国語教育の振興を図った。『長崎における英語教育百年史』は、そうした熱意が書籍となったものである。

なお、戦後に刊行された英学史・英語教育史研究の最初の成果は、敗戦翌年の一九四六（昭和二一）年四月に刊行された福原麟太郎の『日本の英学』（生活社）である。小冊子ながら、含蓄の深い文章で英学史の魅力と英学復興の願いを語っている。

翌一九四七（昭和二二）年七月には古賀十二郎の『徳川時代に於ける長崎の英語研究』（九州書房）が出た。ただし、これは一九四〇年頃には原稿が完成していた『長崎洋学史』（刊行は一九六六年）の一部をなすものだから、実質的には一九三〇年代の研究成果であった。レアなこの本は、杉本つとむ編著『日本洋学小誌（洋学資料文庫 三）』（皓星社、二〇〇一）として、勝俣銓吉郎『日本英学小史』（一九三六）と共に翻刻されている。『長崎における英語教育百年史』の中で、著者らは「もし先学古賀十二郎先生の『徳川時代に於ける長崎の英語研究』（昭和二十二年七月刊）の導きがなかったら、とうていわたくしたちの仕事は一歩も進まなかったろう」と謝辞を述べている。

『長崎における英語教育百年史』の概要

『長崎における英語教育百年史』は、執筆の経緯を記した「はしがき」に続いて、「第一部　長崎における英学の誕生」と「第二部　英語教授法回顧」から成る。記述は簡潔にして明快で、きわめて読みやすい。

第一部の「長崎における英学の誕生」は、一六〇〇（慶長五）年の英人ウイリアム・アダムスの豊後（大分）漂着から、一八七五（明治八）年の官立長崎英語学校発足までを描いている。長崎は日本における英学揺籃の地であり、当初は長崎のみで英語が研究・学習されていたから、単なる一地域の英学史にとどまらず、日本における英学の初期の実態を知ることができる。

第二部の「英語教授法回顧」は、米人フルベッキなど長崎で英語を教えた外国人の教授法の紹介から始まっているが、内容的には長崎にとどまらない。発音よりも内容を重視した変則流の慶應義塾、神田乃武《ないぶ》や岡倉由《よし》三郎などによる音声指導も重視する正則流の英語教授法、パーマーのオーラル・メソッド、戦後のフリーズによるオーラル・アプローチにまで及んでいる。その一方で、学校現場での英語教育の実情をリアルに紹介し、必ずしも理想的な教授法通りではなかったことや、受験英語の問題にも言及している。

このように、本書は幕末から戦後直後までの長崎を中心とした日本の英語教育史を平易に記述した通史として、英語教育史研究史において類書にない価値を有している。

参考文献

赤祖父茂徳編（一九三八）『英語教授法書誌』英語教授研究所（ゆまに書房が『書誌書目シリーズ 三九 近代日本英語・英米文学書誌』として一九九五年に復刻）

江利川春雄（二〇一五）「日本英語教育史研究の歩みと展望」『日本英語教育史研究』第三〇号

勝俣銓吉郎（一九三六）『日本英学小史』（英語教育叢書）研究社（杉本つとむ編著『日本洋学小誌』皓星社、二〇〇一で翻刻）

小室秀雄（一九四五）「花園兼定君の面影」*The Current of the World.* 第二二巻第一号

定宗数松著・山本忠雄編（一九四〇）『趣味余談』帝国書院（非売品）

手塚竜麿（一九七八）「桜井鷗村と英学」『英学史研究』一一号

速川和男（一九八九）「緑人・花園兼定」『名著サプリメント』第二巻第七号、名著普及会

松村幹男（一九九八）「櫻井役と英語教育史」『英學史論叢 日本英学史学会広島支部紀要』第一号（通巻二一号）

松村幹男（一九九九）「定宗数松と英語教育史」『英學史論叢 日本英学史学会広島支部紀要』第二号（通巻二二号）

松村幹男（二〇一二）「広島英語教育史年表」（遺稿）、松村ほか（二〇一二）所収

松村幹男著、松村恵美子・松村雅文・青木瑞恵・藤原倫子編（二〇一二）『別冊 私の歩んだ軌跡 英学史論考集』私家版

英語《えいご》教育史《きょういくし》重要文献集成《じゅうようぶんけんしゅうせい》　第五巻

英語《えいご》教育史《きょういくし》研究《けんきゅう》

二〇一七年九月二〇日　初版印刷

二〇一七年九月二五日　初版発行

監修・解題　江利川《えりかわ》春雄《はるお》

発行者　荒井秀夫

発行所　株式会社 ゆまに書房

東京都千代田区内神田二-七-六

郵便番号　一〇一-〇〇四七

電話　〇三-五二九六-〇四九一（代表）

印刷　株式会社 平河工業社

製本　東和製本 株式会社

定価：本体一三、〇〇〇円＋税

ISBN978-4-8433-5296-0 C3382

落丁・乱丁本はお取替えします。